François Höpflinger
Bevölkerungssoziologie

Grundlagentexte Soziologie

Herausgegeben von Klaus Hurrelmann

In den sechziger und siebziger Jahren erschien im Juventa Verlag die Reihe „Grundfragen der Soziologie". Sie wurde von Dieter Claessens, Sozialanthropologe und Familienforscher an der Universität Münster, später der Freien Universität Berlin, herausgegeben. Die Reihe hatte einen prägenden Einfluß auf die damals noch in den Anfängen stehende Disziplin Soziologie. Viele Bände der Reihe sind bis in die 80er Jahre hinein Standardlehrbücher geblieben.

Die Reihe „Grundlagentexte Soziologie" knüpft an diese Tradition an. Die Soziologie hat sich seitdem in Deutschland als theoretisch und empirisch reichhaltiges wissenschaftliches Fach etabliert. Es fehlt ihr aber an Einführungstexten und Übersichtsbänden für den Lehrbetrieb in Universitäten, Fachhochschulen, Fachschulen und anderen Bildungseinrichtungen.

Dieser Herausforderung stellt sich die Reihe „Grundlagentexte Soziologie". Von fachlich gut ausgewiesenen Wissenschaftlerinnen und Wissenschaftlern werden Texte vorgelegt, die die wichtigsten theoretischen Ansätze des Faches, methodische Zugänge und gesellschaftswissenschaftliche Analysen präsentieren. Die Bände sind so zugeschnitten, daß sie sich als Basislektüre für Vorlesungen, Seminare und andere Lehrveranstaltungen mit einführendem Charakter eignen.

Die Reihe „Grundlagentexte Soziologie" wird herausgegeben von Klaus Hurrelmann, der als Sozial- und Gesundheitswissenschaftler an der Universität Bielefeld tätig ist.

François Höpflinger

Bevölkerungssoziologie

Eine Einführung in bevölkerungssoziologische Ansätze
und demographische Prozesse

Juventa Verlag Weinheim und München 1997

Der Autor

François Höpflinger, Jg. 1948, Dr. phil., ist Titularprofessor für Soziologie an der Universität Zürich und Programmdirektor des Forschungsprogramms „Alter/Vieillesse". Seine Forschungsschwerpunkte sind Demographie, Familiensoziologie und Gerontologie.

Die Deutsche Bibliothek - CIP-Einheitsaufnahme

Höpflinger, François:
Bevölkerungssoziologie : eine Einführung in
bevölkerungssoziologische Ansätze und demographische Prozesse /
François Höpflinger. - Weinheim ; München : Juventa Verlag, 1997
 (Grundlagentexte Soziologie)
 ISBN 3-7799-0398-9

Das Werk einschließlich aller seiner Teile ist urheberrechtlich geschützt. Jede Verwertung außerhalb der engen Grenzen des Urheberrechtsgesetzes ist ohne Zustimmung des Verlags unzulässig und strafbar. Das gilt insbesondere für Vervielfältigungen, Übersetzungen, Mikroverfilmungen und die Einspeicherung und Verarbeitung in elektronischen Systemen.

© 1997 Juventa Verlag Weinheim und München
Umschlaggestaltung: Atelier Warminski, 63654 Büdingen
Umschlagabbildung: Oskar Schlemmer „Große Frauentreppe", 1936
Printed in Germany

ISBN 3-7799-0398-9

Vorwort

Jedes wissenschaftliche Buch ist gleichermaßen durch seinen Inhalt als durch seine Ausblendungen charakterisiert. Auch dieses bevölkerungssoziologische Buch enthält seine Lücken, was angesichts der Unmenge an demographischen Daten und der Vielfalt unterschiedlicher Auffassungen etwa über die Ursachen des Geburtenrückgangs oder zu den sozialen Wirkungen raschen Bevölkerungswachstums usw. unvermeidlich ist. Bevölkerungssoziologische Fragestellungen, die ForscherInnen jahrelang oder jahrzehntelang beschäftigt haben, werden nur summarisch behandelt. Dies ist bei einem Grundlagentext, der primär zentrale Fragestellungen und Diskussionspunkte dokumentiert, nicht anders möglich, und jeder Versuch zur Vollständigkeit würde zu einem unhandlichen und unlesbaren Machwerk führen. Bei der Konzeption des Buches habe ich versucht, zwei Leitideen zu verwirklichen:

Demographische Prozesse sind erstens Prozesse mit langfristigen sozialen Wirkungen. Aus diesem Grund habe ich - soweit möglich - auch längerfristige Wandlungen und Entwicklungen berücksichtigt. Bevölkerungssoziologie ohne Einbezug der historischen Dimension ist sinnlos.

Demographische Entwicklungen sind zweitens grenzüberschreitend, und einige zentrale demographische Prozesse haben durchaus globalen Charakter. Deshalb erschien es mir nicht angebracht, nur 'deutsche' Trends aufzuzeigen. Der Schwerpunkt meiner Analyse liegt allerdings auf europäischen Entwicklungen, wobei betont werden muss, dass die historische und aktuelle Entwicklung Europas bevölkerungssoziologisch vielfach einen 'Sondercharakter' aufweist (und europäische Modelle sind nicht ohne weiteres auf außereuropäische Länder übertragbar).

Umgekehrt habe ich gezielt einige Aspekte ausgeblendet. Namentlich ausgeblendet wurden:

a) alle statistisch-methodischen Fragestellungen. Bevölkerungsstatistik und Demographie sind ein wahres Paradies für mathematisch Interessierte. Alle statistisch-methodischen Aspekte - von der Erhebung demographischer Daten, der Indikatorenbildung, den Problemen von Kohortenanalysen bis hin zur Konstruktion demographischer Modelle, Bevölkerungssimulationen und -projektionen - sind nicht berücksichtigt. Auch mit Tabellen und Daten wurde sparsam umgegangen (dazu bestehen umfangreiche statistische Datenbanken, zunehmend auch auf dem Internet).

b) der Themenkreis „Bevölkerungspolitik". Damit soll nicht ein Anspruch auf 'Wertfreiheit' vertreten werden, sondern die Berücksichtigung bevölkerungspolitischer Fragen hätte den Rahmen dieses Grundlagentexts eindeutig gesprengt (und Aussagen zu bevölkerungspolitischen Maßnahmen und ihren

Wirkungen sind ohne gründliche Erläuterungen sozialpolitischer Rahmenbedingungen und institutioneller Entscheidungsmechanismen in jeweiligen Kontexten nicht möglich).

Im übrigen hat die Arbeit an diesem Buch mir persönlich viel Spaß bereitet. Da lebenslanges Lernen zur Attraktivität wissenschaftlicher Studien gehört, bin ich für kritische Anregungen oder Hinweise auf neue bevölkerungssoziologische Ansätze dankbar.

Fanas/Zürich, Juli 1997
François Höpflinger

Inhalt

1. Einführung:
   Von der Bevölkerungsstatistik zur Bevölkerungssoziologie 9
   1.1 Hauptfragestellungen 9
   1.2 Komponenten der Bevölkerungsentwicklung 10
   1.3 Bevölkerungsfragen und Soziologie 11

2. Demographischer und gesellschaftlicher Wandel 15
   2.1 Demographischer Wandel - zwischen Optimismus und Pessimismus 15
   2.2 Entwicklung der Weltbevölkerung 18
   2.3 Zu den Konsequenzen eines raschen Bevölkerungswachstums 24
   2.4 Demographische Transformationen 32
       2.4.1 Das Konzept des demographischen Übergangs - und
             seine Kritik 32
       2.4.2 Demographische Transformation und gesellschaftliche
             Modernisierung 36
       2.4.3 Die These eines zweiten demographischen Übergangs in
             westlichen Ländern 42

3. Geburtenentwicklung und theoretische Erklärungsansätze generativen
   Verhaltens 47
   3.1 Begriffliche Klärung: Fruchtbarkeit, Fertilität, generatives
       Verhalten und generative Struktur 47
       3.1.1 Intermediäre Variablen der Fertilität und ein soziologisches
             Rahmenmodell 49
   3.2 Zur Geburtenentwicklung der letzten Jahrzehnte - einige Daten 52
   3.3 Soziale Unterschiede der Geburtenhäufigkeit und des
       generativen Verhaltens 56
   3.4 Theoretische Erklärungsansätze der Geburtenentwicklung und
       des generativen Verhaltens 64
       3.4.1 Frühe Wohlstandstheorien des Geburtenrückgangs 64
       3.4.2 Familientheoretische Erklärungsansätze der
             Geburtenbeschränkung 66
       3.4.3 Mikro-analytische Erklärungsansätze generativen Verhaltens ... 74
             3.4.3.1 Mikro-ökonomische und sozio-ökonomische
                     Modelle 74
             3.4.3.2 Sozialpsychologische und
                     mikro-soziologische Ansätze 80
             3.4.3.3 Biographische Theorie des generativen Verhaltens ... 89
       3.4.4 Abschließende Wertung 95

4. *Wanderungsbewegungen als demographische und soziale Prozesse* 97
4.1 Einleitung 97
4.2 Formen von Wanderungsbewegungen 98
4.3 Weltgeschichtlich bedeutsame Wanderungsbewegungen - ein Abriss 100
    4.3.1 Gegensatz von nomadischer und sesshafter Lebensweise 102
    4.3.2 Überseeische Auswanderung 103
    4.3.3 Land-Stadt-Wanderungen und Prozesse der Urbanisierung 107
    4.3.4 Flucht und Vertreibung (im 20. Jahrhundert) 115
    4.3.5 Arbeitskräftemigration in Europa 118
4.4 Erklärungsfaktoren von Migration 123
    4.4.1 System- und kontextorientierte Erklärungsansätze 124
    4.4.2 Wanderungsentscheide - individuelle und
         lebenszyklische Aspekte 128
4.5 Demographische und gesellschaftliche Folgen von Aus-
    und Einwanderungsbewegungen 134

5. *Entwicklung von Lebenserwartung und Todesursachen* 143
5.1 Zur Theorie der Sterblichkeitsentwicklung 143
5.2 Zur historischen Entwicklung der Lebenserwartung 150
5.3 Entwicklung von Mortalität und Lebenserwartung in den letzten
    30 Jahren 154
5.4 Soziale Unterschiede der Lebenserwartung - Die soziale
    Ungleichheit vor dem Tod 159
    5.4.1 Schichtspezifische Ungleichheiten der Mortalität 160
    5.4.2 Zivilstandsspezifische Unterschiede der Lebenserwartung 167
    5.4.3 Geschlechtsspezifische Unterschiede der Lebenserwartung -
         Frauen als das 'starke Geschlecht' 169
5.5 Einige gesellschaftliche Folgen der Langlebigkeit 173

6. *Altersverteilung der Bevölkerung und Aspekte demographischer
   Alterung* 179

6.1 Einleitende Anmerkungen 179
6.2 Demographische Komponenten der Altersverteilung 181
6.3 Darstellungsformen des Altersaufbaus einer Bevölkerung 183
    6.3.1 Demographische Belastungsquoten 187
    6.3.2 Intergenerationelle Unterstützungsraten 191
6.4 Gesellschaftliche und sozialpolitische Folgen
    demographischer Alterung 192

7. *Abschlussdiskussion* 205

Literatur 209

1. Einführung: Von der Bevölkerungsstatistik zur Bevölkerungssoziologie

1.1 Hauptfragestellungen

Wie andere Teilgebiete der Soziologie weist auch die Bevölkerungssoziologie eine nahezu unendliche Vielfalt von Fragestellungen auf, was zur Dynamik dieser Fachrichtung beiträgt. Es gibt allerdings einige allgemeine Grundfragen, die schon seit jeher die Diskussionen innerhalb der Bevölkerungssoziologie bestimmt haben. Dazu gehören namentlich folgende Fragen:

a) Welche Zusammenhänge bestehen zwischen gesellschaftlichem Wandel und Bevölkerungsentwicklung? Welche demographischen Folgen hat die 'Modernisierung' einer Gesellschaft? In welcher Weise sind individuelles Verhalten und globale demographische Prozesse - wie z.B. Bevölkerungswachstum oder demographische Alterung - verknüpft?

b) Welche gesellschaftlichen Faktoren bestimmen das generative Verhalten junger Frauen und Männer? Weshalb haben alle entwickelten Gesellschaften eine geringe Geburtenhäufigkeit, und welche gesellschaftlichen Konsequenzen zeitigt ein tiefes Geburtenniveau?

c) Welche gesellschaftlichen Wandlungen führen zu verstärkten Bevölkerungsverschiebungen zwischen Regionen bzw. Nationen (Wanderungen), und mit welchen sozialen Folgeerscheinungen sind starke Ein- oder Auswanderungsprozesse begleitet?

d) Welche Faktoren bestimmen eine Erhöhung der Lebenserwartung, und was sind die gesellschaftlichen Wirkungen der heutigen Langlebigkeit? Aus welchen Gründen entstehen soziale Ungleichheiten der Lebenserwartung, und wieso leben Frauen heute im Durchschnitt länger als Männer?

Im Zentrum des Interesses stehen einerseits die Auswirkungen gesellschaftlicher Wandlungen auf demographische Größen (Geburtenniveau, Sterberaten, Wanderungen) und andererseits die Rückwirkungen demographischer Entwicklungen auf Gesellschaft und Individuen. Damit wird deutlich, dass wir es mit wechselseitigen Beziehungen zu tun haben, die sich einer einfachen, linearen Kausalanalyse zumeist entziehen. Aufgrund der komplexen Wechselwirkungen zwischen demographischen und gesellschaftlichen Prozessen besteht zu vielen bevölkerungssoziologischen Fragestellungen kein paradigmatischer Konsens, sondern wir sehen uns mit einer Vielfalt konkurrierender Thesen und Theorien konfrontiert. Selbst gleiche statistische Trends werden unterschiedlich interpretiert. Für Studierende der Bevölkerungssoziologie kann dies störend wirken. Gleichzeitig eröffnet sich ein breites Feld für fruchtbare Auseinandersetzungen und neue Forschungsansätze.

1.2 Komponenten der Bevölkerungsentwicklung

Die Bevölkerungsentwicklung eines Gebietes wird prinzipiell von drei demographischen Komponenten bestimmt:

a) Geburten (Fertilität): Die Zahl von neugeborenen Kindern wird zum einen durch die Zahl von Frauen im gebärfähigen Alter (Menarche bis Menopause) bestimmt. Selbst bei gleichbleibendem generativen Verhalten kann sich ein Geburtenanstieg ('Baby-Boom') ergeben, wenn viele Frauen ins gebärfähige Alter nachrücken. Obwohl bei der Befruchtung die Männer mitbeteiligt sind, ist für die menschliche Reproduktion die Zahl gebärfähiger Frauen entscheidend. Entsprechend beziehen sich alle Fertilitätsindikatoren auf die weibliche Bevölkerung. Versuche, die Geburtenhäufigkeit von Männern zu erfassen, sind selten und haben sich nicht durchgesetzt (vgl. Brouard 1977). Zum anderen wird die Geburtenzahl durch die Geburtenhäufigkeit von jungen Frauen bestimmt. Die Geburtenhäufigkeit ihrerseits wird durch eine Reihe von Faktoren - wie Heirats- und Familienverhalten, Familienplanung, Kinderwunsch bzw. Kosten von Kindern usw. - beeinflusst. Entsprechend ist die Geburtenhäufigkeit einer Gesellschaft eng mit ihren sozialen, wirtschaftlichen und kulturellen Rahmenbedingungen verknüpft. In Kapitel III werden die verschiedenen Erklärungsansätze zur Geburtenentwicklung vertieft diskutiert.

b) Todesfälle (Mortalität): Die Zahl von Todesfällen ist zum einen von der Altersverteilung der Bevölkerung abhängig. Eine Gemeinde oder eine Stadt, die vergleichsweise viele Hochbetagte aufweist, muss zwangsläufig mit vielen Todesfällen rechnen. Zum anderen wird die Zahl von Todesfällen durch die Lebenserwartung der Bevölkerung bestimmt. Die Lebenserwartung von Frauen und Männer ist ihrerseits von einer Reihe sozialer, wirtschaftlicher und epidemiologischer Faktoren abhängig. Zwar müssen alle Menschen sterben, aber die Lebenserwartung unterliegt markanten sozialen Ungleichheiten, etwa nach Geschlecht oder sozialer Schichtzugehörigkeit. Die Entwicklung der Lebenserwartung und die Determinanten unterschiedlicher Lebenserwartung werden in Kapitel V näher vorgestellt.

In der klassischen Bevölkerungsstatistik werden Geburten und Todesfälle zur sogenannt 'natürlichen Bevölkerungsbewegung' gezählt. Aus soziologischer Sicht - und angesichts der nachgewiesen großen Bedeutung sozialer Faktoren für Geburtenhäufigkeit und Sterblichkeitsverläufe - greift der Begriff 'natürlich' zu kurz. Zudem genügen einzig auf globaler Ebene Geburten- und Sterbezahlen formal zur 'Erklärung' der Bevölkerungsentwicklung. Werden national oder regional begrenzte Gebiete analysiert, kommt eine dritte Komponente hinzu:

c) Wanderungsbewegungen (Migration): Abwanderung reduziert und Zuwanderung erhöht die Bevölkerung eines gegebenen Gebietes. Speziell für kleinere geographische Einheiten (Regionen, Kommunen, Quartiere u.ä.) kann die Bevölkerungsentwicklung primär von Wanderungsbewegungen bestimmt sein. Auf nationaler Ebene - mit Ausnahme von Kleinstaaten - wird die Bevölkerungsentwicklung zwar primär durch Geburtenzahlen und Todesfälle bestimmt, aber dies schließt bedeutsame demographische Konsequenzen von Migrationsbewegungen nicht aus. Je nach Typus von Wanderungsbewegungen ergeben sich andere Determinanten und andere soziale Folgen, da verschiedene Wanderungsformen sozial unterschiedliche Bevölkerungsgruppen und -schichten betreffen. In den meisten Fällen beeinflussen Zu- oder Abwanderungsbewegungen nicht allein die Bevölkerungszahl, sondern auch die soziale Zusammensetzung der Bevölkerung einer Nation oder Region. In Kapitel IV werden verschiedene Formen von Wanderungsbewegungen genauer analysiert.

Sachgemäß variiert der demographische Effekt der drei Komponenten auf Bevölkerungsentwicklung und Bevölkerungsstruktur (z.B. Alters- und Geschlechtsverteilung der Bevölkerung) je nach den gesellschaftlichen Rahmenbedingungen (Long 1991). Eine stagnierende Bevölkerungszahl kann sowohl das Ergebnis hoher Geburtenhäufigkeit gekoppelt mit geringer Lebenserwartung als auch das Resultat hoher Lebenserwartung bei geringer Geburtenhäufigkeit sein. Starkes Bevölkerungswachstum kann sich aufgrund hoher Geburtenzahlen, aber auch aufgrund massiver Zuwanderung ergeben, usw. Aus soziologischer Sicht von Bedeutung ist die Tatsache, dass das jeweilige 'demographische Regime' eng, wenn auch nicht vollständig, mit der vorherrschenden Sozial- und Wirtschaftsstruktur verhängt ist. Die Veränderungen der erwähnten drei demographischen Komponenten - und ihr relatives Gewicht für die Bevölkerungsentwicklung - lassen sich zwar rein bevölkerungsstatistisch beschreiben, nie jedoch ohne Rückgriff auf soziologische Theorien verstehen.

1.3 Bevölkerungsfragen und Soziologie

Die Bevölkerungswissenschaft (Demographie) wird prinzipiell als interdisziplinäres Studien- und Forschungsgebiet verstanden. Tatsächlich lassen sich demographische Entwicklungen vielfach nur durch den gleichwertigen Einbezug von Statistik, Ökonomie, Soziologie und Geschichte erfassen und verstehen. Der soziologische Versuch, die gesellschaftliche Wirkung und Einbettung demographischer Prozesse zu untersuchen, kommt deshalb nicht ohne Berücksichtigung der Arbeiten anderer Fachrichtungen aus. Eine zu enge Definition und Einschränkung der Bevölkerungssoziologie ist zu vermeiden. Ein wichtiges Merkmal der modernen Bevölkerungssoziologie - im weitesten Sinne als gesellschaftstheoretische Diskussion und Analyse bevölkerungsstatistisch feststellbarer Entwicklungen zu verstehen - ist ihre disziplinübergreifende Perspektive.

Trotz der unbestreitbaren Bedeutung anderer Fachrichtungen (Statistik, Ökonomie, Anthropologie usw.) kann allerdings mit einigem Recht behauptet werden, dass im Rahmen der Bevölkerungswissenschaft der soziologischen Betrachtungsweise eine zentrale Bedeutung zukommt. Gerhard Mackenroth - einer der Klassiker der deutschen Bevölkerungslehre - stellt die Soziologie sogar explizit ins Zentrum: *„Das letzte Wort hat in der Bevölkerungslehre immer die Soziologie, und die Soziologie kann wiederum nicht betrieben werden ohne Einbeziehung der historischen Dimension."* (Mackenroth 1953: 111).

Mackenroth brachte damit zum Ausdruck, dass rein bevölkerungsstatistische Analysen 'strukturblind' sind. Da Bevölkerungsstatistiken von den gesellschaftlichen Rahmenbedingungen abstrahieren, sind sie für eine Erklärung demographischer Prozesse wenig geeignet. Endogene Modelle, die Bevölkerungsentwicklungen nur mit Hilfe demographischer Variablen zu erklären versuchen, sind gescheitert. Mackenroth ist gleichzeitig aber der Ansicht, dass Soziologie ohne historische Betrachtung nicht betrieben werden kann. Dies gilt besonders für die Bevölkerungssoziologie, da Bevölkerungsverhältnisse ihren Ursprung oft tief in der Vergangenheit haben bzw. demographische Prozesse sich erst allmählich und mit beträchtlicher Zeitverzögerung auf Sozialstruktur, Wirtschaft und Politik auswirken. Der deutsche Demograph Josef Schmid (1984) vertritt ebenfalls die Ansicht, dass die Beschäftigung mit Bevölkerungsgeschichte ein notwendiger Bestandteil der Bevölkerungssoziologie sei: „Es geht ihr aber dabei nicht um 'Historie', sondern vielmehr um bevölkerungsbezogene Erforschung vergangener Epochen, die für unsere Gegenwart besonders konstitutiv sind und die zum Gegenwartsverständnis wesentlich beitragen." (Schmid 1984: 18-19).

Die soziologischen Theorien (namentlich der Struktur-Funktionalismus, die Systemtheorie, der symbolische Interaktionismus), aber auch viele Gesellschaftsanalysen haben lange Zeit darauf verzichtet, die sogenannt 'physikalischen' Größen von Bevölkerung, Raum und Zeit systematisch in ihren Bezugsrahmen aufzunehmen. Dies führt zu einer Eingrenzung des Erklärungshorizonts, und nach Ansicht von Karl Ulrich Mayer (1989) tendiert eine Soziologie ohne Bevölkerungen, Raum und Zeit „zu einer aktualitätsheischenden Meinungsforschung oder bloßer Ideologiekritik." (257).

Nachdem die Soziologie einige Jahrzehnte demographische Größen vernachlässigt hat, „hat das Pendel zurückgeschlagen, und es hat sich gezeigt, dass die Kategorien der 'Bevölkerung' und des 'Bevölkerungsprozesses' und die damit zusammenhängenden Kategorien der 'Kohortenabfolge' und des 'Lebenslaufs' zu den unabdingbaren, zentralen und gegenwärtig fruchtbarsten theoretischen Kategorien der Soziologie zählen. An kaum einem anderen Gegenstandsbereich können die Verknüpfungen zwischen der Mikroebene individuellen Handelns, der Mesoebene sozialer Institutionen und der Makroebene des gesamtgesellschaftlichen Strukturwandels so anschaulich und berechenbar gemacht werden, wie bei den Verknüpfungen von sozio-ökonomischen und politischen Rahmenbedingungen, familialem Handeln und der Bevölkerungsentwicklung. Ohne die fundamentalen Einsichten in die Populationsdynamik und die demographische Entwicklung, nicht als Globaltrends, sondern als hochdifferenzierte Prozesse, kann die Soziologie also weder den gesellschaftlichen Wandel angemessen erfassen, noch einen Beitrag zu einer rationalen Fundierung der Gesellschaftspolitik leisten." (Mayer 1989: 259). So ist beispielsweise abweichendes Verhalten - von Verkehrsdelikten bis zu Einbruchsdiebstählen - in starkem Masse altersabhängig und mit der Altersstruktur einer Gesellschaft verknüpft (Greenberg 1985). Dasselbe gilt für Wanderungsbewegungen oder für den Bezug von (Alters)-Renten, wodurch Veränderungen der Altersstruktur - ihrerseits von Geburtenniveau und Überlebensordnung bestimmt - enorme sozialpolitische Bedeutung zukommt (vgl. Kap. 6).

Verstärkte Überlappungen

Seit den 1980er Jahren sind verstärkte Überlappungen zwischen Bevölkerungswissenschaft und Soziologie feststellbar, und zwar primär aus zwei Gründen:

Erstens erhielten die Sozialwissenschaften vermehrt Zugang zu anonymisierten Grunddaten der Statistik. Die Ausbreitung von Mikrozensus-Daten oder umfangreicher Paneluntersuchungen hat den traditionellen Unterschied zwischen Umfrageforschung und Bevölkerungsstatistik aufgehoben. Umgekehrt flossen die klassischen Methoden der Demographie vermehrt in die Soziologie ein. So werden heute auch in soziologischen Forschungsarbeiten häufig Kohortenunterschiede (= Verhaltensunterschiede zwischen Personen aus unterschiedlichen Geburtsjahrgängen) analysiert. Auch die sogenannte 'Ereignisanalyse' (d.h. die Benützung stochastischer Modelle für diskrete Ereignisse in kontinuierlicher Zeit) erfuhr einen deutlichen Aufschwung (vgl. Blossfeld, Hamerle, Mayer 1986; Diekmann, Mitter 1984).

Zweitens ergaben sich in konzeptueller und theoretischer Hinsicht deutliche Konvergenzen. Das wichtigste Beispiel ist die Entwicklung der Lebensverlaufsforschung, die traditionelle soziologische Forschungsfragen (wie z.B. Mobilitätsforschung) mit sozio-demographischen Fragen (z.B. Familiengründung, Migration) verbindet. Damit werden klassische demographische Konzepte (Geburtsjahrgang (Kohorte), Alter, generatives Verhalten, Sterblichkeit usw.) mit sozialwissenschaftlichen Konzepten (Lebenslauf, Familienzyklus, kritische Übergänge und Statuspassagen usw.) verknüpft (Behrens, Voges 1996; Mayer 1990). Eine Verknüpfung von demographischen und sozialwissenschaftlichen Ansätzen ist seit längerem auch im Bereich der historischen Familienforschung zu beobachten, wodurch die Beziehungen zwischen Geburtenentwicklung, Lebenserwartung und Familienstrukturen in verschiedenen Zeitepochen differenziert erfasst werden konnten (Sieder 1987). Auf gesellschaftstheoretischer Ebene haben Fragen zum Zusammenhang von Sozialstruktur und Reproduktion (Geburtenentwicklung, Generationenfolge) ebenfalls eine theoretische Weiterentwicklung erfahren (Featherman 1987). Heute genießen namentlich die Analysen der Zusammenhänge zwischen demographischer Alterung und sozialpolitischen Entwicklungen eine besondere Aktualität.

Insgesamt gelang und gelingt es der Soziologie - dank Verknüpfung von amtlicher Statistik und individuellen Daten einerseits, dank Verbindung von demographischen und soziologischen Konzepten andererseits - besser, die Wechselwirkungen zwischen individuellem Verhalten, gesellschaftlichem Wandel und demographischen Prozessen zu bestimmen. Damit kann die Gefahr sogenannter 'demographischer Fehlschlüsse' ('demographic fallacies') vermieden werden. Demographische Fehlschlüsse entstehen, wenn die differenzierten und komplexen Wechselwirkungen zwischen allgemeinen demographischen Entwicklungen und sozialem Verhalten von Individuen oder Gruppen ausgeblendet werden. Ein klassisches Beispiel ist die explizite oder implizite Gleichsetzung von 'demographischer Alterung' mit 'gesellschaftlicher Überalterung'. Ein anderes Beispiel ist die hie und da geäußerte Idee, Bevölkerungs- und Geburtenrückgang seien klare Anzeichen eines gesellschaftlichen Niedergangs. Demographische Fehlschlüsse - mit nicht selten gravierenden sozialpolitischen Auswirkungen - liegen auch vor, wenn aus der Zahl von Geburten direkt und linear der spätere Bedarf nach Studienplätzen abgeleitet wird; wenn aus der zunehmenden Zahl von Hochbetagten ohne Berücksichtigung intervenierender sozialer Variablen direkt auf einen zukünftigen 'Pflegenotstand' geschlossen wird, oder wenn eine Einwanderung ausländischer Menschen mit 'Überfremdung' gleichgesetzt wird, u.a.m.

2. Demographischer und gesellschaftlicher Wandel

2.1 Demographischer Wandel - zwischen Optimismus und Pessimismus

Es gab schon früh Versuche, Zusammenhänge zwischen demographischen und gesellschaftlichen Strukturen und namentlich zwischen Bevölkerungsentwicklung und Produktionsverhältnissen auszuarbeiten. Dabei wurde gemäß dem wissenschaftlichen Ideal des 18. und 19. Jahrhunderts versucht, allgemeingültige Bevölkerungsgesetze festzulegen (vgl. Cromm 1988: 132ff.). Ein 'Bevölkerungsgesetz', das bis heute nachwirkt, ist dasjenige von Thomas Robert Malthus (1766-1834). In einer zuerst 1798 publizierten anonymen Streitschrift und 1803 wissenschaftlich modifizierten Arbeit „Essay on the Principle of Population" stellte Malthus den gesellschaftsoptimistischen Standpunkten der damaligen englischen Sozialisten sein pessimistisches 'Vermehrungsgesetz' entgegen (Malthus 1798/1977, vgl. auch Birg 1989). Nach seiner Ansicht tendiert die Bevölkerung rascher anzuwachsen als die für ihr Überleben notwendigen Nahrungsmittel: „Die Bevölkerung wächst, wenn keine Hemmnisse auftreten, in geometrischer Reihe an. Die Unterhaltsmittel nehmen nur in arithmetischer Reihe zu." [Malthus 1977 (1798): 17]. Drei, für alle Völker und alle Zeiten als gültig betrachtete Grundsätze bilden das Kernstück seiner Bevölkerungstheorie:

a) Das Wachstum der Bevölkerung ist begrenzt durch die Unterhaltsmittel.

b) Die Bevölkerung vermehrt sich beständig, wenn die Subsistenzmittel wachsen, es sei denn, sie wird durch mächtige Hemmnisse daran gehindert, und:

c) Die allzu starke Tendenz der Bevölkerungsvermehrung über die Unterhaltsmittel hinaus wird durch Hemmnisse reguliert, die sich in 'Enthaltsamkeit', 'Laster' und 'Elend' gliedern.

In anderen Worten: Die Tendenz der Menschen, sich schneller zu vermehren als ihre Nahrungsmittelgrundlage, führt zu Laster und Elend; ein Elend, das in heutigen Worten ausgedrückt nur durch eine gezielte Bevölkerungseinschränkung vermieden werden kann. Das Bevölkerungsgesetz von Malthus war schon zu seinen Lebzeiten umstritten. Das von ihm postulierte Missverhältnis zwischen Bevölkerungswachstum und Nahrungsspielraum hat jedoch die öffentliche Diskussion immer wieder und bis heute geprägt, obwohl in den letzten zwei Jahrhunderten die Nahrungsbasis weltweit rascher angestiegen ist als die Bevölkerung. Hunger war und ist bis heute primär kein Bevölkerungsproblem, sondern ein Verteilungsproblem.

Seit Malthus wogt der Streit zwischen Bevölkerungspessimisten und Bevölkerungsoptimisten hin und her. Bevölkerungspessimisten gehen davon aus, dass ein starkes Bevölkerungswachstum Elend, soziale Desintegration oder einen ökologischen Zusammenbruch herbeiführt. Bevölkerungsoptimisten gehen umgekehrt davon aus, dass ein Bevölkerungswachstum wirtschaftliches Wachstum und technologische Innovationen stimuliert. Die Auseinandersetzungen zwischen mehr optimistischen und mehr pessimistischen Annahmen bestimmen nicht nur die Diskussionen um die Weltbevölkerungsentwicklung, sondern sie durchziehen nahezu alle bevölkerungssoziologischen Themenbereiche (Einwanderung, Geburtenrückgang, demographische Alterung).

Zu Beginn des 20. Jahrhunderts - und vor allem in den 1920er und 1930er Jahren - traten die Thesen von Malthus vorübergehend in den Hintergrund, als klar wurde, dass das rasche Bevölkerungswachstums Europas im 19. Jahrhundert keine 'Explosion' gewesen war, sondern eine Wachstumswelle, die zu verebben begann. In dieser Zeit wurden erstmals ein tiefes Geburtenniveau und eine steigende demographische Alterung zur Grundlage pessimistischer bevölkerungspolitischer Vorstellungen. In der Nachkriegszeit erhielten angesichts der raschen Zunahme der Bevölkerung in der Dritten Welt 'neo-malthusianische' Vorstellungen einen erneuten Auftrieb. Allerdings wird das Bevölkerungsgesetz von Malthus heute weniger als 'eherne Regel', sondern als Zukunftsproblem thematisiert, wobei teilweise auch diffuse Gegenwartsängste ihren Ausdruck finden. Im Vordergrund stehen heute vorwiegend ökologische Überlegungen (Vernichtung der natürlichen Lebensgrundlage, steigende Umweltbelastung).

Aus soziologischer Sicht ist vor allem die Feststellung bedeutsam, dass bevölkerungstheoretische Modelle und Analysen in starkem Masse von den jeweilig vorherrschenden sozial- und gesellschaftspolitischen Vorstellungen beeinflusst sind. Die gesellschaftliche Entwicklung berührt nicht nur den Zusammenhang von demographischem und sozialem Wandel, sondern auch die Wahrnehmung und Interpretation demographischer Prozesse. Diese Verknüpfung von wissenschaftlicher Analyse, sozialpolitischen Ideen und Zukunftsperspektiven ist auch bei den später angesprochenen Theorien zum demographischen Übergang feststellbar (vgl. Szreter 1993).

Bei bevölkerungssoziologischen Diskussionen stehen die gesellschaftlichen Konsequenzen quantitativer und qualitativer Veränderungen der Bevölkerung im Zentrum. Im Grunde geht es um den Versuch, quantitative Phänomene demographischer Art mit qualitativen Veränderungen der Gesellschaft zu verknüpfen. Dabei besteht - wenn nicht kritisch vorgegangen wird - die Gefahr einseitiger Kausalzuordnungen. Drei Sachverhalte müssen von vornherein betont werden:

a) *Die Folgen quantitativer demographischer Veränderungen (z.B. zahlenmäßige Zunahme der Zahl von Personen, erhöhter Anteil von älteren Men-*

schen) sind meist von gesellschaftlichen Rahmenbedingungen abhängig. Gesellschaftliche Machtverteilung, aber auch der Umgang einer Gesellschaft mit Wandel sind ebenso bedeutsame intervenierende Faktoren, wie die Modernität und das Wohlstandsniveau einer Gesellschaft. Vielfach sind nur konditionale Aussagen möglich, etwa in der Richtung, dass eine Bevölkerungsverschiebung sich nur dann auf die Lebenslage von Individuen auswirkt, wenn spezielle soziale, politische und wirtschaftliche Rahmenbedingungen vorhanden sind.

b) *Es handelt sich immer um Wechselbeziehungen, was eindeutige Kausalzuordnungen erschwert* (vgl. Abbildung 1). Daher sind die beobachtbaren Folgen demographischer Prozesse je nach gewähltem Zeithorizont unterschiedlich, da bei wechselseitigen Einflussprozessen kurz- und langfristige Folgen häufig variieren.

c) *Es existiert in keinem Bereich ein paradigmatischer Konsens.* Je nach theoretischem Ausgangspunkt wird etwa ein rasches Bevölkerungswachstum als positiver Einfluss auf Wirtschaftswachstum oder umgekehrt als Ursache von Verarmung wahrgenommen. Erschwert wird eine sachliche Diskussion durch eine lange Tradition kulturpessimistischer Strömungen, wodurch sowohl ein rasches Bevölkerungswachstum als auch eine schrumpfende oder rasch alternde Bevölkerung von vornherein negativ bewertet werden.

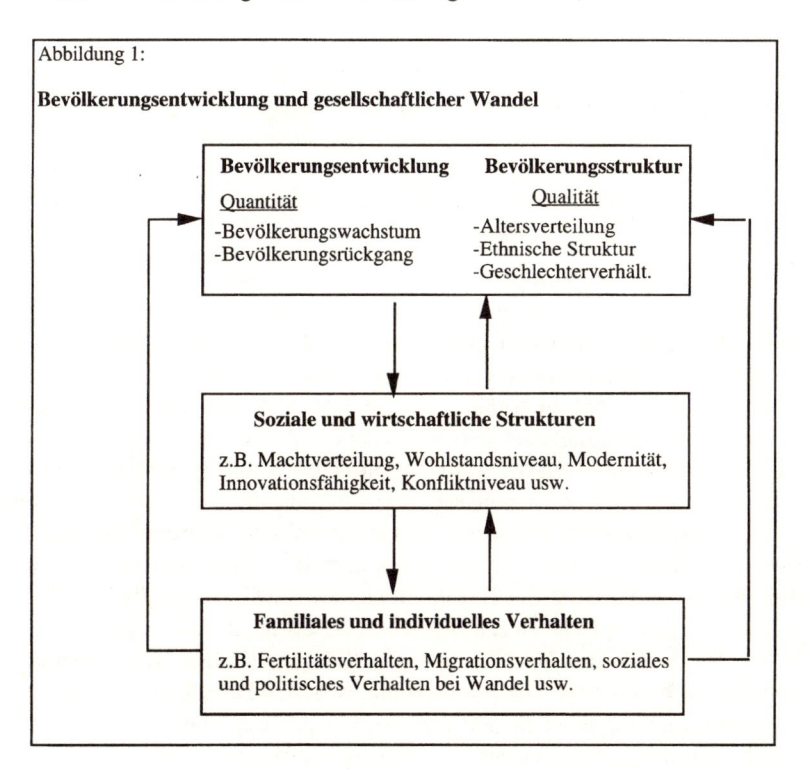

Abbildung 1:

Bevölkerungsentwicklung und gesellschaftlicher Wandel

Bevölkerungsentwicklung
Quantität
-Bevölkerungswachstum
-Bevölkerungsrückgang

Bevölkerungsstruktur
Qualität
-Altersverteilung
-Ethnische Struktur
-Geschlechterverhält.

Soziale und wirtschaftliche Strukturen
z.B. Machtverteilung, Wohlstandsniveau, Modernität, Innovationsfähigkeit, Konfliktniveau usw.

Familiales und individuelles Verhalten
z.B. Fertilitätsverhalten, Migrationsverhalten, soziales und politisches Verhalten bei Wandel usw.

2.2 Entwicklung der Weltbevölkerung

Die historischen Angaben zur Bevölkerungsentwicklung der Welt oder einzelner Regionen sind oft unzuverlässig, und historische Quellen tendieren dazu, die Bevölkerung von Städten oder die Verluste bei Schlachten zu übertreiben. Zuverlässige Volkszählungen im heutigen Sinne existieren für die meisten Länder höchstens für die letzten 100 oder 150 Jahre, wenn überhaupt. Selbst heute ist man bei verschiedenen afrikanischen und asiatischen Ländern auf Schätzwerte angewiesen. Die angeführten Angaben zur Entwicklung der Weltbevölkerung sind - zumindest für die Zeit vor 1950 - höchstens grobe Schätzungen, die einerseits auf einer kritischen Analyse verfügbarer historischer Quellen und andererseits auf demographischen Modellberechnungen basieren (vgl. Tabelle 1).

Gemäß den Modellberechnungen von Rolf Krengel (1994) erreichte die menschliche Bevölkerung - schon lange nur aus anatomisch modernen Menschen bestehend - die erste Million bereits rund 13'000 bis 14'000 Jahre vor Ende der Altsteinzeit. „Die Grundlage für die Probleme des 21. Jahrhunderts wurde ohne Zweifel bereits in der Altsteinzeit gelegt: Alle Menschenarten bis auf eine starben aus. Die überlebende Art des anatomisch modernen Menschen überstand die Altsteinzeit und steigerte die Geburtenüberschüsse - von gelegentlichen regionalen Abnahmen durch Seuchen und Kriege abgesehen - ständig: Die Weltbevölkerung schrumpfte im Weltmaßstab niemals." (Krengel 1994: 16).

Aufgrund des lange Zeit vorherrschenden demographischen Regimes (hohe Säuglingssterblichkeit, geringe Lebenserwartung) und der geringen wirtschaftlichen Produktivkraft wuchs die Bevölkerung nur langsam an. Regional wurde die Bevölkerung durch tödliche Epidemien und Hungersnöte zeitweise immer wieder reduziert. Auch kriegerische Ereignisse und Nomadeneinfälle dezimierten die Bevölkerung ganzer Landstriche, teilweise auf lange Zeit.

Für den Beginn unserer Zeitrechnung wird die Weltbevölkerung auf zwischen 200 bis 250 Mio. Menschen geschätzt, wobei schätzungsweise 60 Mio. im damaligen chinesischen Großreich lebten (Sun 1991: 40). Mit dem Untergang des Römischen Reichs sank die Bevölkerung in weiten Teilen Europas, um sich erst im Hochmittelalter wieder zu erholen. Die Beulenpest dezimierte die Bevölkerung Europas im Spätmittelalter zeitweise massiv, aber die pestbedingten Bevölkerungsverluste wurden rasch wettgemacht. Trotz geringer Siedlungsdichte waren damals verschiedene Regionen Europas 'überbevölkert', wenn Übervölkerung als Ungleichgewicht zwischen Einwohnerzahl und Nahrungsproduktion definiert wird. Auch in China - einem schon damals vergleichsweise dicht besiedelten Reich - fluktuierte die Bevölkerungszahl stark. „Wenn die Bevölkerungsgröße die ökonomische Belastbarkeit der Gesellschaft überschritten hatte, wurde das Wachstum der Bevölkerung von Kriegen, Hunger, Katastrophen, Epidemien usw. beschränkt. Die Entwicklung zwischen Bevölkerung und Umwelt war denn auch ein beweglicher Veränderungsprozess: vom Gleichgewicht zum Ungleichgewicht, dann wieder zum Gleichgewicht usw." (Sun 1991: 45).

Bis 1650 war die Weltbevölkerung trotz großen periodischen Fluktuationen je nach Schätzung auf 470 bis 545 Mio. Menschen angestiegen (d.h. zehnmal weniger als heute). Auch im 17. Jahrhundert lebte die Mehrheit der Menschen in Asien, namentlich in den durchorganisierten und teilweise dichtbesiedelten asiatischen Großreichen (Japan, China, osmanisches Reich, Mogul-Reich). Nordamerika dagegen wies weitgehend noch eine geringe Siedlungsdichte auf. Afrika und Europa waren bevölkerungsmäßig in etwa gleich stark (vgl. Tabelle 2). Europa war in viele sich kriegerisch bekämpfende Staaten zersplittert. Vor allem Deutschland war nach den Wirren des 30jährigen Krieges in weiten Teilen verwüstet und seine Bevölkerung verarmt und dezimiert.

Aus der Sicht chinesischer oder indischer Herrscher war es damals unvorstellbar, dass sich dieser zersplitterte und rückständige Kontinent schon bald zur weltbeherrschenden Macht entwickeln würde; einer Macht, die aufgrund technologisch-militärisch-wirtschaftlicher Modernisierung nach und nach sowohl die Produktionskräfte als auch die demographischen Strukturen irreversibel und global verändern würde.

Gegen Ende des 17. Jahrhunderts wurde die erste langfristige Bevölkerungsprognose formuliert: Gregory King (1648-1712) - der sich in der damals populären Kunst der politischen Arithmetik übte - prognostizierte 1695 für das Jahr 1980 die damals nahezu unglaubliche Zahl von 750 Mio. Menschen. King errechnete zudem, dass, wenn die Erde vollständig bevölkert sei, sie 6.2 Mrd. Menschen Platz bieten würde; eine Zahl, die er jedoch erst für eine sehr ferne Zukunft verwirklicht sah. King's Prognosen blieben damals ohne Resonanz, und sie wurden erst 1974 in einem Archiv neu entdeckt (Freijka 1983: 75).

Bis 1750 war die Weltbevölkerung schon auf gut 790 Mio. angestiegen - King's Prognose für 1980 war damit schon übertroffen -, und zu Beginn des 19. Jahrhunderts lebten rund 900 Mio. Menschen auf der Erde. Die damalige Verdoppelungszeit betrug rund 170 Jahre, das heisst gemäß damaligen Verhältnissen wäre eine Verdoppelung der Erdbevölkerung erst für 1970 zu erwarten gewesen.

Im 19. Jahrhundert beschleunigte sich das Bevölkerungswachstum allerdings deutlich, namentlich in Europa, wo Agrarmodernisierung, der Durchbruch zentralstaatlicher Ordnungssysteme und eine rasche industrielle Entwicklung zu einem allmählichen Zurückdrängen des vorzeitigen Todes führten. Der Anteil Europas (inkl. Russland) an der Weltbevölkerung stieg zwischen 1800 und 1900 von rund 21% auf 26%. Gleichzeitig wurde ein nicht unwesentlicher Teil des europäischen Geburtenüberschusses nach Übersee 'exportiert', was auch in weiten Teilen Nordamerikas, Lateinamerikas, Australiens und Südafrikas zu raschem Bevölkerungswachstum beitrug (vgl. Kap. 4.3.2).

Schwarzafrika erfuhr hingegen schon ab dem 17. Jahrhundert einen relativen Abstieg, vor allem in jenen Gebieten, wo der Sklavenhandel wütete. Zwischen dem 17. und 18. Jahrhundert wurden ungefähr 8 Mio. Schwarze als Sklaven nach Amerika verschleppt. Zur gleichen Zeit wurden weitere 8 Mio. afrikanische Kinder, Frauen und Männer von muslimischen Sklavenhändler eingefangen. Insgesamt erlebte Afrika in diesen zwei Jahrhunderten eine erzwungene Auswanderung von gegen 16 Mio. Menschen, mit der Folge, dass ganze Gebiete entvölkert wurden und gutorganisierte afrikanische Zivilisationen zusammenbrachen. Mit der Aufteilung Afrikas auf die europäischen Kolonialmächte im Verlaufe des 19. Jahrhunderts wurde die soziale und kulturelle Eigenentwicklung des Kontinents für lange Zeit unterbrochen.

Wachstum der Weltbevölkerung im 20. Jahrhundert

Zu Beginn des 20. Jahrhunderts war die Weltbevölkerung auf 1.6 Mrd. angestiegen. Europa befand sich auf der Höhe seiner globalen Macht und kolonialen Arroganz. In weiten Teilen Europas und Nordamerikas hatten sich industrielle Produktions- und Lebensweisen weitgehend durchgesetzt, und gleichzeitig hatte der Übergang von hoher zu tiefer Geburtenhäufigkeit eingesetzt. Die von Europa und Nordamerika ausgehenden technisch-industriellen Innovationen begannen sich allmählich weltweit durchzusetzen. Japan war das erste asiatische Land, das die technisch-industrielle Produktionsweise des Westens ohne Aufgabe seiner eigenen staatlichen und kulturellen Eigenständigkeit zu übernehmen vermochte.

Trotz des hohen Blutzolls, den zwei Weltkriege verursachten, wuchs die Bevölkerung der Erde in der ersten Hälfte des 20. Jahrhunderts weiter rasch an, namentlich in Nordamerika, Lateinamerika und weiten Teilen Asiens, um 1950 rund 2.5 Mrd. Menschen zu erreichen. Einzig in Europa begann sich das Bevölkerungswachstum aufgrund sinkender Geburtenhäufigkeit zu reduzieren. Entsprechend sank der Bevölkerungsanteil Europas (inkl. Russland) zwischen 1900 und 1950 von 26% auf 23% der Weltbevölkerung. Auch nach 1945/50 verschob sich das Bevölkerungswachstum immer mehr in die Länder außerhalb Europas, und heute beträgt der Anteil Europas noch rund 13% der Weltbevölkerung.

Vor allem in weiten Teilen Lateinamerikas, Asiens und Afrikas wurden nach 1950 neue Wachstumsrekorde erreicht, und um 1987 wurde die 5 Mrd. Grenze überschritten. *Heute wissen wir, dass die starke Vermehrung der Bevölkerung keineswegs wegen der Zunahme der Geburtenraten, sondern trotz ihrer Abnahme zustande kam.* Diese Tatsache „wird nach wie vor von Politikern und von Regierungen kaum beachtet. Die Erklärung: Die Todesraten nahmen zwar in den Industrieländern seit 1950 kaum ab, jedoch in den Ländern der Dritten Welt umso mehr." (Krengel 1994: 29). Die außerordentlich rasche Abnahme der Sterblichkeitsziffern in den Entwicklungsländern - darunter auch der Säuglings- und Kindersterblichkeit - von 24 auf 10 Todesfälle pro 1000 Menschen (1950/55 bis 1985/90) war die entscheidende Ursache für einen weltweit zuvor niemals erreichten Geburtenüberschuss von 1.86% der Weltbevölkerung (Jahresdurchschnitt 1945 bis 1990). Dies widerspiegelte mindestens teilweise auch ein Ungleichgewicht technologisch-kultureller Diffusionsprozesse, da sozial-medizinische Innovationen zur Reduktion von Säuglings- und Kindersterblichkeit weltweit rascher und durchgehender übernommen wurden als moderne Methoden der Geburtenplanung.

Mittlerweile erfuhr die Erde einen deutlichen Geburtenrückgang, wobei sich je nach Region weiterhin deutliche Niveauunterschiede zeigen. 1990/95 lag die durchschnittliche Geburtenzahl in Lateinamerika und Asien noch bei über 3 Geburten pro Frau, in Ozeanien lag sie bei 2.5 und in Afrika bei 5.8 Geburten pro Frau. Nordamerika liegt mit 2 Geburten je Frau gegenwärtig knapp unter dem Bestandeserhaltungsniveau, und Europa befindet sich mit 1.8 Geburten pro Frau auf dem Weg zu einer schrumpfenden Bevölkerung (Höhn 1996).

Zukunftsperspektiven

Da die Weltbevölkerung auch gegen Ende des 20. Jahrhunderts einen pyramidenförmigen Altersaufbau aufweist, wird sie selbst bei beschleunigtem Geburtenrückgang in Asien, Afrika oder Lateinamerika einige Jahrzehnte weiter anwachsen. „Die Bedeutung der gegebenen Altersstruktur, ..., wird oft ignoriert. Sie bewirkt das, was Demographen die demographische Trägheit oder den demographischen Schwung nennen. D.h., Veränderungen des Geburten- und/oder Sterblichkeitsniveaus und der Wanderungsbewegungen der vergangenen 100 Jahre sind in der gegebenen Altersstruktur eingeschrieben und determinieren für Jahrzehnte die weitere Bevölkerungsentwicklung:

− Wegen der jungen, pyramiden- oder pagodenförmigen Altersstruktur in den Entwicklungsländern muss deren Bevölkerung trotz auch starken Rückgangs der durchschnittlichen Geburtenzahlen je Frau noch ein bis zwei Jahrzehnte wachsen, manchmal auch bis zu 50 Jahren, da die Stärke der nachwachsenden Generationen mittels des Altersstruktureffekts der 15 bis 49jährigen Frauen und des angenommenen Geburtenniveaus (Geburten je Frau) bestimmt wird.

− Analog ergibt sich eine Bevölkerungsschrumpfung und -alterung, wenn die Kinder- und Jugendlichengenerationen/-kohorten bereits zahlenmäßig aufgrund niedrigem Geburtenniveau in den vergangenen Jahrzehnten kleiner sind als die Elterngenerationen, selbst wenn angenommen wird, dass das zukünftige Geburtenniveau steigt.

Für 20 Jahre determiniert die gegebene Altersstruktur ganz erheblich die zukünftige Bevölkerungsentwicklung." (Höhn 1996:172). Gegenwärtig nimmt die Weltbevölkerung jährlich um mehr als 90 Mio. Menschen zu. Dies sind über zehn Mio. Menschen mehr als im vereinten Deutschland leben.

Tabelle 1
Entwicklung der Weltbevölkerung seit der Jungsteinzeit

Jahr:	Weltbevölkerung in Mio.	Andere Schätzungen	Weltbewohner je 1000 km² bewohnbare Landfläche
Vor Christus			
8000	7		
3000	28		
2000	47		
1000	87		
1 AD	215	200-250	2'260
Nach Christus			
500	260		2'740
1000	310	250	4'740
1200	370	400	
1400	410	375	
1500	450		4'740
1600	510	470-545	
1700	610	680	
1800	900	813-1'125	9'530
1850	1170	1241	
1900	1665	1'550-1'762	17'530
1950	2514	2530	26'470
1990	5295		55'700
2000	6251	6158 UN-Schätzung 1994	65'800
2020	8062 (Projektion)		
2050	10320 (Projektion)		

Absoluter und relativer Geburtenüberschuss der Weltbevölkerung seit Auftreten des modernen Menschen

	Geburtenüberschuss	
Periode	Absolut (in Mio.)	Jahresdurchschnittlich je 1 Mio. Menschen
100'000BC-1 AD	+ 215	+ 149
1 AD- 1000	+ 95	+ 366
1000-1500	+ 140	+ 746
1500-1650	+ 95	+ 1278
1650-1900	+ 1120	+ 4777
1900-1945	+ 645	+ 7303
1945-2000	+ 3940	+ 18265
2000-2100 (projekt.)	+ 5950	+ 6709

Quelle: Krengel 1994: Weltbevölkerung: S. 115f., bewohnte Landfläche: S. 53, Geburtenüberschuss S. 44. Zahlen vor 1900 basieren einerseits auf Modellrechnungen und andererseits auf Schätzungen gemäß verfügbaren historischen Quellen. Andere Schätzungen: vgl. Biraben 1979, Demeny 1984.

Der 'demographische Schwung' führt nach Bevölkerungsszenarien der UNO nahezu unvermeidbar von derzeit 5.9 Mrd. Menschen (1996) bis zum Jahre 2050 zu mindestens 7.9 Mrd. Menschen (Annahme: weltweiter Rückgang des Geburtenniveaus von 3.3 (1990/95) auf 1.7 Geburten je Frau). Bei Reduktion auf nur 2.1 Geburten ergeben sich nach UN-Projektionen sogar 9.8 Mrd., und bei 2.3 Geburten 11.9 Mrd. Menschen (UN 1995). Das schnellste Wachstum wird für Afrika erwartet, wogegen die Bevölkerungszahl in vielen Ländern Europas entweder stagniert oder allmählich absinkt. Sozialpolitisch ist vor allem die Tatsache brisant, dass in den letzten Jahrzehnten und voraussichtlich auch in den kommenden Jahrzehnten die Bevölkerung in den ärmeren Regionen der Welt (den sogenannten 'Entwicklungsländern') rascher anwächst als in den hochentwickelten Ländern. Selbst bei rascher wirtschaftlicher Entwicklung und sozialer Modernisierung vieler 'Entwicklungsländer' verschärft sich das Problem wirtschaftlicher Ungleichheiten zusätzlich (vgl. Birg 1996).

Neben weltweit wachsender Bevölkerung ist aufgrund des Rückgangs des globalen Geburtenniveaus in den nächsten Jahrzehnten zwangsläufig auch eine verstärkte demographische Alterung der Weltbevölkerung unvermeidbar. Der Anteil älterer Menschen nimmt in allen Kontinenten zu, wobei die demographische Alterung umso rascher verläuft, je schneller und radikaler sich der Wandel von hoher zu geringer Geburtenhäufigkeit vollzieht (vgl. Kap. 6).

Tabelle 2
Bevölkerungsentwicklung nach Kontinenten

	Bevölkerungszahlen in Mio.				
	1650	1950	1975	2000	2025
Europa/Russland*	103	572	728	821	886
Nordamerika	1	166	237	306	361
Lateinamerika	12	164	324	523	701
Afrika	100	219	401	856	1583
Asien	327	1367	2256	3691	4900
Ozeanien	2	13	22	31	41
	Bevölkerungsverteilung in %				
	1650	1950	1975	2000	2025
Europa/Russland*	18.9	22.9	18.3	13.2	10.4
Nordamerika	0.2	6.6	6.0	4.9	4.3
Lateinamerika	2.2	6.6	8.2	8.4	8.3
Afrika	18.3	8.8	10.1	13.7	18.7
Asien	60.0	54.6	56.8	59.3	57.8
Ozeanien	0.4	0.5	0.6	0.5	0.5

* Europa/Russland: hier inkl. asiatischer Teil der ehemaligen Sowjetunion. Neueste UN-Publikationen haben nach 1994 die Gebietszuordnung geändert (und die asiatischen Nachfolgestaaten wurden neu Asien zugeteilt).
Quellen: United Nations 1973, Demeny 1984, Höhn 1996.
2025: mittlere Variante der UN-Bevölkerungsvorausschätzungen

2.3 Zu den Konsequenzen eines raschen Bevölkerungswachstums

Ein rasches Wachstum der Bevölkerung hat unzweifelhaft soziale, wirtschaftliche und ökologische Konsequenzen. Eine kontinuierliche Wachstumsrate der Bevölkerung von 2% impliziert, dass sich die Bevölkerung innert 35 Jahren verdoppelt, bei 3% braucht es 23 Jahre, und bei 4% jährlichem Bevölkerungswachstum verdoppelt sich die Bevölkerung innert 17 Jahren. Zu den gesellschaftlichen Auswirkungen eines raschen Bevölkerungswachstums bestehen allerdings gegensätzliche Ansichten, und bei der Frage nach den Konsequenzen raschen Bevölkerungswachstums bewegt man sich in einem wahren Minenfeld unterschiedlicher Argumente und Gegenargumente. Angesichts der rasanten Zunahme der Weltbevölkerung überwiegen heute pessimistische (Zukunfts)- Vorstellungen. Seit den Diskussionen zu den „Grenzen des Wachstums" wird ein rasches Bevölkerungswachstum noch negativer beurteilt, und es wird teilweise als wichtige Ursache für Kriege, Hunger, Armut, Umweltzerstörung und künftige Energieknappheit wahrgenommen. Auf der Gegenseite existiert eine lange wirtschaftspolitische Tradition, die davon ausgeht, dass wirtschaftliches Wachstum und Bevölkerungswachstum wechselseitig positiv verhängt sind, wodurch sich eine stationäre oder schrumpfende Bevölkerung 'wachstumshemmend' auswirke. Die gegensätzlichen Argumentsweisen hängen mit unterschiedlichen theoretischen Annahmen zu wirtschaftlichem und gesellschaftlichem Wandel zusammen (Johnson, Lee 1987; McNicoll 1984). Aus soziologischer Sicht ist anzuführen, dass die Auswirkungen eines raschen Bevölkerungswachstums auf Wirtschaftswachstum und gesellschaftliche Entwicklungen durch die spezifischen wirtschaftlichen und gesellschaftlichen Rahmenbedingungen eines Landes bzw. einer Region bestimmt werden. Wir haben es mit interaktiven Zusammenhängen zwischen quantitativen Größen (mehr Personen) und qualitativen sozialen und ökonomischen Faktorenkombinationen zu tun, wie dies in Abbildung 2 schematisch illustriert wird:

Je nach ökonomischen, ökologischen und technologischen Ressourcen sowie sozialen, kulturellen und politischen Verhältnissen kann gleiches (quantitatives) Bevölkerungswachstum positive oder negative Folgen für die weitere gesellschaftliche Entwicklung und die Lebenslage der Bevölkerung aufweisen. Zur Erleichterung der Argumentation werden die möglichen Folgen raschen Bevölkerungswachstums unter drei Stichworte subsummiert:

a) *Konkurrenz um Ressourcen*, ausgehend von der Idee, dass mehr Personen eine verschärfte Konkurrenz um knappe Mittel (Boden, Nahrung, Wohnungen, Geld usw.) bedeuten. Rasches Bevölkerungswachstum führt gemäß dieser Argumentation zur Verknappung von Ressourcen und zu verstärkten Verteilungsproblemen (Verknappungs-These).

b) *Innovationen und neue Impulse:* Gemäß dieser Argumentation führt Bevölkerungswachstum direkt oder indirekt zu innovativen Anpassungen, um den

Lebensstandard einer wachsenden Bevölkerung zu erhalten (z.B. höhere Produktivität, rationellere Nutzung von Ressourcen). Damit wird die gesellschaftliche Entwicklung in positiver Weise gefördert (Innovations-These).

c) *Sozialpolitische Anpassungsprozesse:* Aufgrund eines raschen Bevölkerungswachstums geraten bisherige soziale, politische und administrative Strukturen unter verstärkter Belastung. Resultat sind eine Überforderung bisheriger Strukturen und verstärkte Konflikte, was früher oder später eine Anpassung der Strukturen an die neuen Verhältnisse erzwingt. Kurz- und langfristige Folgen eines raschen Bevölkerungswachstums haben deshalb unterschiedliche Vorzeichen (Transitions-These).

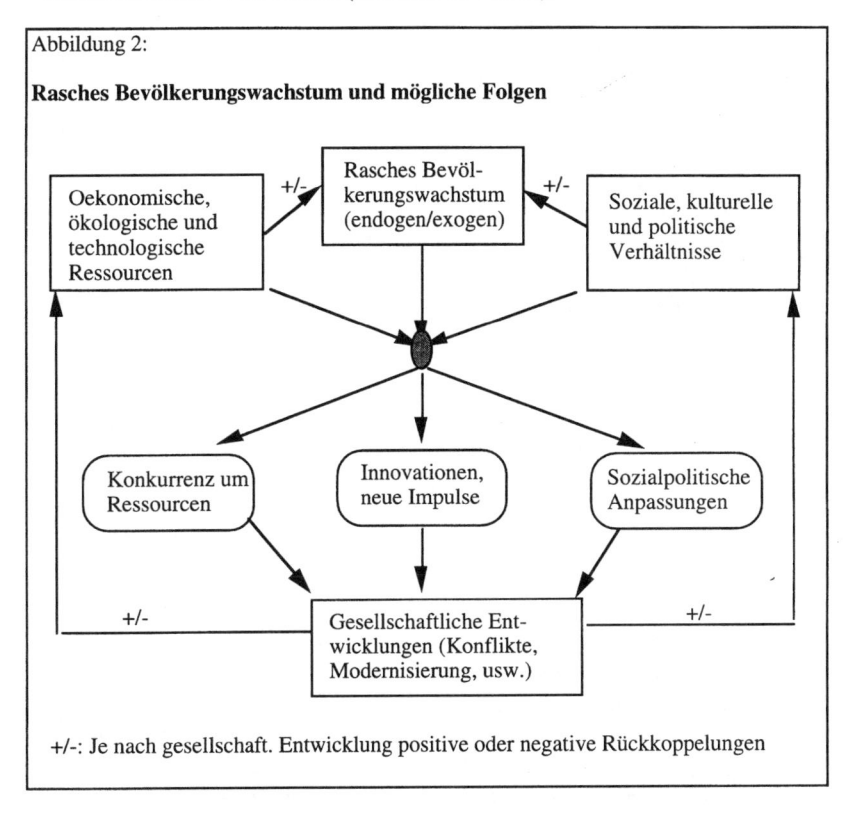

Abbildung 2:

Rasches Bevölkerungswachstum und mögliche Folgen

```
┌─────────────┐  +/-  ┌─────────────┐  +/-  ┌─────────────┐
│ Oekonomische,│ ───→ │ Rasches Bevöl-│ ←─── │Soziale, kulturelle│
│ ökologische und│     │kerungswachstum│     │ und politische │
│ technologische│     │(endogen/exogen)│     │ Verhältnisse │
│ Ressourcen  │      └─────────────┘      └─────────────┘
└─────────────┘            ↓
                    ┌──────┼──────┐
                    ↓      ↓      ↓
         ┌──────────┐ ┌──────────┐ ┌──────────┐
         │Konkurrenz um│ │Innovationen,│ │Sozialpolitische│
         │ Ressourcen │ │neue Impulse│ │ Anpassungen │
         └──────────┘ └──────────┘ └──────────┘
               ↓           ↓           ↓
    +/-     ┌───────────────────────┐     +/-
            │Gesellschaftliche Ent- │
            │wicklungen (Konflikte, │
            │Modernisierung, usw.)  │
            └───────────────────────┘
```

+/-: Je nach gesellschaft. Entwicklung positive oder negative Rückkoppelungen

Sozio-ökonomische Aspekte

Eine besonders lange Tradition genießt die Diskussion um den Zusammenhang von Bevölkerungs- und Wirtschaftswachstum. Ob rasches Bevölkerungswachstum wirtschaftliches Wachstum positiv oder negativ beeinflusst bzw. ob die Wirkung in der Richtung verläuft, dass wirtschaftliches Wachstum die Wachstumsrate der Bevölkerung determiniert, sind Fragestellungen, die immer wieder die Aufmerksamkeit von Forschern und der Öffentlichkeit fanden (Razin, Sadka 1995: 183).

Aus ökonomischer Sicht existiert eine ganze Reihe von Argumenten, um einen negativen Einfluss einer raschen Bevölkerungszunahme auf die wirtschaftliche Entwicklung zu postulieren (vgl. Kelley 1988): Jeder zusätzlicher Mensch ist ein zusätzlicher Konsument wirtschaftlicher Ressourcen. Vor allem ein hohes Geburtenniveau belastet die Wirtschaft gemäß dieser Argumentation in mehrfacher Hinsicht: Kinder müssen ernährt werden, ohne dass sie selbst produktiv sind; ihre Erziehung bringt Aufwendungen, die sich - wenn überhaupt - erst später auszahlen usw. Zusätzliche Menschen belasten auch die vorhandenen Infrastrukturen. Ein Bevölkerungswachstum von jährlich 3% absorbiert etwa 9 bis 12% des Nationaleinkommens allein schon, um vorhandene Infrastrukturen (z.b. Wasserzufuhr, Verkehrsmittel, Bildung, Gesundheit, Abwässer) auf dem gleichen Niveau zu halten. Gleichzeitig erhöht eine wachsende Bevölkerung die Konkurrenz um knappe Ressourcen (Kapital, Land, Energie usw.). Bei rasch wachsender Arbeitsbevölkerung erhöht sich die Konkurrenz um Arbeitsplätze, mit der Folge, dass das Lohnniveau sinkt. Sofern das Wirtschaftswachstum geringer ausfällt als das Bevölkerungswachstum ergibt sich langfristig eine Verarmung der Bevölkerung. Ausgangspunkt aller Modelle, die einen negativen Effekt raschen Bevölkerungswachstums auf die wirtschaftliche Entwicklung postulieren, ist das Knappheitspostulat (spezifische Güter und Ressourcen sind begrenzt und nicht beliebig vermehrbar).

Es gibt umgekehrt allerdings eine Reihe von Argumenten, um einen positiven Zusammenhang zwischen Bevölkerungs- und Wirtschaftswachstum zu postulieren: Jede zusätzliche Person stimuliert als Konsument zusätzliches wirtschaftliches Wachstum, und größere Märkte erleichtern es, von Größenvorteilen zu profitieren. Eine wachsende Bevölkerung stimuliert zudem technischen Fortschritt und weitere Produktionserhöhungen. Nach Meinung von Julian Simon impliziert eine größere Bevölkerung eine entsprechend größere Produktion von Wissen (Simon 1981: 210). Dabei wird auf historische Beispiele verwiesen, wo rasches Bevölkerungswachstum - vor allem in Städten - und rasche industriell-technische Entwicklung und gesellschaftliche Modernisierung wechselseitig verknüpft waren: „Das Bevölkerungswachstum hat nicht nur in der Landwirtschaft den Willen und die Bereitschaft der Menschen, neue Technologien zu erforschen und einzuführen, gefördert. Auch der Industrialisierungsprozess kann als Reaktion auf das Bevölkerungswachstum und die gestiegene Bevölkerungsdichte interpretiert werden." (Steinmann 1984: 26).

Der kausale Effekt verschiedener demographischer Wachstumsraten auf wirtschaftliches Wachstum während der Industrialisierung wurde allerdings selten genau überprüft, mit einer gewichtigen Ausnahme: Eine empirische Analyse der Entwicklung des modernen Japans nach der Meiji-Restauration von 1868 zeigt zum Beispiel, dass die quantitativen Bevölkerungsfaktoren kaum von entscheidender Bedeutung waren. Sozio-politische und institutionelle Faktoren erwiesen sich als Stimulanten des enormen wirtschaftlichen Entwicklungssprungs Japans als weit entscheidender. Nach den Modellrechnungen hätte im übrigen selbst ein verdreifachtes Bevölkerungswachstum des damaligen Japans den wirtschaftlichen Entwicklungssprung des Landes nicht verhindert (Kelley, Williamson 1974).

Sozio-politische und sozio-ökonomische Rahmenbedingungen erweisen sich somit als Ursachen oder umgekehrt als Verhinderungsfaktoren für eine rasche wirtschaftliche Entwicklung und gesellschaftliche Modernisierung allgemein als entscheidender als demographische Faktoren. Dies gilt auch für die Nachkriegsentwicklung sogenannter Dritt-Welt-Länder. So ist für Entwicklungsländer die Beziehung zwischen Bevölkerungswachstum und Wirtschaftswachstum für die Periode 1950-1980 insgesamt gesehen nahezu null (Chesnais 1985). Auch Kelley (1988) fand für Entwicklungsländer während der Periode 1970-1981 keine direkte Korrelation zwischen Bevölkerungswachstum und der Zunahme des Pro-Kopf-Einkommens. In einer weiteren empirischen Analyse von 120 Ländern unterschiedlicher Entwicklungsniveaus zeigte sich für die Periode 1965-1987 hingegen eine negative Korrelation von -0.27 zwischen Bevölkerungszunahme und Anstieg des Pro-Kopf-Einkommens (allerdings mit breiter Streuung der beiden Zuwachsraten) (vgl. Razin, Yuen 1993). Im Detail wurde deutlich, dass vor allem in armen und wirtschaftsschwachen Ländern, die aus anderen Gründen (schlechte politische Rahmenbedingungen usw.) Wachstumsprobleme aufweisen, ein rasches Bevölkerungswachstum als zusätzliche Bremse wirkt und die Probleme der Unterbeschäftigung verschärft. In solchen Ländern wird teilweise auch die wirtschaftliche und soziale Modernisierung durch ein rasches Bevölkerungswachstum verzögert, etwa weil mehr Leute in der Landwirtschaft oder marginalen Dienstleistungen tätig bleiben. Dabei ist zu beachten, dass hohe Geburtenhäufigkeit - und damit starkes Bevölkerungswachstum - selbst die Folge wirtschaftlicher Unterentwicklung und fehlender Modernisierung sein kann. Andreas Kopp (1996) gelangt bei seiner vergleichenden Analyse von Entwicklungsländern zum Schluss, „dass es keine direkte Beziehung zwischen dem Bevölkerungswachstum und der Zunahme des Pro-Kopf-Einkommens gibt, sondern dass ein starkes Bevölkerungswachstum auf dem Fehlen der Voraussetzungen für ein sich selbst tragendes Wachstum in den Ländern der Dritten Welt basiert und daher ein Symptom, nicht Ursache der wirtschaftlichen Unterentwicklung ist." (S. 25).

Denkbar sind allerdings mehr indirekte Effekte eines raschen Bevölkerungswachstums, die sich aus einer verzögerten Anpassung sozialpolitischer und administrativer Systeme oder aus machtpolitisch bedingten Resistenzen gegenüber Umverteilungen ergeben. Rasches Bevölkerungswachstum - analog wie rascher sozialer Wandel und rasche ökonomische Entwicklung - vermag Anpassungsprobleme zu verschärfen. Bevölkerungszunahme kann zwar technologisch-soziale Innovationen stimulieren, sie kann aber auch dazu führen, dass bestehende institutionelle Strukturen (z.B. politische und administrative Systeme) schlicht überfordert werden. Eine Wachstumsrate, die innerhalb einer Generation - in Städten teilweise innerhalb einer Dekade - zur Verdoppelung der Bevölkerung führt, kann zur permanenten Überbeanspruchung des politischen und administrativen Systems eines Landes beitragen (McNicoll 1984: 217). Dies gilt vor allem für zentralisierte politisch-administrative Systeme, die mehr nach Gesichtspunkten der Machterhaltung als nach Effizienzkritierien organisiert sind.

Rasches Bevölkerungswachstum kann auch sozio-ökonomische Disparitäten zwischen Regionen oder Bevölkerungsgruppen zumindest vorübergehend verstärken. In diesem Rahmen wird etwa die These vertreten, dass rasches Bevölkerungswachstum zu verstärkter Einkommensungleichheit beiträgt, weil sich mit raschem Wachstum der Bevölkerung das Verhältnis zwischen Löhnen und Grundrenten verschiebe: Die verstärkte Konkurrenz um Arbeitsplätze führe zu sinkendem Lohnniveau, gleichzeitig erhöhe sich die Nachfrage nach Boden bzw. Wohnraum, was zu entsprechenden Preissteigerungen führe. Arme Bevölkerungsgruppen, die nur ihre Arbeitskraft anzubieten hätten, seien die Verlierer, wogegen die Grundeigentümer zu den Gewinnern zählten. In einigen internationalen Vergleichen wurde tatsächlich eine positive Korrelation zwischen der Zuwachsrate der Bevölkerung und Indikatoren von Einkommensungleichheit beobachtet. Eine genauere Analyse vorhandener Studien und Daten lässt allerdings kaum eindeutige demographische Effekte auf die Einkommensverteilung erkennen, und aus der internationalen Forschungsliteratur lassen sich kaum bedeutsame Effekte eines Bevölkerungswachstums auf Ungleichheit ableiten (Rodgers 1983: 31). Auch in diesem Fall sind die sozio-politischen Rahmenbedingungen und nicht die quantitativen demographischen Größen entscheidend.

Insgesamt existieren - trotz einer nahezu unübersehbaren Vielzahl theoretischer und empirischer Beiträge zum Thema - kaum konsolidierte empirische Belege dafür, dass sich rasches Bevölkerungswachstum bisher in massiver und langfristiger Weise negativ auf wirtschaftliche Entwicklung und soziale Modernisierung auswirkt. Rasches Bevölkerungswachstum hat primär insofern negative Folgen, als dabei die Konsequenzen entwicklungshemmender wirtschaftlicher, sozialer und politischer Rahmenbedingungen klarer zu Tage treten. Das sogenannte Problem der 'Überbevölkerung' - im Sinne eines Teufelskreis von Armut und hoher Geburtenhäufigkeit - ist weitgehend ein Mythos (ein Mythos der nicht selten benützt wird, um sozialpolitische Fehlentscheide durch Hinweise auf 'demographische Zwänge' zu verbergen). Es ergeben sich zwar klare Belege dafür, dass in einigen der ärmsten Länder ein 'Bevölkerungsproblem' besteht. Allerdings widerspiegelt der Teufelskreis von Armut und hoher Geburtenhäufigkeit primär politische Fehlleistungen, wie machtpolitische Verzerrungen von Märkten (für Agrarprodukte, Arbeitskräfte, Kredite und Kapital), eine ungenügende Bestimmung und Durchsetzung von Eigentumsrechten oder öffentliche Ausgaben und Infrastrukturen, welche die ärmsten Bevölkerungsteile benachteiligen (Razin, Sadka 1995: 198).

Ökologische Aspekte

Die schon von Thomas Robert Malthus (1766-1834) formulierte Befürchtung, dass sich die Bevölkerung rascher vermehre als die Nahrungsmittelgrundlage hat sich bisher nicht bestätigt. Selbst in den letzten drei oder vier Jahrzehnten stieg die Nahrungsmittelproduktion in allen Kontinenten mit Ausnahme Schwarzafrikas rascher an als die Bevölkerung. Vergangenheit und Gegenwart sind für die Einschätzung zukünftiger Entwicklungen allerdings immer nur von beschränkter Gültigkeit. Angesichts der weiterhin rasant anwachsenden Weltbevölkerung und der sich immer stärker abzeichnenden globalen Auswirkungen menschlichen Handelns (bzw. menschlicher Unterlassungssünden) auf die Umwelt erhält die Umwelt-Bevölkerungsproblematik sachgemäß eine wachsende Bedeutung. Die Auseinandersetzung mit Umwelt und Bevölkerung ist ein relativ neues Phänomen, da die enge Verbindung von Natur und Bevölkerung in der menschlichen Geschichte und in der Soziologie lange Zeit vernachlässigt blieb. Jürg A. Hauser (1989) hat deshalb in einem essayistischen Beitrag vorgeschlagen, die klassischen demographischen Transformationstheorien durch eine *'demo-ökologische Transformationstheorie'* zu ergänzen:

„Analog zur demographischen Transformation zeichnet sich für ein Land im Zusammenhang mit seiner historisch-zivilisatorischen Entwicklung eine dreistufige ökologische Transformation ab:

1. in der ersten Stufe befindet sich die wachsende menschliche Nachfrage nach Gütern und die Art ihrer Befriedigung noch weit innerhalb der Grenzen der biologisch-ökologischen Unterhaltssysteme;

2. in der zweiten Stufe überschreitet die menschliche Nachfrage und/oder die Art ihrer Befriedigung im Zuge des Modernisierungsprozesses bereits die Schwelle des nachhaltig möglichen Angebots; sie wächst aber immer noch weiter an, während die Grundlagen der diversen biologisch-ökologischen Unterhaltssysteme bereits 'konsumiert' werden. Die Trägheit des natürlichen Systems verhindert einen sofortigen Systemzusammenbruch, es ist die typische Phase der Leistungsverminderung. (Dabei muss die Leistung des natürlichen Systems zu Beginn der Stress-Symptome noch nicht notwendigerweise fallen. Kompensatorische technische Maßnahmen, wie etwa Intensivdüngung, können lange Zeit die sich anbahnende Problematik verdecken);

3. in der dritten Stufe wird unter 'ceteris paribus' Bedingungen die menschliche Nachfrage zwangsmäßig reduziert, weil eines/mehrere der biologisch-ökologischen Unterhaltssysteme zusammenbrechen.

Dieser Ausgang in der dritten Stufe ist aber nicht zwangsläufig. Er tritt nur dann ein, wenn es langfristig nicht gelingt, die Nachfrage der Tragfähigkeit der Unterhaltssysteme anzupassen und die Zerstörung der Ökosysteme den 'point of no return' überschreitet." (Hauser 1989: 24).

Nach Ansicht von Jürg A. Hauser zeigen sich in vielen Regionen der Welt klare ökologische Stress-Symptome, die durch eine rasch anwachsende Bevölkerung verschärft werden (z.b. Abholzung von Tropenwälder, Erosion der Humusschicht von Anbauflächen, sinkende Grundwasserspiegel, reduzierte Artenvielfalt und Gefahr einer Klimaerwärmung, die u.a. zu einem Ansteigen des Meeresniveau führen könnte). Im Extremfall kann der demographische Übergang von hohen zu tiefen Geburten- und Sterberaten verhindert werden, oder es kann sich gar eine Rückentwicklung auf frühere demographische Verhältnisse ergeben: „Die einzig langfristige Alternative ist dann die Rückkehr zu einer Art Gleichgewicht der ersten Phase - kleines Bevölkerungswachstum mit hoher Fertilität und hoher Sterblichkeit. Erfolgt anstelle des Fortschreitens in die Phase III die Rückkehr zur Phase I, sprechen wir von einer 'Bevölkerungsfalle'." (Hauser 1989: 26). Da gegenwärtig und in den nächsten Jahrzehnten gerade die sogenannte Dritte Welt ein besonders markantes Bevölkerungswachstum erfahren wird, werden die damit verbundenen negativen Umweltveränderungen - wie groß diese auch immer sein werden - primär Entwicklungsländer treffen (was unter anderem den Verstädterungsprozess und den grenzüberschreitenden Wanderungsdruck zu verstärken vermag).

Die Umwelt-Bevölkerungs-Zusammenhänge sind komplex und multikausal, da viele intervenierende Faktoren (Konsumniveau, technologischer Wandel, institutionelle Ressourcenverteilung) einwirken. Vordergründige Zusammenhänge (im Sinne: Je stärker die Bevölkerung wächst, umso größer wird der Druck auf die Umwelt) erweisen sich als fragwürdig. „Die Bevölkerung wirkt sowohl als quantitativer wie auch als qualitativer Faktor auf die Umwelt: d.h. sowohl die Anzahl der Menschen als auch ihr Lebensstil beeinflussen die Umwelt." (Cube 1995: 35). Reichtum und Armut können beide - wenn auch aus unterschiedlichen Gründen - zur 'Ausbeutung der Natur' führen. Paul Ehrlich (1968) hat den 'Multiplikator-Effekt' der Bevölkerung auf eine einfache und bis heute oft benützte Formel gebracht: $I = P \times A \times T$. Die Umwelteinwirkungen I (impacts) sind danach Ergebnis einer multiplikativen linearen Gleichung, wobei P die Bevölkerungsgröße (population), A den Grad des wirtschaftlichen Wohlstands oder des Pro-Kopf-Konsums (affluence) und T die Technologie (technology) repräsentieren. Aus soziologischer Sicht lässt sich an dieser Formel vor allem kritisieren, dass politische, soziale und kulturelle Faktoren unberücksichtigt bleiben. Zudem sind die 'Multiplikatoren' aufgrund dynamischer Wechselwirkungen voneinander nicht unabhängig.

Wechselbeziehungen zwischen Umweltbelastungen, Bevölkerungsverhalten und Bevölkerungswachstum lassen sich regional schon heute nachweisen, namentlich in bezug auf Landnutzung (Übernutzung wenig fruchtbarer Böden oder Abholzung von Waldflächen), Verknappung der Trinkwasserreserven usw. (Lutz, Baguant 1992; Myers 1992b). „In Ländern wie Haiti, Burundi, Somalia und Ruanda sind politische Konflikte und die begleitenden menschenrechtlichen Dimensionen lediglich das Endergebnis einer Reihe typischer ökologisch-demographischer Interaktionen. Diese schließen rapides Bevölkerungswachstum, unzureichende landwirtschaftliche Nutzfläche in Relation zu erbberechtigten Söhnen und Ertragsmöglichkeiten, Bodenerosion, Überweidung, Abholzung, soziale Armut, Desertifikation und Wassermangel mit ein." (Cube 1995: 57). Strukturelle Schwächen und falsche sozio-politische Entscheide werden durch rasches Bevölkerungswachstum weiter verschärft. Bevölkerungswachstum, in Zusammenspiel mit einer Reihe anderer Restriktionen (wie falsche ökonomische Evaluationen, unangepasste Technologien und unangebrachte Entwicklungspolitiken) haben zu einer markanten Übernutzung der natürlichen Ressourcenbasis mancher Entwicklungsländer geführt (Myers 1992b: 28).

Die 'Fragilität' der Ernährung einer rasch wachsenden Weltbevölkerung wird beispielsweise durch die Tatsache verstärkt, dass nur drei Nahrungsmittel (Mais, Reis und Weizen) weltweit mehr als 50% der menschlichen Nahrung liefern und dies nur dank einer intensiven Landwirtschaft, die von Düngemittel abhängig ist. Nach Schätzungen von Vaclav Smil (1991: 580) hängt weltweit rund die Hälfte der jährlichen Ernteerträge vom Einsatz synthetischen Stickstoff ab. Die Abhängigkeit von synthetischen Düngemittel - die ihrerseits zum globalen 'Treibhaus-Effekt' beitragen - wird sich in den nächsten Jahrzehnten verstärken. Nach Schätzungen wird das zukünftig zu erwartende Weltbevölkerungswachstum ein wichtiger, wenn auch nicht der einzige Faktor für den weiteren Anstieg jener Gase (wie z.B. CO_2) sein, die möglicherweise zu Klimaveränderungen führen. John Boongarts (1992: 309) beispielsweise schätzt, dass für die Periode 1985-2025 gut die Hälfte der Zunahme von CO_2 auf das Bevölkerungswachstum zurückzuführen sein wird.

Über die genaue demographisch-ökologische Tragfähigkeit bzw. Belastbarkeit verschiedener regionaler Umweltsysteme oder der globalen Umwelt besteht allerdings noch kein Konsens. Sogenannte 'Tragfähigkeitstheorien ('carrying capacity theories'), welche die maximal mögliche Bevölkerungszahl der Erde zu bestimmen versuchen, haben zu divergenten Ergebnissen geführt (Smil 1994). Auch die Wechselwirkungen zwischen demographischen, wirtschaftlichen, sozialen und ökologischen Größen sind noch zu wenig erforscht. Alexander von Cube (1995) schlägt aus solchen Gründen die Erarbeitung einer *'umweltdemographischen Gesamtrechnung'* vor, auch um das Potential der Bevölkerungswissenschaften systematischer in den 'Dienst der Umwelt' zu stellen: „Während das Ziel der umweltökonomischen Gesamtrechnung (UDG) darin besteht, die Beziehung zwischen den wirtschaftlichen Aktivitäten des Menschen und seiner natürlichen Umwelt sowie Daten über den Zustand der Umwelt statistisch zu erfassen und in ihrer Entwicklung darzustellen (..), sieht die umweltdemographische Gesamtrechnung (UDG) ihre Aufgabe in der Erfassung demographischer Daten, um diese in Relation zu unterschiedlichen Bedingungen der Biosphäre zu setzen." (Cube 1995: 39). In jedem Fall stellt das Bevölkerungswachstum - und die damit assoziierten qualitativen Wandlungen der Lebensweise von Menschen namentlich in Ländern der Dritten Welt - die Menschheit vor enormen Herausforderungen, die nur global und im Rahmen innovativer sozialer und politischer Strukturen bewältigbar erscheinen. *Dabei ist nochmals zu betonen, dass Bevölkerungswachstum vielfach nicht die Hauptursache von Problemen darstellt, sondern soziale, wirtschaftliche und ökologische Fehlentscheide bzw. Unterlassungssünden zusätzlich verschärft.*

2.4 Demographische Transformationen

Grundsätzlich lässt sich feststellen, dass vorindustrielle und industrialisierte Gesellschaften durch gegensätzliche 'demographische Regimes' gekennzeichnet sind:

Vorindustrielle Gesellschaften sind mit wenigen Ausnahmen durch hohe Geburtenraten bei gleichzeitig hohen Sterbeziffern (aufgrund geringer Lebenserwartung) charakterisiert. Auch das menschliche Leben im vorindustriellen Europa war durch diese Grundform demographischer Entwicklung bestimmt. Es wurden zwar vergleichsweise viele Menschen geboren, aber sie starben häufig recht früh. Die durchschnittliche Lebenserwartung betrug 30 bis 40 Jahre (vgl. dazu Kap. 5). Das Ergebnis war eine langfristig stationäre oder nur langsam wachsende Bevölkerung, allerdings bei sehr hohem 'Umsatz' bzw. Verlust an Menschenleben.

In industrialisierten bzw. wirtschaftlich entwickelten Ländern herrscht hingegen ein gänzlich anderes 'demographisches Regime' vor. Die Sterbeziffern sind vergleichsweise tief, und die überwiegende Mehrheit der Bevölkerung lebt lange. Auf der anderen Seite werden nur relativ wenige Kinder geboren, und das Geburtenniveau bewegt sich knapp über oder unter dem für die Reproduktion notwendigen Niveau. Damit ergibt sich langfristig höchstens eine langsam anwachsende Bevölkerung, oder es kommt sogar zu rückläufigen Bevölkerungszahlen.

Alle Gesellschaften, die sich wirtschaftlich entwickeln und gesellschaftlich modernisieren, erfahren in irgendeiner Form diesen Wandel von hohem Geburtenniveau und hohen Sterbeziffern (= große 'Verschwendung' an menschlichem Leben) zu tiefen Geburten- und Sterbeziffern (= sparsamer Reproduktionsmodus), selbst wenn Zeitpunkt, Determinanten und Ablauf dieses Wandels deutlich variieren. *Der langfristige Wandel von hohen zu tiefen Geburten- und Sterbeziffern ist in der Fachliteratur unter dem Konzept des 'demographischen Übergangs' bekannt (englisch: 'demographic transition').*

2.4.1 Das Konzept des demographischen Übergangs - und seine Kritik

Eine erste Theorie des demographischen Übergangs wurde schon in den 1930er Jahren formuliert, namentlich von den zwei amerikanischen Demographen Warren Thompson (1929) und Frank W. Notestein (1945). Die ersten Vertreter der Theorie des demographischen Übergangs gingen davon aus, dass ein enger, kausaler Zusammenhang zwischen dem Absinken der Sterblichkeit und dem

Rückgang der Geburtenhäufigkeit besteht. Ein Absinken der Sterblichkeit führt zum Geburtenrückgang, und Sterblichkeits- und Geburtenraten gleichen sich zumindest langfristig aus, woraus sich ein neues demographisches Gleichgewicht ergibt. Die Grundidee war vereinfacht folgende: Mit der sozioökonomischen Entwicklung einer Gesellschaft verbessern sich die Lebensverhältnisse der Bevölkerung mit der Konsequenz, dass sich die Lebenserwartung erhöht. Das Absinken der Sterbeziffern und namentlich die Reduktion der Säuglings- und Kindersterblichkeit führen zu einem Wachstum der Bevölkerung, was Gesellschaft und Familien unter Anpassungsdruck setzt. Sie lösen diesen Anpassungsdruck durch eine bewusste Geburtenbeschränkung.

Allerdings erkannten schon die ersten Vertreter der Theorie des demographischen Überganges, dass sich Veränderungen der Sterbeverhältnisse erst mit deutlicher Zeitverzögerung auf das Geburtenniveau auswirken. Es wurde deshalb von einem *Drei-Phasen-Modell* ausgegangen:

– Die erste Phase ist charakterisiert durch hohe Sterblichkeit und hohe Geburtenzahlen. Es handelt sich um eine Bevölkerung, die weder medizinisch betreut ist noch Familienplanung kennt. Die Bevölkerung befindet sich in einem Zustand, da sie Krankheiten und namentlich Epidemien sowie Schwangerschaften unkontrolliert gegenübersteht. In dieser Phase befinden sich Geburten- und Sterbeziffer in etwa in einem Gleichgewicht, und die Bevölkerung wächst nur langsam, wenn überhaupt.

– In der zweiten Phase beginnen die Sterbeziffern zu sinken bzw. die Lebenserwartung erhöht sich, z.B. aufgrund besserer Nahrungsmittelgrundlage. Speziell die Säuglings- und Kindersterblichkeit sinkt. Demgegenüber bleibt das Geburtenniveau vorläufig weiterhin auf einem hohen Niveau. Ehepaare haben entweder noch nicht realisiert, dass mehr Kinder überleben, oder sie kennen keine Möglichkeit, ihre Geburtenzahlen zu reduzieren, z.B. weil Familienplanung aus kulturellen oder religiösen Gründen verpönt bleibt. Diese Phase ist unweigerlich mit einer rasch wachsenden Bevölkerung assoziiert.

– In einer dritten Phase beginnen sich die Sterblichkeitsziffern auf ein tiefes Niveau zu stabilisieren. Die große Mehrheit der Bevölkerung lebt so lange, wie es ihrer biologisch möglichen Lebensspanne entspricht. Auch die Geburtenzahlen beginnen zu sinken, da immer mehr Frauen eine effiziente Familienplanung betreiben. Damit verringert sich das Bevölkerungswachstum allmählich wieder, und eventuell wird ein neues demographisches Gleichgewicht erreicht.

Es wurde rasch klar, dass dieses Drei-Phasen-Modell ein zu schematisches Grundmodell darstellt. Das ursprüngliche Drei-Phasen-Modell wurde in der Folge verschiedentlich modifiziert. So entwickelte die 'Population Division' der UNO gegen Ende der 1960er Jahre ein *Fünf-Phasen-Modell* „demographischer Transformation" (vgl. Coale 1975, Hauser 1974, Mackensen 1973):

1. Phase (Prätransformative Phase): Es ist die Zeit vor Beginn des demographischen Übergangs, gekennzeichnet durch hohe Geburtenziffern sowie hohe und schwankende Sterbeziffern. Die Wachstumsrate der Bevölkerung ist gering.
2. Phase (Frühtransformative Phase): Die Sterbeziffern beginnen allmählich zu sinken, die Geburtenziffern bleiben jedoch hoch oder steigen - als Folge verbesserter Ernährung und Gesundheit gebärfähiger Frauen - sogar an. Das Resultat ist eine Beschleunigung des Bevölkerungswachstums.
3. Phase (Mitteltransformative Phase): Die Sterbeziffer fallen weiter auf ein relativ tiefes Niveau, während die Geburtenziffer erst langsam zu sinken beginnen. Die Schere zwischen Geburten und Todesfällen öffnet sich weiter, wodurch sich in dieser Phase ein besonders starkes Bevölkerungswachstum ergibt.
4. Phase (Spättransformative Phase): Die Geburtenziffern unterliegen einem starken Abwärtstrend, wogegen sich die Sterbeziffern bereits auf einem niedrigen Niveau zu stabilisieren beginnen. Damit reduzieren sich die Wachstumsraten der Bevölkerung wieder.
5. Phase (Posttransformative Phase): Die Geburten- und Sterbeziffern stabilisieren sich auf einem niedrigen Niveau. Das Bevölkerungswachstum ist gering oder sogar negativ.

Kritikpunkte
Wie bei jedem allgemeinen Phasen- und Entwicklungsmodell stellt sich die Frage der empirischen Gültigkeit für verschiedene Regionen und/oder Zeitperioden. Auch aus theoretischer Sicht lassen sich gegenüber der Theorie des demographischen Übergangs verschiedene Bedenken formulieren:

– Erstens kann die in den Phasenmodellen implizierte Gleichgewichtsvorstellung in Frage gestellt werden. Es lässt sich beispielsweise bezweifeln, dass ein Gleichgewicht zwischen Geburten- und Sterblichkeitsziffern überhaupt einen Normalfall und nicht vielmehr eine seltene Ausnahme darstellt. Damit geraten auch bevölkerungspolitische Zielvorstellungen einer stabilen Bevölkerungszahl ins Zwielicht. Tatsächlich hat sich die typische Übergangserwartung einer neuen Stabilisierung der Verhältnisse auf einem Reproduktionsniveau von 1.0 bisher nirgends erfüllt.

– Zweitens kann die Vorstellung einer zwangsläufigen, gerichteten und weitgehend irreversiblen Entwicklung kritisiert werden. Schon der Begriff 'Übergang' beinhaltet durch die Vorwegnahme des Endes eines Prozesses ein Stück Geschichtsphilosophie. Tatsächlich haben in den letzten Jahrzehnten lineare und zielgerichtete Fortschritts- und Entwicklungsmodelle an Attraktivität verloren. Auch demographische Prozesse verlaufen meist nicht linear, wie etwa der Geburtenanstieg während der Nachkriegszeit in Europa oder die aktuelle Reduktion der durchschnittlichen Lebenserwartung in einigen osteuropäischen Ländern illustriert. Selbst der Beginn des demographischen Übergangs ist kein linearer Prozess. So wird der Beginn einer demographischen Transformation nicht selten durch einen kurzfristigen Anstieg der Geburtenhäufigkeit eingeläutet (Dyson, Murphy 1985).

– Drittens - und dies ist aus soziologischer Sicht entscheidend - erweist sich der rein demographische Rahmen der ursprünglichen Theorie klar als zu eng. *Ein Modell, das primär die Größen 'Sterblichkeit' und 'Fruchtbarkeit' einschließt, ist ungenügend. Der langfristige Geburtenrückgang kann sicherlich nicht primär durch das Absinken der Sterblichkeit - namentlich der Säuglingssterblichkeit - erklärt werden. Demographische, soziale, wirtschaftliche und kulturelle Entwicklungsprozesse stehen in einem engen, wechselseitigen Zusammenhang* (Schmid 1984). Gleichzeitig erweist es sich als notwendig, den gesamtgesellschaftlichen Rahmen des demographischen Übergangs durch mikrosoziologische Überlegungen zu ergänzen. Dies ist vor allem zur Erklärung der Geburtenentwicklung zentral (vgl. dazu Kap. 3). Die allgemeine Theorie des demographischen Übergangs sagt wenig bis nichts aus über die Dauer verschiedener Entwicklungsverläufe, über die notwendigen Faktoren, die zu einer Geburtensenkung führen oder über das spezifische Wechselverhältnis von Sterblichkeits- und Geburtenentwicklung.

Trotz dieser kritischen Punkte ist und bleibt das Konzept eines demographischen Übergangs sehr einprägsam, namentlich im Zusammenhang mit sozialpolitisch geprägten Entwicklungs- und Modernisierungsvorstellungen. So zeigt Simon Szreter (1993) in seiner ideengeschichtlichen Analyse des Konzepts des demographischen Übergangs auf, das es sich als wirksame Metapher für sozial- und bevölkerungspolitische Veränderungen - vor allem im Rahmen von Entwicklungskonzepten gegenüber Dritt-Welt-Ländern - erwies. „Die prinzipielle Funktion der Idee des demographischen Übergangs war immer, dass sich damit eine anschauliche Metapher ergab, die summarisch ein langfristiges Entwicklungsmuster beschreibt oder voraussagt. In dieser Form hat diese Idee einen enormen legitimatorischen und motivierenden Wert für jene Akteure und Institutionen, die diese Entwicklung anstreben." (Szreter 1993: 692). Als Erklärungsansatz in konkreten Fällen greift es jedoch nach seiner Ansicht zu kurz, und er vertritt die radikale Meinung, dass sich die Bevölkerungsforschung von diesem Konzept verabschieden bzw. 'emanzipieren sollte: „Die Erforschung des Wandels der Fertilität muss sich von der Vorherrschaft der abstrakten Idee eines 'demographischen Übergangs' emanzipieren." (Szreter 1993: 692).

Zur Ehrenrettung des Konzepts des demographischen Übergangs kann allerdings auch heute noch festgestellt werden (vgl. Schmid 1984: 57-58):

a) Es gibt kein Land, das im Verlauf seiner ökonomischen und sozialen Modernisierung nicht auch eine eindeutige Transformation seiner demographischen Verhältnisse erfahren hat. Kein sozio-ökonomisch entwickeltes und modernisiertes Land kennt hohe und jährlich schwankende Sterbeziffer, und es ist kein hochentwickeltes Land bekannt, das ein hohes Geburtenniveau beibehalten hat.

b) Im langfristigen Zeitverlauf ist stets eine deutliche Verbindung zwischen Fruchtbarkeitsniveau auf der einen und Sterblichkeitsentwicklung auf der anderen Seite zu erkennen (auch wenn die kausalen Zuordnungen je nach Kontext und Zeitperiode variieren).

c) Der Geburtenrückgang und die Veränderungen der Sterbeverhältnisse stehen in systematischen Zusammenhang mit wirtschaftlichen und sozialen Entwicklungen. Es gibt kein Land, das einen langfristigen Geburtenrückgang und eine deutliche Zunahme der Lebenserwartung erfuhr, ohne dass sich die wirtschaftlichen und sozialen Strukturen in starkem Masse 'modernisiert' haben.

2.4.2 Demographische Transformation und gesellschaftliche Modernisierung

Die in den letzten Jahrzehnten durchgeführten historisch oder international vergleichenden Forschungsarbeiten haben die allgemeinen theoretischen Modellannahmen zum demographischen Übergang in wesentlichen Bereichen relativiert. So erweist sich der Zusammenhang zwischen Sterblichkeitsrückgang (und namentlich Rückgang der Säuglingssterblichkeit) und Geburtenrückgang gemäß sozialhistorischen Analysen als komplexer und weniger eindeutig, als es die ursprünglichen Theorien des demographischen Übergangs postulierten. Beispielsweise setzte in einigen europäischen Regionen (wie Schweden oder Ungarn) der Rückgang der ehelichen Fruchtbarkeit vor dem Absinken der Säuglingssterblichkeit ein (Coale, Watkins 1986). In Europa wurde sowohl der Rückgang der Säuglings- und Kindersterblichkeit als auch der Geburtenrückgang durch einen tiefgreifenden Wandel in der Einstellung zu Kindern und ihrer Betreuung ausgelöst (Ariès 1978, Shorter 1975). In jedem Fall ist der ursprüngliche Kausalzusammenhang (Sterblichkeitsrückgang löst mit Zeitverzögerung einen Geburtenrückgang aus) in seiner allgemeinen Formulierung heute eindeutig falsifiziert. Falsche Vorstellungen haben allerdings bis spät in die 1970er Jahre die Entwicklungspolitik in Dritt-Welt-Ländern beeinflusst, da man davon ausging, dass durch eine Verminderung der Säuglings- und Kindersterblichkeit dank medizinischer Pflege automatisch ein Geburtenrückgang erfolge. Dies leistete zeitweise einer verhängnisvollen Vernachlässigung der Familienplanung und der sozialen Stellung von Frauen gegenüber einer rein medizinischen Säuglingsbetreuung Vorschub.

Eine Übertragung der historisch in Europa beobachteten Entwicklungsverläufe auf Länder Asiens, Afrikas oder Lateinamerikas ist ebenfalls problematisch:

Zum einen lag und liegt die Geburtenhäufigkeit mancher Länder Asiens, Afrikas und Lateinamerikas deutlich höher als dies in west- und nordeuropäischen Ländern während analoger sozio-ökonomischer Entwicklungsstufen der Fall war. Ein Hauptgrund liegt in kulturellen und sozialen Unterschieden des Heirats- und Familiengründungsverhaltens. In manchen Gegenden West- und Nordeuropas lag das Heiratsalter im 18. und 19. Jahrhundert vergleichsweise hoch, und der Anteil der ledigen und damit oft kinderlosen Frauen war beträchtlich (Dixon 1971, Hajnal 1965). Dies führte schon vor der industriellen Entwicklung in vielen europäischen Regionen zu vergleichsweise tiefen Geburtenzahlen.

Zum anderen sind die Sterbeziffern in vielen außereuropäischen Ländern rascher gesunken, als dies historisch in Europa zu beobachten war. Ein massiver 'Import' medizinischer Technologien und epidemiologischer Kenntnisse aus den USA und Europa haben die Sterblichkeitsverhältnisse in manchen Ländern Asiens, Afrikas und Lateinamerikas grundlegend verändert. Vor allem die Säuglings- und Kindersterblichkeit ging vielerorts rasch zurück, und die durchschnittliche Lebenserwartung stieg - abgesehen von Ländern, die durch langjährige Kriege betroffen sind - rascher an, als dies in Europa während vergleichbaren Perioden seiner wirtschaftlichen Entwicklung der Fall war.

Solche Unterschiede - höhere Fruchtbarkeit zu Beginn der demographischen Transformation und rascher sinkende Sterblichkeitsziffern - sind verantwortlich dafür, dass das Bevölkerungswachstum in den meisten Ländern der Dritten Welt sehr viel dramatischer anstieg und ansteigt als historisch in Westeuropa (Noin 1983). Zusätzlich ist die Tatsache bedeutsam, dass massive Auswanderungsschübe in unbesiedelte Länder heute kaum mehr möglich sind, wogegen Europa während des höchsten Wachstumsschubs des 19. Jahrhunderts einen nicht unwesentlichen Teil seiner Bevölkerung nach Übersee (Amerika, Australien u.a.) zu 'exportieren' vermochte.

In Japan, aber auch in den sich wirtschaftlich rasch entwickelnden Ländern Südostasiens verliefen und verlaufen die demographischen Umwälzungen (Rückgang der Geburtenhäufigkeit, Zunahme der Lebenserwartung) ebenfalls deutlich rascher als in Europa. „Bemerkenswertes Merkmal der asiatischen Transformationen ist nicht, dass sie viel rascher verliefen als in Europa, sondern die Tatsache, dass sie europäische Länder, in denen der Übergang viel früher erfolgte, übertroffen haben." (Leete 1987: 187, vgl. auch Hirschman, Guest 1990; Ogawa, Retherford 1993). Speziell Japan hat manche europäische Länder und die USA in bezug auf diverse demographische Entwicklungen (z.B. Lebenserwartung) schon überholt, und andere südostasiatische Länder stoßen in die gleiche Richtung.

Insgesamt sind die historische Entwicklung Europas und die demographische Entwicklung asiatischer, afrikanischer und lateinamerikanischer Länder nur bedingt vergleichbar. Dies betrifft nicht nur den Ausgangspunkt, sondern - wie das Beispiel Japans illustriert - auch den vorläufigen Endpunkt der demographischen Transformation.

Zur Entwicklung in Europa
Die nachfolgend aufgeführte Typologie (Tabelle 3), welche die demographischen Veränderungen nicht nur skizziert, sondern sie mit bedeutsamen sozioökonomischen Wandlungsprozessen in Beziehung setzt, gilt deshalb höchstens für die (historische) Entwicklung Europas. Es handelt sich zudem um ein allgemeines Schema, das primär assoziative Zusammenhänge darstellt und über die konkreten kausalen Wechselwirkungen zwischen Modernisierungsschritten und demographischen Wandlungen keine Auskunft gibt.

Obwohl sich klare assoziative Zusammenhänge zwischen sozio-ökonomischem und demographischem Wandel erkennen lassen, dürfen daraus keine einseitigen Kausalschlüsse abgeleitet werden, denn in einem konkreten Fall eilten die demographischen Bewegungen der Industrialisierung voraus, während sie im anderen Fall erst später erfolgten. Hans Linde (1984: 142) macht bei der zeitlichen bzw. kausalen Zuordnung industrieller und demographischer Entwicklungen auf eine weitere Beobachtung aufmerksam: „Schon auf den ersten Blick bereitet es große Schwierigkeiten, das formale 'früher' der Ausbildung der neuen industriellen Arbeitswelt und das 'später' der generativen Neuorientierung im Kontext des Industrialisierungsprozesses mit unserer Datenanalyse in Übereinstimmung zu bringen. Und zwar einfach deshalb, weil danach zuerst jene Teilbevölkerungen oder Sozialbestände von der als 'industriell' gedeuteten Rationalisierung des generativen Verhaltens erfasst worden sind, die zu dem ... als 'industriell' bestimmbaren Geschehen neben der breiten landwirtschaftlichen Bevölkerung die größte Distanz hatten: das Bildungsbürgertum, die Beamtenschaft und die Freien (akademischen) Berufe, während bei jenen, die an der Ausbildung der neuen industriellen Wirtschaftsweise als dem angenommenen Wurzelgrund des Rationalisierungsprozesses unmittelbar beteiligt (..) oder existentiell betroffen waren (wie die nicht-landwirtschaftliche Arbeiterschaft) erst recht spät eine Abnahme der ehelichen Geburtenzahl eintrat." (Linde 1984: 142).

Dieser Tatbestand ist damit zu erklären, dass für demographische und ökonomische Wandlungsprozesse nicht nur die Umstellungen der materiellen Produktionsweisen von Bedeutung sind, sondern es intervenieren sozio-kulturelle Traditionen und 'kulturelle Codes', in denen sich wirtschaftliche und demographische Entwicklungen abspielen. So erweisen sich Ausmaß und Art der Säkularisierung (im Sinne eines Durchbruchs weltlicher Lebensvorstellungen und eines verringerten Einfluss kirchlicher Autoritäten) für die Zeitperiode 1870-1930 als zentrale intervenierende Faktoren für den Effekt wirtschaftlicher Entwicklungen auf den demographischen Wandel (Lesthaeghe, Wilson 1982). Vor allem in den ersten Phasen der demographischen Transformation ergaben sich enorme kulturell bedingte regionale Unterschiede, da in der Übergangsphase zur Industriegesellschaft die sozio-kulturellen Verhaltensweisen des demographischen 'Ancien Régimes' (wie Heiratsverhalten, landwirtschaftliche Vermögensübertragung u.a.) in bedeutsamer Weise hineinspielten (Festy 1979, Gehrmann 1979). Erst in späteren Phasen - als sich die sozialen Wirkungen industrieller Entwicklungen auch dank verstärkter Nationenbildung überall durchsetzten -

kam es zu verstärkten regionalen Konvergenzen der demographischen Prozesse (Watkins 1981, 1990).

Tabelle 3
Typologie soziökonomischer und demographischer Stufen

Soziökonomische Rahmenbedingungen Demographische Rahmenbedingungen

1. Vorindustrielle Gesellschaft	
Vorwiegend agrarische Produktion	hohe Geburtenziffer (ca. 35-50 pro 1000)
Geringes Pro-Kopf-Einkommen	hohe Sterbeziffer (ca. 25-40 pro 1000)
Unterentwickelte Infrastruktur	hohe Säuglings- und Kindersterblichkeit
Geringer Alphabetisierungsgrad	geringe Lebenserwartung (unter 40 J.)
Geringe medizinische Grundversorgung	geringer Anteil älterer Menschen (bis 5%)
Geringer Energieverbrauch	geringe Bevölkerungszunahme (-1.0%)

2. Frühphase der Entwicklung/Einleitungsphase des demographischen Übergangs	
Neue Agrartechnologien	hohe oder ansteigende Geburtenziffern
Steigerung der Ernteerträge	leicht sinkende Sterbeziffern
Ausbau der Transportwege	zum Teil leichte Erhöhung der Lebens-
Proto-Industrialisierung	erwartung ausgewählter Gruppen
(z.B. vermehrte Heimarbeit)	leicht steigende Bevölkerungszunahme

3. Mittlere Phase der Entwicklung/Umschwungphase der demographischen Entwicklung	
Forcierte Industrialisierung	leicht sinkende Geburtenziffern
Mechanisierung der Produktion	stark absinkende Sterbeziffern
Verstärkte Verstädterung	ausgeprägte differentielle Fertilität und
Wirtschaftlicher 'Take-off'	Sterblichkeit
Verstärkte Ausbildungsinvestitionen	starke Bevölkerungszunahme (1.5-4.0%)
Steigendes Einkommen ausgewählter	hoher Anteil von Kindern/Jugendlichen
Gruppen	und breiter Sockel der 'Alterspyramide'

4. Spättransformative Phase des demographischen Übergangs	
Technische Reifung der Produktion	bereits niedrige Sterbeziffer
Verstärkte Urbanisierung	rasch sinkende Geburtenziffer
Industriell-gewerbliche Entwicklung	steigende allgemeine Lebenserwartung
auch ländlicher Regionen	sinkender Anteil von Kindern/Jugendl.
Ausweitung sozialer Sicherung	steigender Anteil älterer Personen
Verstärkte Familienplanung	sinkende Bevölkerungszuwächse

5. Industrielle Gesellschaft mit moderner generativer Struktur	
Hohes Pro-Kopf-Einkommen	niedrige Geburtenziffer (9-15 pro 1000)
Vorwiegend städtische Kultur	tiefe Sterbeziffer (10-14 pro 1000)
Hohes Bildungsniveau	geringe Säuglings- & Kindersterblichkeit
Hoher Anteil von Mittelschichten	hohe Lebenserwartung (70 J. und mehr)
Ausgebaute Infrastruktur	geringe Bevölkerungszunahme oder lang-
Hoher Verbrauch an Energie	fristig sogar schrumpfende Bevölkerung
Hoher Grad medizinischer Versorgung	steigender Anteil älterer Personen

Adaptiert nach: Schmid 1984 (Abb. 24)

Selbst innerhalb Europas verlief der demographische Übergang deshalb sehr unterschiedlich, wobei zu allen Zeitpunkten markante regionale Unterschiede sowohl in bezug auf die Ausgangslage (Geburtenhäufigkeit und Lebenserwartung vor demographischer Transformation) als auch in bezug auf Beginn und Verlauf des demographischen Wandels zu verzeichnen waren (Coale, Watkins 1986; Festy 1979). Damit variierten auch die gesellschaftlichen und ökonomischen Rahmenbedingungen zu Beginn des langfristigen Geburtenrückgangs in signifikanter Weise (wie dies die Angaben in Tabelle 4 sehr schön illustrieren).

Tabelle 4:
Sozio-ökonomische Situation zu Beginn des säkularen Geburtenrückgangs

Land:	Beginn des Geburtenrückgangs	Kindersterblichkeit	Nicht-agrarische Arbeitskräfte	Urbanisier.
Frankreich	ca. 1800	185	30%	7%
Belgien	1882	161	70%	22%
Schweiz	1885	165	67%	9%
Deutschland	1890	221	62%	21%
Ungarn	ca. 1890	250	27%	11%
England & Wales	1892	149	85%	57%
Schweden	1892	102	51%	11%
Schottland	1894	124	87%	49%
Niederlande	1897	153	71%	42%
Dänemark	1900	131	58%	23%
Norwegen	1904	76	63%	18%
Österreich	1908	205	60%	19%
Finnland	1910	114	34%	9%
Italien	1911	146	54%	28%
Bulgarien	1912	159	30%	7%
Spanien	1918	158	34%	26%
Irland	1929	69	52%	20%
Zum Vergleich:				
Costa Rica	1962	74	42%	20%
Taiwan	1963	49	53%	31%
Chile	1964	103	63%	53%
Thailand	ca. 1970	77	25%	12%

Indikatoren:
- Land: mit Grenzen zu Beginn des Geburtenrückgangs.
- Beginn des Geburtenrückgangs: Zeitpunkt an dem der Index der ehelichen Fertilität um 10% gesunken ist (Indikator für Beginn des langfristigen Geburtenrückgangs).
- Kindersterblichkeit: Kindersterblichkeit pro 1000 Geborenen.
- Nicht-agrarische Arbeitskräfte: Anteil von männlichen Arbeitskräften ausserhalb der Landwirtschaft.
- Urbanisierung: Anteil der Bevölkerung in Städten mit über 20'000 Einwohnern.

Quelle: Knodel, van de Walle, 1986: Tab. 10.1, S. 394-395.

Der Vorreiter des demographischen Übergangs war Frankreich; dasjenige Land, das zuerst eine umfassende soziale und politische Revolution erfuhr. Der säkulare Geburtenrückgang setzte zu einem Zeitpunkt ein, da sich sowohl Urbanisierung als auch industrielle Entwicklung noch auf einem vergleichsweise tiefen Niveau befanden. Während des gesamten 19. Jahrhunderts war in Frankreich die Geburtenhäufigkeit geringer und die Lebenserwartung höher als etwa in Deutschland. In anderen Ländern Europas begann der Übergang von hoher zu tiefer Fertilität erst gegen Ende des 19. Jahrhunderts, so etwa in Belgien, der Schweiz, Deutschland, Ungarn, England, Schweden und den Niederlanden. In vielen Fällen war die industrielle Entwicklung schon recht fortgeschritten, und die Mehrheit der Arbeitskräfte war - mit Ausnahme Ungarns - dazumal schon außerhalb der Landwirtschaft tätig. Die Säuglings- und Kindersterblichkeit zu Beginn der demographischen Transformation variierte allerdings beträchtlich. Sie war in Ungarn und Deutschland besonders hoch, unter anderem, weil in einigen Regionen Deutschlands und Ungarns die industrielle Entwicklung zeitweise zur 'Proletarisierung' breiter Volksschichten führte. Deutliche Unterschiede ergaben sich auch in bezug auf den Urbanitätsgrad zu Beginn der Transformation. Während etwa in England sowohl Industrialisierung als auch demographischer Übergang eng mit einer ausgeprägten Verstädterung assoziiert waren, erlebte die Schweiz eine industrielle und demographische Transformation ohne massive Urbanisierung. Auch in Schweden erfolgte der demographische Übergang in weiten Teilen noch vor der Urbanisierung. Allerdings waren die Städte auch in der Schweiz und Schweden insofern die Vorreiter des demographischen Wandels, als hier der Geburtenrückgang am frühesten einsetzte.

Erst später, zu Beginn des 20. Jahrhunderts, begann die demographische Transformation in den übrigen skandinavischen Ländern (Dänemark, Norwegen und Finnland; hier allerdings bei schon recht tiefer Kindersterblichkeit, jedoch teilweise noch geringer Urbanisierung und industrieller Entwicklung). In Österreich seinerseits begann der Geburtenrückgang teilweise bevor sich die Kindersterblichkeit massiv reduziert hatte. Noch später erfolgte die demographische Transformation auf dem Balkan und in Südeuropa, wobei sich etwa in Italien und in Spanien enorme regionale Unterschiede im Zeitpunkt des säkularen Geburtenrückgangs ergaben. In Irland - einem Land, in dem Nationalismus und Katholizismus bis heute eng verhängt blieben - setzte die demographische Transformation erst zu Beginn der 1930er Jahre ein, und die Republik Irland weist bis heute das höchste Geburtenniveau Europas auf.

Die zu Vergleichsgründen angeführten außereuropäischen Länder illustrieren ebenfalls, wie unterschiedlich industrielle und urbane Entwicklung zu Beginn der demographischen Transformation im einzelnen sein können.

Die Dynamik, der Beginn und der Verlauf der demographischen Wandlungen lassen sich somit nur bedingt mit den Theorien sozialer Modernisierung direkt in Verbindung bringen, und dies gilt sowohl für die historische Entwicklung Europas als auch für die gegenwärtige demographische Entwicklung außereu-

ropäischer Länder. Nur im Vergleich klar unterscheidbarer Entwicklungsphasen werden deutliche (assoziative) Zusammenhänge von demographischer Transformation und Modernisierung sichtbar. Empirisch wird dies darin deutlich, dass zwar im Querschnittsvergleich von Regionen oder Nationen oft hohe Korrelationen zwischen demographischen Indikatoren (Geburtenniveau, Sterbeziffern) und Indikatoren sozio-ökonomischer Modernisierung auftreten, diese Korrelationen sich jedoch im Längsschnittvergleich stark verwischen und zeitgeschichtlichen Veränderungen unterworfen sind. Eine Weiterentwicklung der Theorie demographischer Transformation ist nach Meinung von Josef Schmid (1984: 81ff.) nur im Rückgriff auf den Systemgedanken möglich. Dabei werden demographische Transformationen als das (nicht-lineare) Ergebnis regulatorischer Prozesse verstanden, in dem sich wirtschaftliche, soziale und demographische Variablen eines Systems adaptiv und reaktiv einfügen. Ein wichtiges regulatorisches (adaptives, reaktives und auch innovatives) Systemelement sind insbesondere die familial-verwandtschaftlichen Strukturen (wie in Kap. 3.4.2 noch detaillierter ausgeführt wird).

2.4.3 Die These eines zweiten demographischen Übergangs in westlichen Ländern

Ab Mitte der 1960er Jahre ergaben sich in allen hochentwickelten Ländern markante Wandlungen der Fertilität, des Heiratsverhaltens wie auch der Familienstrukturen und Lebensformen. Erstens fand der 'Baby-Boom' der Nachkriegszeit ein Ende, und die Geburtenhäufigkeit sank oft unter dem für die Bestandeserhaltung notwendigen Niveau (vgl. Kap. 3.2). Zweitens veränderten sich die Prozesse der Familiengründung. Der Trend zu immer früheren Erstheiraten endete, und das Heiratsalter stieg wieder an. Damit verzögerte sich auch die Familiengründung (Geburt eines ersten Kindes) deutlich. Drittens verbreiteten sich neue, individualistische Lebensformen, vor allem unter den jüngeren Generationen. So stieg einerseits die Zahl der Einpersonenhaushalte rasch an, und andererseits gewannen Formen vorehelichen und nicht-ehelichen Zusammenlebens an Popularität, was in vielen Ländern zu einer steigenden Zahl 'außerehelicher Geburten' führte. Viertens nahm die Scheidungshäufigkeit rasch zu, mit allen damit verbundenen familiensoziologischen Konsequenzen, wie steigende Zahl von Alleinerziehenden und Fortsetzungsfamilien (vgl. Höpflinger 1987, Huinink 1995, Kaufmann 1990, Lüscher, Schultheis 1988). Begleitet waren diese sozio-demographischen und familiensoziologischen Wandlungen von markanten Veränderungen im Status und Verhalten junger Frauen. Auffallend war vor allem die steigende Erwerbstätigkeit von Frauen bzw. Müttern (vgl. Kempeneers, Lelièvre 1993). Gleichzeitig stieg die Lebenserwartung weiter an, wobei sich vor allem die Lebenserwartung älterer Menschen verbesserte. Dies führte erstmals in der Geschichte der Menschheit zu einem verstärkten Altern von der Spitze der Bevölkerungspyramide her (Myers 1984).

Alle diese Verschiebungen und Wandlungen der letzten drei Jahrzehnte werden von einigen Forschern als gewichtig genug betrachtet, um von einem 'zweiten demographischen Übergang' zu sprechen (Lesthaeghe 1992, van de Kaa 1987, 1994). Es ist allerdings anzumerken, dass die These eines 'zweiten demographischen Übergangs' umstritten ist (Cliquet 1991). Aber selbst harte Kritiker der These eines zweiten demographischen Übergangs müssen in Kenntnis nehmen, dass sich die Determinanten demographischer Wandlungen - und dabei insbesondere des Geburtenrückgangs - je nach untersuchter Zeitperiode deutlich unterscheiden. So unterlag der Geburtenrückgang gegen Ende des 19. Jahrhunderts und zu Beginn des 20. Jahrhunderts einer anderen Faktorenstruktur als der nach 1965/66 einsetzende Geburtenrückgang. Die These von zwei demographischen Übergängen mag eine starke Vereinfachung darstellen, sie weist jedoch klar auf diese sich wandelnden Faktorenkonstellationen hin.

Die Vorstellung zweier 'Übergänge' weist Vorgänger auf. So prägte der englische Familienhistoriker Eduard Shorter (1975) den Begriff der zwei sexuellen Revolutionen: Im Verlauf der ersten sexuellen Revolution wird die Partnerwahl junger Menschen stärker durch persönliche Bedürfnisse (Liebe, gegenseitige Anziehung) und weniger durch wirtschaftliche Gesichtspunkte und Entscheidungen der Eltern bestimmt. Im Verlauf der zweiten sexuellen Revolution erhalten Erotik und Sexualität vor-, aber auch nach der Eheschließung einen erhöhten Stellenwert. Andere Forscher wiederum unterscheiden zwei Revolutionen der Empfängnisverhütung: Während der ersten Revolution setzten sich traditionelle Methoden der Geburtenplanung durch, was zwischen 1870 und 1930 zum Rückgang der Geburtenhäufigkeit in Europa beitrug. Die zweite kontrazeptive Revolution ab den 1960er Jahren wird mit dem Durchbruch moderner kontrazeptiver Methoden (insbesondere der Verhütungspille) in Verbindung gebracht. Damit wurde erstmals eine 'perfekt empfängnisverhütende Gesellschaft' möglich (Ryder, Westoff 1977).

Der französische Sozialhistoriker Pierre Ariès (1980) seinerseits verband beide Ideen zu einer umfassenden Erklärung verschiedener Phasen des Geburtenrückgangs. Nach seiner Meinung lassen sich zwei grundverschiedene Motivationskonstellationen für den Geburtenrückgang der Vergangenheit und den Geburtenrückgang der letzten Jahrzehnte unterscheiden. Der erste Geburtenrückgang im Rahmen des historischen demographischen Übergangs ist nach Ariès mit dem Wunsch von Eltern nach verbesserten Lebensbedingungen für ihre Kinder sowie mit der allmählichen Entwicklung einer kindzentrierten, intimen Paarbeziehung - wie sie dem Modell der bürgerlichen Liebesehe entspricht - verbunden. Der zweite Geburtenrückgang, aber auch die Wandlungen der Lebens- und Familienformen seit den 1960er Jahren widerspiegeln hingegen eine andere Motivationskonstellation: Nicht nur verlieren Eheschließung und Familiengründung an sozio-kultureller Gültigkeit und Selbstverständlichkeit, sondern es kommt auch zu einer Entkoppelung von Sexualität, Ehe, Zusammenleben und Reproduktion. Anstelle eines kindzentrierten Familienmodells tritt eine erwachsenenorientierte Beschäftigung mit individuellen Werten (wie Selbstverwirklichung und Autonomie). Kinder sind weiterhin sehr wichtig, aber ihre Stellung an der Spitze der Werthierarchie ist nicht mehr selbstverständlich. Eine solche Umwertung wird durch die Tatsache gestärkt, dass aufgrund der Langlebigkeit heutiger Menschen die nachelterliche Lebensphase länger dauert als die Phase aktiver Elternschaft.

Nach Ansicht des belgischen Soziologen Ron Lesthaeghe (1992) stimmen die „durch Shorter, Ariès und den Autoren der beiden Revolutionen der Empfängnisverhütung festgestellten Phasen (..) weitgehend mit dem Konzept und dem Zeitpunkt zweier demographischer Übergänge überein." (315) Nach seiner Meinung lässt sich die These von zwei demographischen Übergängen auch aufgrund institutioneller Faktoren vertreten:

Der erste demographische Wandel fand während einer Periode wachsender institutionellen Einflusses des Staates (im Rahmen der Nationenbildung) statt, gekoppelt mit einer verstärkten Differenzierung öffentlicher und privater Lebenssphären. In der Privatsphäre setzte sich allmählich das Modell bürgerlicher Lebensweisen durch, was auch eine wachsende Bedeutung individueller Entscheidungsfreiheit im privaten Leben einschloß. Geburtenkontrolle und Gebrauch von Empfängnisverhütungsmittel wurden möglich, speziell auch als Folge des Kontrollverlustes der Kirchen (vgl. Lesthaeghe 1983). Die verstärkte Autonomie des 'Bürgers' in seinem privaten Lebensbereich „manifestierte sich selbst in einer wichtigen demographischen Variablen, doch der 'Akt des Widerspruchs' vollzieht sich in vollkommener Abgeschiedenheit. Der erste demographische Übergang vollzog sich in der Stille." (Lesthaeghe 1992: 319).

Der zweite Übergang hingegen war und ist stärker öffentlich, was etwa in öffentlich geführten Auseinandersetzungen über Rolle und Stellung der Frauen, über die Bedeutung individueller Autonomie gegenüber kollektiven Ansprüchen des Staates oder anderen institutionellen Einrichtungen zum Ausdruck kommt. „Der zweite Übergang entspricht einer weiteren, wesentlich öffentlicheren Erscheinungsform individueller Autonomie. Er ist auch umfassender, da er gegen jegliche Art äußerer institutioneller Autorität gerichtet ist." (Lesthaeghe 1992: 319). Der Wandel seit den 1960er Jahren kann auch mit der von Ronald Inglehart (1977) vertretenen These vom Wandel zu post-materialistischen Werten in Beziehung gesetzt werden. Von entscheidender Bedeutung - vor allem für die späteren Phasen des Wandels - erscheinen die Veränderungen in der Stellung der Frauen (erhöhte Bildung und Erwerbstätigkeit, Betonung von Partnerschaft und Gleichberechtigung). Gemäß einer international vergleichenden empirischen Analyse von Ron Lesthaeghe (1992: 345) ist der Wandel in der Stellung von Frauen für die Entwicklung der demographischen Variablen (Geburtenrückgang, Verzögerung der Familiengründung) wesentlich wichtiger als sozio-ökonomische Veränderungen.

Wichtige Wandlungen
Als wichtige, inhaltlich verknüpfte Wandlungen im Rahmen eines zweiten demographischen Übergangs werden von ihren Vertretern folgende Aspekte betont (Lesthaeghe 1992: 349, van de Kaa 1994):

a) ein Wandel in der gesellschaftlichen Akzeptanz von Sexualität, inkl. Akzeptanz vorehelicher Sexualität und homosexueller Beziehungen.

b) die Verfügbarkeit hochwirksamer Empfängnisverhütungsmittel und eine verstärkte Kontrolle der Frauen über Fortpflanzungsentscheide.

c) eine Verminderung der sozialen Kontrolle durch gesellschaftliche Institutionen oder, alternativ dazu, eine größere individuelle Autonomie, gekoppelt mit einer stärkeren Ausrichtung auf 'Märkte'.

d) eine verstärkte Betonung der persönlichen Bedürfnisse in bezug auf Lebensgemeinschaften (inkl. Ehe) und eine höhere Wertschätzung partnerschaftlichen Austausches. Dies impliziert die Möglichkeit alternativer Lebensformen wie auch die Auflösung unbefriedigender Lebensgemeinschaften (Scheidung).

e) eine verstärkte Verknüpfung von beruflichen und familialen Orientierungen auch bei Frauen, anstelle eines Modells 'getrennter Lebenswelten'.

f) die 'Entdeckung' der Opportunitätskosten von Kindern und eine Entkoppelung der Altersversorgung von familialen Entscheiden.

In Tabelle 5 sind wesentliche Aspekte und Entwicklungen auf struktureller, kultureller und technologischer Ebene zusammengefasst, die mit dem Konzept eines 'zweiten demographischen Übergangs' für Westeuropa in Beziehung gebracht werden. Es ist allerdings nochmals zu betonen, dass sowohl die Idee eines zweiten demographischen Übergangs als auch die damit verbundenen Faktorenkonstellationen weiterhin umstritten sind. So ist zu beachten, dass zwar faktisch alle westeuropäischen Länder analoge demographische, soziale und wirtschaftliche Wandlungen erfahren haben, dies jedoch weiterhin ausgeprägte nationale oder regionale Divergenzen demographischer, sozialer und familialer Strukturen nicht ausschließt. Detaillierte Studien über Lebens- und Familienformen in verschiedenen europäischen Ländern belegen die große Diversität von Familienstrukturen innerhalb Europas (Kuijsten 1996).

Das Konzept eines Übergangs impliziert im übrigen, dass der Wandel unwiderruflich ist. Inwiefern dies der Fall ist, muss offen bleiben. Es gibt jedoch gute Argumente dafür, dass zumindest wesentliche Elemente des Wandels (verstärkte individuelle Autonomie, Emanzipation und Statusgewinn der Frauen) selbst durch wirtschaftliche Krisen nicht vollständig rückgängig gemacht werden können. Eine Rückkehr zur Situation während den 1930 oder 1950er Jahren erscheint wenig wahrscheinlich. Aktuelle marktwirtschaftliche und sozialstaatliche Entwicklungen (Deregulierung und Privatisierung) erhöhen die Bedeutung individueller Ansprüche sogar weiter. Dennoch darf das Konzept des 'Übergangs' nicht dazu verleiten, die zukünftigen demographischen Entwicklungen einfach als Verlängerung der Gegenwart zu sehen. Nicht-lineare Entwicklungen, wie etwa ein markanter 'Baby-Boom', eine Re-Traditionalisierung der Lebens- und Familienformen oder eine verstärkte moralische Aufwertung generativen Verhaltens durch neureligiöse Bewegungen, sind auch in Westeuropa nicht undenkbar.

Tabelle 5
Gesamtgesellschaftlicher Rahmen des zweiten demographischen Übergangs

	Strukturelle Ebene	Kulturelle Ebene	Technologie
Gesamtgesellschaftliche Dimensionen/ Prozesse	Entwicklung der postindustriellen Gesellschaft: – hoher Lebensstandard/ hohes Konsumniveau – ausgebauter Sozialstaat – hohe strukturelle Komplexität und funktionale Differenzierung – hohe Mobilität – erhöhtes Bildungsniveau – verstärkte weibliche Partizipation	'Post-moderne Werte' ('silent revolution' nach Inglehart): – starke Konsumorientierung – Betonung individueller Wahlfreiheit – erhöhter Wertepluralismus – institutionalisierte demokratische Werte – verstärkte Säkularisierung – Betonung immaterieller Werte	'Zweite kontrazeptive Revolution': – effiziente Verhütungsmittel – neue Reproduktionstechnologien – moderne Transportmittel – verbesserte Kommunikation/ Massenmedien – ausgebaute Gesundheitstechnologie
Sekundäre Gruppen	– Entwicklung breiter Mittelschichten – Machtverlust traditioneller Interessengruppen – Entstehung neuer Aktionsgruppen	– verringerte normative Kontrolle von Institutionen – multiple Orientierungen	– rapide Informationsverbreitung – allgemeiner Zugang zu Informationskanälen
Primärgruppen (Familie/Paare)	– Entstehung 'alternativer Lebensstile' – erhöhte Opportunitätskosten von Ehe und Kindern – verstärkte Independenz der Partner – verschärfte beruflich-familiale Rollenkonflikte	– normative Toleranz gegenüber neuen Lebensformen/Kinderlosigkeit usw. – veränderte geschlechtsspezifische Normen – mehr Wahlfreiheit/ Optionen	– Möglichkeit der perfekten Kontrazeption versus – Option des Gebrauchs von Reproduktionstechnologien
Individuen	– verstärkte Bedeutung von Bildung für soziale Plazierung – komplexe Rollenerwartungen – erwartete Flexibilität – intergenerationelle Unabhängigkeit	– Betonung von Selbstverwirklichung – individueller Lebensstil – diffuse und widersprüchliche Verhaltensnormen	– kontrazeptives Verhalten als individuelle Entscheidung – individuelle Verantwortung

Adaptiert von: Van de Kaa 1994: 105

3. Geburtenentwicklung und theoretische Erklärungsansätze generativen Verhaltens

3.1 Begriffliche Klärung: Fruchtbarkeit, Fertilität, generatives Verhalten und generative Struktur

In der aktuellen demographischen und bevölkerungssoziologischen Diskussion ist der klassische deutsche Begriff 'Fruchtbarkeit' faktisch durch den lateinischen Begriff *'Fertilität' (engl. 'fertility')* ersetzt worden. Der Hauptgrund liegt darin, dass im Alltagsgebrauch der Begriff 'Fruchtbarkeit' eine stark biologische Prägung aufweist. Fruchtbarkeit wird häufig als Fähigkeit zur Fortpflanzung verstanden, analog wie die Bezeichnung 'Unfruchtbarkeit' umgangssprachlich meist mit biologisch bedingter Unfähigkeit zur Fortpflanzung gleichgesetzt wird. In der bevölkerungssoziologischen Diskussion steht jedoch nicht die biologische Fähigkeit, Kinder zu erzeugen (Fecundität), sondern der Vorgang der Erzeugung von Nachwuchs (Fertilität) im Zentrum (Jürgens, Pohl 1975: 22).

Die Fertilität - als Resultat eines Prozesses der Nachwuchserzeugung oder Nachwuchsbeschränkung - kann auf zwei Ebenen erfasst werden:

Erstens können einzelne Individuen oder Familien (Ehepaare) analysiert werden. So lässt sich etwa das Geburtenverhalten und die Kinderzahl von Frauen bzw. (Ehe)Paaren beobachten. Die Fertilität von Frauen bzw. Paaren ist das Resultat einer vielfältigen Kombination von Verhaltensweisen (inklusive Unterlassungen). Seit der grundlegenden Arbeit von Gerhard Mackenroth (1953) wird für diesen Verhaltenskomplex meist der Begriff *'generatives Verhalten'* benützt. Generatives Verhalten bezieht sich sowohl auf jene Handlungen, die direkt auf Fortpflanzung abzielen als auch auf Verhaltensweisen, die sich aufschiebend oder einschränkend auf die Fortpflanzung richten (z.B. Geburtenverhütung usw.). Dieses individuelle generative Verhalten ist immer eingebettet in soziale und ökonomische Strukturen, kulturelle Wertsysteme und familiale Sinnorientierungen. Aus diesem Grund wird zusätzlich unterschieden zwischen *generativem Verhalten* und *generativem Handeln*, als einem sinnhaft orientierten und zielgerichtet tätigen Verhalten. Diese Differenzierung ist vor allem sinnvoll, wo anstelle klassischer Verhaltenstheorien mehr handlungstheoretische Konzepte im Sinne von Max Weber verwendet werden (Kiefl, Schmid 1985: 15-19).

Zweitens lässt sich Fertilität auf einer aggregierten Ebene erfassen. So wird häufig das Geburtenniveau verschiedener Länder bzw. Regionen verglichen. Die Fertilität einer Bevölkerung wird zum einen vom generativen Verhalten der einzelnen Individuen und Familien bestimmt. Zum anderen ist auch die Bevölkerungsstruktur relevant. Von Bedeutung sind insbesondere Zahl und Alter von Frauen im gebärfähigen Alter sowie Heiratsverhalten und Generationenabstände. Gleichzeitig wirkt die Fertilität ihrerseits auf die Bevölkerungsstruktur zurück, da Veränderungen der Fertilität die Altersstruktur der Bevölkerung beeinflussen.

Gerhard Mackenroth hat für die Bevölkerungsweise einer Gesellschaft den Begriff *'generative Struktur'* geprägt. Er geht davon aus, dass generative Verhaltensweisen mit dem Sozialsystem, in das sie eingebettet sind, in einer sinnvollen Beziehung stehen und ein in sich gefügtes Ganzes bilden. „Das ist es, was wir die Struktur der generativen Verhaltensweisen oder kurz die generative Struktur nennen." (Mackenroth 1955: 69).

Zu den Elementen der generativen Struktur gehören gemäß Gerhard Mackenroth (1953: 110):

a) die Heiratsstruktur (durchschnittliches Heiratsalter, Heiratshäufigkeit, Scheidungshäufigkeit),

b) die Struktur der Fruchtbarkeit (eheliche Fruchtbarkeit, uneheliche Fruchtbarkeit, Gebäralter und Geburtenfolge bzw. durchschnittlicher Generationenabstand),

c) die Struktur der Sterblichkeit (alters- und geschlechtsspezifische Absterbeordnung).

Sachgemäß unterliegt die generative Struktur - wie alle gesellschaftlichen Strukturen - einem historischen Wandel, und sie wird durch generationen- bzw. kohortenspezifisches generatives Handeln bestimmt. Das wechselseitige Verhältnis von Fertilität, generativem Verhalten und generativer Struktur lässt sich gemäß folgendem Schema zusammenfassen:

Abbildung 3:

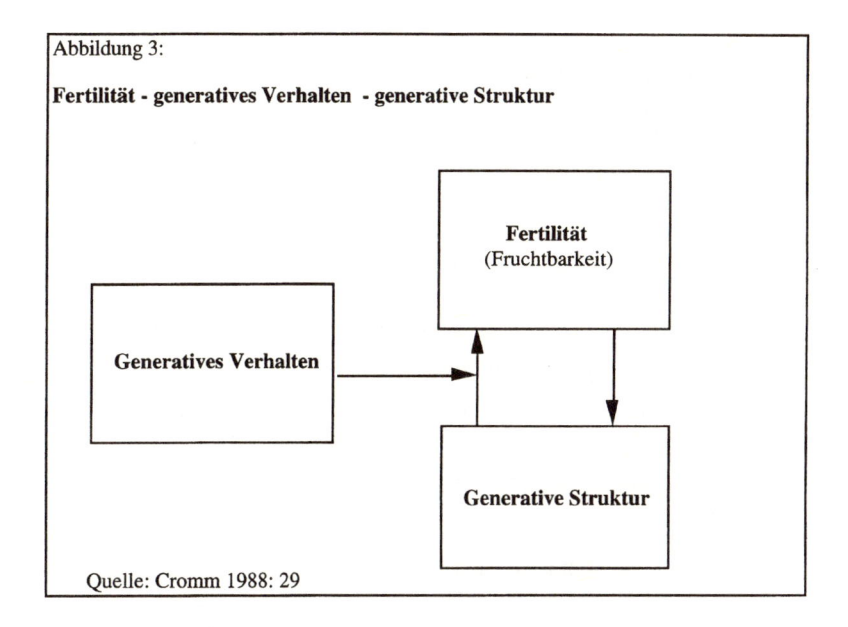

Fertilität - generatives Verhalten - generative Struktur

[Diagramm: Generatives Verhalten → Fertilität (Fruchtbarkeit) ↔ Generative Struktur]

Quelle: Cromm 1988: 29

3.1.1 Intermediäre Variablen der Fertilität und ein soziologisches Rahmenmodell

Die Fertilität wird einerseits bestimmt durch Faktoren, die direkt und unmittelbar die Wahrscheinlichkeit einer Geburt bestimmen (intermediäre Variablen, engl. 'intermediate variables'). Von Bedeutung sind andererseits aber auch indirekte Einflüsse, die mittelbar, durch ihren Einfluss auf solche intermediären Variablen, die Fertilität beeinflussen. Diese Unterscheidung ist insofern wichtig, als die intermediären Faktoren der Fertilität (wie Geschlechtsverkehr und Befruchtung, Empfängnisverhütung, spontaner Abort usw.) zwar die Wahrscheinlichkeit einer Geburt bestimmen, jedoch aus soziologischer Sicht oft wenig erklären. Die bedeutsamen sozialen, kulturellen und ökonomischen Erklärungsfaktoren bestimmen die Fertilität nur indirekt, über ihren Einfluss auf diese intermediären Variablen.

Zu den zentralen intermediären Variablen der Fertilität gehören gemäß dem Soziologen Kingsley Davis und der Soziologin Judith Blake (1956: 211ff.) folgende 11 Variablen:

I. Faktoren, die den Geschlechtsverkehr beeinflussen ('intercourse variables')

A) Faktoren, welche die Bildung und Auflösung sexueller Beziehungen während der Fortpflanzungsperiode beeinflussen:
1. Alter bei Eingehen sexueller Kontakte,
2. Ständige Enthaltsamkeit (Anzahl Frauen ohne hetero-sexuelle Beziehungen),
3. Unterbrechung bzw. Auflösung von Beziehungen durch Trennung, Scheidung oder Tod des Partners.

B) Faktoren, die den Geschlechtsverkehr innerhalb bestehender heterosexueller Partnerschaften beeinflussen:
4. Freiwillige Enthaltsamkeit,
5. Unfreiwillige Enthaltsamkeit (durch Abwesenheit, Krankheit, Impotenz),
6. Koitushäufigkeit (Perioden der Enthaltsamkeit ausgenommen).

II. Faktoren, welche die Empfängnis beeinflussen ('conception variables')

7. Natürlich gegebene Empfängnismöglichkeit oder -unmöglichkeit,
8. Praktizieren oder Nichtpraktizieren von Empfängnisverhütung,
9. Bewusst geschaffene Empfängnismöglichkeit oder -unmöglichkeit (Sterilisation, medizinische Behandlung gegen Infecundität usw.).

III. Faktoren, welche die Schwangerschaft und Geburt beeinflussen ('gestation variables')

10. Natürliche, nicht herbeigeführte Fötussterblichkeit (wie spontaner Abort),
11. Abtreibung.

Durch diesen Variablenkatalog werden alle einer Geburt vorgelagerten intervenierenden Einflussfaktoren erfasst. Das Gewicht der einzelnen intermediären Variablen ist sachgemäß je nach den gesellschaftlichen Verhältnissen unterschiedlich (Bolte, Kappe, Schmid 1980: 35f). Zu Diskussionen Anlass gibt immer wieder die Frage, inwiefern intermediäre Variable nicht nur notwendige, sondern auch hinreichende Erklärungsfaktoren der Geburtenentwicklung sind. Beispielsweise kann die Frage gestellt werden, inwiefern die Erfindung neuer Mittel der Empfängnisverhütung (wie etwa der Verhütungspille) an sich zur Geburtenbeschränkung geführt hat (These vom Pillenknick), oder ob damit nur ein Instrument geschaffen wurde, um bestehenden Wunschvorstellungen von einer Familie mit wenig Kindern zum Durchbruch zu verhelfen. Im allgemeinen wird von soziologischer Seite eher die zweite Ansicht vertreten, aber es gibt durchaus auch Hinweise, dass technische Innovationen - wie die Erfindung der Pille - direkte Auswirkungen zeitigen. So konnte der englische Forscher Mike Murphy (1993) in Zeitreihenanalysen feststellen, dass die Verbreitung im Gebrauch der Verhütungspille auch nach statistischer Kontrolle sozio-ökonomischer Faktoren für die Geburtenentwicklung signifikant war.

Von soziologischem Interesse sind die intermediären Variablen vor allem, weil damit Variablen angesprochen werden, die in allen Gesellschaften starken sozialen und kulturellen Normierungen unterworfen sind. Dies gilt sowohl für Fragen des Geschlechtsverkehrs als auch für Fragen von Empfängnisverhütung und Geburtenverhinderung (inkl. Abtreibung). Damit lässt sich die Beobachtung verstehen, weshalb auch in vorindustriellen Gesellschaften das Fertilitätsniveau enorm variierte.

Unter Berücksichtigung der intermediären Variablen hat Ronald Freedman (1975: 15) ein soziologisches Rahmenmodell zur Analyse des generativen Verhaltens entwickelt. Er verbindet die von Kingsley Davis und Judith Blake erarbeitete Klassifikation intermediärer Variablen einerseits mit gesellschaftlichen Normen (Normen zur Familiengröße und Normen in bezug auf die intermediären Variablen). Andererseits bezieht er soziale und demographische Strukturfaktoren in den Erklärungsrahmen der Fertilität ein (vgl. Abbildung 4). Angesichts der vielfältigen Wechselbeziehungen in diesem Rahmenmodell wird klar, welch hohe Ansprüche an eine differenzierte Theorie der Fertilität gestellt sind. Entsprechend verwundert nicht, dass diesbezüglich kein paradigmatischer Konsens gefunden werden konnte, und dass eine ganze Reihe konkurrenzierender Erklärungsansätze vorliegt (vgl. Kap. 3.4).

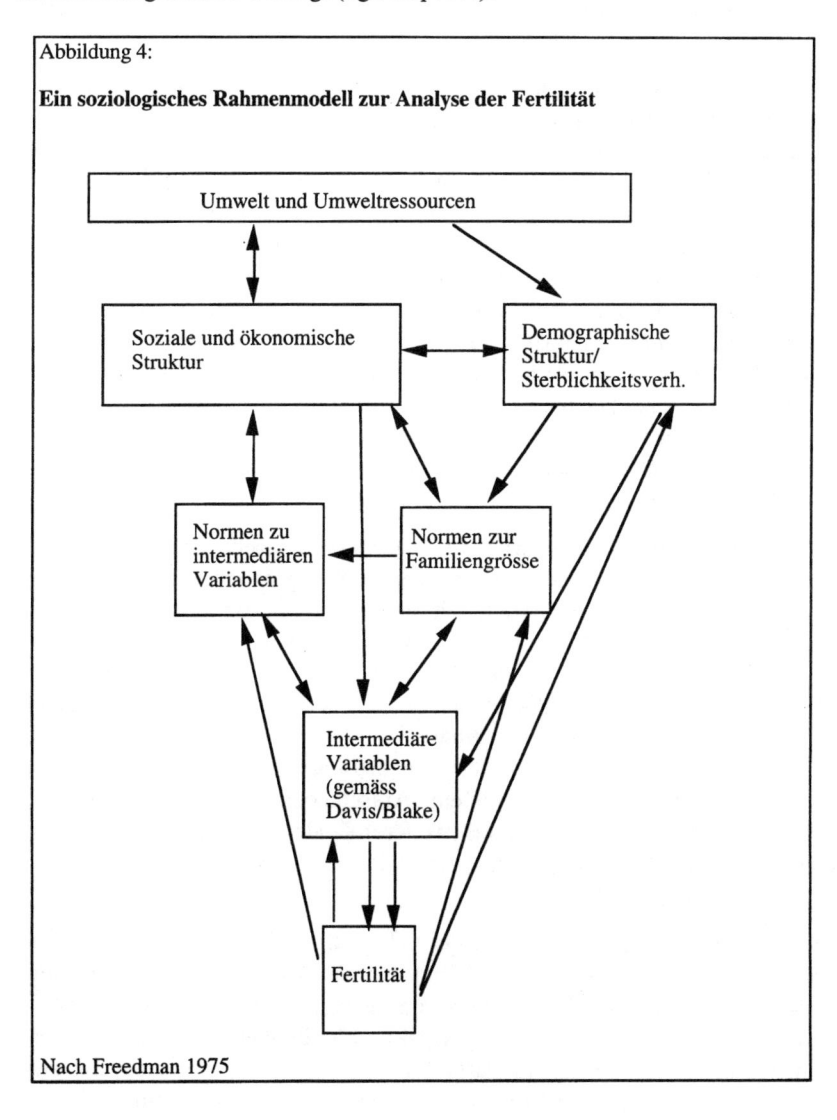

Abbildung 4:

Ein soziologisches Rahmenmodell zur Analyse der Fertilität

Nach Freedman 1975

3.2 Zur Geburtenentwicklung der letzten Jahrzehnte - einige Daten

Ab Mitte der 1960er Jahre begannen die Geburtenraten in den hochentwickelten Ländern Westeuropas und Nordamerikas rasch zu sinken, und in den 1970er und 1980er Jahren waren die meisten Länder Europas durch außergewöhnlich tiefe Fertilitätsraten gekennzeichnet. In Westdeutschland, aber auch in anderen europäischen Ländern (Niederlande, Österreich, Schweiz, Dänemark u.a.) verblieben die Fertilitätsraten seit Beginn der 1970er Jahre unter dem für die Bestandeserhaltung der Bevölkerung notwendigen Niveau von rund 210 Geburten pro 100 Frauen) (vgl. Tabelle 6).

Vom Rückgang der Geburtenhäufigkeit wurden - mit einigen Jahren Verzögerung - auch die südeuropäischen Länder und - weniger eindeutig - einige osteuropäische Länder betroffen. Zu Beginn der 1990er Jahre gehörten Italien und Spanien zu den Ländern mit der europaweit geringsten Geburtenhäufigkeit (Kiernan 1993, Roussel 1994). Demgegenüber stieg die Geburtenhäufigkeit in Schweden - einem Vorreiter des Wandels zu nichtehelichen Formen des Zusammenlebens - in den 1980er Jahren wieder an. Andere europäische Länder erfuhren in den letzten Jahren ebenfalls entweder eine Stabilisierung oder einen gewissen Wiederanstieg der (periodenspezifischen) Geburtenraten. Auch für die nähere Zukunft ist - auf einem zumeist tiefen Niveau - mit Fluktuationen der (periodenspezifischen) Geburtenraten nach oben oder nach unten zu rechnen, da sogenannte 'Tempo-Verschiebungen' - d.h. eine zeitliche Vorverlegung oder Verzögerung der Geburt von Kindern - die Geburtenzahlen wesentlich beeinflussen können (vgl. Day 1995).

Insgesamt verblieben die Geburtenraten der meisten europäischen Länder auch in der ersten Hälfte der 1990er Jahre unter dem sogenannten 'Reproduktionsniveau', und sofern das Geburtendefizit nicht durch Einwanderung kompensiert wird, ist ein markanter Rückgang der Bevölkerungszahl langfristig unvermeidlich. In den osteuropäischen Ländern haben die sozial- und wirtschaftspolitischen Umwälzungen der 1990er Jahre zu zeitweise dramatischen Rückgängen der Geburten- und Heiratsraten geführt. So sank etwa in Ostdeutschland die Zahl von Eheschließungen und Geburten zwischen 1989 und 1993 um rund 65%. Dies widerspiegelt nicht nur ein 'Aufschieben' von Geburten, sondern auch einen endgültigen Verzicht auf (weitere) Kinder aufgrund schlechter wirtschaftlicher Rahmenbedingungen (Arbeitslosigkeit, Wohnungsmangel usw.) (vgl. Münz, Ulrich 1994).

Der in Tabelle 6 angeführte Index der Gesamtfruchtbarkeit (IGF, engl. 'total fertility rate') kann allerdings irreführend sein, da es sich um eine Querschnittsbetrachtung handelt, die durch Tempoverschiebungen der Fertilität beeinflusst wird. Zudem ist es ein nicht allzu aussagekräftiger Indikator, da damit nicht bekannt wird, wieviele Frauen kinderlos bleiben und wieviele Frauen ein, zwei oder drei Kinder zur Welt bringen. Aussagekräftiger sind Angaben, die das

Verhalten spezifischer Geburtsjahrgänge nachvollziehen (sogenannte kohortenspezifische Daten), insbesondere wenn sie nach Zahl der geborenen Kinder aufgegliedert sind. Die in Tabelle 7 und 8 aufgeführten Daten vermitteln genauere, kohortenbezogene Informationen über die Fertilität von Frauen in Deutschland.

Tabelle 6
Entwicklung der Gesamtfruchtbarkeit in europäischen Ländern seit 1960

Index der Gesamtfruchtbarkeit (IGF)

Land:	1960	1965	1970	1975	1980	1985	1990	1994
Nordeuropa:								
- Dänemark	2.54	2.61	1.95	1.92	1.55	1.45	1.67	1.81
- Finnland	2.71	2.47	1.83	1.69	1.63	1.64	1.78	1.85
- Norwegen	2.85	2.93	2.24	1.98	1.72	1.68	1.93	1.87
- Schweden	2.17	2.42	1.94	1.78	1.68	1.73	2.14	1.88
- Großbritannien	2.69	2.83	2.44	1.81	1.89	1.79	1.83	1.75
- Irland	3.75	4.03	3.87	3.40	3.23	2.50	2.12	1.86
Westeuropa:								
- Belgien	2.52	2.60	2.25	1.74	1.69	1.51	1.61	1.55
- Deutschland								1.26
(West)	2.37	2.50	2.02	1.45	1.45	1.28	1.45	1.34
(Ost)	2.33	2.48	2.19	1.54	1.94	1.73	1.52	0.77
- Frankreich	2.73	2.84	2.48	1.93	1.95	1.81	1.78	1.65
- Luxemburg	2.29	2.41	1.97	1.52	1.50	1.38	1.62	1.72
- Niederlande	3.12	3.04	2.57	1.66	1.60	1.51	1.62	1.56
- Österreich	2.65	2.68	2.29	1.83	1.65	1.47	1.45	1.45
- Schweiz	2.44	2.61	2.10	1.61	1.55	1.52	1.59	1.49
Südeuropa:								
- Griechenland	2.23	2.32	2.34	2.37	2.23	1.68	1.42	1.34
- Italien	2.41	2.55	2.43	2.21	1.68	1.45	1.36	1.19
- Portugal	3.13	3.07	2.76	2.59	2.14	1.70	1.54	1.44
- Spanien	2.79	2.97	2.84	2.79	2.22	1.63	1.30	1.22
Osteuropa:								
- Bulgarien	2.30	2.03	2.18	2.24	2.05	1.95	1.73	1.46
- Jugoslawien	3.80	2.71	2.29	2.27	2.13	2.03	1.88	-
- Polen	2.98	2.52	2.20	2.27	2.28	2.33	2.04	1.80
- Rumänien	2.34	1.91	2.89	2.62	2.45	2.26	1.83	1.41
- Tschechoslowakei	2.39	2.37	2.07	2.43	2.16	2.07	1.96	1.50*
- Ungarn	2.02	1.82	1.97	2.38	1.92	1.83	1.84	1.64

*Tschechische Republik
Quelle: Calot, Blayo 1982, Van de Kaa 1994: 85, Council of Europe 1995: Tab. 3.3.

Tabelle 7
Kinderlose und bis zum 57. Lebensjahr ledig gebliebene Frauen: Deutschland (Alte Bundesländer)

Geburtsjahrgänge:	Von 100 Frauen blieben kinderlos	ledig	Kinder je 100 Frauen: insgesamt	Frauen mit Kindern
1896/00	23	13	215	279
1901/05	26	13	209	282
1906/10	22	10	204	261
1911/15	19	9	198	244
1916/20	18	9	195	238
1921/25	17	9	195	235
1926/30	14	9	200	233
1931/35	10	7	220	244
1936/40	10	5	206	229
1941/45	12	5	182	207
1946/50	18	5	160	195
1951/55	21	7*	160**	203**
1956/60	24	11*	163**	214**
1961/65	25	15*	150**	200**

*Verheiratung ab 1995 geschätzt
** Nach 1994 geborene Kinder geschätzt.
Quelle: Schwarz 1996: 13

Tabelle 8
Entwicklung der paritätsspezifischen Kinderzahl in der ehemaligen Bundesrepublik Deutschland in ausgewählten Geburtsjahrgängen

Kohorte:	Von 1000 Frauen haben im Verlauf ihres Lebens .... Kinder				Total Kinder pro 1000 Frauen:
	0	1	2	3+	
1935	92	257	299	352	2175
1940	106	264	341	289	1973
1945	127	306	348	220	1775
1950	148	305	351	197	1685
1955	203	284	342	175	1533
1958	229	279	336	155	1455

Quelle: Birg; Filip; Flöthmann, 1990: 28.

So hat sich der Anteil von Frauen, die drei oder mehr Kinder gebären, deutlich reduziert. Mit Ausnahme Irlands beschränken sich die Präferenzen junger Paare in Europa heute auf nur wenige Kinder, und kinderreiche Familien sind in jüngeren Frauengenerationen selten geworden. Frauen, die heute eine Familie gründen, beschränken sich weitgehend auf ein oder zwei Kinder. Von den 1958 geborenen westdeutschen Frauen, die überhaupt eine Familie mit Kindern gründeten, beschränkte sich ein gutes Drittel (36%) auf ein Kind, 44% hatten zwei Kinder und nur 20% drei oder mehr Kinder. Eine kleine Familie mit wenig Kindern wird generell als 'ideale Familiengröße' angesehen. Eine 1992 durchgeführte Befragung bei deutschen Männern und Frauen im Alter von 20 bis 39 Jahren liess erkennen, „dass die Befragten in der ehemaligen DDR eher zu der Ein- bis Zwei-Kind-Familie tendieren, während im früheren Bundesgebiet Befragte eine vergleichsweise höhere Präferenz für die Zwei- bis Drei-Kind-Familie aufweisen." (Pohl 1995: 98).

Kinderlosigkeit
Der Anteil kinderlos bleibender Frauen in Deutschland war schon in früheren Generationen beträchtlich. So blieb von den 1901/05 geborenen Frauen fast jede vierte Frau kinderlos (was mit zur damals vergleichsweise geringen Geburtenhäufigkeit beitrug). Eine Reduktion der Kinderlosigkeit ergab sich primär bei den Frauengenerationen, die während den ersten Nachkriegsjahrzehnten - den Jahren des Wirtschaftswunders - ins gebärfähige Alter eintraten. Der 'Baby-Boom' der Nachkriegsjahre war im wesentlichen darauf zurückzuführen, dass mehr Frauen überhaupt eine Familie gründeten und Kinder zur Welt brachten; eine Beobachtung, die auch für andere europäische Länder gilt (Festy 1979). Bei den jüngsten Frauengenerationen - d.h. Frauen, die in den 1970er und 1980er Jahren ins 'gebärfähige Alter' kamen - stieg der Anteil der Kinderlosen erneut an. Bei der jüngsten Frauengeneration dürfte wiederum rund jede vierte Frau ganz auf Kinder verzichten. Während in früheren Frauengenerationen oft wirtschaftliche Krise und Kriege eine Heirat und Familiengründung verhinderten, scheinen bei der jüngsten Frauengeneration eher individuelle und berufsbezogene Gründe zur Kinderlosigkeit zu führen. Entsprechende Studien deuten allerdings darauf hin, dass Kinderlosigkeit vielfach mehr die Folge einer wiederholten Verschiebung einer Familiengründung als das Ergebnis einer früh und bewusst getroffenen Entscheidung gegen Kinder ist. Dies wurde auch in einer Untersuchung kinderloser deutscher Ehepaare deutlich: „Der Anteil von Ehepaaren, die sich bewusst für eine lebenslange Kinderlosigkeit entschieden haben und die mit medizinisch bedingter Kinderlosigkeit bei Ehebeginn sind in unserem Sample sehr gering. Die Mehrzahl verbanden mit der Eheschließung sehr wohl einen Wunsch nach Kindern. Aus den verschiedensten Gründen, vor allem aber auch beruflichen, wird die Erfüllung des Kinderwunsches zunächst hinausgeschoben. Durch zwischenzeitliche Ereignisse oder über den Gewöhnungseffekt wurde dann bei vielen von ihnen aus der befristeten eine lebenslange Kinderlosigkeit." (Nave-Herz 1988: 97-98).

Im intereuropäischen Vergleich ist auffallend, dass - obwohl alle westeuropäischen Länder eine verzögerte Familiengründung aufweisen - ein markanter Trend zu verstärkter Kinderlosigkeit nur in ausgewählten Länder feststellbar ist, und beispielsweise in Schweden oder Frankreich kaum zu beobachten ist (Höpflinger 1991, Prioux 1993). In bezug auf Kinderlosigkeit scheint (West-) Deutschland so etwas wie eine europäische 'Sondersituation' einzunehmen, was sich z.b. auch in ausgeprägten öffentlichen Diskussionen um Individualisierung und Kinderfeindlichkeit widerspiegelt. Im intereuropäischen Vergleich lässt sich feststellen, dass Kinderlosigkeit primär in jenen Ländern deutlich angestiegen ist, die zwar einen raschen Wandel des Eheverhaltens und der zeitlichen Gestaltung der Familiengründung erlebt haben, jedoch weiterhin eine ausgeprägte Unvereinbarkeit von Berufs- und Familienleben aufweisen (z.b. weil die familienexterne Kinderbetreuung mangelhaft ausgebaut ist). Sofern dies zutrifft, kann die Zunahme der Kinderlosigkeit in einigen Ländern durchaus ein vorübergehender Trend darstellen, bis Sozialpolitik und Arbeitswelt stärker auf die Interessen junger Mütter Rücksicht nehmen. Allerdings ist in Europa auch inskünftig mit einem allgemeinen geringen Geburtenniveau unter oder höchstens knapp über dem 'Reproduktionsniveau' zu rechnen.

3.3 Soziale Unterschiede der Geburtenhäufigkeit und des generativen Verhaltens

In den letzten vier Jahrzehnten wurde eine kaum mehr überblickbare Menge von Analysen über soziale Unterschiede in verschiedenen Aspekten des generativen Verhaltens (gewünschte und realisierte Kinderzahl, Familiengründungs- und Familienplanungsverhalten) durchgeführt. Dabei wurde eine Vielzahl unterschiedlicher und teilweise widersprüchlicher empirischer Beziehungen zwischen sozialen Indikatoren und dem Kinderwunsch oder der Kinderzahl von Paaren gefunden. Die meisten Analysen zur differentiellen Fertilität leiden daran, dass es sich um Querschnittsdaten handelt. Der prozesshafte und lebenszyklische Charakter generativen Verhaltens bleibt oft unberücksichtigt. Soziale Faktoren, wie Ausbildung, Einkommen, Berufsstatus usw., sind faktisch nur in Interaktion mit den einer Geburt vorgelagerten intermediären Einflussfaktoren und lebenszyklischen Entscheidungen von Bedeutung. Das Resultat sind komplexe Wechselwirkungen indirekter oder interaktiver Art, die sich einfachen linearen Erklärungsmuster entziehen (vgl. dazu das soziologische Rahmenmodell von Freedman 1975 in Abbildung 4).

Die in einem spezifischen Kontext zu einem spezifischen Zeitpunkt durchgeführten Studien zur differentiellen Fertilität lassen sich selten auf andere Kontexte, andere Geburtsjahrgänge oder andere Perioden verallgemeinern, da individuelles oder eheliches generatives Verhalten eng mit gesellschaftlichen Rahmenbedingungen verhängt ist und sich im Verlaufe gesellschaftlicher Entwicklungen wandelt. Empirische Beziehungen - etwa Korrelationen zwischen Einkommen, Ausbildung, sozioökonomischem Status und gewünschter oder realisierter Kinderzahl - sind kohorten-, perioden- und kontextspezifisch geprägt (was sich etwa darin ausdrückt, dass zu einem gegebenen Zeitpunkt festgestellte positive Korrelationen zu späteren Zeitpunkten negative Vorzeichen aufweisen können).

Auch die theoretische Einbettung vieler Studien zur differentiellen Fertilität kann bemängelt werden. Die bisherige Forschung zur differentiellen Fertilität hat nach Ansicht von Hans Linde (1984: 20f.) eine Unmenge von Daten geliefert, ohne jedoch eine genügende theoretische Einordnung und Interpretation der Geburtenentwicklung zu ermöglichen. Häufig zeige sich in solchen Studien eine unreflektierte Gleichsetzung von Merkmal, Variable, Faktoren und Erklärung.

Im folgenden wird nur summarisch auf Fragen differentieller Fertilität eingegangen, wobei ich mich auf einige wenige soziale Indikatoren beschränke.

Schichtspezifische Unterschiede
Die schichtspezifischen Unterschiede generativen Verhaltens zeigen je nach den gesellschaftlichen und wirtschaftlichen Gegebenheiten eine andere Form, und sie sind deshalb ohne Berücksichtigung makro-soziologischer Rahmenbedingungen nicht begreifbar. So verändern sich etwa die Beziehungen zwischen Haushalteinkommen und endgültiger Kinderzahl je nach sozio-ökonomischen Produktionsverhältnissen. In wenig industrialisierten Gesellschaften ist die Beziehung zwischen Einkommen und Kinderzahl teilweise positiv, da sich mit steigendem Einkommen die materiellen Ressourcen für eine frühe Familiengründung und viele Kinder verbessern. In Phasen rascher wirtschaftlicher Entwicklung und gesellschaftlicher Modernisierung ergibt sich hingegen oft eine deutlich negative Beziehung zwischen Einkommen und der endgültigen Kinderzahl. Dies primär, weil die reicheren Sozialgruppen als erste moderne Verhaltens- und Wertmuster übernehmen, wozu auch die Übernahme des Modells der Kleinfamilie mit wenig Kindern gehört. In hochentwickelten Gesellschaften mit allgemein tiefer Geburtenhäufigkeit sind die Beziehungen zwischen Einkommensindikatoren und endgültiger Kinderzahl hingegen relativ schwach oder nicht linear.

In Europa waren es historisch die städtischen Oberschichten, die zuerst eine gezielte Geburtenbeschränkung betrieben. Neben der französischen Oberschicht gehörten schweizerische Ratsgeschlechter protestantischer Städte (Genf, Zürich) zu den ersten Gruppen, die ihre Geburtenzahl gezielt einschränkten, und erste Formen der Geburtenbeschränkung lassen sich für die Zürcher Oberschicht schon ab Ende des 17. Jahrhunderts nachweisen (Pfister 1983). Auch in anderen europäischen Ländern gehörten die städtischen Oberschichten ab dem 18. Jahrhundert zu den Vorreitern einer gezielten Familienplanung (Livi-Bacci 1986). Wie Ulrich Pfister (1985) nachwies, lag der Hauptgrund für eine gezielte Geburtenbeschränkung im 18. Jahrhundert in ökonomischen Zwängen: Die zunehmende Aristokratisierung städtischer Sozialstrukturen behinderte die soziale Mobilität, und selbst für regierende Familien wurde es kostspieliger, ihre soziale Stellung zu behaupten. Vor allem 'zu viele' überlebende Söhne erwiesen sich als Bedrohung der sozialen Stellung, da jeder Sohn entsprechend auszustatten war. Ein sozialer Abstieg konnte vielfach nur durch Geburtenbeschränkung verhindert werden. Wie heute waren somit auch früher die hohen ökonomischen Kosten von Kindern ein wichtiges Motiv, ihre Zahl zu begrenzen. Die unteren Volksschichten und vor allem die Bauern und ländlich geprägten Arbeiter folgten erst später. Entsprechend weiteten sich in der ersten Phase des Geburtenrückgangs (Ende des 19. Jahrhunderts und anfangs des 20. Jahrhunderts) die sozio-ökonomischen Fertilitätsdifferenzen in verschiedenen Ländern (England & Wales, USA, Frankreich und Norwegen) merkbar aus (Haines 1992: 223ff.). Auch in Deutschland zeigten sich in den 1930er Jahren markante schichtspezifische Unterschiede (höchste Fertilität bei Arbeitern, geringste Fertilität bei Angestellten und Beamten, wobei die Selbständigerwerbende eine mittlere Position einnahmen) (Knodel 1974). Allerdings war die Kinderzahl bei einigen Gruppen der Unterschicht zeitweise ebenfalls gering, da wirtschaftliche Probleme (Arbeitslosigkeit oder wirtschaftliche Unsicherheit) eine Familiengründung überhaupt verhinderten.

Die damaligen Schichtunterschiede der endgültigen Kinderzahl widerspiegelten daher sowohl Unterschiede im Heiratsverhalten als auch Unterschiede in der Akzeptanz des Modells der Kleinfamilie mit nur wenig Kindern. Dies führte im 20. Jahrhundert vielfach zu nicht-linearen Beziehungen, da die Wohlstandseffekte (Reiche können früher eine Familie gründen und sich mehr Kinder leisten) mit klassen- bzw. schichtspezifischen Werthaltungen und 'Kosten-Nutzen'-Funktionen von Kindern interagierten. Zeitweise ergaben sich daher u-förmige Beziehungen zwischen Einkommen und der Kinderzahl von Ehepaaren, etwa wenn verarmte Unterschichten wegen fehlender Familienplanung relativ viele Kinder zur Welt brachten und einige Teile der Oberschicht sich aus dynastischen Gründen überdurchschnittlich viele Kinder wünschten. Gleichzeitig interagierten regionale und konfessionelle Faktoren mit sozio-ökonomischen Faktoren. Einzelne Subgruppen - wie reiche Landwirte, katholische Bürgerfamilien oder Landärzte usw. - wiesen zeitweise höhere Kinderzahlen auf, als andere Gruppen mit analogen sozio-ökonomischen Ressourcen.

Mit dem Durchbruch des Modells der Kleinfamilie in der Nachkriegszeit schwächten sich die schichtspezifischen Fertilitätsunterschiede ab, namentlich was die endgültige Kinderzahl betraf. Europäische Fertilitätsstudien, die in den 1970er Jahren durchgeführt wurden, konnten nur noch relativ schwache Beziehungen - meist u-förmiger Art - zwischen Statusindikatoren und Kinderwunsch bzw. Kinderzahl feststellen (Findl 1980, Hoffmann-Nowotny et al. 1984, Jones 1982, Rückert 1979). Eine allgemein effiziente Familienplanung und die schichtübergreifende Norm, nur wenige Kinder zu haben, haben eine Angleichung generativer Verhaltensweisen der sozialen Schichten in den 1980er Jahre weiter begünstigt. So lassen deutsche Daten einen (weiteren) Abbau schichtspezifischer Unterschiede der Kinderzahl erkennen (Bertram 1991: 264).

Falls sich in europäischen Ländern heute noch schichtspezifische Unterschiede ergeben, zeigt sich - teilweise mit Ausnahme der obersten Sozialschicht - eine eher negative Beziehung zwischen sozialem Status (Ausbildung, Einkommen) und Kinderzahl; eine Relation, die primär schicht- und bildungsspezifische Unterschiede des Familiengründungsverhaltens (Alter bei Erstheirat und Erstgeburt) widerspiegelt. Seit den 1970er Jahren hat sich vor allem bei Teilen der oberen Sozialschichten (und speziell bei Frauen und Männern aus der Bildungsoberschicht) die Tendenz verstärkt, die Familiengründung zu verschieben oder ganz auf Kinder zu verzichten. Es ist heute in weiten Teilen Europas weniger die Kinderzahl an sich, die nach Statusindikatoren differenziert, sondern die Entscheidung, überhaupt eine Familie mit Kindern zu gründen. Wirtschaftliche Krise (Arbeitslosigkeit) und Prozesse sozialer Desintegration haben seit den 1980er Jahren in verschiedenen Ländern auch die Familiengründung statustiefer Gruppen verzögert bzw. behindert. Damit sind heute teilweise auch untere Sozialschichten durch eine vergleichsweise geringe Geburtenhäufigkeit gekennzeichnet (womit sich unter Umständen eine glockenförmige Beziehung zwischen sozio-ökonomischem Status und Kinderzahl ergeben kann) (vgl. Engstler 1995).

Form und Stärke schichtspezifischer Unterschiede variieren somit je nach Kontextmerkmalen (wirtschaftliche und soziale Modernität, allgemeines Geburtenniveau und Dynamik der Geburtenentwicklung usw.). Für post-moderne Gesellschaften mit ausgeprägter Individualisierung lässt sich zudem die These vertreten, dass nicht so sehr die allgemeine Schichtzugehörigkeit als der (teilweise selbstgewählte) Lebensstil generatives Verhalten und Handeln bestimmen.

Schulisch-berufliche Ausbildung
Im allgemeinen lässt sich eine deutlich negative Korrelation zwischen schulischer Ausbildung von Frauen und deren Kinderzahl beobachten. Eine negative Beziehung lässt sich sowohl in außereuropäischen Ländern mit allgemein hohem Geburtenniveau als auch in modernen europäischen Ländern - wenn teilweise in abgeschwächter Form - festhalten. In Ländern mit hohem Geburtenniveau wird eine verstärkte schulische Ausbildung von Frauen heute als zentrale Strategie zur langfristigen Geburtenreduktion propagiert. Frauen mit Schulausbildung heiraten zum einen später, und zum anderen sind sie besser in der Lage, ihre eigenen Wünsche - z.B. längere Geburtenabstände, weniger Kinder - gegenüber ihren Ehemännern und männlichen Verwandten durchzusetzen. Auch in modernen europäischen Ländern haben Ausbildungslänge und Ausbildungsniveau direkte und indirekte Wirkungen auf das generative Verhalten oder die endgültige Kinderzahl von Frauen (Rindfuss, Bumpass et al. 1980):

Einerseits heiraten besser ausgebildete Frauen oftmals später und haben entsprechend später Kinder. „Ein höheres Bildungs- und Ausbildungsniveau führt zu einem längeren Verbleib im Bildungssystem. Während der Ausbildung gründen Partner in der Bundesrepublik de facto keine Familie, auch wenn sie möglicherweise, gerade im Falle eines Studiums, schon in oder außerhalb einer Ehe zusammenleben." (Huinink 1989: 137). Gleichzeitig beeinflusst die Ausbildung sexuelles und kontrazeptives Verhalten wie auch das Rollenverständnis in einer Partnerschaft. *Hohe weibliche Bildung und späte Familiengründung, emanzipiertes Rollenverständnis und effektive Familienplanung sind im allgemeinen positiv assoziiert.*

Andererseits ist das Ausbildungsniveau ein wichtiges Element des sozialen Status, und es erweist sich als signifikante intervenierende Variable bei der Analyse des Einflusses der Herkunftsfamilie auf das Familiengründungsverhalten (Kiernan, Diamond 1983). So können sich gut ausgebildete Frauen eher von Ehe- und Familienvorstellungen ihrer Eltern 'ablösen' und eigene generative Vorstellungen durchsetzen. Eine gute schulisch-berufliche Ausbildung erhöht die Chancen für gutbezahlte, statushohe Berufspositionen, womit sich die Bewertung generativer Optionen verschiebt: „*Je höher das Ausbildungsniveau von Frauen, um so höher sind die anfallenden Opportunitätskosten einer Familiengründung. Der Arbeitsmarkt wird attraktiver, Einkommen und Aufstiegsmöglichkeiten verbessern sich. Daraus resultiert, dass Frauen mit einem höheren Bildungsniveau eher auf Kinder verzichten.*" (Klein, Lauterbach 1994: 281).

Die Bildungsexpansion der letzten Jahrzehnte - die hauptsächlich die Bildungschancen der nach 1950 geborenen Frauen erhöhte - wird von vielen SoziologInnen als eine wesentliche Ursache des Wandels zu späterer Familiengründung angesehen. So wird auf eine stärker gewordene statistische Abhängigkeit des generativen Verhaltens von der Dauer der Bildungsbeteiligung und vom Bildungsniveau hingewiesen (Klein 1989, Blossfeld, Huinink 1989; Blossfeld, de Rose 1992; Papastefanou 1990). Damit „verfestigt sich das Bild, wonach eine Ausbildung und eine qualifizierte Erwerbstätigkeit zwar einerseits Frauen veranlassen, die Familiengründung zu verzögern oder mit einer höheren Wahrscheinlichkeit zu vermeiden. Andererseits stellen sie auch immer eher eine Voraussetzung für die Bewältigung der mit einer Familiengründung einhergehenden Risiken dar." (Huinink 1995: 352). Johannes Huinink (1995: 354) postuliert in diesem Zusammenhang ein zweifaches Polarisierungsphänomen generativen Verhaltens: Zum einen zeigen sich die (traditionellen) Unterschiede zwischen unteren und höheren Bildungsgruppen, zum anderen deutet sich eine Spaltung der oberen Bildungsgruppen in eine familienferne Bildungsoberschicht (Kinderlose) und eine auf neue Art familienorientierte Bildungsoberschicht. Eine solche Tendenz kann zu nicht-linearen Relationen zwischen Ausbildungsniveau einer Frau und ihrer Kinderzahl führen, z.B. in der Richtung, dass qualifizierte Frauen häufiger kinderlos bleiben; jene qualifizierten Frauen, die sich für Kinder entscheiden, hingegen häufiger mehr als zwei Kinder zur Welt bringen. Bei der Entscheidung gut ausgebildeter Frauen für oder gegen Kinder kommt daher kontextuellen Faktoren (wie etwa der strukturellen Vereinbarkeit beruflicher und familialer Rollen) eine entscheidende Bedeutung zu.

Frauenerwerbstätigkeit
Der Demograph Hermann Schubnell stellte schon zu Beginn der 1970er Jahre fest: „Der Erwerbstätigkeit der Frau wird in der internationalen Diskussion, unabhängig vom politischen System oder der Wirtschafts- und Gesellschaftsordnung in den hochindustrialisierten Ländern der größte Einfluss auf die Kinderzahl und damit auf den Rückgang der Geburten zugemessen. Allerdings, um es vorweg zu sagen, ohne diesen Einfluss exakt nachweisen zu können." (Schubnell 1973: 36). Obwohl seither eine Vielzahl empirischer Analysen die Kausalität 'zunehmende Frauenerwerbstätigkeit - sinkende Geburtenhäufigkeit' in Frage gestellt hat, wird der Erklärungsfaktor 'steigende Frauenerwerbstätigkeit' in öffentlichen Diskussionen noch heute gerne angeführt. Dies hat verschiedene Gründe: Zum ersten ist im Zeitvergleich (und vor allem für die Periode 1960-1980) in vielen Ländern eine auffallende Gleichzeitigkeit von steigender Frauenerwerbstätigkeit und sinkenden Geburtenraten feststellbar (Höpflinger 1987). Zum zweiten lassen sich seit Jahrzehnten klare negative Korrelationen zwischen der Erwerbstätigkeit von Frauen und ihrer Kinderzahl beobachten. Erwerbstätige Frauen haben in allen europäischen Ländern weniger Kinder als nichterwerbstätige Frauen, und Frauen mit Kleinkindern sind weniger oft erwerbstätig als Frauen ohne Kinder (Blanchet, Pennec 1993; Kempeneers, Lelièvre 1993). Zum dritten erscheint eine kausale Erklärung theoretisch einleuchtend, und die negative Beziehung von weiblicher Erwerbstätigkeit und Kinderzahl scheint die These von der (prinzipiellen) Unvereinbarkeit familialer und beruflicher Rollen zu bestätigen.

Allerdings wird die These, dass die angestiegene weibliche Erwerbstätigkeit der Hauptfaktor der geringen Geburtenraten der letzten Jahrzehnte war, bei genauerer Betrachtung stark relativiert. So hat sich beispielsweise auch die Geburtenhäufigkeit von nicht-erwerbstätigen Frauen oder von Hausfrauen verringert. Umgekehrt sind Frauen jeden Zivilstands und jeder Familiengröße heute häufiger erwerbstätig als früher. Eine Analyse französischer Daten lässt für die Periode 1962-1982 nur eine lockere Kausalbeziehung zwischen erhöhter Frauenerwerbstätigkeit und geringerer Kinderzahl erkennen (Véron 1988). Im Rahmen einer soziologischen Erklärung der Geburtenentwicklung ist somit davon auszugehen, „dass (1) nicht generell die Arbeitstätigkeit der verheirateten Frau die Fertilität einschränkt und (2) der säkulare Geburtenrückgang nicht mit einer globalen Zunahme der Erwerbstätigkeit der Ehefrauen erklärt werden kann." (Hoffmann-Nowotny 1988a: 221).

Theoretisch sind drei alternative Interpretationen einer negativen Korrelation zwischen weiblicher Berufstätigkeit und Kinderzahl denkbar:

– Erstens: Zahl und Alter der Kinder beeinflussen direkt die weitere Erwerbstätigkeit einer Frau, z.B. Aufgabe oder Reduktion der Erwerbstätigkeit infolge der Geburt eines Kindes, Wiederaufnahme der Erwerbstätigkeit, sobald das letztgeborene Kind ein bestimmtes Alter erreicht, usw.

– Zweitens: Die Berufstätigkeit einer Frau, ihre bisherigen Berufserfahrungen und ihre Karrierepläne bestimmen den Kinderwunsch und das generative Verhalten, z.B. Verzicht auf Kinder wegen Karriere, Verzögerung der Familiengründung und gezielte Einschränkung der Kinderzahl.

– Drittens: Die negative Korrelation zwischen Erwerbstätigkeit und Kinderzahl wird durch Drittfaktoren bestimmt (Heiratsalter, schulisch-berufliche Ausbildung, kulturelle Vorstellungen zur Rolle einer Frau usw.), und es handelt sich weitgehend um eine 'Scheinbeziehung'.

Empirisch finden sich Teilbelege für alle drei Interpretationen. So führt die Geburt eines ersten Kindes in vielen Fällen zur zeitweisen Unterbrechung der Erwerbstätigkeit oder zum Wechsel von Voll- zu Teilzeitarbeit (Bernhardt 1993). Der Anteil von Frauen, die ihre Erwerbstätigkeit nach einer Geburt für längere Zeit voll unterbrechen, hat sich allerdings in den letzten Jahrzehnten deutlich verringert. Daneben beeinflussen Drittfaktoren die Beziehung zwischen weiblicher Erwerbstätigkeit und Kinderzahl. Beispielsweise mindert ein Abbau traditioneller Geschlechtsrollen-Normen - die Frauen auf den häuslichen Arbeitsbereich festlegen - die negative Korrelation zwischen Frauenerwerbstätigkeit und Kinderzahl (Van Loo, Bagozzi 1984). Der exakte kausale Effekt weiblichen Erwerbsverhalten auf das generative Verhalten ist hingegen umstritten, und verschiedene Studie zeigten widersprüchliche Resultate (Cramer 1980). Neben methodischen Unterschieden einzelner Studien ist vor allem die Tatsache bedeutsam, dass die wechselseitigen kausalen Einflüsse (Effekt der Erwerbstätigkeit auf nachfolgendes generatives Verhalten bzw. Einfluss der Geburt von Kindern auf nachfolgende Berufstätigkeit) je nach Phase im Lebenszyklus einer Frau bzw. einer Familie variieren. Eine Analyse deutscher und schweizerischer Daten deutet an, dass wenn eine Frau vor der Familiengründung erwerbstätig ist, „dies zu einer Reduktion der Kinderzahl führt, und zwar offenbar umso eher, je später die Eheschließung stattfindet und je länger deshalb die Erwerbstätigkeit war." (Hoffmann-Nowotny 1988a: 234). In einer niederländischen Studie, die detaillierte Informationen über die Erwerbsbiographie von Frauen erhob, ergaben sich hingegen zwar klare Effekte der Kinderzahl auf die Erwerbstätigkeit, jedoch nur schwache und kaum signifikante Effekte in der Gegenrichtung (Klijzing, Siegers 1988). Sie postulieren, dass sich mit steigender weiblicher Erwerbstätigkeit generell eine Entkoppelung von Erwerbstätigkeit und Fertilität ergibt.

Tatsächlich sind die Beziehungen zwischen weiblicher Berufstätigkeit und generativem Verhalten wesentlich von Kontextbedingungen (Häufigkeit und Normalität weiblicher Erwerbstätigkeit, strukturelle Vereinbarkeit bzw. Unvereinbarkeit beider Rollen usw.) bestimmt. Frühere Forschungsergebnisse aus Zeiten, da eine Berufstätigkeit junger Mütter die Ausnahme war, gelten unter heutigen Bedingungen nicht mehr. So haben neue Formen der Erwerbstätigkeit (Teilzeitarbeit, flexible Arbeitszeiten) und der Ausbau familienergänzender Formen der Kleinkinderbetreuung früher geltende Unvereinbarkeiten von Mutterrolle und

Berufsarbeit in vielen Ländern vermindert. In jüngeren Frauengenerationen haben sich deshalb die Fertilitätsunterschiede zwischen Frauen mit unterschiedlichen Erwerbsbiographien in einigen europäischen Ländern deutlich reduziert (Hoem,Hoem 1989; Klijzing,Siegers et al. 1988; Véron 1988). Einzig in Ländern mit mangelhaft ausgebauter familienexterner Kinderbetreuung (z.B. Deutschland, Schweiz) ist die Unvereinbarkeit von Berufs- und Familienkarrieren für Frauen weiterhin so ausgeprägt, dass sich auch in den 1980er und 1990er Jahren ein bedeutsamer negativer Effekt weiblicher Erwerbstätigkeit auf die Familiengröße ergibt.

Soziale, wirtschaftliche und kulturelle Faktoren, die eine Vereinbarkeit beruflicher und familialer Rollen erleichtern, dürften die negativen Korrelationen zwischen weiblicher Berufsbiographie und generativem Verhalten allmählich schwächen oder sogar auflösen. Eine negative Korrelation zwischen Kinderzahl und weiblicher Erwerbstätigkeit widerspiegelt daher möglicherweise nur eine 'Übergangsphase' von traditionellen zu post-modernen Familien- und Berufsstrukturen.

Konfessionszugehörigkeit
Religiöse Wertvorstellungen können einen wesentlichen Einfluss auf Familiengründung und generatives Verhalten ausüben, sei es, weil Religion und Reproduktion beide Sinnfragen ansprechen; sei es, weil religiöse Normen ein spezifisches generatives Handeln implizieren (z.B. Betonung kinderreicher Familien, Verbot spezifischer kontrazeptiver Methoden) (Simons 1982). Die Kirchen - als zentrale religiöse Organisationen - haben traditionellerweise versucht, Familiengründung und generatives Verhalten zu regeln, etwa durch die Betonung der ethischen und moralischen Implikationen familialen und generativen Verhaltens (Tyrell 1982). In Europa wurden immer wieder markante konfessionelle Unterschiede der Fertilität beobachtet, zumeist in der Richtung, dass katholische Ehepaare mehr Kinder hatten als protestantische Ehepaare, oder dass sich in mehrheitlich katholischen Regionen höhere Geburtenhäufigkeiten ergaben als in mehrheitlich protestantischen oder konfessionell-gemischten Regionen. Vor allem in der Zeit zwischen 1870 und 1930 bestimmte das Zusammenspiel von wirtschaftlicher Modernisierung und religiös-moralischem Wertwandel Zeitpunkt und Geschwindigkeit des damaligen Geburtenrückgangs. Regionen, die stark ländlich und kirchlich geprägt blieben, wiesen länger ein hohes Geburtenniveau auf, als industrielle Ballungsräume mit säkularisierten Werthaltungen (gemessen am Stimmenanteil für sozialistische oder sozialdemokratische Parteien) (Lesthaeghe, Wilson 1982).

In der Nachkriegszeit - und vor allem in den letzten drei Jahrzehnten - haben sich die konfessionsbedingten Unterschiede der Geburtenhäufigkeit abgeschwächt oder gar aufgelöst (zumindest innerhalb der einheimischen Bevölkerung). Seit Beginn der 1970er Jahre lassen sich für Deutschland kaum mehr signifikante Unterschiede im Geburtenniveau katholischer und protestantischer Regionen festhalten, wenn sozio-ökonomische Strukturmerkmale statistisch kontrolliert werden (Schwarz 1979), und seit den 1970er Jahre verwenden katholische Frauen in Deutschland die Verhütungspille - trotz päpstlichem Verbot - ebenso häufig wie protestantische Frauen (Pohl 1980). Die Auflösung konfessionsbedingter Unterschiede bedeutet jedoch nicht, dass religiöse Wertvorstellungen und Normen ihre Bedeutung vollständig eingebüßt haben, sondern es handelt sich heute um individualisierte religiöse Orientierungen, die primär auf individueller Ebene sichtbar werden (und die deshalb bei aggregierten Analysen in den Hintergrund treten).

3.4 Theoretische Erklärungsansätze der Geburtenentwicklung und des generativen Verhaltens

Angesichts der Tatsache, dass sich die Bedingungskonstellationen generativen Verhaltens je nach Kontextbedingungen, Geburtsjahrgängen und Zeitperioden verändern, ist es nicht verwunderlich, dass zu den Determinanten generativen Verhaltens oder zur Erklärung des Geburtenrückgangs kein theoretischer Konsens besteht. Stattdessen sehen wir uns mit einer Vielzahl divergierender, sich teilweise konkurrenzierender Erklärungsansätze konfrontiert. Im folgenden werden die wichtigsten theoretischen Erklärungsansätze des Geburtenrückgangs und des generativen Verhaltens kritisch vorgestellt.

3.4.1 Frühe Wohlstandstheorien des Geburtenrückgangs

Der Geburtenrückgang im Rahmen des demographischen Übergangs führte rasch zu Versuchen, Erklärungen des Fertilitätsverhaltens und vor allem der langfristigen Geburtenentwicklung zu finden. In einem gewissen Sinne war die theoretische Suche allerdings immer einseitig: Als erklärungswürdig galt und gilt primär eine geringe bzw. rückläufige Geburtenhäufigkeit, wogegen ein hohes Geburtenniveau sozusagen den nicht weiter zu erklärenden 'Ausgangszustand' widerspiegelt. Auch in dieser theoretischen Asymmetrie klingt das 'Bevölkerungsgesetz' von Malthus nach. Oft wurde die Möglichkeit eines Geburtenanstiegs theoretisch ausgeblendet, und der 'Baby-Boom' der Nachkriegsjahre war für die damaligen Fertilitätstheoretiker ein substantieller Schock.

In einer ersten Phase der demographischen Entwicklung (Periode 1880 bis 1930) waren zwischen Regionen und sozialen Gruppen ausgeprägte Unterschiede der Geburtenhäufigkeit feststellbar. Sachgemäß richtete sich das Interesse zunächst auf die Erklärung differentieller Fertilität. Da die Gruppen mit dem höchsten ökonomischen Status den Geburtenrückgang anführten, wurde die negative Korrelation zwischen Geburtenzahl und sozio-ökonomischem Status rasch im Sinne einer kausalen Erklärung interpretiert. Dies mündete in der Ausarbeitung sogenannter 'Wohlstandstheorien der Fertilität', die davon ausgingen, dass der Geburtenrückgang auf die Zunahme des wirtschaftlichen Wohlstandes zurückzuführen sei (vgl. Cromm 1988: 156ff.). Je nach Wohlstandstheorie wurde entweder die verschärfte Konkurrenz der Genüsse bzw.

eine verstärkte Konsumorientierung oder der Wunsch nach sozialer Mobilität (Aufstiegsstreben) betont.

Interessanterweise hat die Wohlstandsthese in einer popularisierten Form bis heute überlebt, indem etwa Wohlstand und Konsumorientierung direkt für das tiefe Geburtenniveau moderner Gesellschaften verantwortlich gemacht werden. Das Hauptproblem allzu simpler Wohlstandsthesen lag und liegt vor allem darin, dass wirtschaftlicher Wohlstand die Geburtenbeschränkung an sich nicht erklärt: Wieso sollen jene Bevölkerungsgruppen, die sich am ehesten viele Kinder leisten können, am ehesten dazu tendieren, wenig Kinder zu haben?

Zuerst in Frankreich fomuliert (Bertillon, Lavasseur) fanden Wohlstandstheorien zu Beginn des 20. Jahrhunderts auch im deutschen Sprachgebiet rasche Verbreitung. Wichtige deutsche Vertreter dieser Richtung waren Ludwig Josef Brentano (1909) und Paul Mombert (1929). Zwischen Wohlstand und Fruchtbarkeit besteht - dies war diesen Vertretern von Wohlstandstheorien rasch klar - jedoch immer nur ein mittelbarer Zusammenhang: Wirtschaftlicher Wohlstand führt erst durch intervenierende Faktoren zum Geburtenrückgang. So erzeugt Wohlstand gemäß Mombert (1929: 316) wirtschaftlich rationales Denken, das seinerseits einen Wunsch nach Kleinhaltung der Familie auslöst. Die Ursachen des Geburtenrückgangs waren nach Ansicht der damaligen Wohlstandstheoretiker daher nicht allein wirtschaftlicher Art, sondern sie lagen vielmehr auf geistigem und seelischem Gebiet. Die bewusste Beschränkung der Kinderzahl wurde vor allem als Folge einer sich im Rahmen der wirtschaftlichen Entwicklung herausbildenden 'modernen, rationalen Weltanschauung' verstanden: „Eine unvermeidliche Folge dieser neuzeitlichen Weltanschauung bestand darin, dass die Rationalität, mit der man sich zunächst gewöhnt hatte, wirtschaftliche Fragen zu behandeln, vor den wirtschaftlichen Folgen der geschlechtlichen Betätigung nicht halt machte, sondern, ungeachtet etwaiger religiöser oder moralischer Hemmungen, auch für alle Fragen der Liebe und der Kinderzahl entscheidend wurde." (Ungern-Sternberg, Schubnell 1950: 291). Damit wurde das moderne familiale Verhalten der führenden Sozialschichten (wenig Kinder zu haben) als rationales Verhalten gesellschaftlich legitimiert.

Die frühen Wohlstandstheorien - die in Teilaspekten bis heute die öffentliche Diskussion beeinflussen - lassen sich aus verschiedenen Gründen kritisieren: Erstens wurde der historische Verlauf von Geburtenrückgang und Modernisierung bzw. wirtschaftlicher Entwicklung nur sehr allgemein und unspezifisch erfasst (wie schon in der Kritik der Theorien des demographischen Übergangs sichtbar wurde, vgl. Kap. 2). Zweitens zeigte sich häufig ein unreflektierter Wechsel zwischen verschiedenen Ebenen (wirtschaftliche Struktur, kulturelle Werte und Normen). Kritisiert wird an den (frühen) Wohlstandstheorien aber vor allem, dass sie die Veränderungen der Familienstrukturen und die Wandlungen in der Stellung von Kindern bzw. Nachkommen unberücksichtigt liessen.

3.4.2 Familientheoretische Erklärungsansätze der Geburtenbeschränkung

Heute besteht ein breiter Konsens darüber, dass der langfristige Geburtenrückgang mit Veränderungen der Familienstrukturen und -funktionen zusammenhängt. Als entscheidend wird insbesondere der Wandel von Kosten und Nutzen von Kindern angesehen. In jüngerer Zeit haben vor allem zwei Autoren - der Australier John C. Caldwell (1978, 1982) und der Deutsche Hans Linde (1984) - die familientheoretischen Aspekte in umfassende Theorien des säkularen Fertilitätsrückgangs integriert.

Die 'Wealth-Flow-Theory' des Geburtenrückgangs von John C. Caldwell

Das Verhältnis von Produktionsverhältnissen, Familienstrukturen und Geburtenrückgang wurde theoretisch vom australischen Sozialforscher John Caldwell genauer spezifiziert. Er entwickelte seine sogenannte 'wealth-flow-theory of fertility decline' (Caldwell 1982). Seine Theorie des langfristigen Geburtenrückganges geht, vereinfacht dargestellt, im wesentlichen von den folgenden sechs Ausgangsthesen aus:

1. Das generative Verhalten ist im allgemeinen ein rationales Verhalten, und zwar in Gesellschaften jeden Typus und jeder Entwicklungsstufe. In jeder Gesellschaft sind es rationale Kriterien, welche die Geburtenhäufigkeit bestimmen. „Im allgemeinen ist Fertilitätsverhalten in Gesellschaften jeden Typus und jeden Entwicklungsstandes ein rationales Verhalten." (153 [1]). Es ist kein irrationales Verhalten, das auf Gefühlen, unbewussten Motiven usw. zurückzuführen sei. Diese These ist eine explizite Gegenthese zur Vorstellung, dass erst die moderne Gesellschaft rationales Verhalten erlaubt.

2. Die Geburtenhäufigkeit innerhalb einer Gesellschaft ist hoch oder gering, je nachdem ob und wie Kinder dem Individuum oder der Familie ökonomische Vorteile versprechen. Es sind ökonomische Kriterien, die das langfristige Geburtenniveau bestimmen: Wo Kinder einer Familie direkte ökonomische Vorteile bringen, ist das Geburtenniveau hoch; wo keine direkten ökonomischen Vorteile vorliegen, ist das Niveau gering.

3. Welche Geburtenhäufigkeit als ökonomisch rational gilt, wird durch soziale Bedingungen bestimmt. Entscheidend sind vor allem die Generationenbeziehungen: „Inwiefern hohe oder geringe Fertilität ökonomisch rational ist, wird durch soziale Bedingungen und vor allem durch die Richtung intergenerationeller Einkommensströme bestimmt." (153).

4. In traditionellen, vorindustriellen Gesellschaften - gekennzeichnet durch primär familiale Produktionsformen - verlaufen die Einkommensströme primär von der jüngeren zur älteren Generation. In anderen Worten: Die ältere

---

[1] Dieses Zitat und auch weitere englischsprachige Zitate wurden von mir jeweils aus dem Englischen übersetzt.

Generation profitiert direkt von der jüngeren Generation, und deshalb ist es für die ältere Generation rational, viele Kinder zu haben.

5. Mit steigender sozialer und ökonomischer Entwicklung - und vor allem mit dem Durchbruch nicht-familialer Marktverhältnisse - verschieben sich die Einkommensströme zwischen den Generationen, und ab einem bestimmten Stand der gesellschaftlichen Entwicklung kehren sie sich unwiderruflich um, und die Ressourcen fließen von der älteren Generation zur jüngeren Generation.

6. Unter Bedingung, dass die ältere Generation direkt die ökonomischen Kosten der jüngeren Generation zu tragen hat, wird eine geringe Kinderzahl rational. Dies ist namentlich in privat- und marktwirtschaftlich organisierten Gesellschaften der Fall: „Bei einer vollständigen kapitalistischen Produktionsweise wird hohe Fertilität ökonomisch zum Nachteil." (178).

John C. Caldwell (1982) geht somit davon aus, dass - abgesehen von einer Phase des Übergangs - nur zwei langfristig stabile Formen des Geburtenniveaus existieren: Eine Situation, in der es aufgrund der vorherrschenden familialen Strukturen und Generationenbeziehungen für Eltern rational ist, viele Kinder zu haben. Dies ist vor allem der Fall, wenn Familien - eingebettet in ein umfassendes Verwandtschaftssystem - zentrale wirtschaftliche Produktions- und Sicherungsgemeinschaften darstellen, wie dies in agrarischen oder frühindustriellen Gesellschaften zu beobachten ist. Erstens sind Kinder schon früh wertvolle Arbeitskräfte, auf dem Land oder für die Heimproduktion. Zweitens garantieren nur viele Nachkommen das oft prekäre Überleben einer Familie. In Dritt-Welt-Ländern mit hoher Arbeitslosigkeit bedeuten etwa viele Kinder eine Art Risikostreuung (und der einzige Sohn, der regelmäßig verdient, ernährt Mutter, Vater, Schwestern und Brüder). Drittens garantieren viele überlebende Kinder in einer Gesellschaft, in der keine soziale Wohlfahrt besteht, die Altersversorgung der Eltern.

Nach Ansicht von John C. Caldwell führen somit nicht allein agrarische Produktionsverhältnisse, sondern auch Armut und wirtschaftliche Unsicherheit während den ersten Phasen der industriellen Entwicklung zu einem hohen Geburtenniveau. Unter solchen gesellschaftlichen Situationen ist es für die Eltern durchaus rational, mehrere Kinder zu haben, allerdings nur unter der Bedingung, dass die ältere Generation die jüngere Generation kontrollieren kann. Es muss beispielsweise gewährleistet bleiben, dass der Sohn, der in die Stadt auswandert, seine auf dem Land zurückgebliebenen Eltern regelmäßig unterstützt. Die verwandtschaftliche Solidarität und die Norm der intergenerationellen Unterordnung der jungen Generation unter die Elterngeneration müssen intakt sein. So muss die Unterstützung der älteren Generation für die jüngere Generation Vorrang genießen, etwa gegenüber der Gründung einer eigenen Familie.

Nach Ansicht von John Caldwell gibt es umgekehrt grundsätzlich zwei gesellschaftliche Bedingungen, unter denen es sich für Eltern ökonomisch nicht mehr lohnt, viele Kinder zu haben:

Erstens wenn sich die intergenerationellen Beziehungen bzw. Verwandtschaftsstrukturen so stark aufgelöst haben, dass erwachsene Kinder ihre Eltern nicht mehr unterstützen wollen oder können, z.b. weil die Verwandtschaftssolidarität durch individualistische Orientierungen ersetzt worden ist, oder weil aufgrund von Auswanderung die Kontakte zu den Eltern abbrechen. Eine Partnerwahl ohne Zustimmung der Eltern oder ein Verzicht auf Mehrgenerationenfamilien sind wichtige Hinweise auf eine Verschiebung der Beziehungen zwischen den Generationen.

Zweitens wird es für Eltern unökonomisch, viele Kinder zu haben, wenn Kinder den Eltern direkte und langfristige wirtschaftliche Kosten bereiten. Tatsächlich verschob sich im Verlaufe der industriellen Entwicklung und gesellschaftlichen Modernisierung das Kosten-Nutzen-Verhältnis von Kindern zu Ungunsten der älteren Generation. Mit zunehmender industrieller Entwicklung und beruflicher Spezialisierung wurden Kinder als Arbeitskräfte immer mehr entwertet, und auch in einer mechanisierten Landwirtschaft verlor Kinderarbeit allmählich seinen Nutzen. Demgegenüber stiegen die direkten und indirekten Kosten von Kindern im Verlaufe der gesellschaftlichen Entwicklung merkbar an. Speziell die Einführung und Verankerung einer allgemeinen Schulpflicht für Knaben und Mädchen hat historisch das Kosten-Nutzen-Verhältnis wesentlich verschoben: Schulkinder fallen als Arbeitskräfte weg, wogegen der Schulbesuch neue Kosten mit sich bringt, und sei es auch nur, weil man seine Kinder anständig bekleiden muss. Die Schule verstärkt den Druck auf arme Eltern oder bäuerliche Bevölkerungsgruppen, sich kostspieligen bürgerlichen Erziehungsidealen anzupassen. Gleichzeitig gewinnt die jüngere Generation dank besserer schulischer Ausbildung familienunabhängiges Wissen, wodurch die Autorität der älteren Generation 'untergraben' wird. Zentralstaatlich organisierte Bildung erhöht zudem die Geschwindigkeit des sozio-kulturellen Wandels, was die Stellung der älteren Generationen weiter unterhöhlt.

John Caldwell argumentiert, dass in Europa der Beginn der Geburtenbeschränkung historisch eng mit der Verankerung der allgemeinen Schulpflicht zusammenhing: „Es lässt sich die These vertreten, dass der Beginn des Fertilitätswandels primär auf die Wirkung massenhafter Schulbildung auf die Familienökonomie zurückzuführen ist." (301). Eine regionale Analyse für die Schweiz unterstützt diese These, indem der Geburtenrückgang in Regionen mit vergleichsweise gut ausgebildeter Bevölkerung früher einsetzte als in ökonomisch ähnlich entwickelten Gebieten mit geringem allgemeinem Bildungsniveau (van de Walle 1980). John Caldwell behauptet, dass nach zwei Generationen allgemeiner Schulpflicht keine Gesellschaft eine hohe Fertilität aufweisen wird: „Es erscheint unwahrscheinlich - und bisher gibt es dafür kein Beispiel -, dass eine Gesellschaft nach zwei Generationen massenweiser Schulung eine hohe Fertilität beibehalten kann." (305). Damit wird die Irreversibilität eines einmal erreichten geringen Geburtenniveaus begründet. Spaßeshalber lässt sich die Behauptung aufstellen, dass die einzig mögliche sozialpolitische Strategie zur langfristigen Steigerung des Geburtenniveaus in einer Gesellschaft die Abschaffung der Schulbildung sei.

In einem gewissen Masse kann die 'wealth-flow'-Theorie als ökonomisch deterministische Theorie angesehen werden. Ökonomisch deterministisch ist sie zumindest in zwei Punkten: Erstens wird davon ausgegangen, dass sich das Geburtenniveau senkt, sobald seitens der Eltern keine langfristigen ökonomischen Vorteile von Kindern wahrgenommen werden (ein Gesichtspunkt, der von haushalts- und mikro-ökonomischen Fertilitätstheorien gleichfalls betont wird). Zweitens geht die Theorie von Caldwell davon aus, dass beim Vorherrschen familialer Produktionsverhältnisse (Subsistenzwirtschaft, familial geprägte Agrarproduktion, familial dominiertes Gewerbe und Handwerk) eine relativ hohe Kinderzahl zu erwarten ist, wogegen nicht-familial, marktwirtschaftlich organisierte Produktionsverhältnisse langfristig von niedrigem Geburtenniveau begleitet sind. Hingegen ist die 'wealth-flow'-Theorie in dem Sinn nicht ökonomisch deterministisch, als die ökonomische Rationalität hoher oder geringer Geburtenhäufigkeit weitgehend von familial-verwandtschaftlichen Strukturen und intergenerationellen Beziehungen bestimmt wird. Damit wird das Vorhandensein unterschiedlicher Familienstrukturen und -normen anerkannt.

Anerkannt wird von Caldwell die naheliegende Tatsache, dass Prozesse der Umstellung Zeit benötigen, und dass Dauer und Geschwindigkeit der Anpassung an den Wandel von familialen zu marktwirtschaftlichen Produktionsverhältnissen durch soziale und kulturelle Faktoren bestimmt werden. Frühere Werte und Moralvorstellungen zur familialen Solidarität und intergenerationellen Unterstützung können lange Zeit nach den Veränderungen der ökonomischen Produktionsverhältnisse wirksam bleiben. Dabei kann sich für längere Zeit ein komplexes Nebeneinander marktwirtschaftlicher und familienorientierter Produktionsverhältnisse ergeben, wie dies heute in vielen Ländern der Dritten Welt feststellbar ist: „In Ländern der Dritten Welt, scheint man oft eine völlig andere Person anzutreffen; ein sehr viel traditionellere Person, wenn man diese Person, die man während seines Aufenthalts in der Stadt kennenlernte, nach seiner Entlassung in seinem Dorf besucht, wo er neben seinen Brüdern und unter seinem Vater in der familialen Subsistenzfarm arbeitet." (295). Ökonomische Modernisierung ohne entsprechende Veränderungen der familialen Werte und der intergenerationellen Machtstrukturen kann unter Umständen sogar zu erhöhter Fertilität beitragen (eine Tendenz, die in den letzten Jahrzehnten etwa in arabischen Staaten deutlich wurde). Die Konflikte zwischen familial-verwandtschaftlichen Normen, die insbesondere die Stellung von Kindern und den Status der Frauen festlegen, und marktwirtschaftlichen Strukturen können virulent werden und ihrerseits die Modernisierung der Produktionsverhältnisse behindern. Umgekehrt können fortgeschrittene Veränderungen familialer Werte und Normen - aufgrund allgemeiner Schulbildung und verbesserter Stellung von Frauen - schon vor dem allgemeinen Durchbruch marktwirtschaftlicher Wirtschaftsstrukturen zu reduzierter Fertilität beitragen.

John Caldwell illustriert seine Theorie am Beispiel unterschiedlicher Gesellschaften (Yoruba in Nigeria, Australien, Westeuropa). Diese Vergleiche unterstreichen die Bedeutung familial-verwandtschaftlicher Strukturen (Nuklearfamilie versus Großfamilie, Stellung von Kindern und Frauen im generationellen Machtgefüge). Ausgehend von familienhistorischen Analysen betont auch Caldwell die spezifische Entwicklung der west-, mittel- und nordeuropäischen Familienverhältnisse. Die frühe Entwicklung der Kernfamilie - und das weitgehende Fehlen von Groß- und Mehrgenerationen-Familien - führte in vielen europäischen Regionen schon vor der eigentlichen industriellen Entwicklung zu vergleichsweise geringen Geburtenhäufigkeiten (vgl. Flinn 1981, Goody 1983).

Theorie der säkularen Nachwuchsbeschränkung von Hans Linde
Analoge Überlegungen und Thesen wie bei John Caldwell finden sich in der Theorie der säkularen Nachwuchsbeschränkung von Hans Linde (1984), allerdings mit einigen bedeutsamen Akzentverschiebungen. Hans Linde entwickelte eine umfassende Theorie der langfristigen Geburtenbeschränkung, um den Geburtenrückgang als ein historisches und säkulares Phänomen der industrieeuropäischen Gesellschaften zu erklären. Er versucht die - von ihm kritisch diskutierten - Erklärungsansätze des demographischen Übergangs mit modernisierungstheoretischen Ansätzen in einen umfassenden theoretischen Rahmen einzubetten. Auch Linde begreift das generative Verhalten - und namentlich die in allen industrialisierten Gesellschaften beobachtete Nachwuchsbeschränkung - als eine Dimension des familialen Strukturwandels im Zuge der Industrialisierung Europas (S. 43).

Im Zentrum der Theorie von Hans Linde stehen die Veränderungen der sozioökonomischen Rahmenbedingungen, die über innerfamiliale Nutzen-Kosten-Kalküle zu einer Verminderung des familialen Stellenwertes von Kindern führten. „Die konsequente Minimierung der Kinderzahl resultiert aus der rationalen Verknüpfung der florierenden Marktwirtschaft des ausgereiften Industriesystems mit einem leistungsfähigen System sozialer Sicherheit: Sie ist die generativ defizitäre Kehrseite der dem Ideal einer sozialen Marktwirtschaft nächsten gesellschaftlichen Wirklichkeit." (S. 161). Nach Linde sind für die langfristige Tendenz zu wenig Kindern vor allem drei historisch aufeinanderfolgende Entwicklungen bedeutsam:

Die erste Entwicklung war die Ausgliederung der Produktion und der Erwerbstätigkeit aus dem Familienhaushalt. Analog zu Caldwell sind bei Linde die Veränderungen der Produktionsverhältnisse (Verlagerung von nicht-monetarisierter familialer zu monetarisierter und marktwirtschaftlicher Produktion) von zentraler Bedeutung. Im Gegensatz zu Caldwell werden bei Linde allerdings die intergenerationellen Machtverhältnisse und Einkommensströme weniger betont bzw. nur indirekt erwähnt. Hingegen finden bei ihm sozio-ökonomische Unterschiede des generativen Verhaltens mehr Beachtung. Hans Linde postuliert, dass die generativen Verhaltensänderungen in den verschiedenen sozioökonomischen Gruppen (Bauern, gewerblicher Mittelstand, Besitzbürger, Bildungsbürger, Beamte, Angestellte, Lohnarbeiter) jeweils autonom erfolgten, und sich damit keine Diffusion eines spezifischen generativen Verhaltens quer durch alle sozialen Schichten ergab (S. 51).

Die zweite zentrale Entwicklung war der Ausbau sozialer Sicherungssysteme, welche die persönliche Versorgung und Altersvorsorge von familialen Verhältnissen entkoppelte. Durch die Verankerung und den Ausbau sozialer Sicherheit - namentlich der Altersvorsorge - ergab sich ein einschneidender familialer Funktionsverlust des Nachwuchses. Anstelle des auf Familienzusammenhang begründeten Subsidiaritätsprinzip sozialer Sicherheit trat ein gesellschaftliches Solidaritätsprinzip, das von den konkreten Familienverhältnissen (namentlich Kinderzahl und persönliche Investitionen in Kinderbetreuung und Kindererziehung) weitgehend abstrahiert. Damit greift Linde eine These auf, die von verschiedenen Autoren angesprochen wird: Der Ausbau des Wohlfahrtsstaates ist ein entscheidender Faktor zumindest für die Stabilisierung eines geringen Fertilitätsniveau (vgl. Hohm 1975). Umgekehrt erhöht ein tiefes Geburtenniveau den Druck auf die Institutionalisierung familienunabhängiger Formen der Altersvorsorge (eine Frage, die etwa in China hochaktuell ist).

Die dritte wesentliche Entwicklung ist nach Linde die mit der industriellen Massenproduktion einhergehende Verstärkung individueller Konsumoptionen. In Zusammenspiel mit den zwei vorher erwähnten Entwicklungen werden generative Entscheide damit voll der Konkurrenz alternativer Marktofferten und Konsummöglichkeiten ausgesetzt. Der eigentliche Wohlstandseffekt liegt nach Linde primär darin, dass mit steigendem (marktwirtschaftlich organisiertem) Wohlstand die Wahlmöglichkeiten ansteigen und die Entscheidung für oder gegen Kinder (mit ihren hohen Kosten) im Widerstreit unterschiedlicher Ansprüche steht. Kinder bedeuten nicht nur direkte Kosten, sondern sie schränken zusätzlich die Wahlmöglichkeiten der Eltern ein (Opportunitätskosten von Kindern). Er greift damit ein Argument auf, das auch in mikro-ökonomischen Theorien im Vordergrund steht.

Komplexes Zusammenspiel dreier Entwicklungen
Im Gegensatz zu den mikro-soziologischen und mikro-ökonomischen Fertilitätstheorien berücksichtigt jedoch Linde - und gerade dies macht seinen theoretischen Entwurf so attraktiv - das historisch komplexe Zusammenspiel aller drei Entwicklungen. Die Abwertung von Kindern als Arbeitskräfte und als Elemente der eigenen Altersversorgung, in Kombination mit erhöhten Opportunitätskosten von Kindern angesichts alternativer Konsumoptionen, stabilisieren zusammen ein Muster geringer Geburtenhäufigkeit. „Bei zwei der diskutierten Tendenzen (der Trennung der industriellen Arbeitsorganisation von der Familienverfassung und bei der Umgestaltung der sozialen Sicherung vom familial verwurzelten Subsidiaritätsprinzip auf das versicherungsgebundene Solidari-

tätsprinzip) ging es um historisch datierbare Prozesse, welche den betroffenen Familien traditierte, nachwuchsgebundene Funktionen entzogen haben. Im dritten Falle, der Dauerstimulation von Optionen auf akzelerierenden Offerten, stand die Unterwerfung des Familienbudgets unter die dem Industriekapitalismus funktionalen (d.h. systemstabilisierenden) Vermarktungsstrategien zur Diskussion, die im Hinblick auf die familialen Funktionsminderungen des Nachwuchses tendenziell zu Lasten der Aufwendungen für den Nachwuchs gehen mussten." (S. 166).

Zwar lassen sich die drei - sukzessiv wirksam werdenden - Faktoren allgemein mit der industriellen Entwicklung in Zusammenhang bringen, doch greift nach Linde ein solche Erklärung zu kurz. So weist Linde darauf hin, dass gerade diejenigen sozialen Gruppen als erstes ihre Geburtenzahl beschränkten, die zur industriellen Arbeitswelt die größte Distanz aufwiesen: das Bildungsbürgertum, die Beamtenschaft und die freien (akademischen) Berufe. „Die frühesten Anzeichen nachwuchsbeschränkender Tendenzen zeigen sich vielmehr in jenem Komplex von Familien, die niemals als Grundeinheiten der gesellschaftlichen Arbeitsteilung zu charakterisieren waren, sondern deren Existenz auf den Genuss der den Ehegatten arbeitslos zufließenden Vermögenserträgen und/oder auf das Erwerbseinkommen (Gewinn, Gehalt, Honorar) des Ehemannes gestellt war und deren junge, ledige Söhne und Töchter ebensowenig in die industrielle Arbeitswelt einbezogen worden sind, wie sie jemals einem häuslich organisierten Produktionsprozess unterworfen waren." (S. 168) Demgegenüber war bei der nicht-landwirtschaftlichen Arbeiterschaft erst relativ spät eine Abnahme der ehelichen Geburtenzahl zu beobachten. Noch später erfolgte die Geburtenbeschränkung bei jenen sozialen Schichten (ländliche Familien, traditionelles Handwerk), in denen die Familie länger und stärker eine eigentliche Produktionsgemeinschaft blieb.

Hans Linde betont - wie erwähnt -, dass die generativen Verhaltensänderungen ihre schichtspezifische Autonomie aufwiesen (und sich damit keine Diffusion eines allgemeinen Verhaltensmuster ergab). Dies erklärt nach Linde zum einen die bemerkenswerte Prägnanz und Konstanz sozio-ökonomischer Unterschiede der ehelichen Fruchtbarkeit in allen Phasen der gesellschaftlichen Entwicklung (S. 87). Zum anderen bezieht Linde aus der schichtspezifischen Ungleichzeitigkeit der Nachwuchsbeschränkung ein Argument, um rein ökonomische Erklärungen zu verlassen, da schichtspezifische Ungleichzeitigkeiten zwischen Nachwuchsbeschränkung und direkter Betroffenheit durch industrielle Entwicklungen eine direkte kausale Beziehung zwischen Industrialisierung und langfristigem Geburtenrückgang ausschließen.

Eine zentrale, intervenierende Bedeutung kommt gemäß Linde - in Anlehnung an die familienhistorischen Arbeiten von Jean-Louis Flandrin (1976) und Philippe Ariès (1978) - der ethischen und moralischen Aufwertung von Ehe und Familie zu. Diese schon ab dem 16. und 17. Jahrhundert einsetzende 'Moralisierung' der (Kern)-Familie - die zuerst das Bürgertum erfasste - veränderte sowohl die Beziehung zwischen den Ehegatten als auch die Stellung der Kinder. Die Folge war eine verstärkte Individualisierung (oder in den Worten von Linde 'Personalisierung') der familialen Beziehungen, die sich später auf das generative Verhalten vor allem der vermögenden Schichten auswirkte: „Wann, wo und wie immer die in den gebildeten und vermögensgestützten Gesellschaftsschichten einsetzende Geburtenkontrolle praktiziert worden ist, war sie im Konsens der Ehegatten an der Rücksicht auf die Gesundheit der Mutter und am Wohl der Kinder orientiert." (S. 183). Bei der langfristigen Nachwuchsbeschränkung handelt es sich nach Linde „um die familiale Dimension der glaubensgegründeten Maxime radikaler Personalisierung der jenseitigen Heilserwartung, der diesseitigen Lebensführung und der nach Welterhellung strebenden Wissenschaften im Dienste der Naturbeherrschung." (S. 183). Die Tatsache, dass sich die Personalisierung familialer Rollen in den bürgerlichen Schichten zuerst durchsetzte, erklärt die der wirtschaftlichen Entwicklung teilweise vorauslaufende Geburtenbeschränkung dieser Gruppen. Demgegenüber führte erst die Ausbreitung der industriellen Lohnarbeitsverhältnisse, in Kombination mit der Ausbildung eines Netzes sozialer Sicherung zum Geburtenrückgang bei vermögenslosen Arbeitern. Bei Bauern - die weiterhin familialen Produktionsprinzipien unterworfen blieben - brachte erst die Mechanisierung und Motorisierung der Landwirtschaft eine Neuorientierung (weil damit die Kinder als Arbeitskräfte entwertet wurden).

Hans Linde entwirft somit eine zweidimensionale Theorie zur Erklärung des langfristigen Geburtenrückgangs in Europa: Einerseits begünstigen gewandelte sozio-ökonomische Konstellationen (Trennung von Familie und Erwerb, Verlagerung der sozialen Sicherung, Konkurrenz durch alternative Marktoptionen) Verhaltensänderungen im generativen Bereich. Andererseits werden diese Veränderungen durch schichtspezifisch geprägte Merkmale der familialen Strukturen und Beziehungen bestimmt, wodurch in einigen sozialen Gruppen die generativen Verhaltensänderungen den sozio-ökonomischen Wandlungen vorauseilten.

Die Erklärungsansätze von John Caldwell und Hans Linde zur langfristigen Geburtenentwicklung bedeuten eindeutig eine theoretische Weiterentwicklung, weil sie den Stellenwert familialer Strukturmerkmale herausarbeiten. Durch die Berücksichtigung intervenierender familialer Strukturmerkmale werden die Beziehungen zwischen sozio-ökonomischer Entwicklung und generativen Verhaltensänderungen dynamischer erfasst, als dies bei bisherigen 'Modernisierungstheorien' der Fall war. Bei beiden Autoren stehen Wandlungen im Nutzen-Kosten-Verhältnis von Kindern im Zentrum ihrer Argumentation. Während Caldwell diesbezüglich primär den Wandel der intergenerationellen Machtverhältnisse und Einkommensströme anspricht, stehen bei Linde stärker schichtspezifische Unterschiede im Nutzen von Nachkommen im Zentrum. Die Theorie von Caldwell mag globaleren Charakter aufweisen - da sie auch für außereuropäische Gesellschaften Geltung hat -, die Theorie von Linde erscheint mir persönlich für die historische Entwicklung Europas differenzierter zu sein. In jedem Fall erweisen sich beide Ansätze zur Erklärung des Wandels von hohem zu tiefem Geburtenniveau vielen der nachfolgend aufgeführten mikro-analytischen Erklärungsansätze der Fertilität überlegen, da sie gesamtgesellschaftliche und familiale Faktoren gleichermaßen integrieren.

3.4.3 Mikro-analytische Erklärungsansätze generativen Verhaltens

In den letzten Jahrzehnten wurde eine Vielfalt mikro-analytischer Ansätze zur Erklärung des generativen Verhaltens bzw. generativer Entscheidungen von Individuen oder Paaren entwickelt. Angesichts der Tatsache, dass generatives Verhalten und Handeln im einzelnen durch eine Vielzahl von Faktoren beeinflusst werden kann, ergaben sich divergente Ansätze, die jeweils unterschiedliche Ausgangsthesen betonen. Vom massiven Geburtenrückgang ab der 1960er Jahre in den USA und Westeuropa ausgelöst, erheben viele dieser Ansätze den Anspruch, allgemeine Erklärungen generativen Verhaltens anzubieten. Die Abstraktion von kontext-, kohorten- und periodenspezifischen Rahmenbedingungen ist - zumindest aus heutiger Sicht - eines der wesentlichen Schwachpunkte vieler dieser Ansätze. Andererseits haben manche dieser Erklärungsansätze gerade wegen ihrer Einseitigkeiten und diskutablen Grundannahmen die theoretische Diskussion wesentlich stimuliert.

In vielen Fällen lassen sich die mikro-analytischen Erklärungsansätze unterschiedlichen Disziplinen zuordnen, so dass zwischen ökonomischen, soziologischen und (sozial)psychologischen Ansätzen des generativen Handelns unterschieden werden kann (vgl. Oppitz 1984). Im folgenden werden summarisch die aus meiner Sicht einflussreichsten Modelle vorgestellt, wobei kurz auch auf ökonomische Modelle eingegangen wird. Aus soziologischer Perspektive ist vor allem interessant, inwiefern diese 'fachfremden Ansätze' eine soziologische Erklärung zu ergänzen vermögen.

3.4.3.1 Mikro-ökonomische und sozio-ökonomische Modelle
Ausgangspunkt der mikro- und sozio-ökonomischen Fertilitätsansätze ist die These, dass generatives Verhalten und Handeln in modernen Gesellschaften auf der Basis einer rationalen Kosten-Nutzen-Analyse geschieht, gemäß der zentralen ökonomischen Annahme, dass Personen oder Haushalte ihre begrenzten Ressourcen so einsetzen, dass sie den größten Nutzen stiften (vgl. Wander 1979). Ein erster radikaler mikro-ökonomischer Erklärungsansatz der Fertilität wurde 1960 von Gary S. Becker - einem amerikanischen Ökonomen der Chicago-Schule - formuliert: [2] Nach seinem Ansatz kann die Entscheidung für oder gegen ein Kind dem Entscheidungsprozess bei Konsumgütern gleichgesetzt

---

[2] G.S. Becker übertrug ökonomische Ansätze auch auf andere Aspekte des privaten Lebens, wie z.B. die Partnersuche, die Heirat und die Gestaltung des Familienlebens (vgl. Becker 1974, 1981). Für seine epochenmachende Ausweitung ökonomischer Ansätze erhielt G.S. Becker 1992 den Nobelpreis für Wirtschaftswissenschaften.

werden, und analog anderen Konsumentscheidungen wird auch bei generativen Entscheidungen eine Nutzenmaximierung angestrebt. Wenn Eltern sich überlegen, ob sie ein weiteres Kind wollen oder nicht, vergleichen sie den erwarteten Nutzen eines Kindes mit dem Nutzen anderer Aktivitäten oder Konsumgüter. Zum Beispiel wird ein Ehepaar auf ein weiteres Kind verzichten, wenn andere Güter momentan attraktiver erscheinen. Nach Becker (1960) wird die Zahl der gewünschten Kinder einerseits vom Preisniveau von Konsumgütern und Dienstleistungen bestimmt. Andererseits hängt sie vom verfügbaren Einkommen ab. Wenn das Einkommen steigt und Konsumgüter billiger werden, kann sich ein Ehepaar mehr Kinder leisten, ohne auf materielle Güter oder Dienstleistungen verzichten zu müssen. Neben der Quantität von Kindern (Zahl von Kindern) ist nach Becker aber auch die 'Qualität der Kinder' (gemessen an der Höhe der pro Kind getätigten Ausgaben) eine zentrale Größe. Becker (1960) postulierte konkret, dass steigende Einkommen und/oder sinkende Preise die Kinderzahl und/oder die in Kinder investierten Mittel erhöhen. Becker's empirische These, dass sowohl steigendes Einkommen als auch sinkende Preise eine positive Wirkung auf die Geburtenzahlen aufweisen, fand allerdings in den letzten dreissig Jahren keine eindeutige empirische Bestätigung.

Gegenüber dem ursprünglichen mikro-ökonomischen Modell von Becker wurden rasch konzeptuelle Vorbehalte angebracht, namentlich von soziologischer Seite:

Erstens wurde kritisiert, dass primär von monetären Variablen ausgegangen wird bzw. nicht-monetäre Größen in unrealistischer Weise auf monetäre Variablen reduziert würden. Familiale und generative Präferenzen würden von sozialen Normen und sozio-psychologischen Faktoren (wie z.B. Ehebeziehung) und nicht allein von wirtschaftlichen Kosten-Nutzen-Überlegungen geprägt (Goode 1974, Sawhill 1980). Diese Kritik hat in der Folge zur Ausarbeitung von ökonomischen Modellen geführt, die vermehrt kulturelle und soziale Faktoren einbeziehen.

Zweitens lässt sich bezweifeln, ob ökonomische Rationalitätsannahmen bei familialen und generativen Entscheidungen (Entscheidung zur Partnerwahl, Heirat, Familiengründung und -erweiterung) tatsächlich zum Tragen kommen. Generative Entscheidungen seien dynamische Prozesse, die mit viel Unsicherheiten und Ambivalenzen behaftet seien und durch bisherige Erfahrungen (z.B. frühere Schwangerschaften, Erfahrungen mit vorhandenen Kindern) beeinflusst würden. Ungeplante Schwangerschaften sind selbst in modernen Gesellschaften vergleichsweise häufig (und nach Schätzungen von Boongarts (1990) ist gut jede fünfte Geburt ungeplant). Eine Möglichkeit, dieser Kritik Rechnung zu tragen, liegt in der Modifikation der ökonomischen Rationalitätsannahme, wie dies Harvey Leibenstein (1977, 1981) mit seinem Entwurf einer 'selektiven Rationalitätstheorie' vorgeschlagen hat. Leibenstein betont die Neigung von Menschen, an gewohnten Verhaltensweisen festzuhalten, wodurch die Vorstellung einer rationalen Nutzenmaximierung relativiert wird. Gruppenspezifische Unterschiede in der 'Trägheit' von Verhaltensweisen können zu gruppenspezifischen Unterschiede des generativen Verhaltens beitragen.

Drittens lässt sich fragen, inwiefern Entscheidungstheorien, die im Bereich des Konsumverhaltens erarbeitet wurden, sich ohne weiteres auf Haushalte und Familien übertragen lassen: Kinder sind keine 'Konsumgüter' im üblichen Sinne. Das Konsumgut 'Kind' ist nicht in einer speziell gewünschten 'Qualität' einzukaufen, und bei ihrer 'Produktion' gibt es erhebliche Unsicherheiten. Während bei Konsumgütern der Preis schon vor dem Kauf bekannt ist, sind die Kinderkosten vor der Entscheidung nie genau feststellbar. Dasselbe gilt vom 'Nutzen' von Kindern. Der 'Gebrauch' von Kindern im Sinne der Warennutzung ist im übrigen kaum möglich. Kinder sind nicht zu besitzen und weisen ein Eigenleben auf (Blake 1968; Huber, Spitze 1983). Diese Einwände haben zur Entwicklung von sozio-kulturell ausgerichteten Ansätzen zur Wertschätzung von Kindern ('Value-of-Children'-Ansätze) geführt (vgl. Kap. 3.4.3.2).

Konzeptuelle Erweiterungen
Trotz aller konzeptuellen Kritik erwies sich der Aufsatz von Becker als Ausgangspunkt einer ganzen Reihe neuer Überlegungen. Sein Modell hat die Diskussion befruchtet und auch die soziologischen Fertilitätstheorien in wichtigen Aspekten beeinflusst. So geht beispielsweise die vorher diskutierte 'wealth-flow-theory' von Caldwell explizit von einem 'rational-choice-Modell' aus, und die direkten oder indirekten Kosten von Kindern werden heute auch von SoziologInnen und SozialpolitikerInnen als wichtige Bestimmungsfaktoren generativen Verhaltens akzeptiert.

Gary S. Beckers ursprüngliches mikro-theoretische Modell wurde in der Folge auch von ökonomischer Seite erweitert und verfeinert. Während die ersten mikro-ökonomischen Ansätze nur eine konsumorientierte Nutzenmaximierung von Kindern ins Auge fassten, wurden die Haushalte bzw. Familien später auch als 'Produktionseinheiten' verstanden. Diese erweiterten Ansätze - unter dem Begriff der 'Neuen Haushaltstheorien' (engl. 'new home economics') bekannt geworden - gehen davon aus, dass Haushalte bzw. Familien ihre knappe Zeit und ihre begrenzten Ressourcen so kombinieren, dass sie nutzenmaximierend zentrale Bedürfnisse und Wünsche abdecken (Becker 1965, 1981; Willis 1973). Jeder Haushalt steht nach diesem Ansatz vor folgendem Problem: Wird die knappe Zeit in erster Linie für die Einkommenserhöhung verwendet, können zwar viele Güter gekauft werden, aber es bleibt wenig Zeit für ihre Nutzung. Wird hingegen die knappe Zeit mehr für 'Produktionszwecke' im Haushalt (wie Kinder betreuen und erziehen) eingesetzt, bleibt weniger Zeit für die Einkommenserzielung, und damit stehen weniger finanzielle Mittel für den Erwerb materieller Güter zur Verfügung. Ein zentrales Problem für Haushalte und Familien ist nach diesem Ansatz die Aufteilung des Zeitbudgets. Da Kinderbetreuung und -erziehung für die Eltern zeitintensiv ist, wird auch die Entscheidung für oder gegen (weitere) Kinder durch diese Grundproblematik berührt.

Von zentraler Bedeutung ist, dass durch diese konzeptuelle Erweiterung nichtmonetarisierte und indirekte Aufwendungen für Kinder ('Schattenkosten' bzw. 'Opportunitätskosten') explizit berücksichtigt werden. Vor allem das *Konzept der 'Opportunitätskosten von Kindern'* (Mincer 1963) wurde rasch aufgenommen, und es ist bis heute ein zentrales Element auch in der soziologischen Diskussion generativen Verhaltens geblieben. 'Opportunitätskosten' sind jene indirekten Kosten, die dadurch entstehen, dass Betreuung und Erziehung von Kindern mit einem Verzicht auf andere Güter oder Aktivitäten 'erkauft' werden müssen. Die Kosten für Kinder schränken etwa den Konsum von Luxusgütern ein, und Eltern mit vielen Kindern müssen unter Umständen aus Kostengründen auf Ferien verzichten. Der Zeitaufwand für die Kinderbetreuung impliziert, dass weniger Zeit für eigene Freizeitaktivitäten übrig bleibt, usw. Hohe Opportunitätskosten entstehen vor allem aus einem kinderbedingten Verzicht auf eine Erwerbstätigkeit der Frau (entgangenes Einkommen, verschlechterte Karrierechancen) (Blau, Ferber 1986; Oppenheimer 1982). Mit zunehmender Ausbildung und besseren Erwerbschancen von Frauen erhöhen sich entsprechend die Opportunitätskosten von Kindern (namentlich die Kosten eines Erwerbsunterbruchs), was sich negativ auf die Motivation von Frauen für (viele) Kinder auswirken kann. So konnte John F. Ermisch (1983) für Großbritannien nachweisen, dass sich die Einkommenseffekte auf die Geburtenraten im Zeitverlauf verschoben, und aus einer positiven Beziehung wurde eine negative Beziehung (was Ermisch mit steigenden Opportunitätskosten von Kindern erklärt).

Nach dem Opportunitätskosten-Ansatz lässt sich erwarten, dass zunehmende Erwerbstätigkeit von Frauen und namentlich eine Angleichung des Erwerbseinkommens von Frauen und Männern mit reduzierter Fertilität verknüpft ist. Empirisch erhielten diese Thesen allerdings nur eine partielle Bestätigung. Zwar wurden häufig negative Korrelationen zwischen Frauenerwerbstätigkeit und Kinderzahl beobachtet, aber daraus lassen sich - wie in Kap. 3.3 aufgeführt - keine eindeutig kausalen Interpretationen ableiten (Klijzing, Siegers et al. 1988). Auch die These, dass verringerte relative Einkommensdifferenzen zwischen Männern und Frauen zu reduzierten Geburtenraten führen, fand nur eine zeitweise Bestätigung. Viele der in den 1960er und 1970er Jahren erarbeiteten Ergebnisse ökonomischer Zeitreihenanalysen sind nicht ohne weiteres auf die 1980er und 1990er Jahre übertragbar, da die Wechselbeziehungen zwischen weiblichem Erwerbsverhalten und Kinderzahl von gesellschaftlichen Kontextbedingungen - z.B. soziale Normen zur Frauenerwerbstätigkeit, Verbreitung von flexiblen Arbeitszeiten und Teilzeitstellen, Ausbau familienexterner Kinderbetreuung usw. - beeinflusst werden.

Sozio-ökonomische Modelle
Mikro-ökonomische Modelle der Fertilität ohne Einbezug sozialer Variablen sind von vornherein nur von begrenzter Erklärungskraft. Diese Tatsache hat auch Ökonomen dazu gebracht, soziale Variablen in ihre Erklärungsansätze zu integrieren. So verweist beispielsweise der Wirtschaftswissenschaftler Harvey

Leibenstein (1974) in seiner Kritik der klassischen mikro-ökonomischen Ansätze nicht nur auf die Bedeutung des wirtschaftlichen Umfeldes, sondern auch auf Unterschiede der Lebensansprüche: „Es scheint mir vernünftig zu sein anzunehmen, dass Menschen in unterschiedlichen sozioökonomischen Statusgruppen oder anderen Typen sozialer Gruppierung unterschiedliche Ansprüche aufweisen, und dass sich diese Ansprüche mit zunehmendem sozialem Status in Richtung einer stärkeren Bevorzugung von Gütern gegenüber Kindern verschieben." (Leibenstein 1974: 465-466).

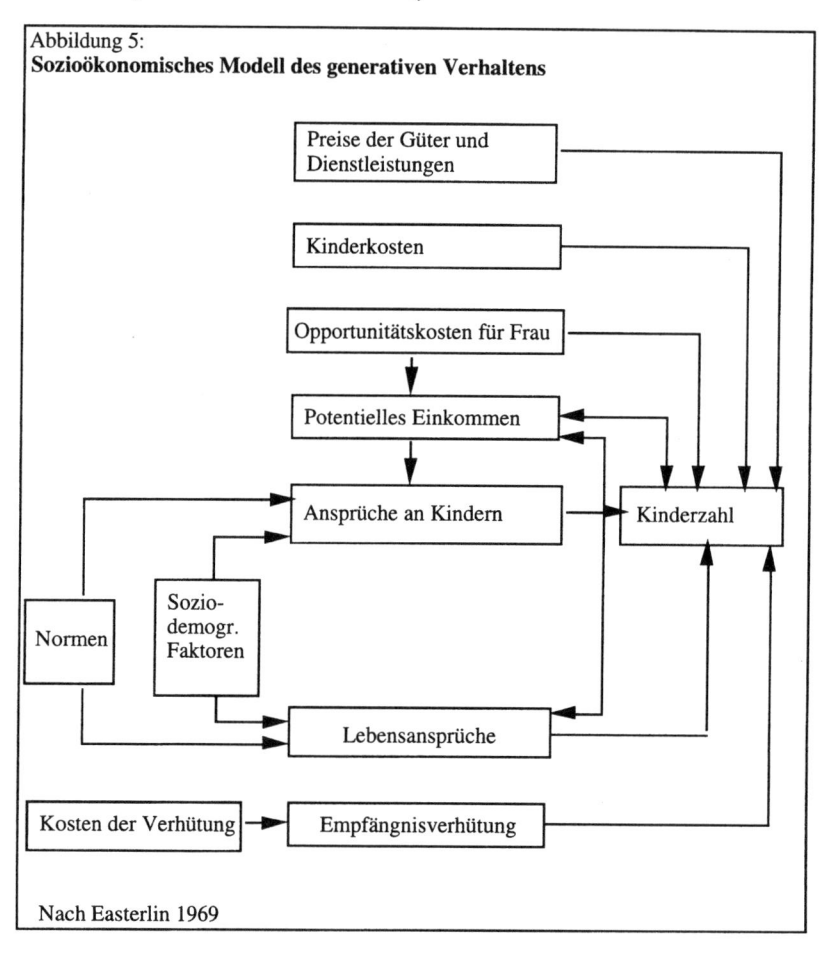

Abbildung 5:
Sozioökonomisches Modell des generativen Verhaltens

Nach Easterlin 1969

Noch weiter ging Richard Easterlin (1969), der in sein Modell explizit soziologische Variablen (Normen, Ansprüche) einbezog. Richard Easterlin ging - analog wie Leibenstein - nicht von einer homogenen Präferenzstruktur aus, sondern er postulierte unterschiedliche Ansprüche bezüglich Kinder, Güter und Dienstleistungen (z.B. je nach Normsystem und sozio-demographischen Faktoren). Das Modell von Easterlin kann als eines der wichtigsten sozio-ökonomisch ausgerichteten Versuche zur Erklärung des generativen Verhaltens angesehen werden (was seine breite Resonanz erklärt) (vgl. Abbildung 5). Allerdings sind viele Variablen (wie potentielles Einkommen, Ansprüche an Kindern) weder inhaltlich noch konzeptuell genauer spezifiziert.

Richard Easterlin hat in späteren Arbeiten versucht, die Ansprüche junger Ehepaare genauer zu bestimmen und daraus eine 'relative Einkommenshypothese' abgeleitet: Er geht davon, dass die Ansprüche junger Ehepaare wesentlich durch ihre Kindheitserfahrungen geprägt werden. So werden gemäß seiner These, Frauen und Männer, die während ihrer Jugend eine wirtschaftliche Rezession erlebt haben oder die in ärmeren Verhältnissen aufgewachsen sind, später geringere materielle Ansprüche stellen. Bei günstigen wirtschaftlichen Verhältnissen und steigendem Einkommen werden diese Generationen deshalb mehr Kinder haben als Generationen, deren Lebenssituation als Erwachsene sich gegenüber ihrer Kindheit nicht verbessert oder sogar verschlechtert hat. Das relative Verhältnis der Einkommenslage zwischen Generationen hat - so seine These - einen bedeutsamen Einfluss auf die Fertilität und erklärt vor allem generationenspezifische Veränderungen des Geburtenverhaltens (Easterlin 1973). Empirisch erhielt die 'relative Einkommenshypothese' von Easterlin bisher nur eine sehr partielle Unterstützung (vgl. Ermisch 1979, 1980, 1981). Dennoch ist die Grundidee bestechend, dass sich Lebensansprüche und generative Einstellungen zwischen verschiedenen Generationen aufgrund unterschiedlicher sozioökonomischer Sozialisationsbedingungen systematisch verändern.

Viele der ökonomischen Fertilitätstheorien sind in dem Sinne zu wenig dynamisch, als sie den prozesshaften Verlauf einer Familiengründung nicht oder zu wenig berücksichtigen. So kann sich die ökonomische Situation im Verlauf der Familiengründung verändern. Dasselbe gilt für ökonomische Perspektiven und soziale Ansprüche. Beispielsweise kann die Geburt eines ersten Kindes zur Umwertung der Bedürfnisse beitragen, indem Aspekte des Familienlebens wichtiger werden als berufliche Karriere oder materieller Konsum. Umgekehrt kann die Geburt eines ersten Kindes - aufgrund der damit verhängten direkten und indirekten Kosten - zu wirtschaftlichen Engpässen führen, was sich negativ auf den Wunsch nach weiteren Kindern auswirken kann (ein Aspekt, der namentlich von Valerie Oppenheimer (1982) betont wurde). Empirische Studien belegen, das insbesondere eine ungeplante und verfrühte Geburt eines ersten Kindes zu ökonomischen Engpässen oder lebenszyklischen Problemlagen ('life-cycle squeeze') führt (Hofferth, Moore 1979; Voydanoff, Kelly 1984).

Die Familiengründung ist ein dynamischer, sequentieller Prozess, auch weil die Geburten - außer bei Mehrlingsgeburten - sachgemäß nacheinander folgen. Die Entscheidung für oder gegen ein weiteres Kind wird daher immer unter dem Gesichtspunkt der bisherigen Erfahrungen getroffen. Dies ist auch deshalb relevant, weil die beruflichen Perspektiven von Männern bzw. Frauen und die wirtschaftliche Entwicklung junger Familien generell raschen konjunkturellen und/oder lebenszyklischen Veränderungen unterliegen.

Ein explizites sequentielles Modell generativen Verhaltens - das neben ökonomischen auch soziologische und psychologische Faktoren enthält - wurde von Boone A. Turchi (1981) formuliert. Nach diesem Modell sind die wichtigsten Bestimmungsfaktoren des Kinderwunsches einer Frau zu einem bestimmten Zeitpunkt die relative Präferenz für Kinder gegenüber sonstigen Aktivitäten, die wahrgenommenen Opportunitätskosten eines Kindes sowie die gegenwärtigen Einkommens- und Wohlstandserwartungen. Die sozio-ökonomischen Faktoren sind ihrerseits mit sozialen und wirtschaftlichen Aspekten eines Paares (Bildung, Alter bei der Heirat, Beruf, gegenwärtige Einkommenssituation) sowie mit familialen und generativen Erfahrungen verknüpft. Im Gegensatz zu anderen Modellen wird der Einfluss des Mannes auf den Kinderwunsch der Frau berücksichtigt (ein Punkt, der bei den später angeführten mikro-soziologischen Paar-Interaktionsansätzen noch stärker ausgearbeitet ist). Da im Regelfall ein Paar nicht alle Kinder zu einem Zeitpunkt bekommt, ist das Modell sequentiell konzipiert, indem die Geburt eines Kindes auf die generativen Präferenzen und die wahrgenommenen Opportunitätskosten von Kindern zurückwirkt. Empirische Studien haben den sequentiellen Charakter generativer Entscheidungsprozesse klar bestätigt. So variieren die Determinanten des Wunsches nach einem (weiteren) Kind klar je nach schon vorhandener Kinderzahl (Höpflinger 1982, Hout 1978, Huinink 1995: 295ff.).

Trotz der harscher Kritik seitens der SoziologInnen haben die ökonomischen Theorien generativen Verhaltens auch die soziologischen Diskussionen befruchtet. In einem gewissen Sinne ergab sich eine verstärkte Konvergenz ökonomischer und soziologischer Fertilitätstheorien, und zwar in beiden Richtungen: Einerseits wurden die ursprünglich rein ökonomischen Modelle durch die Berücksichtigung sozialer Variablen zu sozio-ökonomischen Modellen generativen Verhaltens erweitert. Andererseits wurden Kosten-Nutzen-Überlegungen zu Kindern auch in soziologischen Erklärungsansätzen integriert. Am auffälligsten geschah dies beim sogenannten 'Value-of-children'-Ansatz, der die Kosten-Nutzen-Funktion von Kindern im Rahmen sozio-kultureller Werthaltungen berücksichtigt.

3.4.3.2 Sozialpsychologische und mikro-soziologische Ansätze

Die Psychologie hat sich ebenfalls intensiv mit Fragen des Kinderwunsches und den Determinanten generativen Verhaltens befasst (vgl. von Rosenstiel, Nerdinger u.a. 1986). Psychoanalytisch orientierte Ansätze zur Erklärung des generativen Verhaltens haben sich jedoch wegen ihrer eng begrenzten Orientierung kaum durchgesetzt. Sie wurden weitgehend von Modellen verdrängt, welche familiale Werthaltungen als wichtige Verhaltensdeterminanten betrachten. Diese mehr sozialpsychologisch ausgerichteten Modelle konvergieren in vielen Aspekten mit mikro-soziologischen Ansätzen. In sozialpsychologischen und mikro-soziologischen Modellen steht das Individuum bzw. das Paar mit seinen gleichermaßen kooperativen wie konfliktiven Umweltinteraktionen im Zentrum des Interesses. Das utilitaristische (auf die eigene Bedürfnisbefriedigung bezogene) Erklärungsmuster ökonomischer Modelle wird durch den Einbezug sozialer und kultureller Faktoren ergänzt. Aus der nahezu unüberblickbaren Vielzahl unterschiedlicher sozialpsychologischer und mikro-soziologischer Modellversuche werden im folgenden diejenigen Ansätze einbezogen, die aus meiner Sicht wesentliche Impulse geliefert haben.

'Value-of-Children'-Ansatz ('Wert-von-Kindern'-Ansatz)
Von den Ansätzen, welche die Motive generativen Verhaltens in den Mittelpunkt rücken, haben die sogenannten 'Value-of-Children (VOC)-Studien besonderes Interesse geweckt, da damit versucht wurde, die Vor- und Nachteile von Kindern im interkulturellen Vergleich zu erfassen. Zuerst im Rahmen von US-Studien über die Kosten und Vorteile von Kindern entwickelt (Arnold et al. 1975; Bulatao 1981; Hoffmann, Manis 1979), wurde der VOC-Ansatz später in europäischen Studien verwendet, wobei der Schwerpunkt hier teilweise stärker auf Elternschaftsmotiven lag (Deven 1983; Hoffmann-Nowotny et al. 1984; Fux, Höpflinger 1992). Der 'Value-of-children'-Ansatz basiert im wesentlichen auf drei Grundannahmen:

a) Der (wahrgenommene) Wert von Kindern ist sowohl mit den sozialen, wirtschaftlichen und kulturellen Merkmalen einer Gesellschaft als auch mit der sozialen und wirtschaftlichen Situation junger Frauen und Männer verknüpft. Die (wahrgenommenen) Vor- und Nachteile von Kindern variieren damit je nach gesellschaftlicher Entwicklung und innerhalb einer gegebenen Gesellschaft zwischen verschiedenen sozialen Gruppen.

b) Die (wahrgenommene) Konfiguration von Vor- und Nachteilen von Kindern beeinflusst das generative Verhalten junger Familien bzw. junger Frauen und Männer. Die Entscheidung für oder gegen Kinder bzw. für eine bestimmte Familiengröße wird durch diese qualitative Bewertung bestimmt. Ehepaare, die mehr Vorteile als Nachteile wahrnehmen, werden dazu tendieren, mehr Kinder zu haben als Ehepaare, die vor allem Nachteile perzipieren.

c) Die Wahrnehmung einzelner Individuen oder Paare zu den Vor- und Nachteilen von Kindern wird sowohl durch allgemeine Lebensvorstellungen (Pläne, Aspirationen) als auch durch die familiale Situation (Ehebeziehung, Familiengröße) beeinflusst. Die Wertschätzung von Kindern variiert damit je nach vorhandener Kinderzahl, und die Beziehung zwischen der Bewertung von Kindern und dem generativen Verhalten ist somit wechselseitig.

Das Grundkonzept des VOC-Ansatzes lässt sich wie folgt darstellen (vgl. Abbildung 6):

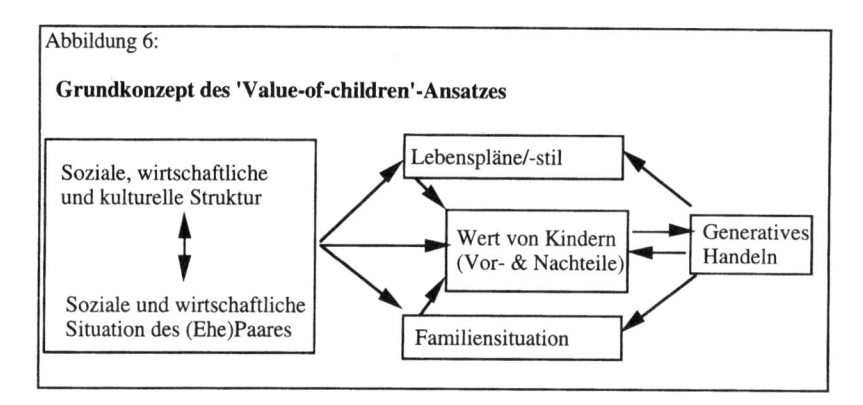

Abbildung 6:

Grundkonzept des 'Value-of-children'-Ansatzes

```
Soziale, wirtschaftliche        Lebenspläne/-stil
und kulturelle Struktur
        ↕                       Wert von Kindern ⇄ Generatives
Soziale und wirtschaftliche     (Vor- & Nachteile)   Handeln
Situation des (Ehe)Paares
                                Familiensituation
```

Vielfach werden bei den Nachteilen von Kindern - in Anlehnung an mikroökonomische Fertilitätstheorien - primär die wirtschaftlichen Kosten und die Opportunitätskosten (z.b. Einkommensverlust bei Erwerbsunterbruch der Mutter) ins Zentrum gerückt. Psychologische und soziale Kosten von Kindern, wie Stress und emotionale Belastungen vor und nach einer Geburt, Erziehungsschwierigkeiten, erhielten - weil schwieriger messbar - bisher weniger Aufmerksamkeit. Auch die Vorteile von Kindern sind häufig nur schwer fassbar und diffus. Dies gilt vor allem für Gesellschaften, in denen der Wert von Kindern primär emotional-expressive Dimensionen betrifft.

Der 'Wert von Kindern' ist jedenfalls mehrdimensional und kulturabhängig. Insgesamt gesehen lassen sich die positiven Werte von Kindern in neun Hauptkategorien einordnen (vgl. Hoffmann, Hoffmann 1973):

1. Werte, die sich auf den Status als Erwachsener und die soziale Identität einer Frau oder eines Mannes beziehen. In einigen Kulturen war und ist der Status als Erwachsener teilweise von Mutter- und Vaterschaft abhängig, und in verschiedenen Gesellschaften galten und gelten nur Mütter als 'vollwertige Frauen'.

2. Werte, die sich auf das Fortleben der eigenen Person oder der Familie durch 'eigene' Kinder beziehen (Nachkommenschaft, Familientradition).

3. Religiöse und kulturelle Wertsetzungen, die sich generell auf den menschlichen Wert von Kindern richten (Reproduktion als Lebenssinn u.a.).

4. Werte, die sich auf innerfamiliale Interaktionen beziehen, z.B. Gründung einer Familie als intime Lebensgemeinschaft, Stärkung der Ehebeziehung.

5. Werte, die Kinder mit neuen Lebenserfahrungen und Erlebnissen in Verbindung setzen (Elternschaft als Lebenserfahrung, Kleinkinder als stimulierendes Erlebnis usw.)

6. Reproduktive und prokreative Werte, die sich auf Elemente von geschlechtsbezogener Kraft und Leistung beziehen (männliche Virilität, Mutterschaft als 'urweibliche Kraft' oder als Beweis von Fruchtbarkeit usw.).

7. Werte, welche die instrumentelle Bedeutung von Nachkommen zur Gewinnung von Einfluss innerhalb einer Familie oder innerhalb intergenerationeller Beziehungen betonen (z.B. Mutterschaft als Mittel zur Stärkung der innerfamilialen Stellung).

8. Kinder bzw. Nachkommen als Mittel im sozialen Wettbewerb (Familiendynastie, Nachkommen zur Stärkung der Stellung innerhalb von Sippschaften oder Familienunternehmen).

9. Direkter und indirekter wirtschaftlicher Nutzen von Kindern, sei es dass Kinder wertvolle Arbeitskräfte darstellen; sei es, dass sie die Altersversorgung der Eltern garantieren.

Die Wertkategorien 6 bis 9 dürften in industriellen und post-industriellen Gesellschaften weniger bedeutsam sein als in vorindustriellen Gesellschaften. Dies gilt vor allem für den Wert von Kindern als Arbeitskräfte und als direkte Garanten der Altersversorgung, und gemäß den vorher diskutierten familientheoretischen Ansätzen war genau dieser Funktionsverlust der Nachkommen eine entscheidende Determinante des langfristigen Geburtenrückgangs (vgl. Kap. 3.4.2). Die in den Kategorien 1 bis 5 angesprochenen Werte von Kindern sind auch in post-industriellen Gesellschaften bedeutsam, wenn auch mit variierenden kulturellen Sinngehalten. Mutter- und teilweise Vaterrolle sind weiterhin identitätsstiftende soziale Rollen, selbst in Gesellschaften, in denen Elternschaft freiwillig wird. 'Fortleben der eigenen Person dank Nachkommen' oder 'Kinder als Lebenssinn' stehen zwar heute nicht im Zentrum, unterschwellig sind solche Werte jedoch weiter von Bedeutung. Darauf weist die enge Beziehung zwischen generativem Verhalten und religiösen Einstellungen hin (Simons 1982, 1986). Auch die Stärkung der Ehebeziehung sowie eine biographische Strukturierung können wichtige Werte darstellen. Die Geburt eines Kindes strukturiert das Leben etwa einer Frau und kann individuelle Unsicherheit reduzieren. Gleichzeitig können Kinder zur Stärkung der ehelichen Solidarität beitragen (vgl. Friedman et al. 1994: 384).

In stark auf Freizeit und Konsum orientierten Gesellschaften gewinnt namentlich der Erlebnis- und Freizeitcharakter von Kindern an Bedeutung. In niederländischen und belgischen Studien wurden 'Lebenserfahrung' und 'neue Erlebnisse' als positive Werte von Kindern häufig betont (Deven 1983). Auch in US-Studien wurden post-materielle Werte, wie Stimulation und Erlebnis, oft erwähnt (Hoffmann, Manis 1979). Eine Befragung deutscher und schweizerischer Ehefrauen liess gleichermaßen erkennen, dass heute primär emotional-expressive Elternschaftsmotive hoch bewertet werden (Fux, Höpflinger 1992). Dies hat für die gewünschte Kinderzahl eine entscheidende Konsequenz: Während die emotional-expressiven Vorteile von Kindern (Gemeinschaft, Beziehung zu Kindern, Stimulation, Erfahrung) mit ein bis zwei Kindern abgedeckt werden können, steigen die Nachteile und Kosten von Kindern mit ihrer Zahl stetig an. Diejenigen emotional-expressiven Elternschaftsmotive, die den Wunsch junger Menschen nach Kindern heute anregen, sind gleichzeitig jene Werte, die eine Beschränkung auf nur wenige Kinder bestimmen. Persönliche Glückserwartungen einer Familiengründung lassen sich schließlich mit einem oder zwei Kindern befriedigen.

Die Betonung emotional-expressiver Werte von Kindern führt zudem dazu, dass jede zusätzliche Geburt in starkem Masse auf Ehebeziehung und Familienstruktur zurückwirkt (Schneewind 1978). Damit beeinflusst jede Geburt in signifikanter Weise die Bewertung von Kindern, und empirisch variieren die Korrelationen zwischen Kinderwunsch und Wertorientierungen je nach Kinderzahl bzw. Familienphase. „Die engste Assoziation von Werten und generativer Entscheidung ergibt sich bei noch kinderlosen Ehefrauen. Mit zunehmender Kinderzahl lockert sich die Beziehung zwischen Wertorientierungen und Kinderwunsch zusehends. Diese Beobachtung ist konsistent mit theoretischen Ansätzen, die generatives Verhalten als sequentiellen Prozess verstehen. Während beim ersten Schritt - beim Übergang zur Elternschaft - normative und wertmäßige Elemente im Vordergrund stehen, erhalten mit zunehmender Kinderzahl situative Elemente - wie bisherige Erfahrungen und aktuelle Lebenslage - ein stärkeres Gewicht." (Fux, Höpflinger 1992: 119).

Trotz des großen Interesses, das Studien über den Wert von Kindern bzw. über Elternschaftsmotive gefunden haben, leiden die 'Value-of-Children'-Ansätze allerdings an zwei ungelösten Problemen:

Zum ersten ist die analytische und empirische Trennung zwischen sozialen Normen, kulturellen Werten und individuellen Motiven unscharf geblieben. Es bleibt unklar, inwiefern wahrgenommene Vor- und Nachteile von Kindern individuelle Motive oder allgemeine soziale Normvorstellungen widerspiegeln. Aus diesem Grund schlägt Lutz von Rosenstiel (1986: 67ff.) vor, neben extrinsischen und intrinsischen Werten von Kindern auch den 'normativen Druck von außen' bei Entscheidungen für oder gegen Kinder zu berücksichtigen.

Zum zweiten ist es nicht gelungen, eine zufriedenstellende Nutzen-Kosten-Funktion von Kindern im Rahmen des VOC-Ansatzes zu formulieren, da keine klaren Äquivalenzrelationen zwischen verschiedenen Vorteilen und Kosten von Kindern existieren. Dieses Problem taucht vor allem auf, wenn die Kosten von Kindern in einer Gesellschaft primär monetärer Art sind, wogegen die positiven Werte von Kindern sich hauptsächlich auf soziale und psychologische Dimensionen beziehen. Sofern kein gemeinsamer 'Nenner' zur Gewichtung monetärer und sozial-emotionaler Dimensionen besteht, wird die Festlegung einer klaren 'Nutzen-Kosten-Funktion' nicht möglich.

Der Hauptvorteil des VOC-Ansatzes liegt somit weniger darin, dass individuelle generative Entscheide eindeutig erklärt werden können, als darin, dass auch die positiven Aspekte von Kindern (und nicht nur deren Kosten) thematisiert werden.

Rollentheoretische und paarinteraktive Ansätze
Eine wesentliche Kritik am 'Value-of-Children'-Ansatz, aber auch an mikroökonomischen und sozio-ökonomischen Fertilitätstheorien besteht darin, dass sie die Geschlechterverhältnisse weitgehend ausblenden. Geschlechtsspezifische Rollenstrukturen werden ebenso vernachlässigt wie die konkreten familialen Interaktionen zwischen (Ehe)Paaren. Dieser Kritik begegnen rollentheoretische Ansätze sowie Paar-Interaktionsansätze, indem sie explizit auf die geschlechtsspezifischen Rollenzuordnungen eingehen. Beide Ansätze erforschen die Beziehungen zwischen Personen (und nicht allein individuelle Motive). Ausgangspunkt ist die These, dass für generatives Verhalten die Ehe bzw. Familie die entscheidende Einheit darstellt. Namentlich rollentheoretische Ansätze betonen die eheliche Rollenstruktur als signifikanten Einflussfaktor generativen Verhaltens. Von Bedeutung sind nach diesen Ansätzen insbesondere weibliche Rollenerwartungen und -muster (z.B. Verhältnis von beruflichen und familialen Tätigkeiten, Rollenaufteilung innerhalb von Familien und Rollenverständnis der Frau gegenüber ihrem Partner usw.). Namentlich der amerikanische Soziologe John Scanzoni (1975, 1976, 1979a) hat sich systematisch mit den Auswirkungen geschlechtsspezifischer Rollenaufteilung auf das generative Verhalten auseinandergesetzt. Scanzoni betrachtet die geschlechtsspezifische Rollenverteilung in Familien als Zuweisung rollenspezifischer Vor- und Nachteile an die jeweiligen Partner, was seinerseits das generative Verhalten eines Paares beeinflusst. Für ihn steht die eheliche Rollenstruktur - und das damit verbundene Rollenverhalten der Frau - im Zentrum seines Erklärungsmodells (vgl. Abbildung 7).

John Scanzoni hat - ausgehend von familiensoziologischen Studien - versucht, die Geschlechtsrollendimensionen zu operationalisieren, um verschiedene Formen ehelicher Rollenstrukturen zu erfassen (Scanzoni 1979b). Dabei wurden verschiedene Aspekte ehelicher Rollenstruktur auf eine zentrale Dimension reduziert, die zwischen den Polen 'traditionelle versus moderne' eheliche Rollenverhältnisse variiert. Moderne eheliche Strukturen sind z.B. durch steigendes Erstheiratsalter, verstärkte Erwerbstätigkeit der Frau, wirksames kontrazeptives Verhalten und verlängerter Zeitraum zwischen Eheschließung und Geburt eines ersten Kindes assoziiert. Diese Prozesse ihrerseits wirken nach diesem Modell negativ auf Kinderwunsch und Kinderzahl.

Tatsächlich lässt sich in europäischen Ländern generell festhalten, dass hohes Erstheiratsalter und langer Abstand zwischen Heirat und Erstgeburt die endgültige Kinderzahl signifikant reduzieren (Höpflinger 1987). Inwiefern hingegen eine moderne eheliche Rollenstruktur - etwa im Sinne einer partnerschaftlich geführten Ehebeziehung - generell und linear zu weniger Kindern führt, ist weniger klar belegt. Ebenso ist die kausale Wirkung der Frauenerwerbstätigkeit auf das generative Verhalten - wie in Kap. 3.3 festgestellt - von kontextspezifischen Faktoren (strukturelle Vereinbarkeit von Beruf und Familie u.a.) abhängig. Der rollentheoretische Ansatz nach Scanzoni ist zwar geeignet zu erklären, warum Familien, die unter gleichen wirtschaftlichen und sozialen Bedingungen leben, unterschiedlich viele Kinder haben. Die ökonomischen und sozialen Kontextbedingungen - die im übrigen auch die ehelichen Rollenstrukturen determinieren - genießen jedoch einen zu geringen Stellenwert.

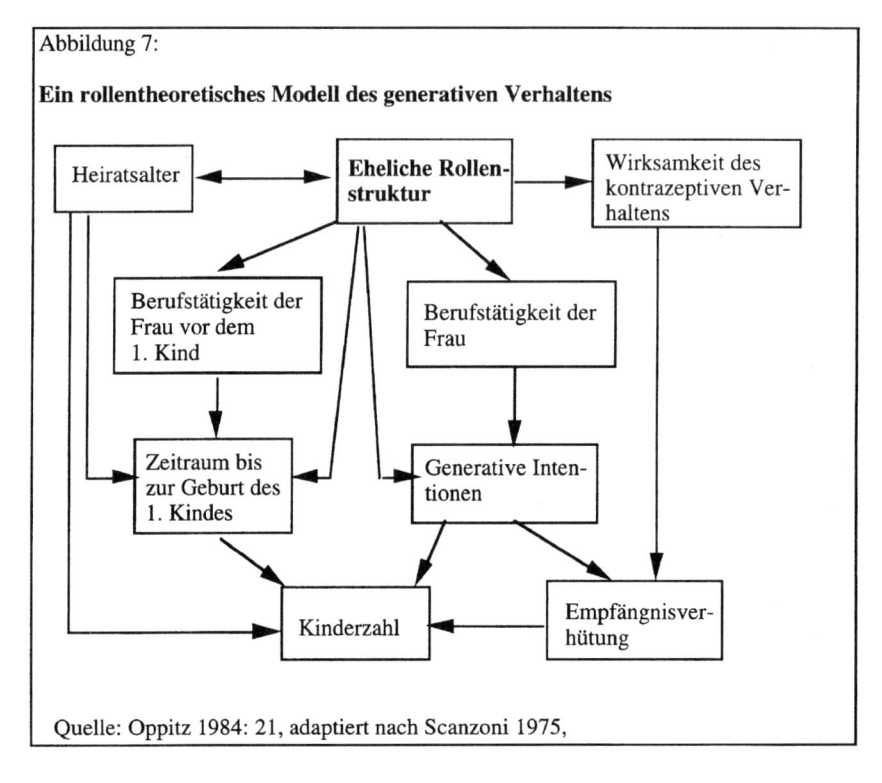

Abbildung 7:

Ein rollentheoretisches Modell des generativen Verhaltens

```
Heiratsalter  <──►  Eheliche Rollen-      ──►  Wirksamkeit des
                    struktur                    kontrazeptiven Ver-
                                                haltens

         Berufstätigkeit der          Berufstätigkeit der
         Frau vor dem                 Frau
         1. Kind

         Zeitraum bis                 Generative Inten-
         zur Geburt des               tionen
         1. Kindes

                   Kinderzahl    ◄──   Empfängnisver-
                                       hütung
```

Quelle: Oppitz 1984: 21, adaptiert nach Scanzoni 1975,

Generatives Verhalten ist zumeist ein dyadisches Verhalten. Das Paar und nicht das Individuum ist die signifikante Untersuchungseinheit. Dieser Sachverhalt steht im Zentrum der Paarmodelle generativen Verhaltens. Die Bedeutung des Paares und der Interaktionen zwischen Ehefrau und Ehemann wurden schon früh erkannt, jedoch sind empirische Studien, die beide Partner gleichermaßen einbezogen, vergleichsweise selten geblieben, da eine paarweise Befragung aufwendiger und kostspieliger ist als die Befragung nur einer Person. Entsprechende Paarstudien generativen Verhaltens ließen in vielen Fällen bedeutsame Unterschiede im Kinderwunsch von Ehefrau und Ehemann erkennen (vgl. Bisson, Piché 1977; Coombs, Fernandez 1978; Höpflinger, Kühne 1979). Selbst bei sogenannt 'objektiven Sachverhalten' - wie dem kontrazeptivem Verhalten und der Benützung von Verhütungsmittel durch das Ehepaar - zeigten sich teilweise signifikante Abweichungen in den Antworten von Ehemännern und Ehefrauen (Höpflinger, Kühne 1984). Eheliche Konflikte können das generative Verhalten beeinflussen, und auch deshalb sind Paarbefragungen ('two-sex-studies') besser in der Lage, das generative Verhalten zu erklären als Einzelbefragungen (vgl. Fried, Hofferth, Udry 1980; Jürgens, Pohl 1978; Höpflinger 1982b; Oppitz u.a. 1983).

Die Bedeutung des Kinderwunsches des Ehemannes wurde in verschiedenen theoretischen Modellen berücksichtigt, so z.B. auch im sozio-ökonomischen Modells von Turchi 1981. In einigen theoretischen Modellen wurden die Kommunikationsprozesse und sozialen Interaktionen des Paares während den verschiedenen Phasen der Familiengründung sogar explizit ins Zentrum gerückt (Hass 1974, Beckman 1978). Wichtige Aspekte der Paarinteraktion sind expressiver Zusammenhalt, Konfliktlösungsstrategien, Rollenstruktur und generatives Planungs- und Entscheidungsverhalten. Stärker als andere familiale Entscheidungen stehen generative Entscheide (weiteres Kind: Ja/Nein) im Spannungsfeld zwischen individuellen Autonomieansprüchen und dyadischen Gemeinsamkeiten, da die Geburt eines Kindes sowohl die individuellen Interessen als auch die Paardynamik langfristig beeinflussen. Die mit generativen Entscheidungen verbundenen Unsicherheiten haben konkret zur Folge, dass die Entscheidung eines Paares für oder gegen ein weiteres Kind vielfach nur eindeutig ist, wenn ein hoher Konsens erreicht wird. Unsicherheiten oder unausgesprochene Konflikte zwischen Ehepartner können dazu führen, dass die Entscheidung verschoben wird bzw. dass die Geburt eines Kindes als ungeplante Überraschung erlebt wird. Entscheidungsunsicherheit erweist sich jedenfalls als bedeutsames Element des generativen Verhaltens von Paaren (Beckman 1978, Morgan 1982).

Paarverhalten und Wertwandel
Die Gefahr paarinteraktiver Modelle besteht darin, dass das (Ehe)-Paar als isolierte Einheit betrachtet wird, wie dies in der Familiensoziologie häufig der Fall ist. So bleiben die über die Kernfamilie hinausgreifenden familial-verwandtschaftlichen Strukturen und intergenerationellen Beziehungen (z.B. zur Großelterngeneration) ausgeblendet, obgleich neue Studien die enorme Bedeutung der über die Kernfamilie hinausgreifenden familial-verwandtschaftlichen Beziehungen nachgewiesen haben (Attias-Donfut 1995; Bien 1994; Lüscher, Schultheis 1993). Zudem können Paar-Modelle sachgemäß nicht erklären, weshalb heute zunehmend mehr Frauen auf eine Heirat und Kinder verzichten. Viele der klassischen Paar-Modelle sind daher ungeeignet, den raschen Wertwandel familialen Verhaltens zu erklären. Dieser Gefahr entgeht ein im Rahmen der deutschen Studie 'Wertwandel und generatives Verhalten' entwickeltes Paarmodell generativen Verhaltens (vgl. Abbildung 8).

Abbildung 8:

Wertwandel und Paarmodell generativen Verhaltens

```
                    ┌─────────────────┐
                    │ Kinderzahl des  │
                    │    Ehepaares    │
                    └─────────────────┘
                            │
   ┌──────────┐   Wahrnehmungs-/Bewertungsfilter   ┌──────────┐
   │Situative │        ┌─────────────┐             │Situative │
   │Bedin-    │        │ Generatives │             │Bedin-    │
   │gungen    │───────▶│  Verhalten  │◀────────────│gungen    │
   │(reversibel)       └─────────────┘             │(reversibel)
   │          │                                    │          │
   │Wohn-     │                                    │Wohn-     │
   │situation │                                    │situation │
   │          │                                    │          │
   │Berufs-   │                                    │Berufs-   │
   │situation │                                    │situation │
   └──────────┘                                    └──────────┘
         │        ┌──────────┐   ┌──────────┐          │
         │        │  Wert-   │   │  Wert-   │          │
         └───────▶│ struktur │◀─▶│ struktur │◀─────────┘
                  │   des    │   │   der    │
                  │  Mannes  │   │   Frau   │
                  └──────────┘   └──────────┘
                        ▲             ▲
   ┌──────────────────────────────────────────────────┐
   │ Determinanten der Wertstruktur (irreversibel)    │
   │                                                  │
   │  Kohorten-      Phasen-         Perioden-        │
   │  (Alters-)      (Kinderzahl-)   (Zeit-)          │
   │  Effekt         Effekt          Effekt           │
   └──────────────────────────────────────────────────┘
```

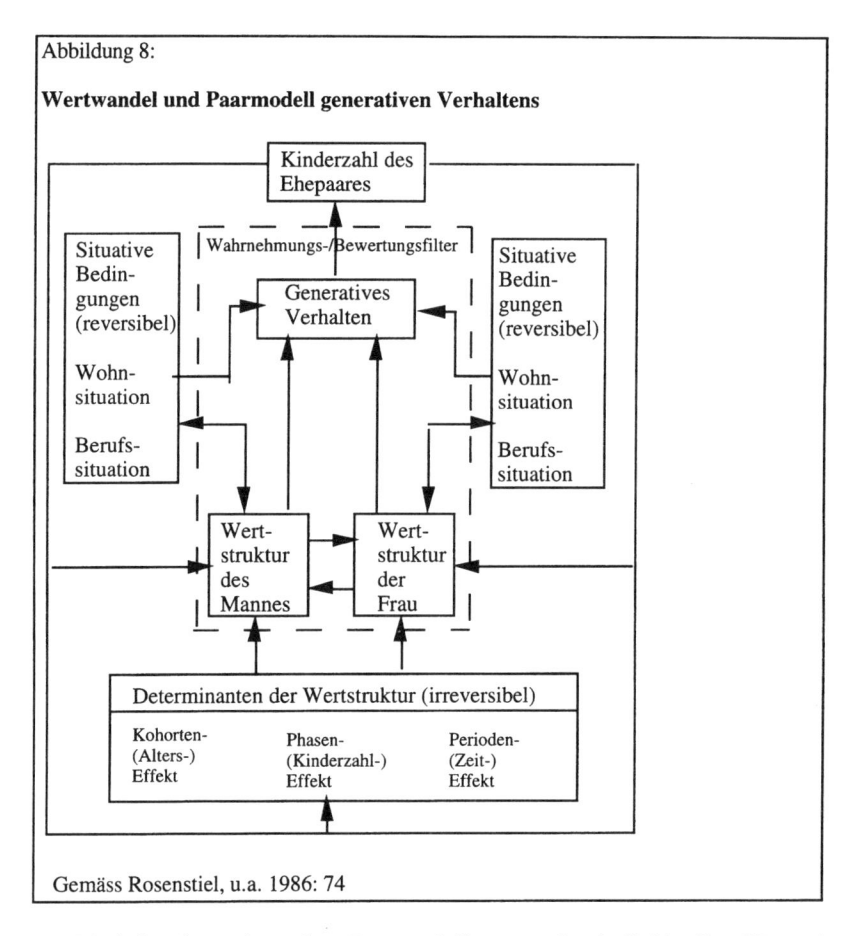

Gemäss Rosenstiel, u.a. 1986: 74

Das Modell geht - wie andere Paarmodelle - von den individuellen Wertorientierungen beider Partner aus. Diese Werte prägen die familialen und generativen Motivationen, die auf der Ebene des Paares zu einem spezifischen generativen Verhalten führen. Diese Wertorientierungen werden einerseits von reversiblen Situationsbedingungen, wie z.B. Wohn- und Berufssituation der beiden Partner bzw. des Paares geprägt. Wertorientierungen bilden und verändern sich andererseits im Rahmen gesellschaftlicher Prozesse (Struktur- und Wertwandel). Als irreversible Einflussfaktoren des Wandels individueller Wertorientierungen werden in diesem Modell folgende drei Faktoren berücksichtigt (vgl. Oppitz et al. 1983):

1. Kohorteneffekte: Unterschiedliche Geburts- bzw. Ehejahrgänge sehen sich in analogen Phasen ihres Lebenszyklus mit unterschiedlichen gesellschaftlichen Bedingungen konfrontiert, und sie können deshalb kohortenspezifische Werthaltungen entwickeln. Aus diesem Grund wurden in der Studie sowohl Personen aus der 'Aufbauphase' der Bundesrepublik Deutschland als auch Personen der sogenannten 'Wohlstandsphase' einbezogen.

2. Phaseneffekte: Menschen durchlaufen verschiedene Lebensphasen, die sich durch spezifische Rollenkonstellationen auszeichnen. In jeder dieser Lebensphasen ändert sich die Lebenslage, und jede neue Lebensphase fordert einen Rollenwechsel, was auf die Wertorientierungen zurückwirkt. Die im Rahmen generativen Verhaltens interessierenden Phasen sind insbesondere die Partnerwahl, die Geburt eines ersten Kindes und die Geburt weiterer Kinder.

3. Periodeneffekte: Soziale, wirtschaftliche und kulturelle Ereignisse einer Gesellschaft beeinflussen die Werthaltungen breiter Bevölkerungskreise. So können wirtschaftliche Krisen die Werthaltungen in bezug auf generative Fragen verändern.

In diesem Sinne verknüpft dieses Paarmodell individuelle und situative Dimensionen eines Paares mit allgemeinen Dimensionen gesellschaftlichen Wertwandels. Das Modell wurde im Rahmen einer in den Jahren 1980 bis 1983 durchgeführten Längsschnittuntersuchung empirisch überprüft. Dabei erwiesen sich - wie im Modell vermutet - sowohl Aspekte der Paarinteraktion (Gespräch über Kinderwunsch, Übereinstimmung zum Kinderwunsch u.a.) als auch die Wertorientierungen der Partner als wichtige Determinanten des Kinderwunsches, namentlich noch kinderloser Paare. Umgekehrt ergaben sich signifikante Auswirkungen der Geburt eines Kindes auf die Wertorientierungen der Eltern (Phaseneffekt). Gleichzeitig wurden bedeutsame Kohortenunterschiede sichtbar, indem jüngere Frauenjahrgänge die intrinsischen Werte von Kindern höher bewerteten als ältere Jahrgänge (Oppitz et al. 1983, Spiess et al. 1984).

Paar-Modelle generativen Verhaltens sind gegenüber rein individuellen Ansätzen sicherlich ein Fortschritt, allerdings nur, wenn sie gleichzeitig die soziale Umwelt mitsamt ihren Veränderungen berücksichtigen.

3.4.3.3 Biographische Theorie des generativen Verhaltens
In den letzten Jahren erfuhr innerhalb der Soziologie die Lebenslaufforschung eindeutig einen Aufschwung. Dazu beigetragen haben einerseits die Durchführung von Längsschnittstudien und die systematische Bereitstellung differenzierter biographischer Paneldaten (wie sie in Deutschland etwa im Rahmen des Sonderforschungsbereichs 3 erarbeitet wurden). Andererseits ergaben sich wichtige konzeptuelle und theoretische Weiterentwicklungen; sei es, dass die Bedeutung von Lebenslauf und Lebensalter als gesellschaftliche Konstruktionen ausgearbeitet wurden (Kohli 1992); sei es, dass die soziale Institutionalisierung von Statuspassagen und lebenszyklischen Übergängen analysiert wurde (Berger, Hradil 1990; Kohli 1985; Behrens, Voges 1996). Als wichtige Ansätze der soziologischen Lebenslaufforschung lassen sich insbesondere unterscheiden: a) die Theorien der Altersschichtung und Lebenszyklusmodelle, die insbesondere zur Analyse des Alterns verwendet werden (Riley 1985), b) die Biographieforschung, die Lebensläufe anhand ihrer subjektiven Rekonstruktion untersucht (Fischer, Kohli 1987), sowie c) die Lebensverlaufsforschung, welche

individuelle Lebensverläufe als Abfolge von Ereignissen in verschiedenen Lebensbereichen und institutionalisierten (historisch bedingten) sozialen Handlungsfeldern versteht (Mayer 1990).

Es ist vor allem dieser dritte Ansatz, der in zunehmendem Masse auch in die Analyse generativen Verhaltens Eingang findet. So werden Familiengründung und generatives Verhalten heute explizit als sequentielle Prozesse verstanden, und die Rückwirkungen der Geburt eines ersten Kindes auf das weitere generative Verhalten werden gezielt thematisiert. Zudem wird die Bedeutung anderer, alternativer Lebensoptionen explizit ausgearbeitet (dies auch im Rahmen einer Diskussion der 'Opportunitätskosten' von Kindern). Die wechselseitigen Verknüpfungen von Prozessen der Familiengründung mit lebenszyklischen Veränderungen in anderen Lebensbereichen (Ausbildung, Erwerbstätigkeit, Wohnsituation, Freizeit usw.) erweisen sich für das Verständnis generativen Verhaltens in einer individualisierten Gesellschaft mit zuverlässig planbarer Fertilität ebenfalls als entscheidend.

Biographische Abläufe sind zwar individuell gestaltbar, gleichzeitig bestehen soziale Normen über biographische Sequenzen oder über das Idealalter einer Frau bei der Geburt eines ersten Kindes. Einige biographische Ablaufmuster sind auch deshalb problematischer, weil sie zur Kumulation von Aufgaben und Problemen führen (z.B. wenn die Geburt eines ersten Kindes in die Zeit von Abschlussprüfungen fällt). Ob sich die Familiengründung gemäß sozial akzeptierter Abfolge (z.B. zuerst Ausbildung beenden, danach Kinder) vollzieht oder nicht, ist für die nachfolgenden generativen Entscheidungen bedeutsam (vgl. Hogan 1978; Rindfuss, Swicegood, Rosenfeld 1987). Dasselbe gilt für die Abfolge beruflicher und familialer Abläufe (erster beruflicher Karriereschritt vor Familiengründung oder Familiengründung und erst anschließend berufliche Karriere usw.). Patricia Voydanoff (1987: 85ff.) benützt in diesem Zusammenhang das Konzept des 'work/family role staging'. Zeitlich-sequentielle Dimensionen sind für eine Analyse generativen Verhaltens vor allem bedeutsam, weil die Geburt eines Kindes irreversible und langfristige Festlegungen mit sich bringt.

Eine umfassende und formalisierte biographische Theorie generativen Verhaltens wurde am Institut für Bevölkerungsforschung und Sozialpolitik der Universität Bielefeld im Rahmen ihres Forschungsprojekts 'Arbeitsmarktdynamik, Familienentwicklung und generatives Verhalten' ausgearbeitet (Birg, Flöthmann, Reiter 1991). Das generative Verhalten wird als Element des Lebenslauf konzipiert, das mit Ausbildungs-, Berufs- und Wohnortsbiographien in wechselseitiger Beziehung steht.

Theoretischer Ausgangspunkt sind alternative Sequenzen lebenszyklischer 'Grundbausteine': „Fassen wir das Leben eines Menschen als eine auf bestimmte Weise zustande gekommene zeitliche Abfolge von Etappen, Zuständen, Phasen, Stadien, Situationen und Ereignissen auf, so lassen sich diese verschiedenen Elemente als Grundbausteine interpretieren, die gedanklich zu alternativen

Sequenzen gereiht werden können. Jeder Sequenz entspricht ein bestimmter vorgestellter Lebenslauf, so wie sich aus der Reihung von Buchstaben bestimmte Wörter, aus der Reihung von Wörtern bestimmte Sätze und aus der Reihung von Sätzen bestimmte sprachliche Werke bilden lassen."(S. 7). Dabei leben Menschen zugleich in einer Innenwelt und in einer Außenwelt. Das generative Verhalten wird sowohl von inneren Kräften (z.b. Motive, Sinnfindung) als auch von äußeren Kräften (z.b. Umweltbedingungen, soziale und wirtschaftliche Ressourcen) determiniert: „Die wichtigste theoretische Grundannahme der biographischen Theorie des generativen Verhaltens besteht in dem Postulat, dass es zwischen der beobachtbaren äußeren Lebensgeschichte eines Individuums und seiner im Innern erfahrenen Erlebnisgeschichte eine Einheit gibt, die in Zusammenhängen zwischen der Innen- und Außenwelt zum Ausdruck kommen." (S. 8). Auf der Basis dieser (ontologischen) Annahme wird zwischen einer inneren und einer äußeren biographischen Kohärenz unterschieden: Die innere biographische Kohärenz bezieht sich auf innere Erlebnis- und Sinnzusammenhänge, die sich in den Daten der geoffenbarten Biographie nicht immer zu erkennen geben. Die äußere biographische Kohärenz bezeichnet Zusammenhänge zwischen den geoffenbarten Lebensdaten der Lebensgeschichte, die nicht unbedingt auf einer inneren Kohärenz beruhen.

Daher umfasst der Begriff 'Biographie' nach Birg u.a. (1991) drei unterscheidbare Bedeutungsdimensionen: „Er umfasst erstens die der Innenwelt zugehörige *Erlebnisgeschichte*, die der direkten Beobachtung von außen nicht zugänglich ist, zweitens die mit quantitativen und qualitativen Informationen beschreibbare äußere *Lebensgeschichte, den sogenannten Lebenslauf,* und drittens die *Möglichkeitsgeschichte* i.S. einer Geschichte der möglichen alternativen Lebenswege, die vorgestellt aber nicht verwirklicht wurden." (S. 12).

Der sich aus der dritten Bedeutungsdimension ableitbare Begriff der *virtuellen Biographie* (auch als das biographische Universum einer Person bezeichnet) bildet - neben dem Begriff der biographischen Kohärenz - das zentrale theoretische Konstrukt des Ansatzes von Herwig Birg und seiner Forschungsgruppe: „Jedes Individuum lebt zu jedem Zeitpunkt seines Lebens in einer virtuellen Biographie, in der die bisherigen Lebensetappen, die gegenwärtige Lebenssituation und der fernere Lebensweg aufeinander bezogen sind. Die virtuelle Biographie ändert sich im Zeitablauf. Sie umfasst neben dem faktischen Lebensweg auch die alternativen Lebensverläufe, besonders wenn sie dem Individuum als potentielle Alternativen bewusst sind und als relevant betrachtet werden." (S. 14). Angesichts der Tatsache, „dass es wenige Festlegungen im Leben eines Menschen gibt, die eine so gravierende Reduktion von sonst möglichen Lebenslauf-Alternativen nach sich ziehen wie die Gründung einer Familie und die Entscheidung, Kinder zu haben, so wird einsichtig, dass die Frage nach den Gründen, die einen Menschen davon abhalten, Kinderwünsche zu entwickeln und zu verwirklichen, nicht losgelöst davon beantwortet werden kann, welche alternativen Lebenssequenzen durch die Realisierung des Wunsches aus dem persönlichen biographischen Universum ausscheiden, auch wenn dem mit familialen Festlegungen verbundenen Verzicht auf der einen Seite ein Gewinn an sonst nicht möglichen Lebensalternativen auf der anderen Seite gegenübersteht." (S. 13-14). Durch das Konzept der virtuellen Biographie wird das altbekannte Konzept der 'Opportunitätskosten von Kindern' in einen biographischen Rahmen gestellt.

Im Rahmen der gesellschaftlichen Entwicklung - so die These von Birg und KollegInnen - wuchs die Größe des biographischen Universums von Individuen beständig an, und zwar sowohl als Folge einer zunehmenden Pluralität von Lebensformen bzw. 'biographischen Grundbausteinen' als auch aufgrund der Schwächung institutioneller und normativer Beschränkungen.

Empirische Spezifikationen
Eine empirisch erklärende Kraft erhält eine solche allgemeine biographische Theorie erst, wenn es ihr gelingt, die für das generative Verhalten relevanten biographischen Ebenen, Elemente und Sequenzen zu spezifizieren. In ihrer Arbeit berücksichtigen Birg u.a. (1991) konkret vier demographisch relevante biographische Ebenen bzw. Sub-Biographien:

a) *Sozialisationsbiographie*, als Abfolge der für den Sozialisationsprozess von Individuen bedeutsamen sozialen bzw. sozialpsychologischen Entwicklungsetappen,

b) *Erwerbsbiographie* (Tätigkeitswechsel, Arbeitsplatzwechsel, Berufswechsel, Betriebswechsel, Statuswechsel u.a.),

c) *Wohn- bzw. Migrationsbiographie* (Wanderungsbewegungen bzw. Wohnortswechsel, Wohnungswechsel),

d) *Reproduktions- bzw. Familienbiographie* (Geburt, Heirat, Scheidung, Geburt von Kindern u.a.).

Zentrale 'Grundbausteine' einer biographischen Theorie sind die biographischen Elemente und Sequenzen. Unter biographische Elemente werden die durch eine „bestimmte zeitliche Ausdehnung charakterisierten Abschnitte des Lebenslaufs und die diskontinuierlichen zeitpunktbezogenen biographischen Ereignisse" (S. 16) verstanden (z.B. Verlassen des Elternhauses, erste Arbeitsstelle, Heirat, Geburt eines ersten Kindes, Auslandsaufenthalt usw.). Unter biographischer Sequenz wird eine bestimmte Reihenfolge biographischer Grundelemente im Zeitablauf definiert (z.B. Sequenz 'Ausbildung, Berufstätigkeit, Partnerbindung, Haushaltsgründung, erstes Kind).

Es ist offensichtlich, dass sich schon aus wenigen biographischen Elementen durch Permutation eine Vielzahl möglicher biographischer Sequenzen ergibt. Bei 5 biographischen Elementen 'Ausbildung, Aufnahme einer Berufstätigkeit, Haushaltsgründung, Heirat, erstes Kind' ergeben sich insgesamt 120 verschiedene biographische Sequenzen. Dabei sind vor allem jene biographischen Elemente und Sequenzen zentral, die langfristige oder irreversible biographische Festlegungen implizieren. Dazu gehören etwa Berufswahl, Partnerwahl, Entscheidungen für bzw. gegen eigene Kinder, Wahl eines Wohnorts- und Arbeitsplatzes.

Empirisch lässt sich eine so konzipierte biographische Fertilitätstheorie am besten durch 'Verzweigungsmodelle' bzw. 'dendographische Modelle' erfassen und darstellen. Damit werden spezifische empirische Aussagen möglich. Zur Illustration des dendographischen Verfahrens sind im folgenden die Ergebnisse einer Befragung der für ein junges Mädchen als 'ideal' erachteten biographischen Sequenzen aufgeführt:

Empirisches Beispiel eines dendographischen Modells (Verzweigungsmodell)

Ausgangspunkt: 5 definierte biographische Grundbausteine: Berufsausbildung, Berufstätigkeit, Haushaltsgründung, Heirat, erstes Kind.

Vorgehen: Es wurden 5 Kärtchen vorbereitet, jedes mit einem aufgedruckten Buchstaben. Jeder Buchstabe stand für einen der oben aufgeführten Grundbausteine. Die Frage an die 1986/87 befragten Personen (N:1576) lautete: 'Gesetzt den Fall, Sie werden von einem jungen Mädchen gefragt, wie es seine Zukunft am besten planen sollte, was würden Sie anraten? Bitte legen Sie die Kärtchen nebeneinander in eine Reihenfolge. Was würden Sie einem jungen Mädchen empfehlen, zuerst zu tun? Was sollte darauf folgen, was dann usw. Zu welcher Zukunftsplanung würden Sie raten?

Unter den 120 möglichen Sequenzen waren 27, die nur je einmal genannt wurden; weitere 10 Sequenzen wurden je zweimal genannt. Auf die 5 häufigsten Sequenzen entfielen 87.1% der Nennungen:

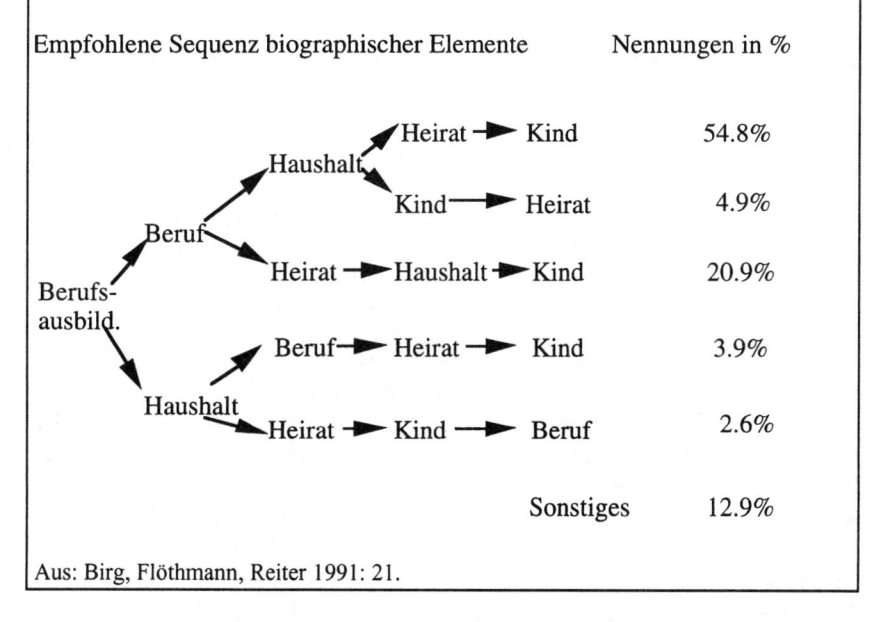

Empfohlene Sequenz biographischer Elemente	Nennungen in %
Berufsausbild. → Beruf → Haushalt → Heirat → Kind	54.8%
Berufsausbild. → Beruf → Haushalt → Kind → Heirat	4.9%
Berufsausbild. → Beruf → Heirat → Haushalt → Kind	20.9%
Berufsausbild. → Haushalt → Beruf → Heirat → Kind	3.9%
Berufsausbild. → Haushalt → Heirat → Kind → Beruf	2.6%
Sonstiges	12.9%

Aus: Birg, Flöthmann, Reiter 1991: 21.

Eine biographische Theorie des generativen Verhaltens, die sich empirisch auf dendographische Modelle abstützt, genießt nach Ansicht von Birg und seinem Team folgende wesentliche Vorteile (S. 39f.):

1. Dendographische Modelle tragen dem Gesichtspunkt der Irreversibilität demographisch relevanter biographischer Prozesse Rechnung. Biographische Entscheidungen, wie Familiengründung und Geburt von Kindern, werden explizit als langfristige Festlegungen behandelt.

2. Ein biographisches Modell zeigt auf, in welcher Weise eine Entscheidung durch vorangegangene Festlegungen kumulativ prädeterminiert ist. Damit wird eine differenzierte Verwendung der Begriffe 'Ursache' und 'Wirkung' möglich.

3. Die Eigendynamik biographischer Prozesse kommt in dendographischen Modellen sichtbar zum Ausdruck. Damit lassen sich Differenzierungen des biographischen Prozesses in Sub-Biographien (Erwerbs-, Familien-, Wohnbiographie u.a.) vornehmen, und ihr gegenseitiges Verhältnis kann konkret modelliert werden.

4. Das Konzept der ökonomischen Opportunitätskosten - der sich in den mikroökonomischen Fertilitätstheorien als zentral erweist - lässt sich im Rahmen der biographischen Fertilitätstheorie zum Konzept der *'biographischen Opportunitätskosten'* erweitern.

5. Dendographische Modelle bieten ein zweckmäßiges, anschauliches Verfahren für die statistische Beschreibung verschiedener demographisch relevanter Biographietypen.

Der Vergleich der sozial bedeutsamen biographischen Sequenzmöglichkeiten (virtuelle Biographie) mit den faktischen biographischen Sequenzen eröffnet im übrigen die Möglichkeit, „den Begriff 'Alter', der in der Demographie eine Schlüsselrolle innehat, neu zu interpretieren. Alt ist man, wenn man (a) nur wenige oder keine Lebensalternativen hat - was schon in jungen Jahren der Fall sein kann - und/oder (b) wenn jede Entscheidung in starkem Masse durch Festlegungen in der Vergangenheit eingeschränkt wird. Das Älterwerden im Sinne des Durchlebens von Kalenderzeit verläuft parallel zu dem Voranschreiten von Festlegung zu Festlegung innerhalb der virtuellen Biographie." (S. 52).

Die zentrale Hypothese des biographischen Ansatzes lautet: „Je größer die biographische Wahlfreiheit ist (gemessen durch die Zahl der Sequenz-Alternativen im biographischen Universum bzw. in der virtuellen Biographie), desto größer ist das Risiko einer langfristigen irreversiblen Festlegung im Lebenslauf und desto kleiner die Wahrscheinlichkeit, dass die Festlegung erfolgt." (S. 347). Oder konkret: Je größer die biographischen Opportunitätskosten und das Risiko von langfristigen Festlegungen, desto geringer ist die Wahrscheinlichkeit einer langfristig irreversiblen Festlegung, wie die Geburt eines Kindes. Dies kann zur Hinausverzögerung der Familiengründung führen, weil das Risiko von Fehlentscheidungen bei gegebenem biographischen Universum umso größer ist, je früher eine biographische Festlegung erfolgt. Dies entspricht der Beobachtung, dass eine vergleichsweise frühe Mutterschaft oft negative langfristige Folgen aufweist, insbesondere wenn Mutterschaft mit einem Verzicht auf eine Ausbildung oder eine berufliche Karriere erkauft werden muss. Allerdings wird ab einem gewissen Alter umgekehrt die Geburt eines Kindes schwieriger, wenn nicht sogar unmöglich, und es ist die Entscheidung gegen Kinder, die dann eine irreversible und langfristige biographische Festlegung impliziert.

Der soziale und wirtschaftliche Wandel der letzten Jahrzehnte führte einerseits zu einer Erhöhung der Zahl handlungsrelevanter biographischer Grundbausteine und zu einer Ausweitung der virtuellen Biographie. Durch eine Intensivierung der beruflichen Spezialisierung und die wachsende Bedeutung frühzeitig getroffener Ausbildungsentscheide wurde andererseits ein Wechsel zwischen beruflichen Werdegängen erschwert; mit der Folge, dass durch entsprechende bildungsbezogene und berufliche Spezialisierung zahlreiche Sequenzen aus dem biographischen Universum ausscheiden. Das Ergebnis beider Effekte ist eine Reduktion der Wahrscheinlichkeit langfristiger Festlegungen, „und vermutlich ist sowohl der Rückgang der Heiratswahrscheinlichkeit als auch der Rückgang der kohortenspezifisch bedingten Geburtenwahrscheinlichkeiten zu einem beträchtlichen Teil auf diesen Einfluss zurückzuführen." (S. 59, vgl. auch Birg u.a. 1990).

Gleichzeitig lassen sich signifikante regionale Unterschiede des generativen Verhaltens erwarten, da die ökonomischen, sozialen und kulturellen Lebensoptionen regional variieren. Die im Rahmen der Bielefelder Studie durchgeführten Analyse bestätigen diese Vermutung. Die regionalen Unterschiede der Fertilität, aber auch des Heiratsalters, der Erwerbstätigkeit der Frauen, der Ausbildung und des Wanderungsverhaltens erwiesen sich als größer als die entsprechenden Verhaltensunterschiede zwischen den untersuchten Kohorten.

Eine biographische Theorie generativen Verhaltens öffnet somit Möglichkeit, regionale Differenzen der Geburtenhäufigkeit und kohortenspezifische Wandlungen des generativen Verhaltens mit Konzepten einer Lebensverlaufsanalyse zu verknüpfen. Allerdings stellt eine so formulierte Theorie hohe Ansprüche an die Datenlage, da ein biographischer Ansatz eine detaillierte Erhebung von Lebensereignissen (und ihrer zeitlichen Abfolge) erfordert.

3.4.4 Abschließende Wertung

Ein klarer paradigmatischer Konsens über die Erklärung generativen Verhaltens existiert auch heute nicht. Es lässt sich allerdings feststellen, dass die theoretischen Ansätze generativen Verhaltens in den letzten Jahrzehnten eindeutig differenzierter und dynamischer wurden. Entscheidende Impulse kamen einerseits von der Familiensoziologie und andererseits von Lebensverlaufs-Ansätzen.

Die Bedeutung neuerer familiensoziologischer (aber auch familienhistorischer) Arbeiten wird insbesondere bei der Erklärung des säkularen Geburtenrückgangs ersichtlich: Wurde früher oft allzu rasch ein direkter Bezug zwischen sozialer Modernisierung, wirtschaftlicher Entwicklung und demographischer Transformation (insbesondere Geburtenrückgang) hergestellt, so heben die neueren, familientheoretischen Ansätze die enorme Bedeutung familialen Wandels zur Erklärung der langfristigen Geburtenentwicklung hervor. *Familiale Strukturwandlungen wurden als zentrale intervenierende und determinierende Faktoren im Verhältnis von makro-soziologischer Modernisierung und demographischem Wandel ausgearbeitet.* Es ist nicht mehr gesellschaftliche Modernisierung an sich, die zu tiefer Geburtenhäufigkeit führt, sondern der Wandel von hohem zu tiefem Geburtenniveau ist immer nur auf dem Hintergrund familial-verwandtschaftlicher Strukturen und Beziehungen zu erklären (vgl. insbesondere Kap. 3.4.2). Eine zentrale Bedeutung hat dieser 'Perspektivenwechsel' insofern, als dadurch die Stellung von Kindern und Frauen innerhalb jeweiliger Gesellschaften stärkere Beachtung fand.

Die Bedeutung neuer biographischer Ansätze - namentlich für die Erklärung generativen Verhaltens und Handelns von Individuen und/oder Paaren - liegt einerseits darin, dass der dynamische, sequentielle Charakter generativen Verhaltens explizit wurde. Andererseits eröffnen die biographisch geprägten Ansätze bessere Möglichkeiten, das generative Verhalten als ein Verhalten anzusehen, dass mit anderen Dimensionen eines Lebenslaufs (Bildungs- und Erwerbsbiographie, Migration) wechselseitig verknüpft ist (dazu vgl. Kap. 3.4.3.3). Durch diese konzeptuellen und theoretischen Weiterentwicklungen wird die Gefahr einer zeitlich und/oder lebenszyklisch isolierten Betrachtung generativen Verhaltens und Handelns wesentlich vermindert. Allerdings darf nicht verschwiegen werden, dass durch diese theoretischen Entwicklungen die Ansprüche an Daten und Statistiken gestiegen sind (und viele der klassischen Fertilitätsindikatoren vermögen heutigen Ansprüchen immer weniger zu genügen).

4. Wanderungsbewegungen als demographische und soziale Prozesse

4.1 Einleitung

Wanderungsbewegungen sind wichtige demographische Einflussfaktoren der regionalen Bevölkerungsentwicklung. Migrationsbewegungen[3] verändern Bevölkerungszahl und Bevölkerungsstruktur sowohl des Auswanderungskontexts als auch des Einwanderungskontexts; beispielsweise in der Richtung, dass der Auswanderungskontext einen Bevölkerungsrückgang und eine verstärkte demographische Alterung erfährt, wogegen im Einwanderungskontext die Bevölkerungszahlen ansteigen und sich die Bevölkerung verjüngt. *Es wäre jedoch verfehlt, Wanderungsbewegungen nur als quantitative demographische Prozesse anzusehen, sondern damit verbunden sind immer auch qualitative soziale Veränderungen. Aus soziologischer Sicht ist grundsätzlich zu betonen, dass Migration eine spezifische Form sozialer Mobilität darstellt.* Noch stärker als in anderen Bereichen der Bevölkerungssoziologie setzt die Diskussion von Wanderungsbewegungen eine enge Verknüpfung quantitativer und qualitativer Denkweisen voraus.

Migrationsprozesse können allerdings sehr unterschiedliche Formen annehmen, von einem kleinräumlichen Wohnungswechsel einer einzelnen Familie bis hin zu massenhaften Fluchtbewegungen oder kontinentüberschreitenden Auswanderungszügen ganzer Volksgruppen (vgl. Kap. 4.2). Angesichts der Vielfältigkeit und Komplexität von Migrationsprozessen ist für die meisten Fragen kein paradigmatischer Konsens zu erwarten. Dies beginnt mit der Vielfalt an Definitionen (vgl. Treibel 1990: 17ff.). Als Migration wird etwa allgemein verstanden „jede Ortsveränderung von Personen" (Hoffmann-Nowotny 1970: 107) bzw. „jeder Wechsel des Hauptwohnsitzes einer Person" (Wagner 1989: 26) oder formeller „das Verlassen des bisherigen und das Aufsuchen eines neuen, als dauerhaft angestrebten Wohnorts in einer signifikanten Entfernung." (Schrader 1989: 436). In analoger Weise wird Migration bei Clark (1986) definiert: „Ich definiere Migration als eine örtliche Verlagerung, die zu weit ist, als dass unter normalen Bedingungen ein Pendeln zum gleichen Arbeitsplatz noch möglich ist." (Clark 1986: 12).

---

[3] Wanderung und Migration werden als synonyme Begriffe verwendet. In der modernen Forschungsliteratur wird primär der Begriff 'Migration' benützt, da der Begriff Wanderung im Alltagsverständnis auch auf Freizeitverhalten angewendet wird, z.B. Bergwanderung.

Andere Autoren betonen hingegen stärker die gesellschaftliche Dimension einer Migrationsbewegung. Migration wird etwa verstanden als 'Wechsel der Gruppenzugehörigkeit' (Elias, Scotson 1990: 248) oder sogar als 'Übergang eines Individuums oder einer Gruppe von einer Gesellschaft zur anderen' (Eisenstadt 1954: 1). Die Bandbreite zwischen einer (klein)räumlichen Ortsveränderung bis zum Wechsel gesellschaftlicher Zugehörigkeit ist enorm. Allen Definitionen unterliegt allerdings ein Element des räumlich-geographischen Wechsels, wobei meist auch Aspekte der Dauerhaftigkeit betont werden (um kurzfristige räumliche Bewegungen wie touristisches Reisen, berufliches Pendeln und sportliches Wandern auszuschließen).

Die gesellschaftliche, wirtschaftliche, kulturelle und demographische Bedeutung von Wanderungsbewegungen ist unbestreitbar enorm. *„Man übertreibt sicher nicht, wenn man behauptet, die Geschichte der Menschheit sei auch eine Geschichte der Wanderungen."* (Hoffmann-Nowotny 1988b: 21). Umso erstaunlicher erscheint, dass selbst die Migrationsforschung lange Zeit implizit oder explizit von der Grundannahme ausging, der Mensch sei ein prinzipiell sesshaftes Wesen. Damit wird Migration - und nicht das Verbleiben am gleichen Ort - erklärungsbedürftig. Daniel Kubat und Hans-Joachim Hoffmann-Nowotny (1981) stellen dieses 'Metaparadigma der Sesshaftigkeit' grundsätzlich in Frage: „In Umkehrung des klassischen Metaparadigma von Migration nehmen wir an, dass der Mensch von Natur aus mobil ist." (312). Es wäre verführerisch, diesen Gedanken weiter zu verfolgen und anstelle einer Thematisierung von Migration eine 'Theorie der Sesshaftigkeit' zu formulieren. Dies ist im Rahmen des folgenden Kapitels nicht möglich, aber Vorstellungen vom 'Ausnahmecharakter' von Wanderungsbewegungen müssen jederzeit hinterfragt werden.

4.2 Formen von Wanderungsbewegungen

Zur Unterscheidung und Konkretisierung verschiedener Formen von Wanderungsbewegungen wurden diverse Typologien vorgeschlagen und entwickelt. Dabei stehen primär vier Unterscheidungskriterien im Zentrum:

a) räumliche Kriterien: Unterscheidungskriterium ist in diesem Fall die geographische Distanz der Wanderungsbewegung. So lässt sich etwa ein kleinräumlicher Wohnungswechsel von einer großräumigen Auswanderung unterschieden. Häufig wird zwischen intrakommunaler, interregionaler und internationaler Wanderung unterschieden, da die vorhandenen statistischen Migrationsdaten meist auf politischen Grenzziehungen basieren (ein Punkt, der bei der Unterscheidung von intranationaler und internationaler Migration besonders deutlich wird). Nationale Grenzziehungen wirken insofern auf Wanderungen zurück, als innerhalb eines Landes das Prinzip der Niederlassungsfreiheit vorherrscht, wogegen internationale Wanderungsbewegungen heute vielfach starken politischen Regelungen und Kontrollen unterworfen sind. Soziologisch sind räumliche Kriterien insofern bedeutsam, als Wanderungsdistanz, Wanderungsformen und Wanderungsmotive im allgemeinen wechselseitig assoziiert sind. Ein kleinräumlicher Wohnungs- oder Wohnortswechsel ist oft mit Faktoren des Wohnungsmarktes sowie mit Aspekten des Lebenszyklus verbunden (z.B. Wegzug aus dem Elternhaus, Zusammenziehen mit PartnerIn, Wohnwechsel nach Familiengründung usw.). Großräumige Migrationsbewegungen sind hingegen eher mit wirtschaftlichen Faktoren verknüpft, wie etwa mit Unterschieden in Einkommens- und Arbeitsmarktchancen zwischen Regionen oder Nationen.

b) zeitliche Kriterien: Diesbezüglich wird zwischen temporärer Wanderung (z.B. Saisonarbeit, Ausbildungsjahre im Ausland, kurzfristige Flucht aus Kriegsgebieten) und permanenter Wanderung (z.B. endgültige Auswanderung in ein anderes Land) unterschieden. Die Dauerhaftigkeit einer Wanderungsbewegung lässt sich allerdings nur retrospektiv erfassen, weil selbst langfristig angelegte Auswanderungspläne eine Rückkehr nicht ausschließen bzw. als temporär geplante Wanderungen sich nicht selten als dauerhaft erweisen. Das zeitliche Kriterium ist zumindest für die Analyse aktueller Migrationsbewegungen ohne große Aussagekraft.

c) soziale Kriterien: Unterschieden wird zwischen der Migration von Einzelpersonen (Individualwanderung), von Familien, ganzer Sippschaften oder sogar ganzer Volksgruppen (Massenwanderungen). Auch diesbezüglich sind die Übergänge fließend. Obwohl die Arbeitskräfte-Migration meist als Individualwanderung definiert und wahrgenommen wird, handelt es sich faktisch häufig um kollektiv geprägte Migrationsbewegungen; sei es, dass familial-verwandtschaftliche Strukturen die Wanderungsentscheide beeinflussen; sei es, dass sich aus Einzelwanderungen nach und nach eine Massenauswanderung ergibt. Die Fixierung eines Großteils der traditionellen Migrationsforschung auf (männliche) Arbeitskräfte hat unter anderem dazu geführt, dass Lage und Probleme von Migrantinnen (als Angehörige oder als eigenständige Arbeitskräfte) lange Zeit vernachlässigt blieben (vgl. Simon 1986).

d) Wanderungsgründe: Angesprochen werden Motive bzw. Gründe einer Migration. Eine klassische Unterscheidung ist etwa die Unterscheidung zwischen freiwilliger und unfreiwilliger Wanderung. Zwar gibt es eine Reihe von Migrationsformen, die eindeutig erzwungen sind (wie Versklavung und Vertreibung), aber die Unterscheidung 'freiwillig-unfreiwillig' ist bei vielen Migrationsformen fließend und politisch-moralischen Wertsetzungen unterworfen. So ist etwa die 'Freiwilligkeit' der Auswanderung von Arbeitskräften umstritten, wenn hohe Arbeitslosigkeit im Ursprungskontext die Wahlmöglichkeiten von vornherein einschränkt.

Insgesamt betrachtet vermitteln die verschiedenen Migrationskriterien wenig Anregungen zur theoretischen Erklärung von Migrationsprozessen. In einigen stärker theoretisch ausgerichteten Typologien wurden deshalb gezielt wichtige gesellschaftliche Rahmenbedingungen und Aspekte sozialer Mobilität einbezogen. Am bekanntesten ist diesbezüglich die Typologie von William Petersen

(1958, 1975). Er unterscheidet einerseits zwischen vier gesellschaftlichen Ausgangsfaktoren von Migration und andererseits zwischen konservativer und innovativer Migration (vgl. Tabelle 9).

Tabelle 9:
Eine allgemeine Typologie von Migrationsformen nach William Petersen

Typ der Interaktion:	Migrations-Faktoren:	Klassifikation der Migration:	Typ von Migration Konservativ	Innovativ
Natur und Menschen	Ökologische Push-Faktoren	'Primitive' Migration	Nomadische Wanderung	Land-Flucht, Auswanderung
Staat und Menschen	Migrations-Politiken	Unfreiwillige, zwangsweise Migration	Flucht, Vertreibung	Kuli-Handel, (Sklaven-Handel) (?)
Menschen und ihre Normen	Wunsch nach Aufstieg 'Aspirationen'	Freiwillige, freie Migration	Gruppen-wanderung	Migration von 'Pionieren', freie Arbeitsk.
Kollektives Verhalten	Sozialer Impuls (social momentum)	Massen-wanderung	Neu-Ansiedlung	Urbanisierung

Quelle: Petersen 1958, 1975, vgl. auch: Krishnan, Odynak 1987.

Nun ist die Klassifizierung einer bestimmten Migrationsform als innovativ und konservativ teilweise fragwürdig. So lässt sich kritisieren, dass Petersen den Sklavenhandel zu den 'innovativen Migrationsformen' zählt. Aus diesem Grund haben Krishan und Odynak (1987) diese Typologie modifiziert, und anstelle der Unterscheidung 'konservativ' und 'innovativ' stärker Aspekte sozialer Mobilität (aufwärtsmobil, stationär und abwärtsmobil) berücksichtigt. Alle Typologien vermitteln allerdings höchstens einen groben Hinweis auf die Vielfalt an Migrationsformen.

Aus empirischer wie theoretischer Sicht ist die Brauchbarkeit von Typologien umstritten. Es ist jedoch unbestritten, dass sich die Formen menschlicher Migrationsbewegungen im Verlaufe der gesellschaftlichen Entwicklungen (und Rückentwicklungen) enorm gewandelt haben. Ebenso wie andere Formen sozialer Mobilität ist auch die geographische Mobilität historischen Wandlungen unterworfen.

4.3 Weltgeschichtlich bedeutsame Wanderungsbewegungen - ein Abriss

Im Gegensatz zu anderen Lebewesen sind die Menschen eigentliche 'Globalwanderer' bzw. 'unspezifische Migranten'. Anders als viele Tiere, wie Wandervögel, Aale, Raubtiere usw., folgen die Menschen in ihren Wanderungen keinen biologisch festgelegten Pfaden. Als Gattung, die sich ganz verschiedenen ökologischen Nischen anzupassen vermochte, haben sich die Menschen in biologisch gesehen extrem kurzer Zeit von rund 50'000 Jahren auf allen Kontinenten, mit Ausnahme der Antarktis, niedergelassen. Um 8000 vor Christus war die globale Besiedlung der Erde - mit Ausnahme einiger Inselgruppen - durch wandernde Gruppen jagender und sammelnder Menschen abgeschlossen. In einigen Gebieten erzwang die Zunahme der Bevölkerungsdichte eine erste Änderung der Lebensweise: vom nomadischen Jagen und Sammeln zu einer halbnomadischen Brandrodung, wie sie teilweise heute noch zu finden ist. Um 4000 vor Christus wurden die ersten Küstensegler entwickelt, mit der Folge, dass auch die Inselwelt besiedelt wurde, zuerst die Inseln im Mittelmeer, später die pazifische Inselwelt (vgl. McNeill 1987).

Mit der Bewirtschaftung domestizierter Tiere entstand allmählich ein pastorales Nomadentum, das sich insbesondere in den eurasischen Steppengebieten rasch ausbreitete. Im 4. Jahrtausend vor Christus entwickelte sich in den fruchtbaren Schwemmgebieten Asiens erstmals eine Lebenskultur der Sesshaftigkeit, mit intensiver Landwirtschaft und festen Siedlungen. Der 'immobile Mensch' war geboren. Bald entstanden erste Städte, begleitet von einer zunehmenden funktionalen und hierarchischen Gliederung der Gesellschaft. Die Entstehung der Städte führte zu einem neuen Typus von Wanderungen; der Land-Stadt-Wanderung. Demographisch gesehen waren die vorindustriellen Städte aufgrund hoher Sterblichkeitsraten oft eigentliche „Schwarze Löcher", und sie waren auf ein Hinterland potentieller ImmigrantInnen angewiesen. Falls die Leute nicht freiwillig einwanderten, wurden sie auch geraubt. So bestanden die altgriechischen und altrömischen Städte in ihrer Mehrheit aus Sklaven und Sklavinnen.

Parallel zu Städtegründungen wurden immer wieder neue Gebiete urbar gemacht oder - nach Epidemien und Kriegszügen - neu besiedelt. Die historischen Wanderungsbewegungen verliefen somit in zwei entgegengesetzte Richtungen, von den Zentren in die Peripherie und von der Peripherie in die Zentren. „Historisch lässt sich in zivilisatorischen Systemen eine grundlegende menschliche Zirkulation beobachten, die auf der einen Seite sporadisch einige Familien in Richtung Peripherie führt, wo neue Gebiete kultiviert werden. Auf der Gegenseite ergibt sich eine mehr kontinuierliche Bewegung in Richtung städtischer Zentren, die zur Erhaltung ihrer Größe und ihrer Arbeitskraft auf eine Rekrutierung von Menschen aus ihrem Hinterland angewiesen sind." (McNeill 1987: 22).

Im folgenden sollen vier Wanderungsbewegungen kurz skizziert werden, die weltgeschichtlich und gesellschaftlich von besonderer Bedeutung waren bzw. sind. Es handelt sich um nomadische Raub- und Kriegszüge, überseeische Auswanderungsströme, Land-Stadt-Wanderungen, Fluchtbewegungen und Arbeitskräfte-Migration.

4.3.1 Gegensatz von nomadischer und sesshafter Lebensweise

Der Gegensatz von nomadischen oder semi-nomadischen Gruppen und sesshaften Bevölkerungsgruppen hat die Weltgeschichte bis in die Neuzeit grundlegend geprägt. Immer wieder kam es zur Eroberung, Vernichtung, Vertreibung oder Überschichtung sesshafter Bevölkerungsteile durch Nomadenstämme bzw. Steppenvölker. Die Sumerer wurden durch Semiter vertrieben, die indogermanischen Völker besetzten Indien und Griechenland, die Hunnen bedrohten die Goten und initierten die Völkerwanderungen, welche mit zum Untergang des weströmischen Reichs beitrugen. Später, in historisch neuerer Zeit, zerstörten die Tartaren das Reich von Kiew, die islamisierten Krieger- und Händlernomaden Arabiens eroberten den Vorderen Orient und Nordafrika. Die Mongolen unterwarfen sich China, und turkmenische Reitervölker bezwangen Byzanz. Auch Afrika wurde (und wird teilweise bis heute) durch den Gegensatz zwischen sesshaften Bauern und zumindest semi-nomadisch lebenden Viehzüchter geprägt. Die Ausbreitung der Bantu, der Tutsi oder später der Zulu verlief entlang dieser Konfliktlinie, und nomadische Raubzüge trugen im 15. Jahrhundert zur Zerstörung des christlichen Königreichs des Kongo bei.

Die nomadischen Völker der Peripherie waren immer wieder stark genug, um hochstehende städtische Zivilisationen zu erobern und zu zerstören, da sie aufgrund ihrer Beweglichkeit militärisch im Vorteil waren. Der Anlass zur militärischen Mobilisierung und Expansion vormals zersplitterter Steppenvölker war vielfach eine demographisch bedingte Überbevölkerung der Steppengebiete. Nomadische Völker haben die gesellschaftliche Entwicklung weiter Gebiete Asiens, Afrikas und Osteuropas lange Zeit in bedeutsamer Weise geprägt. Einerseits trugen sie zur Zerstörung urbaner Zivilisationen bei, wodurch verschiedene gesellschaftliche und kulturelle Entwicklungen für lange Zeit oder für immer unterbrochen wurden. Andererseits führten die Kriegs- und Eroberungszüge von Steppenvölker zeitweise zur raschen Ausbreitung neuer militärischer Technologien und kultureller Innovationen. Beispielsweise konnte die neue Religion des Islams dank kriegerischen Eroberungszüge nomadisch geprägter arabischer Stämme im 7. Jahrhundert rasch expandieren, später wurde die islamische Hochkultur (und islamische Aufklärung) des Orients im 13. Jahrhundert ihrerseits durch die Eroberungszüge mongolischer Steppenvölker vernichtet. Nomadische Expansionen haben auch zur kontinentalen Ausbreitung von Epidemien beigetragen. So schwächten die von den Hunnen verbreiteten Epidemien im 2. Jahrhundert gleichermaßen das Römische Reich und die chinesische Han-Kultur. Im 14. Jahrhundert - als indirekte Folge mongolischer Eroberungen - verbreitete sich die Beulenpest (der 'Schwarze Tod') sowohl in China, Indien, Kleinasien als auch - nach 1347 - in Europa, wodurch die mittelalterliche Gesellschaft Europas in ihren Grundfesten erschüttert wurde (Tuchman 1978, Ziegler 1969).

Die gesellschaftliche Entwicklung mancher Gebiete wurde somit durch wiederkehrende Invasionen nomadischer Völker unterbrochen. Vom direkten Konflikt zwischen nomadischen Völkern und sesshaften Bauern weitgehend verschont blieben einerseits Mittel- und Lateinamerika (da Reittiere vor der europäischen Invasion unbekannt waren) und andererseits Japan und Westeuropa. Abgesehen von kurzfristigen Einfällen (z.B. der Hunnen) war Westeuropa von den eurasischen Steppengebieten zu weit entfernt, um wiederkehrenden nomadischen Invasionen zum Opfer zu fallen. Dasselbe gilt auch für Japan (wo ein mongolischer Invasionsversuch kläglich scheiterte). *Das Fehlen nomadischer Invasionen und Zerstörungen war wahrscheinlich ein wesentlicher Faktor, weshalb sich in Westeuropa - von äußeren Bedrohungen relativ ungestört - autonome städtische Bürgerschichten zu etablieren vermochten.* Die einzige Analogie zu kriegerischen Steppennomaden in Westeuropa waren zeitweise die nordischen Seefahrervölker (Wikinger, Normannen) sowie einige semi-nomadisch lebende Hirtenvölker. Vor allem die schweizerischen Eidgenossen betrieben jahrhundertelang eine lukrative Krieger-Emigration (Soldwesen) (wobei das Prinzip der 'Neutralität' erfunden wurde, um sich gleichzeitig beiden Kriegsparteien anzudienen).

Erst ab dem 16. Jahrhundert begann sich das jahrtausendalte Muster nomadisch geprägter Bevölkerungswanderungen und Raubzüge allmählich abzuschwächen. Vor allem die Entdeckung und Ausbreitung der Feuerwaffen - womit die Verteidiger grundsätzlich stärker wurden als die Angreifer - veränderte das militärische Gleichgewicht immer mehr zu Ungunsten nomadischer Angreifer. Der letzte erfolgreiche Eroberungszug von Steppenvölker war die Eroberung Chinas durch die Mandschu nach 1644, die als kleine Machtelite bis zu Beginn des 20. Jahrhunderts zu regieren vermochten. Russland, lange Zeit den Tartaren unterworfen, unterwarf sich ab dem 17. Jahrhundert allmählich alle Steppenvölker östlich und südlich des Ural; ein Eroberungszug, der von einer enormen Siedlungsauswanderung begleitet wurde. Dazu wurden im 18. Jahrhundert gezielt Bauern und Handwerker aus Deutschland angeworben und angesiedelt (Wolga-Deutsche u.a.). Die allmähliche Kolonialisierung der östlichen Steppengebiete durch das Russische Reich schränkte die Steppennomaden immer stärker ein. Auch in anderen Regionen Asiens trat an Stelle eines Machtwechsels zwischen nomadischen und sesshaften Völkergruppen die eindeutige Vorherrschaft der Sesshaften. Nomadisierende Bevölkerungsgruppen - wie etwa die Zigeuner - wurden ab dem 19. Jahrhundert zunehmend marginalisiert. Nomadische und semi-nomadische Lebensformen - früher von weltgeschichtlicher Bedeutung - sind weitgehend Erinnerung geblieben; eine Lebensform, die in teilweise verkitschter Form höchstens die post-moderne Freizeitkultur belebt (Zigeuner- und Viehzüchter ('Cowboy')-Romantik, Freizeitnomaden mit Rucksack und Zelt usw.).

4.3.2 Überseeische Auswanderung

Während das russische Reich nach und nach die östlichen Steppen- und Waldgebiete unterwarf und besiedelte, unterwarfen die süd- und westeuropäischen Mächte den amerikanischen Kontinent (vgl. Bitterli 1986). *Die europäische Er-*

oberung und Besiedlung Amerikas wurde durch mitgebrachte Epidemien begünstigt, welche die ursprüngliche Bevölkerung der Karibik, Mittel- und Südamerikas dezimierten oder vernichteten. Von Europa eingeschleppte Krankheiten (wie Pocken, Masern, Tuberkulose u.a.), denen die einheimische Bevölkerung schutzlos ausgeliefert waren, kosteten schon in den ersten Jahren der spanischen Eroberungen Millionen von Amerikaindianern das Leben (vgl. Denevan 1992). „Da sie die Transportwege kontrollierten, waren einzig die Europäer in der Lage, die Chancen dieser demographischen Katastrophe auszunutzen." (McNeill 1987: 34). Form und Art der Auswanderung in die 'Neue Welt' variierten je nach den kolonialen Verhältnissen. Während die nordamerikanischen Kolonien religiösen Minderheiten Schutz boten, wurde die Emigration in die spanischen Kolonien Mittel- und Lateinamerikas streng kontrolliert, und spanische Auswanderer benötigten eine Lizenz (vgl. Altman 1995: 28f.). Die wirtschaftliche Nutzung weiter Teile Amerikas beruhte lange Zeit weitgehend auf dem Sklavenhandel. Zwischen dem 17. und 18. Jahrhundert wurden ungefähr 8 Mio. Schwarze als Sklaven nach Amerika geschleppt, um in den Zucker- und Tabakplantagen der Karibik sowie später in den Baumwollfeldern der amerikanischen Südstaaten zu arbeiten. „Der Sklavenhandel war einer der größten Migrationsbewegungen von Arbeitskräften in der menschlichen Geschichte. Heute stammen schätzungsweise rund 40 Millionen Menschen in Amerika und der Karibik von diesen Sklaven ab." (Stalker 1994: 11).

Aber auch die europäische Auswanderung nach Übersee war von einmaliger Größenordnung, und sie erlaubte Europa einen wesentlichen Teil des damaligen Geburtenüberschusses zu 'exportieren': „Während der letzten drei Jahrhunderte wurde das natürliche Bevölkerungswachstum teilweise durch internationale Auswanderung abgeschöpft. Mehr als 60 Mio. Menschen haben Europa für Australien, Kanada, die USA und Neuseeland verlassen. Während ihres Höhepunkts, 1881-1910, belief sich die Auswanderung aus Europa auf rund 20% des natürlichen Bevölkerungswachstums." (Razin, Sadka 1995: 9). Historisch war dies für Europa eine einmalige Chance, riesige Flächen an gut kultivierbarem Land in entvölkerten Gebieten zu besiedeln. Allerdings gelang die koloniale Auswanderung langfristig nur in den mittleren Breitengraden, da in den tropischen Gebieten die Europäer tropischen Krankheiten (z.B. Malaria, Gelbfieber) unterlagen. Mit Ausnahme des Südens konnte Schwarzafrika deshalb - trotz entsprechender kolonialer Pläne - von den Weißen nicht permanent kolonialisiert werden.[4]

Zu einer Massenauswanderung aus Europa kam es allerdings erst im 19. Jahrhundert, und dies primär aus zwei Gründen:

Einerseits wurde die überseeische Auswanderung bis zu Beginn des 19. Jahrhunderts durch die schlechten Verkehrsverbindungen und unsicheren Trans-

---

[4] Wie in H.G.Wells Roman 'Krieg der Welten' wurden die Eroberer in Afrika schlussendlich durch die kleinsten Lebenswesen (Bakterien, Viren) in Schach gehalten.

portmöglichkeiten behindert. Dies änderte sich erst mit dem Ausbau des Verkehrsnetzes und der Einführung regelmäßiger Schifffahrtslinien über den Atlantik. Vor allem ab Mitte des 19. Jahrhunderts entwickelte sich die überseeische Auswanderung zum gezielt geförderten und durch Auswanderungsagenturen organisierten Massenphänomen.

Zweitens befanden sich weite Teile Europas im 19. Jahrhundert in jener Phase des demographischen Übergangs (abnehmende Sterblichkeit bei noch hohem Geburtenniveau), die zu raschem Bevölkerungswachstum führt. Dies erhöhte den Wanderungsdruck. Allerdings waren auch damals die Motive zur Auswanderung sehr unterschiedlich. Wirtschaftliche Gründe waren sicherlich von entscheidender Bedeutung, aber es wäre verfehlt, die damalige überseeische Auswanderung allein als direkte Folge von 'Armut' zu erklären. Abenteuerlust, sowie der Wunsch, den sozialen, religiösen oder politischen Einschränkungen des 'Alten Kontinents' zu entkommen, spielten ebenso eine Rolle wie die gezielte Anwerbung und Organisation der Auswanderung im Rahmen der kolonialen Expansion. Die überseeische Auswanderung ist zudem auch als Teil des Prozesses der industriellen Entwicklung und der damit verbundenen weltweiten Verflechtungen anzusehen. Deshalb lässt sich zwischen dem Beginn der industriellen Entwicklung und dem Beginn der massenhaften Überseeauswanderung für verschiedene europäische Regionen eine hohe Korrelation festhalten (vgl. Massey 1988). Im Verlaufe des 19. Jahrhunderts wandelte sich die ursprünglich agrarisch orientierte Siedlungsauswanderung deshalb immer mehr zu einer industriellen Arbeitskräftemigration. Dies schloss eine kräftige Rückwanderungsbewegung mit ein, und von den in die USA eingewanderten EuropäerInnen kehrten schätzungsweise gut 16% wieder nach Europa zurück (vgl. Easterlin 1985: 25).

Zwischen 1846 und 1890 verliessen 17 Mio. Menschen Europa in Richtung Übersee, davon stammten rund 8 Mio. von den englischen Inseln. Im Jahrzehnt nach der Hungerkatastrophe von 1847 wanderten 2 Mio. Iren aus, wodurch sich die Bevölkerung Irlands (vor der Hungersnot: 8.25 Mio.) um nahezu die Hälfte reduzierte (Scally 1995). Massiv war auch die Auswanderung aus Deutschland, das bis 1870 in viele Kleinstaaten zersplittert blieb. Zwischen 1846 und 1890 wanderten rund 3.5 Mio. Deutsche nach Übersee aus (Nugent 1995: 104ff.). Von 1891 bis 1920 verliessen weitere 27 Mio. Menschen den 'alten Kontinent', diesmal primär Menschen aus Süd- und Osteuropa, wogegen sich die Überseeauswanderung aus Deutschland nach 1890 deutlich verringerte.

Der größte Teil der auswandernden Frauen und Männer reisten in die sich rasch entwickelnde neue Industrie- und Kapitalmacht, den USA, aus. In der Periode 1846 bis 1890 gingen über 70% der europäischen Überseeauswanderer nach den USA, 1891 bis 1910 waren es immerhin noch rund 58%. Entsprechend hoch war der Anteil der Immigration am damaligen Bevölkerungswachstum. 1830 bis 1880 erfolgte über ein Viertel des Bevölkerungswachstums der USA über Immigration; eine Ziffer, die gegen Ende des 19. Jahrhunderts zeitweise sogar auf über 40% anstieg (vgl. Körner 1990). Andere wichtige Immigrationsländer im späten 19. Jahrhundert und frühen 20. Jahrhundert waren Kanada, Argentinien, Brasilien, Australien/Neuseeland und Südafrika.

Von den schätzungsweise 59 Mio. Menschen, die zwischen 1846 und 1939 Europa verliessen, gingen 38 Mio. in die USA, je 7 Mio. nach Kanada und Argentinien, 4.6 Mio. nach Brasilien. Je 2.5 Mio. Menschen wanderten nach Südafrika und Australien oder Neuseeland aus (Stalker 1994: 14ff.).

Die Folgen dieser europäischen Auswanderung waren weltgeschichtlich, aber auch für die Entwicklung europäischer Länder zu modernen und demokratischen Gesellschaften enorm. Nicht nur entstanden auf anderen Kontinenten europäisch geprägte Gesellschaften, sondern durch die Auswanderung wurden gesellschaftliche Individualisierung, wirtschaftlicher Liberalismus und politische Demokratie - als drei Grundelemente moderner entwickelter Gesellschaften - in entscheidenden Phasen der menschlichen Entwicklung vorangetrieben. Namentlich mit den USA entstand eine neue Weltmacht, die Europa im 20. Jahrhundert mehr als einmal vor diktatorischen Herrschaftsansprüchen rettete.

In den 1920er und 1930er Jahren reduzierte sich die europäische Einwanderung nach Amerika als Folge restriktiver Einwanderungspolitiken. Schon 1921 führten die USA erstmals nationale Quoten für die europäische Einwanderung ein, und in den Krisenjahren der 1930er Jahre wurde die Einwanderung weiter eingeschränkt. Erst in der Nachkriegszeit verstärkte sich die Einwanderung in die USA und anderen Ländern (Australien, Neuseeland, Kanada) erneut, allerdings verlagerte sich die Einwanderung immer mehr auf außereuropäische Gruppen. Asien und Lateinamerika wurden zur Hauptquellen von Immigranten in die USA, womit sich der multi-ethnische Charakter weiter Teile der USA zusätzlich verstärkte.

In den Nachkriegsjahrzehnten wurde auch Europa vermehrt zum Ziel 'überseeischer Auswanderer'. Erstens kehrten im Rahmen der Ent-Kolonialisierung viele europäische Auswandererfamilien in ihr ursprüngliches Herkunftsland zurück (z.B. Rückkehr von Franzosen aus Algerien, Briten aus afrikanischen und asiatischen Kolonien, Portugiesen aus Angola und Mozambique usw.). Zweitens reisten vermehrt afrikanische, lateinamerikanische und asiatische Menschen in die Länder ihrer ehemaligen Kolonialherren ein (z.B. Vietnamesen nach Frankreich; Pakistani, Inder usw. nach Großbritannien, Molukken und Surinamer nach den Niederlanden usw.) (vgl. Cohen 1995). Die europäischen Kolonialmächte verloren zwar ihre Kolonialreiche, aber durch diese Einwanderung behielten zumindest ihre Hauptstädte einen globalen und multi-ethnischen Charakter. Auch inskünftig ist mit einem stetigen 'überseeischen' Migrationsdruck nach Europa zu rechnen.

4.3.3 Land-Stadt-Wanderungen und Prozesse der Urbanisierung

Urbanisierung (Verstädterung) ist ein zentraler gesellschaftlicher Prozess der letzten hundertfünfzig Jahren; ein Prozess, der immer stärker globalen Charakter angenommen hat. Demographisch sind Urbanisierungsprozesse aus zwei Gründen bedeutsam: Erstens wird dadurch die räumliche Verteilung der Bevölkerung verändert, und zweitens war und ist das Wachstum von Städten bzw. Metropolen auch das Resultat einer säkularen Wanderungsbewegung, nämlich der Land-Stadt-Wanderung von Menschen. Zuwanderung bestimmt heute ungefähr 40% des urbanen Wachstums von Dritt-Welt-Metropolen, die übrigen 60% sind internes Bevölkerungswachstum. Das Verhältnis von Zuwanderung und natürlichem Wachstum variiert allerdings je nach Metropole und betrachteter Zeitperiode.

In Europa und Nordamerika leben je nach Land heute zwischen 60-80% der Bevölkerung in als urban definierten Gebieten, wobei die Definition einer Stadt national variiert. Auch in Südamerika leben rund 70-75% der Einwohner in urbanen Regionen. Weniger urbanisiert sind (noch) weite Teile Asiens (ohne Japan) und Afrikas, wobei auch in diesen Regionen ein rasch ansteigender Urbanitätsgrad zu erwarten ist (United Nations 1993). *Einer der wesentlichen sozio-demographischen Wandlungsprozesse der letzten Jahrzehnte ist das enorme Anwachsen der Städte in Ländern der sogenannten 'Dritten Welt'. Dabei entstanden innerhalb historisch kurzer Zeit riesige urbane Agglomerationen,* mit allen damit verbundenen sozialen Konsequenzen, wie Entstehung riesiger Slums, Zusammenbruch von Verkehr und Infrastruktur. „Heute ist das Wachstum von Städten aus jeder Sicht dramatisch, ob an der Kopfzahl, Größe oder Wachstumsrate gemessen. Während der Verstädterungsprozess in den Industrieländern stagniert, hat die Verstädterung vor allem in den Entwicklungsländern immense Dimensionen angenommen, mit Raten, die zu hoch sind, um ein geordnetes Städtewachstum zu ermöglichen. Es wird erwartet, dass dieser Prozess in den nächsten Jahrzehnten weitergehen wird. Im Jahre 2025 werden 5.2 Milliarden Menschen in Städten leben, davon 4 Milliarden in Entwicklungsländern. Dies bedeutet, dass 3/5 der Weltbevölkerung zu diesem Zeitpunkt in Städten leben wird. Sowohl die absolute Größe wie die Kürze der Zeit, in der diese Entwicklung vor sich gehen wird, sind überwältigend und von gravierender Bedeutung sowohl für die soziale wie die physische Umwelt." (Cube 1995: 42).

In Tabelle 10 sind die 15 größten Metropolen bzw. Agglomerationen der Welt für die Jahre 1950, 1994 und 2015 aufgeführt. Aufschlussreich ist nicht allein das enorme Größenwachstum von Agglomerationen, sondern auch die Verschiebung in der geographischen Verteilung: 1950 befanden sich noch vier europäische Metropolen unter den 15 größten urbanen Ballungsräumen (bzw. fünf, wenn das Rhein-Ruhr-Gebiet mit damals 6.9 Mio. Einwohnern als urbane Einheit angesehen wird). 1994 ist hingegen keine europäische Stadt mehr aufgeführt, an ihre Stelle traten lateinamerikanische, asiatische und afrikanische Mega-Städte.

Tabelle 10
Mega-Städte: Die 15 größten Agglomerationen 1950, 1994 und 2015
Bevölkerung in Mio.

1950		1994		2015	
Agglomeration:		Agglomeration:		Agglomeration	
New York	12.3	Tokio	26.5	Tokio	28.7
London	8.7	New York	16.3	Mumbai*	27.4
Tokio	6.7	Sao Paulo	16.1	Lagos	24.4
Paris	5.4	Mexiko-Stadt	15.5	Shanghai	23.4
Shanghai	5.3	Shanghai	14.7	Jakarta	21.2
Buenos Aires	5.0	Mumbai*	14.5	Sao Paulo	20.8
Chicago	4.9	Los Angeles	12.2	Karachi	20.6
Moskau	4.8	Peking	12.0	Peking	19.4
Kalkutta	4.4	Kalkutta	11.5	Dhaka	19.0
Los Angeles	4.0	Seoul	11.5	Mexiko-Stadt	18.8
Peking	3.9	Jakarta	11.0	New York	17.6
Osaka	3.8	Buenos Aires	10.9	Kalkutta	17.6
Mailand	3.6	Osaka	10.6	Delhi	17.6
Mexiko-Stadt	3.1	Tientsin	10.4	Tientsin	17.0
Philadelphia	2.9	Rio de Janeiro	9.8	Metro Manila	14.7

2015 gemäss UN-Bevölkerungprojektionen
*bis 1995/96 Bombay.

Quelle:
1950: United Nations, 1980; 1994 und 2015: United Nations, 1995.

Zu beachten: Definitionen von Städten bzw. urbanen Räumen variieren, und die räumliche Abgrenzung städtischer Regionen folgt vielfach politisch-administrativen Kriterien (und weniger sozio-demographischen Gesichtspunkten).

Im folgenden soll kurz auf die Entwicklung urbaner Regionen eingegangen werden. Dabei werden - sehr schematisch - vier Phasen der Stadtentwicklung unterschieden:

a) Vor-industrielle Städte,
b) Industrialisierung und Verstädterung,
c) Post-industrielle Stadt-Entwicklungen: Agglomerisierung und Suburbanisierung,
d) Dritte Welt: Urbanisierung ohne sozio-ökonomische Entwicklung?

Vorindustrielle Städte
Die ersten Städte waren hauptsächlich Macht-, Kultur- und Handelszentren. Wirtschaftlich lebten die vorindustriellen Städte (und ihre Machteliten) weitgehend von der Ausbeutung der landwirtschaftlichen und gewerblichen Produktion ihres Umlandes. Manche vorindustrielle Machtzentren - namentlich in Asien und Nordafrika - waren am Machterhalt einer bestimmten Dynastie gebunden, und beim Sturz einer Dynastie wurde nicht selten eine neue Hauptstadt gegrün-

det. Als Zentrum von Verwaltung und Macht waren vorindustrielle Hauptstädte auch das kulturelle Zentrum eines Landes. Die Zentralisierung und Monopolisierung von Macht und Kultur eines Landes widerspiegelten sich in der Macht der jeweiligen Metropole. Umland und andere Städte waren der Hauptstadt untergeordnet. Insofern Städte dem Herrschaftswillen der jeweiligen aristokratischen Machtelite unterworfen waren, besassen sie meist nur eine geringe soziopolitische Eigenständigkeit. Vorindustrielle Städte waren häufig 'instrumentelle Zentren'; ein Muster, das vor allem in asiatischen Kulturen dominierte.

In der griechisch-römischen Kultur, und später im europäischen Abendland entwickelte sich allerdings eine vollständig andere Stadtkultur: die Stadt (Polis), mit ihren Bürgern, war ein aktives soziales und politisches System. Solche Städte genossen eine weitgehende Selbständigkeit, und zwar in wirtschaftlicher, kultureller und politischer Hinsicht. Griechische Stadtrepubliken, der römische Stadtstaat und später die 'Freien Städte' des Mittelalters in Deutschland oder die Stadtrepubliken Italiens waren eigenständige Machtzentren. Sie waren gegenüber Königen oder dem Adel weitgehend autonom. In solchen Städterepubliken konnte sich das gewerblich-kaufmännische Bürgertum gegenüber dem Adel wirtschaftlich und teilweise auch politisch durchsetzen (auch wenn Teile der bürgerlichen Machteliten anschließend selbst aristokratische Züge übernahmen). Selbst in europäischen Ländern mit zentraler Machtstruktur und starker Aristokratie (z.B. England, Frankreich) blieben die Städte weitgehend eigenständige und bürgerlich geprägte Wirtschaftszentren (die ihre wirtschaftliche Macht häufig gezielt einsetzten, um verschiedene Fraktionen der Aristokratie gegenseitig auszuspielen und so zu schwächen).

Die Bedeutung dieser europäischen Form autonomer Städte und Stadtrepubliken für die Entwicklung und den Aufstieg des Bürgertums kann nicht genug betont werden. Ohne freie Städte wären weder Reformation und Aufklärung noch die Ablösung feudaler Verhältnisse durch liberal-demographische Strukturen möglich gewesen. *Der Grund, weshalb sich wirtschaftlicher Liberalismus, wissenschaftlich-technisches Denken und industrielle Revolution zuerst in Europa und Nordamerika erfolgreich durchzusetzen vermochten, war die Existenz eines selbstbewussten, städtisch geprägten Bürgertums,* wie es in außereuropäischen Kulturen und Reichen kaum oder nur in rudimentärer Form (z.B. als wohlhabende Handelsleute in arabischen Städten) bestand.

Allerdings lebte bis ins 19. Jahrhundert nur eine geringe Minderheit der Weltbevölkerung in Städten, und 1900 wohnten weltweit erst 5% der Menschen in als Städte definierten Gebieten. In Europa besassen einzig Italien, Niederlanden und England einen relativ hohen Anteil städtischer Bevölkerung. 1800 lebten hingegen in Deutschland rund 90% der Menschen noch in Gemeinden mit weniger als 5'000 Einwohner, und auch 1850 waren es noch 84% (vgl. Bairoch 1976).

Industrialisierung und Verstädterung
Der eigentliche demographische Aufschwung der europäischen und nordamerikanischen Städte erfolgte erst mit dem Durchbruch industrieller Produktionsweisen. So führten Neuorganisation und Mechanisierung der Landwirtschaft zur massenhaften Freisetzung landwirtschaftlicher Arbeitskräfte, die in neu entstehende industriell-städtische Ballungsräume abwanderten. In England wurde im 19. Jahrhundert beispielsweise massenweise Pachtland in Wiesen für die Schafzucht umgewandelt, den gekündigten Pächtern blieb nichts anderes übrig, als in den Industriestädten nach Arbeit nachzusuchen. In Frankreich, Deutschland und anderen europäischen Ländern wurde die Land-Stadt-Abwanderung durch wiederkehrende Krisen ländlich-gewerblicher Wirtschaftszweige und der Heimarbeit angeheizt. Technisch-industrielle Umstrukturierungen ihrerseits führten zu neuen, zentralisierten Produktionsformen. Es entstanden Fabriken, um die sich neue industrielle Ballungsräume bildeten. Viele industrielle Städte wuchsen sozusagen im Gleichschritt mit Kohlen- und Stahlproduktion. Manchester, um 1800 ein ländlich geprägtes Gebiet von 75'000 Einwohnern, umfasste 1850 schon 400'000 Personen, zumeist ungelernte Arbeitskräfte aus den umliegenden Gebieten. Noch extremer verlief die Entwicklung etwa in Chicago: 1833 war Chicago eine armselige Hüttenstadt mit 4'000 Einwohner, 1865 lebten schon 180'000 Leute in der Stadt, und bis 1872 hatte sich die Bevölkerung auf 360'000 verdoppelt, um 1900 1.8 Mio. Einwohner zu erreichen (und dies war vor Beginn der industriellen Autoproduktion). Analoge rasche Verstädterungsprozesse - begleitet durch massive Land-Stadt-Wanderungsbewegungen - als Folge der industriellen Entwicklung erfuhren auch Frankreich, Belgien und weite Teile Deutschlands (Hochstadt 1981). Industrialisierung und Urbanisierung waren sowohl in den USA als auch in vielen europäischen Ländern eng assoziiert. Die gewichtigste Ausnahme war die Schweiz, die wegen des Fehlens von Rohstoffen und einer Spezialisierung auf Qualitätsprodukte eine dezentralisierte industrielle Entwicklung bzw. eine Industrialisierung ohne Urbanisierung erlebte.

Das enorme Wachstum der industriellen Städte, aber auch die Expansion nationaler Metropolen, wie Paris, London und später Berlin, war mit einer enormen Arbeitskräftemigration begleitet. Dabei ergaben sich neben kleinräumlichen Wanderungsbewegungen auch grenzüberschreitende Migrationsbewegungen, etwa wenn polnische Arbeitskräfte im Ruhrgebiet Arbeit suchten. Diese Land-Stadt-Migration war für viele Männer und Frauen mit sozialem Aufstieg verbunden, endete für andere Menschen hingegen in Proletarisierung und Verslumung. Ein nicht unwesentlicher Teil der Land-Stadt-Migration war temporär, und die Arbeitskräfterotation industrieller Städte war zeitweise enorm. Die Industriestadt von Duisburg beispielsweise wuchs zwischen 1848 und 1904 um rund 98'000 Personen. In dieser Periode arbeiteten jedoch insgesamt rund 720'000 Menschen für längere und kürzere Zeit in Duisburg (Jackson 1982: 248). Die enormen Klassenunterschiede innerhalb der rasch wachsenden Städte widerspiegelten sich in den urbanen Siedlungsstrukturen, und die Urbanisierung war meist mit ausgeprägter räumlicher Segregation sozialer Klassen begleitet. In London etwa siedelten sich die reichen Bürgerfamilien im Westen der Stadt an, wodurch sie - da der Wind meist von Westen her bläst - von den industriellen Abgasen und dem Smog Londons geschützt blieben. Mit der Entstehung urbaner Metropolen entstanden allmählich auch neue Dienstleistungszweige, die das Entstehen neuer Mittelschichten (Angestellte, freie Berufe usw.) förderten.

Während um 1750 erst 7% der WesteuropäerInnen in Städten lebten, wohnten 1900 schon über die Hälfte der englischen Bevölkerung und ein Fünftel der französischen und deutschen Bevölkerung in Städten von über 20'000 Einwohnern (Moch 1995: 127). Im 20. Jahrhundert erhöhte sich der Urbanisierungsgrad Europas weiter. Die andere Seite der Land-Stadt-Wanderungen war eine zeitweise markante 'Entvölkerung' vieler ländlicher Regionen und Alpengebiete; eine Entwicklung, die vielfach erst mit der Ausbreitung der 'weißen Kohle' (Elektrizität) und der Entwicklung des Tourismus ein Ende fand.

Post-industrielle Stadt-Entwicklungen
Mit dem Durchbruch des Individualverkehrs erfuhren viele europäische und nordamerikanische Ballungsräume einen bedeutsamen Strukturwandel, der mit Begriffen wie „Agglomerisierung", Sub-Urbanisierung" und „Peri-Urbanisierung" umschrieben werden kann. Mit *Agglomerisierung* angesprochen wird die räumliche Ausdehnung eines urbanen Ballungsraumes in umliegende Gemeinden, die oft ihre politische Eigenständigkeit beibehalten. An Stelle einer politisch und administrativ einheitlich organisierten Stadt tritt eine Agglomeration verschiedener Gemeinden, und teilweise wachsen ganze Regionen zu einem zusammenhängenden Siedlungsgebiet zusammen. Im Rahmen urbaner Agglomerisierung ergibt sich häufig eine verstärkte Segregation von Wohn- und Geschäftsviertel. Im Kern der Agglomeration - der sogenannten City - verdrängen Büros und Geschäfte die Einwohner, die sich mehr und mehr in den Agglomerationsgebieten rund um den Stadtkern niederlassen. Die städtischen Kerngebiete verlieren nicht nur relativ an Bedeutung, sondern zeitweise sinken die Einwohnerzahlen absolut.

Wenn ein urbanes Siedlungsgebiet sich über die ursprüngliche Stadtgrenzen ausdehnt, ist dies häufig mit Prozessen der *Sub-Urbanisierung* begleitet. Angesprochen ist damit einerseits der Bau neuer Wohnsiedlungen in Agglomerationsrandgebieten und andererseits - in einer weiteren Phase - die Entstehung von Subzentren innerhalb einer Agglomeration (z.B. durch den Bau neuer Industrie-, Dienstleistungs- und Einkaufszentren außerhalb der City). In London, aber auch in Hamburg, Paris usw. wurde die Sub-Urbanisierung politisch gefördert, um die polyzentrische Struktur dieser Metropolen zu verstärken. In diesem Rahmen wird auch von einem Prozess 'dezentralisierender Zentralisierung' gesprochen (Friedrichs 1980). Im Extremfall entstehen eigentliche urbane Gürtel, die sich über Hunderte von Kilometern erstrecken; urbane Gürtel, die verschiedene traditionsreiche Städte umfassen. Ein solcher urbaner Gürtel ist etwa das Rhein-

Ruhr-Gebiet. In den USA bildet etwa die Region von Boston bis Washington ein nahezu zusammengewachsenes urbanes Großgebiet.

Prozesse der Sub-Urbanisierung sind mit verschiedenen gesellschaftlichen Folgen verknüpft. Eine Folge ist eine verstärkte funktionale und soziale Segregation urbaner Siedlungsräume. Funktionen, wie Wohnen, Einkaufen, Arbeiten und Freizeit, werden räumlich stärker getrennt, was das Verkehrsaufkommen bzw. die Pendel-Migration beschleunigt. Im Extremfall verlieren urbane Räume ein klar definiertes städtisches Zentrum (eine Tendenz, die bei amerikanischen Ballungsräumen besonders auffällt). Parallel mit der funktionalen Entmischung verstärkt sich vielfach die soziale Segregation der Bevölkerung. In manchen Städten war Sub-Urbanisierung zumindest zeitweise mit ausgeprägten familienzyklischen Wanderungsbewegungen verknüpft, indem junge Familien in kinder- und familienfreundliche Vororte zogen, was die Geburtenhäufigkeit in städtischen Kerngebieten weiter reduzierte.

Ab den späten 1970er Jahren kam es in verschiedenen europäischen Ländern zu einer Gegenbewegung im Sinne einer erneuten räumlichen Dezentralisierung der Bevölkerung ('counter-urbanisation') (Champion 1989). Im Rahmen dieser urbanen Gegenbewegung erhöhte sich der Bevölkerungsanteil kleiner oder mittelgroßer Städte auf Kosten großer Städte. Gleichzeitig kam es zu einer verstärkten *Peri-Urbanisierung*. Mit Peri-Urbanisierung wird die Verstädterung ländlicher Regionen in Agglomerationsnähe umschrieben, etwa wenn gezielt Einfamilienhäuser für städtische Arbeitskräfte abseits bereits bebauter Gebiete errichtet werden. Die Folgen von Peri-Urbanisierung sind die Überbauung ehemals ländlicher Gegenden und eine rasche Zunahme des täglichen Pendelverkehrs. Der Trend zu Sub-Urbanisierung und Peri-Urbanisierung kann zu einem Teufelskreis von Privatverkehr, Lärm, Umweltbelastung und touristischer Flucht aufs Land beitragen.

Generell zeigt sich in weiten Gebieten Europas und Amerikas eine verstärkte urbane Ausrichtung ländlicher Gebiete, beispielsweise durch eine urban ausgerichtete touristische Entwicklung oder durch die Verbreitung urbaner Lebensweisen in ländlichen Regionen. Die ehemals enormen Unterschiede in Lebenslage und Lebensweise städtischer und ländlicher Bevölkerungen haben sich im Verlaufe der letzten Jahrzehnte verwischt, was sich beispielsweise im allmählichen Verschwinden lokaler Dialekte ausdrückt. Umgekehrt sind rurale Traditionen heute ein etablierter Teil der urbanen Freizeitkultur geworden, wie die Popularität von Country, Volksmusik oder Trachten bei städtischen Angestellten illustriert.

Urbanisierung ohne sozio-ökonomische Entwicklung?
Im 20. Jahrhundert wurde Urbanisierung zu einem globalen Prozess; ein Prozess, der sich in vielen außereuropäischen Ländern auch im 21. Jahrhundert fortsetzen wird. Allerdings folgt die Urbanisierung in Ländern der Dritten Welt nicht dem historischen Modell Europas und Nordamerikas. Erstens wuchsen

Städte in der Dritten Welt rascher an als europäische Städte während analogen Entwicklungsphasen. Das Wachstum urbaner Gebiete erfolgte in Asien und Afrika oft explosionsartig, und innerhalb weniger Jahrzehnte entstanden aus vormals bescheidenen Kolonialstädten riesige Bevölkerungszentren. Diese 'urbane Explosion' ist die Folge einer Kombination von markanten Land-Stadt-Wanderungen und hohen Geburtenüberschüssen in ländlichen und urbanen Gebieten (Preston 1988). Zweitens verlief das urbane Wachstum in vielen Regionen Afrikas, Asiens oder Lateinamerikas ohne entsprechende industrielle oder wirtschaftliche Entwicklung. *Es kam - zumindest zeitweise - zur Entkoppelung von Urbanisierung und sozio-ökonomischer Entwicklung.* Das Resultat waren und sind weitverbreitete Arbeitslosigkeit und Unterbeschäftigung, eine rasche Ausbreitung informeller Wirtschaftsaktivitäten und die Bildung riesiger Slumquartiere, die alles übertreffen, was europäische Städte historisch erfahren haben (Gilbert, Gugler 1989; Gugler 1995). In manchen urbanen Ballungsgebieten der Dritten-Welt wohnt mehr als ein Viertel der Stadtbevölkerung in 'Slums' (im Sinne von Blech- und Holzhüttensiedlungen, die nicht an die offizielle Infrastruktur der Stadt angeschlossen sind). Trotz der offensichtlichen Armut und der chaotischen Bauweise sind Slums allerdings keineswegs unorganisierte Gebilde; im Gegenteil, es handelt sich häufig um klar strukturierte Gemeinschaften, die immer wieder neue Migranten aufnehmen und integrieren.

Die Frage, ob die Dritt-Welt-Länder an einer 'Über-Urbanisierung' leiden, lässt sich kaum schlüssig beantworten. Es ist jedoch festzustellen, dass in einigen dieser Länder die Hauptstadt als politisches und wirtschaftliches Machtzentrum zu stark dominiert. Wirtschaftliche und politische Macht sowie teilweise der gesamte staatliche Verwaltungsapparat, aber auch die technischen und kulturellen Innovationen konzentrieren sich in der jeweiligen Metropole. Durch diese Hyper-Zentralisierung verlieren vor allem Mittelzentren und Subzentren relativ wie absolut an Bedeutung. In manchen Ländern der Dritten Welt ist möglicherweise gerade das Fehlen mittelgroßer Zentren ein schwerwiegendes Entwicklungshindernis, da ein multi-urbanes System - ein System mit verschiedenen gleichwertigen urbanen Zentren - eine regional ausgeglichene politische und ökonomische Entwicklung fördert.

In den letzten Jahrzehnten hat selbst eine spürbare Verschlechterung der Arbeits- und Lebensbedingungen in den urbanen Zentren die weitere Einwanderung kaum gebremst. Um diesen auf den ersten Blick verblüffenden Tatbestand zu erklären, wurde das sogenannte „*Torado-Modell*" entwickelt. Michel Torado (1969) wollte erklären, wieso es in Ländern der Dritten Welt trotz verbreiteter städtischer Arbeitslosigkeit und Armut weiterhin zu einer systematischen Abwanderung in die Städte kommt. Ähnlich wie andere sozio-ökonomische Migrationstheorien geht auch das Torado-Modell vom durchschnittlichen Lohnunterschied zwischen Land und Stadt aus, und ein solcher Lohnunterschied besteht selbst bei gleich hoher Arbeitslosigkeit, und zwar einfach deshalb, weil sich im städtischen Bereich die modernen, besser bezahlten Positionen konzentrieren. Der zweite Faktor, der vom Torado-Modell berücksichtigt wird, ist die subjektiv wahrgenommene Chance, einen modernen urbanen Job zu finden (z.B. Industriearbeit, Beamtenstellung). In der Stadt haben Zuwanderer zwar gleichfalls mit hoher Arbeitslosigkeit zu rechnen, aber subjektiv gesehen sind ihre Chancen immer noch besser als auf dem Land. Dazu kommt, dass sich Macht und Status in den Zentren konzentrieren, und auch arme StadtbewohnerInnen partizipieren zumindest symbolisch an der geballten Macht und dem Status etwa einer Hauptstadt.

Das Torado-Modell wurde in den 1970er Jahren teilweise bestätigt. Allerdings erwies es sich als wenig geeignet, um neuere Entwicklungen zu erklären (vgl. Cole, Sanders 1985). Das Modell nimmt an, dass alle Migranten auf eine Position im modernen urbanen Sektor Anspruch erheben. Das Modell klammert damit zwei neuere Entwicklungen aus: In vielen urbanen Metropolen Lateinamerikas, Asiens und Afrikas ergab sich in den letzten Jahrzehnten einerseits eine relative Schrumpfung sicherer Arbeitsplätze (stabile Industriearbeit, sichere Verwaltungs- und Beamtenstellungen). Andererseits expandierten die informellen Wirtschaftsaktivitäten. Während die modernen urbanen Berufspositionen eine formale Qualifikation erfordern, stehen die informellen Aktivitäten auch unqualifizierten Personen offen. Das Ausmaß der Land-Stadt-Wanderung in vielen Ländern der Dritten Welt wird nicht allein von der industriellen Entwicklung in den Städten, sondern wesentlich von der Entwicklung subsistenzartiger Dienstleistungssektoren beeinflusst. Damit lässt sich auch erklären, weshalb in verschiedenen Ländern (z.B. Philippinen) mehrheitlich junge Frauen in die Städte abwandern.

In den letzten Jahrzehnten entstand somit eine neue *urbane Subsistenzwirtschaft*, die in Städten wie Kalkutta, Mexiko-Stadt oder Lagos zwischen 40-50% der erwerbsfähigen Bevölkerung umfasst (vgl. Cole, Sanders 1985). Die urbane Subsistenzwirtschaft basiert vielfach auf ähnlichen Sozialstrukturen wie die traditionelle Landwirtschaft (Taglohn-Arbeit, starkes Gewicht hauswirtschaftlicher Produktionen und Dienstleistungen sowie Betonung familial-verwandtschaftlicher Solidarität). Für junge StadtbewohnerInnen bietet die Solidarität ländlicher Verwandter oft die einzig zuverlässige soziale Sicherheit. Auch aus solchen Gründen bleiben in urbanen Ballungsräumen der Dritten Welt (und namentlich in Afrika) dörfliche Strukturen und traditionelle verwandtschaftliche Beziehungen weiter erhalten, wodurch sich vielfach eine duale rural-urbane Ausrichtung ergibt. Aufgrund dieses dualen Systems weisen viele Dritt-Welt-Metropolen trotz Zusammenbruch der Infrastruktur und weitverbreiteter Unterbeschäftigung eine sozio-kulturelle Dynamik und Vitalität auf, die ländlichen Gebieten oft fehlt. Dies eröffnet langfristig gute Chancen für die zukünftige politische, soziale und wirtschaftliche Entwicklung mancher dieser Metropolen. Tatsächlich sind auch in Ländern der Dritten Welt die Städte der 'Motor' politischer, sozialer und kultureller Entwicklungen geblieben.

4.3.4 Flucht und Vertreibung (im 20. Jahrhundert)

Im 20. Jahrhundert kam es - als Folge von Kriegen und national oder ethnisch motivierter Vertreibungen - zu mehr massiven Fluchtbewegungen als in allen vorherigen Jahrhunderten. „Im 20. Jahrhundert haben weit mehr Menschen wegen Krieg und Verfolgung denn aus wirtschaftlicher Not ihre Heimat verlassen. In der ersten Hälfte unseres Jahrhunderts stammten die meisten Flüchtlinge aus Europa, das sich nun mit Flüchtlingen aus anderen Erdteilen sehr schwer tut." (Nuscheler 1995). Der erste Weltkrieg und die sich daraus ergebenden nationalistischen Strömungen führten nicht nur zu kriegsbedingten Fluchtbewegungen, sondern auch zur gezielten Vertreibung von Minderheiten. Zwischen 1918 und 1925 verließen rund 700'000 Deutsche ihre westpolnische Heimat, in der Gegenrichtung wanderten rund 900'000 Polen aus Russland nach Westpolen. Die russische Revolution und der anschließende Bürgerkrieg lösten gleichfalls zahlreiche Fluchtbewegungen aus, und mehr als eine Million Russen und Russinnen flüchteten nach Westeuropa und Amerika. Das Aufkommen des türkischen Nationalismus trug zur Vernichtung und Massenflucht vieler Armenier bei, und zu Beginn der 1920er Jahre kam es zur Vertreibung von rund 1.2 Mio. Griechen aus Kleinasien (womit eine jahrtausendalte Siedlungstradition ein jähes Ende fand).

Noch dramatischer waren die Folgen des II. Weltkriegs. Nicht nur kam es zur millionenhaften Vernichtung jüdischer Kinder, Frauen und Männer, sondern das Dritte Reich beutete auch rücksichtslos Millionen von ZwangsarbeiterInnen aus. Im August 1944 wurden in Deutschland rund 7.8 Mio. ausländische ZwangsarbeiterInnen und Gefangene eingesetzt, dazu kamen rund 1 Mio. Insassen von Konzentrationslagern allein in Deutschland. Damit waren nahezu 30% aller Arbeitenden ausländische ZwangsarbeiterInnen; ZwangsarbeiterInnen, die nach Ende des Krieges den Hauptharst der 'Heimatlosen' (10-12 Mio. Menschen) bildeten (Herbert 1986, Jacobmeyer 1985). 1944 und 1945 kam es im Gegenzug zur massenhaften Flucht bzw. Vertreibung deutschstämmiger Frauen, Männer und Familien aus Polen, der Tschechoslowakei usw., und im Mai 1945 - nach Ende des Krieges in Europa - wurden in Europa um die 40 Mio. Flüchtlinge gezählt. Die zwangshafte Neuordnung Osteuropas durch Stalin führte zu weiteren Massenbewegungen. 3 Mio. Polen zogen von Ost- nach Westpolen, und zwischen 1945 und 1946 flohen 4 Mio. Deutsche aus der sowjetisch besetzten Zone in die westlich besetzten Zonen.

Zwischen 1945 und 1950 verließen schätzungsweise insgesamt 12 Mio. deutschstämmige Menschen gezwungenermaßen die östlichen Gebiete des früheren deutschen Reiches oder ehemalige Siedlungsgebiete in Osteuropa. Weitere 2 Mio. Deutsche verloren im Rahmen ethnischer Vertreibungen ihr Leben (Fassmann, Münz 1995: 470). In der gleichen Zeitperiode führten die in Yalta und Potsdam vereinbarten neuen Grenzziehungen zur zwangsweisen Umsiedlung weiterer ethnischer Minderheiten in Osteuropa und dem Balkan. In Westeuropa hingegen gelang es - unter amerikanischer Aufsicht und Hilfe - besser, die Wunden und den Hass des II.Weltkriegs zu überwinden, womit eine 'ethnische Säuberung' etwa des Elsass oder Südtirols vermieden wurde. Westeuropa erlebte in den nächsten Jahrzehnten erstmals in seiner Geschichte eine langjährige Friedensperiode, in der die Menschenrechte allgemein geschützt und verankert blieben.

Das Einsetzen des Kalten Kriegs und die Einrichtung des 'Eisernen Vorhangs' vermochten die Ost-West-Wanderungen nur zeitweise einschränken. Es wird geschätzt, dass zwischen 1950 und 1992/93 rund 14.2 Mio. Menschen aus den damaligen Ostblockländern, Jugoslawien und Albanien nach Westeuropa auswanderten oder flüchteten. In drei Viertel der Fälle unterlag dieser Migration eine ethnische Komponente (Flucht aufgrund ethnischer Verfolgung, Über- und Aussiedler deutscher Herkunft) (Fassmann, Münz 1995: 472). Zwischen 1950 und 1992 wanderten gut 5.3 Mio. Menschen aus der Deutschen Demokratischen Republik (DDR) in die Bundesrepublik Deutschland aus (Übersiedler). Dazu kamen 2.8 Mio. deutschstämmige Menschen aus Polen, Russland usw. (Aussiedler). Die Niederschlagung politischer Freiheitsbewegungen (in Ungarn, der Tschechoslowakei, Polen) führten bis zum Zusammenbruch kommunistischer Diktaturen immer wieder zur Massenflucht oft gut qualifizierter junger Frauen und Männer.

Die Maueröffnung in Berlin und der Wegfall restriktiver Reisebestimmungen der DDR führten Ende 1989 zu einem erneuten Ansteigen der Ost-West-Migration in Deutschland. „Ein umfangreiches, in Jahren angestautes Migrationspotential konnte plötzlich und ungehindert in Richtung Westen fließen." (Grundmann 1996: 3). Mit der Wiedervereinigung der beiden deutschen Staaten und der raschen Demokratisierung vieler osteuropäischer Länder veränderten die Ost-West-Wanderungen ihren Charakter. An Stelle politisch motivierter Fluchtbewegungen traten und treten verstärkt wirtschaftliche Gründe (wobei je nach wirtschaftlicher Entwicklung etwa von Ungarn, Polen oder der tschechischen Republik langfristig durchaus eine verstärkte West-Ost-Wanderung denkbar ist). Das Beispiel Jugoslawien illustriert, dass die Gefahr nationalistisch-ethnischer Konflikte und Brutalität in Europa nicht gebannt ist. Das Auseinanderbrechen Jugoslawiens und die gezielt vorbereiteten und durchgeführten Massaker und Vertreibungen haben zu 4 Mio. Flüchtlingen geführt, wovon zwischen 500'000 und 600'000 Menschen in Westeuropa (Deutschland, Schweiz, Schweden u.a.) zumindest vorläufige Aufnahme fanden.

Fluchtbewegungen außerhalb Europas
In der Nachkriegszeit wurden alle Kontinente von massiven Fluchtbewegungen betroffen. In Mittel- und Südamerika führte die Kombination repressiver Militärregimes und aktiver Guerillabewegungen jahrzehntelang immer wieder zu Massenflucht. In diesen Ländern trug auch die Kapitalflucht (Fluchtgelder) nicht unwesentlich zum Teufelskreis von Armut, Repression und politischer Gegenwehr bei. Spektakuläres Ausmaß erreichten zeitweise die Fluchtbewe-

gungen aus Kuba, womit sich die ethnische Zusammensetzung namentlich der Bevölkerung Floridas unwiderruflich verschob.

In Afrika waren die Fluchtbewegungen einerseits die Folge künstlicher Grenzziehungen im Rahmen der Entkolonialisierung und andererseits das Resultat langjähriger Bürgerkriege. Trockenheit und Verwüstungen im eigentlichen Sinne des Wortes haben zeitweise zum Anschwellen von 'Umweltflüchtlingen' geführt (namentlich in der Sahel-Zone). 1989 - im internationalen Jahr der Flüchtlinge - wurden in Afrika rund 4.2 Mio. Flüchtlinge gezählt, und seither hat Afrika weitere dramatische Fluchtbewegungen erlebt (Ruanda, Somalia, Südsudan, Sierre Leone, Liberia, uam.).

Die Gründung des Staates Israel - basierend auf der Einwanderung jüdischer SiedlerInnen - und die darauf folgenden Kriegsereignisse ließen ein neues Flüchtlingsvolk entstehen. Schon 1966 - vor dem Sechs-Tage-Krieg - wurden von der UNO rund 1.3 Mio. palästinensische Flüchtlinge gezählt. Der Krieg von 1967 hat diese Zahl weiter erhöht, und bis 1994 ist die Zahl der palästinensischen Flüchtlinge - auch aufgrund eines hohen Geburtenniveaus - auf gut 2.5 Mio. Menschen angestiegen, wovon 1 Mio. in Jordanien lebt. Der Libanon, ab den 1970er Jahren vom Sog kriegerischer Ereignisse miterfasst, erfuhr ebenfalls eine massive (unfreiwillige) Abwanderung, und 1993 lebten rund 36% aller libanesischen Staatsangehörigen außerhalb ihrer Heimat.

In anderen Regionen Asiens führten Bürgerkriege sowie Prozesse der Entkolonialisierung in der Nachkriegszeit ebenfalls zu riesigen Fluchtbewegungen. Nach der Eroberung Chinas durch die Kommunisten unter Leitung von Mao Tse-tung flohen der Militärführer Tschiang Kai-schek und seine Truppen auf die Insel Formosa (Taiwan), wo sie die einheimische Bevölkerung überschichteten. Andere Chinesen flohen in die britische Kronkolonie Hongkong (1948-1966: 2 Mio.). Dramatisch verlief auch die Teilung Indiens (1947) nach dem Abzug der Briten: Um die 8 Mio. Menschen indischer Abstammung flohen aus den Pakistan zugeteilten Gebieten. Etwa die gleiche Zahl von Muslimen flüchtete in die Gegenrichtung, von Indien nach West- und Ostpakistan (Kiernan 1995).

Die Teilung der Halbinsel Koreas und der Korea-Krieg führten zur Flucht von 4 bis 5 Mio. Menschen nach Südkorea, wodurch sich die Bevölkerung Südkoreas schlagartig um 25% erhöhte. Angesichts der damaligen dramatischen sozialen und wirtschaftlichen Lage eines kriegszerstörten Landes erscheint der nachfolgende wirtschaftliche Aufstieg dieses Landes als umso erstaunlicher. Der nördliche Teil Koreas - lange Zeit stärker industrialisiert als der Süden - litt hingegen unter der megalomanischen Diktatur Kim il Sungs. Die dadurch entstandenen enormen wirtschaftlichen Disparitäten lassen inskünftig eine riesige und möglicherweise unkontrollierbare Nord-Süd-Wanderung erwarten, sollte die diktatorische Herrschaft im Norden zusammenbrechen.[5]

Die Teilung Vietnams und die jahrzehntelangen Kriegsereignisse um Vietnam, Laos und Kambodscha führten ebenfalls zu massiven Fluchtbewegungen, mit der Folge, dass sich in Frankreich, USA und Australien umfangreiche und erfolgreiche Kolonien von VietnamesInnen bildeten. Auch nach dem Abzug der Amerikaner aus Vietnam ging der Exodus weiter, da Frauen und Männer chinesischer Abstammung im wiedervereinigten Vietnam zeitweise offen diskriminiert wurden. Gegen Ende der 1970er Jahre und zu Beginn der 1980er Jahre lösten Bürgerkrieg und Einfall der russischen Armee in Afghanistan eine weitere Massenflucht aus. Ein Drittel bis die Hälfte der afghanischen Bevölkerung musste zeitweilig die Flucht ergreifen. Auch der Zusammenbruch des letzten Kolonialreichs (der UdSSR) löste im Kaukasus und dem Taschkent großflächige Fluchtbewegungen aus (deren politische Konsequenzen noch nicht abzusehen sind).

Nach internationalen Schätzungen belief sich 1992 die Gesamtzahl der (erfassten) Flüchtlinge weltweit auf rund 17 bis 20 Mio. Menschen. Der größte Teil floh von einem Entwicklungsland in ein anderes Entwicklungsland (Stalker 1994: 143). „Die größten Aufnahmeländer für Flüchtlinge befinden sich absolut und relativ (d.h. im Verhältnis zur Gesamtbevölkerung) nicht im Norden, sondern im Süden." (Nuscheler 1995: 54).

4.3.5 Arbeitskräftemigration in Europa

Die Migrationsform, die in den letzten Jahrzehnten in der Soziologie am meisten Aufmerksamkeit erhalten hat, ist die internationale Aus- und Einwanderung von Arbeitskräften, die in den Konjunkturjahren der Nachkriegszeit einsetzte. Sozialpolitisch wird häufig der Ausnahmecharakter der Nachkriegsentwicklung betont. *Wird räumliche Mobilität hingegen als zentrales Element sozialer Mobilität interpretiert, wird Arbeitskräftemigration zu einem Phänomen, das unzweifelhaft zu einer offenen, dynamischen und arbeitsteilig organisierten Gesellschaft gehört.* Auch ökonomische Theorien betrachten Arbeitskräftemigration als zentrales Element des wirtschaftlichen Austausches in einer liberalen Marktwirtschaft: Ebenso wie der Austausch von Gütern, Dienstleistungen oder Kapital diene der Austausch von Arbeitskräften der optimalen Zuteilung von Produktivfaktoren. Politisch jedoch wurden und werden Güter- und Kapitalhandel anders gewichtet als die Migration von Arbeitskräften. Trotz liberaler ökonomischer Theorie wurde die Einwanderung von Arbeitskräften immer wieder politisch begrenzt und kontrolliert. Der ökonomische Liberalismus erwies sich in der sozio-politischen Realität vielfach als einäugig.

---

[5] Die demographischen, sozialen, wirtschaftlichen und politischen Folgen der deutschen Wiedervereinigung werden deshalb von Südkorea besonders interessiert verfolgt.

Beruflich bedingte Wanderungen weisen im übrigen eine weitaus längere Tradition auf als häufig wahrgenommen wird (vgl. Jaritz, Müller 1988). Lehr- und Studienjahre waren oft Wanderjahre, und ganze Berufszweige waren schon früh auf grenzüberschreitende Absatzmärkte, Kommunikation und Mobilität angewiesen. Dies galt nicht nur für Kaufleute und Händler, sondern auch für viele künstlerische, handwerkliche und akademische Berufe. Schon Leonardo da Vinci und Michelangelo waren jahrelang als 'Gastarbeiter' außerhalb ihrer Heimat beschäftigt. Aber auch landwirtschaftliche Saisonarbeit, Söldnerdienste, bauhandwerkliche Tätigkeiten oder Hausdienste bedeuteten vielfach eine Arbeitsaufnahme fern der Heimat. So wurden etwa im späten 17. und frühen 18. Jahrhundert junge Bauern aus der Ostschweiz in Hessen als Melker und Viehzüchter angestellt. Tessiner und Bündner Arbeitskräfte zogen als Glaser, Steinhauer, Ofenbauer, Zuckerbäcker usw. in ganz Europa umher, um der heimatlichen Armut und Enge zu entrinnen. Oft wurde aus einer temporären Migration eine endgültige Niederlassung. Dasselbe war im 19. Jahrhundert auch bei der Land-Stadt-Migration freiwerdender ruraler Arbeitskräfte der Fall (vgl. Kap. 4.3.3).

Das liberale Völkerrecht erhob im späten 19. Jahrhundert die Gleichstellung von in- und ausländischen Arbeitskräften zum Grundsatz. Zwischen vielen europäischen Staaten wurden liberale Niederlassungsverträge abgeschlossen, die erst nach 1914 durch eine restriktive Ausländer- und Einwanderungspolitik abgelöst wurden. Dank freizügiger Niederlassungspolitik stieg der Anteil der ausländischen Wohnbevölkerung beispielsweise in der Schweiz bis 1910 auf gut 15% der Wohnbevölkerung, wobei dazumal die Deutschen die größte Ausländerkolonie stellten (Urner 1976). Im späten 19. Jahrhundert und im frühen 20. Jahrhundert war Deutschland gleichzeitig Aus- und Einwanderungsgebiet, und kurz vor Beginn des I. Weltkriegs arbeiteten rund 1.2 Mio. ausländische Arbeitskräfte im Deutschen Reich, namentlich Italiener und Polen (die etwa als sogenannte 'Preußengänger' zwischen Polen und Preußen pendelten) (Bade 1984).

Der erste Weltkrieg, die nachfolgenden Krisenjahre wie auch der II. Weltkrieg unterbrachen langjährige internationale Migrationsströme von Arbeitskräften. An ihre Stelle traten unfreiwillige Migrationsbewegungen (vor allem während und nach dem II. Weltkrieg, vgl. Kap. 4.3.4).

Zu einer neuen 'Welle' internationaler Arbeitskräftemigration - vor allem von Süd nach Nord, aber auch von Ost nach West - kam es mit dem raschen Wirtschaftsaufschwung in den ersten Nachkriegsjahrzehnten. Zwischen 1950 und 1984 wanderten rund 5 Mio. Italiener und Italienerinnen in nord- und westeuropäische Länder aus. Ab den 1960er Jahren gewann die Arbeitskräfteauswanderung aus Spanien, Portugal, Griechenland, Jugoslawien und der Türkei rasch an Bedeutung, und aus diesen Ländern zogen zwischen 1960 und 1984 rund 6.4 Menschen nach Norden (vgl. Körner 1990: Tab. 7).

Anfangs wurde die Beschäftigung ausländischer Arbeitskräfte in vielen europäischen Ländern als vorübergehendes Phänomen wahrgenommen. Einige Länder basierten ihre Einwanderungspolitik gezielt auf dem 'Rotationsprinzip' (Ausländer als kurzfristig angestellte Arbeitskräfte, die bei wirtschaftlicher Rezession entlassen und heimgeschickt wurden). So erteilte namentlich die Schweiz vielfach nur zeitlich begrenzte Arbeitsbewilligungen (für eine Saison oder für ein Jahr), und auch der Familiennachzug von Fremdarbeitern wurde lange Zeit gezielt eingeschränkt (Haug 1980). Diese Politik hielt die Arbeitslosigkeit der einheimischen Bevölkerung in der Schweiz bis zu Beginn der 1990er Jahre auch in Rezessionsjahren auf einem sehr tiefen Niveau. Andere europäische Länder benützten oder missbrauchten ausländische Arbeitskräfte ebenfalls als 'Konjunkturpuffer' (wenn auch weniger systematisch als die Schweizer Regierung).

Diese Arbeitskräftepolitik führte dazu, dass zumindest bis in die 1980er Jahre weniger das potentielle Angebot an Arbeitskräften in den Emigrationsländern als vielmehr die politisch gesteuerte Nachfrage nach Arbeitskräften das Ausmaß internationaler Arbeitskräftewanderungen bestimmten (Straubhaar 1986; zum Vergleich der Ausländerpolitiken diverser europäischer Länder, vgl. Frey 1990). Entsprechend hoch waren die Rückwanderungsbewegungen. Zwischen 1960 und 1974 wanderten beispielsweise nahezu 2.2 Mio. Menschen in die Bundesrepublik Deutschland ein. In der gleichen Periode verließen 1.4 Mio. Menschen Deutschland; in den meisten Fällen ausländische Arbeitskräfte, die nach einigen Arbeitsjahren in ihre Heimatländer zurückkehrten (vgl. Lutz 1993: Tab. 4.1).

Vom konjunkturellen zum strukturellen Phänomen
Schon ab den 1960er Jahren wurde deutlich, dass die Einwanderung ausländischer Arbeitskräfte kein vorübergehendes Phänomen war. Die Immigration wandelte sich von einem konjunkturellen zu einem strukturellen Phänomen, was auch in einem verstärkten Familiennachzug sichtbar wurde. Damit stiegen Zahl und Anteil der ausländischen Wohnbevölkerung weiter an. Da die ursprünglichen Auswanderungsländer - wie Italien, Spanien u.a. - ebenfalls eine rasche wirtschaftliche Entwicklung erfuhren, dehnten verschiedene Länder die Rekrutierung neuer ausländischer Arbeitskräfte vermehrt auf außereuropäische Länder aus. Durch diese Entwicklung veränderten sich auch die demographischen, sozialen und kulturellen Verhältnisse der Immigrationskontexte in sichtbarer Weise. Mit der strukturellen Verankerung der ausländischen Immigration verschärften sich vielerorts die fremdenfeindlichen Reaktionen gegenüber AusländerInnen.

1973 erliess die deutsche Regierung ein Anwerbestopp für Arbeitskräfte aus Nicht-EG-Staaten. Während und nach der Krise von 1974/75 ('Ölpreisschock') wurde die Zahl ausländischer Arbeitskräfte vielerorts für längere Zeit reduziert. Der Nachruf von Stephen Castles (1986) auf den 'Gastarbeiter' erwies sich jedoch als voreilig, und in den 1980er Jahren stieg die Rekrutierung ausländischer

Arbeitskräfte zeitweise erneut an. *Familiennachzug und teilweise hohe Geburtenraten ausländischer Familien erhöhten den Anteil der ausländischen Wohnbevölkerung in manchen europäischen Ländern zusätzlich.*

Die in Tabelle 11 aufgeführten Daten vermitteln allerdings nur ein grobes Bild, und die Zahlen sind teilweise irreführend. Erstens sind nur legal angemeldete AusländerInnen berücksichtigt. Die Zahl der illegalen Immigranten in Westeuropa wird für 1992 auf gut 2 Mio. Menschen geschätzt, und in Italien beispielsweise dürften ebenso viele illegale wie legale Immigranten leben und arbeiten (Coleman 1994: 17). Zweitens wird der Ausländeranteil nicht allein davon bestimmt, wie viele ausländische Menschen einwandern, sondern längerfristig auch davon, wie rasch diese AusländerInnen eingebürgert werden. So ist in der Schweiz eine Einbürgerung an viele Voraussetzungen gebunden (lange Aufenthaltsdauer, Kenntnis des lokalen Dialekts, oft namhafte Einbürgerungssumme usw.). Da die Schweiz der Europäischen Union nicht angehört, ist eine Einbürgerung zudem zusehends weniger attraktiv. Daher sind selbst manche AusländerInnen der zweiten oder dritten Generation nicht eingebürgert (was erklärt, weshalb die Schweiz einen so hohen Ausländeranteil aufweist). Auch Deutschland weist vergleichsweise tiefe 'Einbürgerungsraten' auf, weshalb der Ausländeranteil höher liegt als in Frankreich (vgl. Stalker 1994: 66).

Tabelle 11
Ausländische Wohnbevölkerung in ausgewählten europäischen Ländern

	Ausländische Wohnbevölkerung, in % der Wohnbevölkerung				
	1960	1970	1982	1990	1994
Belgien	4.9%	7.2%	9.0%	9.1%	9.1%
Deutschland (West)	1.2%	4.9%	7.6%	8.2%	8.5%
Frankreich	4.7%	5.3%	6.8%	6.4%	-
Großbritannien	-	2.5%	3.9%	3.3%	3.5%
Italien	-	0.3%	0.5%	1.4%	-
Niederlande	1.0%	2.0%	3.9%	4.6%	5.1%
Österreich	1.4%	2.8%	4.0%	6.6%	8.9%
Schweden	2.6%	5.1%	5.0%	5.6%	5.8%
Schweiz	9.5%	16.2%	14.7%	16.3%	19.0%

Quellen: 1960-1970: Penninx, 1986; 1982 und 1990: Coleman 1994, Fassmann, Münz, 1992 sowie Council of Europe 1995

Von der Arbeitskräftemigration der Nachkriegszeit hat jedenfalls auch die Bundesrepublik Deutschland in starkem Masse profitiert: „Die in den 50er Jahren unbedeutende Ausländerbeschäftigung entwickelte sich im Sog der Hochkonjunktur zu einem wichtigen Faktor im Wirtschaftsleben der Bundesrepublik Deutschland. 1973, dem Höhepunkt der Ausländerbeschäftigung, war fast jeder 12. sozialversicherungspflichtige Beschäftigte ein ausländischer Arbeitnehmer. Seit der Rezession 1974/75 ist die Zahl der ausländischen Beschäftigten im Trend rückläufig, wenn auch konjunkturelle Expansionsphasen, wie z.B. Ende der 70er Jahre und nach 1985, die Ausländerbeschäftigung immer wieder ansteigen ließen. Entscheidendes Kriterium für die Entwicklung der ausländischen

Arbeitnehmerzahlen in der Bundesrepublik Deutschland ebenso für die Zuzüge von ausländischen Erwerbspersonen war im Beobachtungszeitraum die Wirtschafts- und Arbeitsmarktsituation. Administrative Maßnahmen zur Steuerung der Ausländerbeschäftigung waren unterschiedlich erfolgreich." (Buttler, Dietz 1990: 118).

Ab den 1980er Jahren löste sich die Immigration allerdings auch in der Bundesrepublik stärker von konjunkturellen Faktoren. Zwei oder drei Jahrzehnte lang haben sich „die Kurven der Arbeitslosenquote und diejenige der Zuwanderungen nahezu perfekt wie negativ korrelierte Merkmale verhalten. Seit Anfang der 80er Jahre jedoch funktioniert dieser Automatismus nicht mehr so recht - trotz der auf hohem Niveau stagnierenden Arbeitslosenquoten steigen die Zuzugszahlen wieder deutlich an. Nehmen wir diese Beobachtung zunächst als Indiz für ein Wanderungsgeschehen, das sich von den konjunkturellen Schwankungen des Arbeitsmarktes zu lösen beginnt." (Mammey 1990: 58).

Tabelle 12:
Ausländische Wohnbevölkerung in Deutschland, 1961-1994

	1961	1971	1980	1989	1994*
Ausländ. Wohnbevölkerung, in 1000	686	3439	4453	4846	6991
davon Frauen in %	31.1	38.2	41.2	45.0	42.3
Ausländische Bevölkerung, in % der Wohnbevölkerung insgesamt	1.2	5.6	7.2	7.7	8.6
Ausländische Arbeitskräfte, in % der Erwerbstätigen insgesamt	2.6	10.3	9.9	7.8	9.4
Herkunftskontinent (in %):					
- Europa	76.9	72.4	56.2	51.4	54.6
- Asien (inkl. Türkei)	3.9	21.6	37.5	41.3	37.6
- Afrika	1.1	1.5	2.3	3.4	4.2
- Amerika	2.9	2.6	2.5	2.7	2.6
- Australien/Ozeanien	0.1	0.2	0.2	0.1	0.1
- unbekannt/staatenlos	15.1	1.7	1.2	1.1	1.0
Ausgewählte Nationalitäten (in %):					
- Frankreich	2.9	1.6	1.5	1.6	1.4
- Griechenland	5.8	11.5	6.7	6.1	5.1
- Großbritannien	1.3	1.1	1.8	1.8	1.6
- Italien	28.7	17.2	13.9	10.7	8.2
- Jugoslawien	2.4	17.3	14.2	12.6	18.7
- Niederlande	9.5	3.2	2.4	2.1	1.6
- Österreich	8.4	4.7	3.9	3.5	2.6
- Polen	-	1.4	1.4	4.5	3.8
- Portugal	0.1	2.2	2.5	1.5	1.7
- Rumänien	-	2.2	2.5	1.5	1.8
- Spanien	6.4	7.9	4.0	2.6	1.9
- Türkei	1.0	19.0	32.6	33.3	28.1

1961-1989: Bundesrepublik Deutschland
* inkl. neue Bundesländer
Quelle: Frey, Mammey 1996: Tab. A-1 und A-2.

Im Rahmen dieser Entwicklung veränderte sich auch die demographische Struktur der ausländischen Bevölkerung, und aus einer typischen Migrationsbevölkerung - mit markantem Männerüberschuss und hohem Anteil von Personen im erwerbsfähigen Alter - wurde allmählich eine Bevölkerung, „die auf dem Wege ist, sich der Struktur einer 'gewachsenen' Bevölkerung anzugleichen." (Mammey 1990: 79). Aus zeitweiligen 'GastarbeiterInnen' wurden vermehrt ausländische MitbürgerInnen, womit Fragen der sozialen Integration an Bedeutung gewannen. Zu den ursprünglichen Migranten aus den klassischen südeuropäischen Ländern gesellten sich verstärkt außereuropäische Immigranten und ihre Familien (vgl. Tabelle 12). Der Anstieg der Asylbewerbungen in den 1980er Jahren hat die ethnische Diversifikation der Immigration weiter verstärkt (und allein in Deutschland bewarben sich zwischen 1983 und 1992 nahezu 1.4 Mio. Menschen um Asyl).

Zu Beginn der 1990er Jahre stammten 49% der in Ländern der Europäischen Union lebenden AusländerInnen aus außereuropäischen Ländern. In Frankreich beispielsweise waren 1990 nur 36% der ausländischen Wohnbevölkerung BürgerInnen anderer EU-Ländern (primär Portugal), 39% hingegen kamen aus dem Maghreb (Algerien, Tunesien, Marokko) (Coleman 1994: 13). In der Bundesrepublik Deutschland waren 1994 28% der ausländischen Wohnbevölkerung türkischer Abstammung, und nur noch 22% kamen aus anderen EU-Ländern (primär aus Italien, Griechenland und Spanien).

Für die nächste Zukunft wird für viele europäische Länder (darunter Deutschland) eine weiterhin positive Migrationsbilanz prognostiziert (Lutz 1993). In einer globalisierten Wirtschaft gehört eine hohe soziale und geographische Mobilität nicht nur von unqualifizierten, sondern verstärkt auch von hochqualifizierten Arbeitskräften zu den entscheidenden Wettbewerbsbedingungen. Auf der anderen Seite finden sich jedoch mehr Hinweise darauf, dass die Arbeitskräftemigration unter heutigen wirtschaftlich-technischen Bedingungen vermehrt durch die Migration von Kapital und Arbeitsplätzen substituiert wird (dies gilt vor allem für jene Produktionen und Dienstleistungen, die nicht standortgebunden sind, sondern die weltweit produziert und verteilt werden können).

4.4 Erklärungsfaktoren von Migration

Entsprechend der Vielfältigkeit des Phänomens existiert eine Vielzahl von theoretischen Ansätzen zur Erklärung von Wanderungsbewegungen, wobei sich die meisten Erklärungsansätze auf (freiwillige) Arbeitskräftemigration beziehen. Eine umfassende Erklärung von Migration muss zumindest von vier Faktorenbündel ausgehen (Lee 1966):

1. Erklärungsfaktoren, die mit dem *Auswanderungskontext* in Zusammenhang stehen. Oft wird in diesem Zusammenhang von *'Push'-Faktoren* gesprochen (z.B. hohe Arbeitslosigkeit, geringe Aufstiegschancen, hohe Wohnkosten usw.).

2. Erklärungsfaktoren, die mit dem *Einwanderungskontext* in Beziehung stehen. In diesem Zusammenhang wird oft von *'Pull'-Faktoren* ausgegangen; d.h. Faktoren, die den neuen Wohn- und Lebenskontext für die Auswanderer in irgendeiner Weise 'attraktiv' erscheinen lassen (z.B. neue Berufschancen, billiger Wohnraum, Zusammenleben mit PartnerIn).
3. *Intervenierende Variablen* zwischen Aus- und Einwanderungskontext; wie z.B. Faktoren, die eine Migration behindern, wie etwa geographische Distanz, politische Grenzziehungen usw.
4. *Soziale und individuelle Faktoren der potentiellen Migranten* (wie Motivation, Handlungsfähigkeit, sozio-demographischer Hintergrund, ihre sozialen Netze usw.).

Die bisherige Migrationsforschung ist faktisch durch eine mehr oder weniger ausgeprägte Trennung von makro- und mikro-orientierten Erklärungsansätzen charakterisiert. „Räumliche Mobilität kann - idealtypisch - auf der Grundlage system- oder handlungstheoretischer Ansätze begriffen werden. Im ersten Fall stellt Migration eine Eigenschaft oder eine Funktion eines sozialen Systems dar, im zweiten Fall ist sie eine Form individuellen Verhaltens." (Wagner 1989: 20). In system- oder kontextorientierten Erklärungsansätzen von Migration werden primär die ersten drei Faktorenbündel einbezogen, und von individuellen und handlungsorientierten Faktoren wird häufig abstrahiert. *Das vierte Faktorenbündel ist für die Erklärung individueller Migrationsentscheide allerdings zentral, da Migration sozial selektiv verläuft.* Selbst unter gleichen gesellschaftlichen Bedingungen in Aus- und Einwanderungskontexten wird sich immer nur ein ausgewählter Teil der Frauen und Männern bzw. der Familien zu einem Wohnortswechsel entscheiden. System- und kontextorientierte Erklärungsansätze - wie 'Push-Pull'-Modelle - können höchstens allgemeine Migrationsströme, kaum jedoch die spezifische Form und soziale Zusammensetzung von Migrationsbewegungen erklären.

4.4.1 System- und kontextorientierte Erklärungsansätze

Frühe Migrationsmodelle versuchten, Migration analog physikalischen Phänomene zu erfassen, indem etwa 'Gesetzmäßigkeiten' zwischen Migration und geographischer Distanz postuliert wurden. Die Basis für solche Überlegungen war die allgemeine und bis heute gültige Beobachtung, dass Migrationsströme stark von der geographischen Distanz beeinflusst werden. Die Frequenz von Wanderungen von A zu B ist zumeist eine logarithmische Funktion der Distanz zwischen A und B. Oder einfacher formuliert: Die meisten Wohnungswechsel erfolgen über kurze Distanz, und mit zunehmender Distanz nehmen die Migrationsraten stetig ab (Clark, 1986). Die geographische Distanz scheint ein wichtiges Hindernis für Migrationsbewegungen zu sein. Die Beziehungen zwischen Migrationsraten und geographischer Distanz führten zur Ausarbeitung sogenannter *'Distanz- und Gravitationsmodelle'*, in denen Migration in Analogie zu physikalischen Schwerkraftstheorien konzipiert wurde. Vor allem die Arbeiten des englischen Demographen Ernest G. Ravenstein (1885, 1889) haben demographische und raumplanerische Diskussionen bis heute beeinflusst. Distanz- bzw. Gravitationsmodelle erklären zwar inhaltlich wenig, sie sind jedoch statistisch insofern wertvoll, als sie es erlauben, intra- und interregionale Migrationsflüsse auch mit unvollständigen Migrationsdaten zu schätzen bzw. zu extrapolieren (Clark 1986: 56ff.). Aus soziologischer Sicht ist die Tatsache bedeutsamer, dass die Wanderungsgründe meist je nach Wanderungsdistanzen variieren. Bei intraregionalem Wohnungswechsel sind häufig Faktoren des Wohnungsmarktes und Aspekte des Lebens- und Familienzyklus entscheidend. Bei interregionaler oder internationaler Migration dagegen sind oftmals sozio-ökonomische Faktoren (Arbeitsmarktchancen, Lohnunterschiede) entscheidender.

Inhaltlich reichhaltiger als formale Distanztheorien sind jedoch die heute häufig benützten *'Push-Pull'-Modelle'*, welche das Verhältnis von Aus- und Einwanderungskontexten ins Zentrum stellen. Gemäß ökonomischer Theorie ist Arbeitskräftemigration beispielsweise eine Folge von regionalen Ungleichheiten der Arbeitsmarktchancen (Arbeitslosigkeit, Lohnniveau usw.), und Arbeitskräfte werden aus Gebieten mit hoher Arbeitslosigkeit und geringem Lohnniveau in Gebiete mit geringer Arbeitslosigkeit und hohem Lohnniveau auswandern. Arbeitskräftewanderung folgt analogen Gesetzen wie die räumliche Bewegung von Kapital oder Handelsgütern, und erhöht gleichfalls die gesamtwirtschaftliche Produktivität (vgl. Straubhaar 1992). Migration wird in dieser Sicht als rationales Verhalten angesehen, das definitionsgemäß zu einer liberalen Wirtschaft gehört. Unter dieser Perspektive entstehen primär Probleme, weil nichtökonomische Faktoren als Austauschbarrieren auftreten. Schon früh wurden makro-ökonomische Regressionsmodelle zur Erklärung der Migration von Arbeitskräften entwickelt (vgl. Greenwood 1981). Einbezogen wurden Unterschiede der Arbeitslosigkeit, des Lohnniveaus sowie des absoluten Arbeitsangebots zwischen Regionen. Solche Regressionsmodelle erweisen sich für die statistische Erklärung interregionaler Wanderungsraten in Gesellschaften mit hoher sozialer und geographischer Mobilität (wie die USA) als durchaus brauchbar, weniger hingegen zur Erklärung internationaler Wanderungen oder intraregionalen Wohnortswechsel.

Aus soziologischer Sicht lassen sich ökonomische Migrationsmodelle aus verschiedenen Gründen kritisieren: Es handelt sich oft um simple Gleichgewichtsmodelle, die kulturelle und politische Rahmenbedingungen ausblenden. Eine rein finanzielle Nutzenmaximierung ist zu eng, da eine ganze Reihe nichtmonetärer sozialer Aspekte - wie lokale Sozialbindungen und familiale Beziehungen - unberücksichtigt bleiben. Der Soziologe Michael Wagner (1989) stellt kurz und bündig fest: „Offensichtlich ist die Vorstellung, Individuen würden immer dann ihren Wohnsitz wechseln, wenn sie dadurch ihr Einkommen maximieren können, unrealistisch." (S. 32). Zudem muss aus soziologischer Sicht betont werden, dass Migration vielfach nicht eine rein individuelle Entscheidung darstellt, sondern Wanderungsbewegungen werden wesentlich durch familiale Beziehungen und soziale Netzwerke beeinflusst, wie dies in Deutschland am Beispiel türkischer Immigration nachgewiesen werden konnte (Wilpert 1992).

Allerdings basieren auch soziologische Migrationstheorien vielfach auf der grundsätzlichen Idee, dass regionale Entwicklungsunterschiede zentrale Determinanten (berufsbezogener) Migrationsbewegungen sind. Migration kann als ein Mittel zur Realisierung vertikaler sozialer Mobilität verstanden werden (Albrecht 1972), und die Wanderung von Arbeitskräften verläuft primär in Richtung sozio-ökonomisch höher entwickelter Regionen. Dabei sind aus soziologischer Sicht nicht allein ökonomische, sondern auch soziale Entwicklungsunterschiede relevant. Eine ausformulierte makro-soziologische Theorie der Migration wurde insbesondere von Hans-Joachim Hoffmann-Nowotny (1970) entwickelt. Gemäß seiner Theorie sind Migrationsbewegungen ein (mögliches) Ergebnis struktureller und anomischer Spannungen: Eine sozial ungleiche und/oder als illegitim erachtete Verteilung von Macht und Prestige führt zu strukturellen und anomischen Spannungen innerhalb einer Gesellschaft. Diese Spannungen tendieren zu einem Ausgleich, wobei eine wichtige Möglichkeit des Spannungsausgleichs im Ausscheiden einer Person oder Gruppe aus dem System besteht, in dem strukturelle Spannungen erfahren werden: *„Mit Bezug auf Individuen kann man Migration als einen Prozess definieren, in dessen Verlauf diese ihre Mitgliedschaft in einem spannungsreichen Kontext aufgeben und die Mitgliedschaft in einem spannungsärmeren Kontext anstreben."* (Hoffmann-Nowotny 1970: 99). Interregionale Entwicklungsungleichgewichte und gesellschaftliche Defizite bestimmen Ausmaß und Richtung der Migration. Hohe erfahrene Arbeitslosigkeit wird Leute dazu bringen, in Kontexte abzuwandern, die weniger Arbeitslosigkeit aufweisen, oder Familien werden versuchen, aus prestigearmen Wohngebieten in prestigereiche Wohngebiete zu wechseln (eine Migrationsbewegung, die zur sozialen Segregation urbaner Gebiete beitragen kann).

Migration ist allerdings nur eine von verschiedenen Strategien des Spannungsabbaus, und nach Hoffmann-Nowotny (1970: 98) kommt es vor allem zur Auswanderung, wenn Akteure ihre Machtdefizite nicht, nicht schnell genug oder nicht in befriedigendem Maß durch politische oder wirtschaftliche Entwicklungen abbauen können. Unter intersystemischer Perspektive erscheinen Wanderungen somit als ein Spannungstransfer vom Emigrations- in den Immigrationskontext, womit die Theorie auch zur Erklärung sozialer Konsequenzen von Migration beiträgt (vgl. Hoffmann-Nowotny 1973). Durch Auswanderung wird im Ursprungskontext der demographische oder soziale Problemdruck möglicherweise geringer, wogegen im Immigrationskontext neue strukturelle und anomische Spannungen entstehen können (die sich beispielsweise in Form von Fremdenfeindlichkeit artikulieren). In einer globalisierten Welt - in der Informationen über den Lebensstandard in einzelnen Ländern weltweit verbreitet werden - ist allerdings eine globale Sicht struktureller Spannungen notwendig: „Die systemtheoretische Ausrichtung der Theorie struktureller und anomischer Spannungen legt es nahe, letztlich eine Analyse der Weltgesellschaft in ihren Teilen und als Ganzes ins Auge zu fassen. Eine Migrationsanalyse wird deshalb nicht nur auf die Spannungen in einzelnen Gesellschaften abstellen, sondern diese wiederum als miteinander verbundene Teilsysteme des Weltsystems ansehen. Migration ist folglich nicht in erster Linie abhängig von den Spannungen in einer Gesellschaft, sondern von der Verteilung der Spannungen im Gesamtsystem. Erst deren ungleiche Verteilung ist der Motor des Wanderungsgeschehens." (Hoffmann-Nowotny 1988b: 35). Dieses Argument ist heute insbesondere im Zusammenhang mit dem enormen Wanderungsdruck aus weniger entwickelten Länder nach Europa und in die USA aktuell.

Eine solche sozio-strukturelle Theorie ist sicherlich geeignet, großräumige oder internationale Wanderungsbewegungen zwischen sozial deutlich unterschiedlich organisierten Kontexten zu erklären (z.B. Land-Stadt-Migration, aktuelle Nord-Süd- und Ost-West-Wanderungen). Allerdings wird damit der konfliktuelle Charakter von Wanderungsbewegungen unter Umständen zu stark betont. Betrachtet man Migration jedoch als Element sozialer Mobilität, wie dies Günter Albrecht (1972) vorschlägt, ergibt sich eine etwas andere Perspektive: Soziale Mobilität gehört funktional gesehen zu einer modernen, differenzierten Gesellschaft, und wenn davon ausgegangen wird, dass eine moderne, arbeitsteilig organisierte Gesellschaft eine hohe soziale Mobilität aufweist, dann gehört ein hohes Niveau an geographischer Mobilität zu einer modernen Gesellschaft. Ein wesentlicher Teil dieser geographischen Mobilität ist allerdings kleinräumlich angelegt und lebenszyklisch bedingt (z.B. Wohnungswechsel innerhalb der gleichen Gemeinde, Wohnortswechsel aufgrund von Studium, Heirat, Familiengründung usw.).

Kritische Anmerkungen
Die meisten system- und kontextorientierten Erklärungsansätze der Migration haben Aspekte des Lebens- und Familienzyklus vernachlässigt, und sie sind daher kaum in der Lage, jene Formen des Wohnortswechsels zu erklären, die sich aus lebens- und familienzyklischen Veränderungen ergeben: Studium in einer fremden Universitätsstadt, Wegzug aus dem Elternhaus und Heirat usw. Der Wegzug aus dem Elternhaus ist ein durchwegs normaler Vorgang, der häufig mit einem Wechsel von Wohnung oder Wohngemeinde verknüpft ist. Auch eine Heirat ist ein klassisches Migrationsmotiv. Viele Gesellschaften kennen ein Exogamie-Gebot, und in vielen Kulturen beinhaltet eine Eheschließung für die Frau automatisch auch einen Wechsel des Wohnsitzes. Die Geburt eines ersten Kindes, die Aufnahme einer neuen Arbeitsstelle, aber auch die Pensionierung uam. sind oft Anlass für einen Wohnortswechsel. Migration ist häufig eng mit lebens- und familienzyklischen Aspekten verbunden. „Der größte Teil der Personen, die in der BRD von einer Gemeinde in eine andere ziehen (= Binnenwanderungen), ist zwischen 18 und 30 Jahre alt - ein Zeitabschnitt, in dem

Haushaltsgründungen, Heiraten und Kindgeburten in einem engen zeitlichen Rahmen aufeinanderfolgen." (Birg, Flöthmann, Reiter 1991: 253).

Eine weitere Einschränkung system- und kontextorientierter Ansätze besteht darin, dass sie zwar die Richtung und teilweise das Ausmaß und die Form von Wanderungsbewegungen zu erklären vermögen, jedoch nicht in der Lage sind zu bestimmen, weshalb unter gleichen Kontextbedingungen einige Frauen und Männer ihren Wohnort wechseln, während andere Frauen und Männer sesshaft bleiben. Damit bleibt der sozial selektive Charakter ein- oder auswandernder Personen unberücksichtigt. Alter, Geschlecht, Zivilstand, aber auch der soziale Status einer Person - gemessen an Schulbildung, Berufsposition oder Einkommen - sind wichtige Determinanten von (freiwilliger) Migration. Dabei zeigen sich häufig deutliche Zusammenhänge zwischen verschiedenen Formen der Mobilität. Geographische und soziale Mobilität sind häufig wechselseitig verknüpft. Einerseits beeinflusst die soziale Stellung im Herkunftskontext die Wahrscheinlichkeit eines Wohnortswechsel oder einer internationalen Migration. Andererseits wirkt sich Migration nachfolgend auf die soziale Stellung aus, in vielen Fällen im Sinne einer intra- oder intergenerationellen Aufwärtsmobilität. Der sozial selektive Charakter der meisten Migrationsbewegungen ist für die Einschätzung demographischer und gesellschaftlicher Folgen von Aus- und Einwanderungsbewegungen entscheidend.

4.4.2 Wanderungsentscheide - individuelle und lebenszyklische Aspekte

Auch zur Erklärung individueller oder familialer Migrationsentscheide existieren verschiedene Ansätze, wobei viele Ansätze auf dem Modell der rationalen Nutzenoptimierung basieren: Leute werden denjenigen Wohn- und Arbeitsort wählen, der ihnen die optimale Lebens- und Arbeitssituation erlaubt. Analog zu kontextorientierten Ansätzen wird explizit oder implizit auch bei handlungsorientierten Migrationsansätzen von 'Push-Pull'-Modellen ausgegangen. Formell lässt sich diesbezüglich von vier handlungstheoretisch relevanten Entscheidungssituationen ausgehen:

'Push'-Faktoren	'Pull'-Faktoren	Entscheidungssituation:
stark	stark	Migration wahrscheinlich
stark	schwach	'Erzwungene Migration'
schwach	stark	Aufwärtsmobile Migration
schwach	schwach	Migration unwahrscheinlich

Entscheidungsschwierigkeiten bzw. Ambivalenzen ergeben sich primär, wo weder 'Pull'- noch 'Push'-Faktoren eindeutig oder ausgeprägt sind. In dieser Situation ist das Risiko groß, dass sich eine Wanderungsentscheidung als falsch erweist (und dass die sozialen Kosten eines Wohnortswechsels selbst den langfristigen Nutzen überschreiten). Migrationsentscheide können daher zwei Phasen umfassen: In einer ersten Entscheidungsphase wird prinzipiell für oder gegen einen Wohnortswechsel entschieden. In einer zweiten Entscheidungsphase wird die Destination festgelegt, und ein neuer Wohnort wird gesucht (vgl. Clark 1986: 48ff.). Die Nutzen-Funktion der jetzigen Wohnsituation wird evaluiert, bezogen auf die Erwartungen des Haushalts. Unzufriedenheit mit der jetzigen Wohnsituation führt zur Entscheidung, die Wohnung oder den Wohnort zu wechseln. Sofern die Entscheidung für einen Wohnortswechsel getroffen ist, wird nach einer neuen Residenz Ausschau gehalten. Verfügbare Wohnungen oder Häuser werden begutachtet, und falls eine Verbesserung der Wohnlage perzipiert wird, wird die Entscheidung getroffen, die Wohnung bzw. den Wohnort zu wechseln. Diese Form einer (rationalen) Migrationsentscheidung ist primär bei einem kleinräumigen Wohnortswechsel möglich, da über Wohnungsmarkt, Nachbarschaft, Infrastruktur usw. vom bisherigen Wohnort aus leicht und gezielt Informationen eingeholt werden können.

Bei großräumigen oder internationalen Wanderungsbewegungen fehlt hingegen oft eine Grundvoraussetzung für eine rationale Entscheidung: genaue und zuverlässige Informationen über den Einwanderungskontext. Der Vergleich von aktuellem und zukünftigem Wohnkontext beruht deshalb oft auf einer perzeptiven Asymmetrie: Der aktuelle Wohn- und Lebenskontext ist gut bekannt (ein wesentliches Element seiner Attraktivität). Über den zukünftigen Wohnkontext lassen sich höchstens ungefähre Erkenntnisse gewinnen, und die Entscheidung für oder gegen Auswanderung ist mit viel Unsicherheiten verbunden. Im Grunde genommen kann die Wahl zwischen 'Bekanntem' und 'Unbekanntem' nie eine rein rationale Entscheidung sein (wie sie Modelle der Nutzenoptimierung implizieren). Vor allem großräumige Migrationsentscheide unterliegen subjektiven Bewertungen, und es sind nicht die objektiven Chancen, sondern die subjektiv wahrgenommenen Chancen, die Wanderungsentscheide bestimmen. Dieser Aspekt wird namentlich im Rahmen der *Werterwartungstheorie ('value-expectancy'-approach')* betont. Migration wird als instrumentelles Verhalten betrachtet, wobei die Entscheidung auf einer 'kognitiven Kalkulation' der Kosten und des Nutzen einer Migration basiert. Bei dieser 'kognitiven Kalkulation' werden die subjektiv definierten Ziele und Werte einer Migration jeweils antizipatorisch gewichtet (De Jong, Abad et al. 1983: 473). Die sozialen und wirtschaftlichen Chancen im Immigrationskontext werden allerdings nicht selten systematisch überschätzt (ein Punkt, der insbesondere bei Land-Stadt-Wanderungen immer wieder nachgewiesen werden konnte). In Zusammenhang mit der subjektiven Einschätzung der Chancen im Immigrationskontext wird teilweise der Begriff der „myth-map" verwendet. Bei der „myth-map" handelt es sich um eine Idealisierung vorhandener Möglichkeiten; eine Idealisierung, die unter Umständen von den Massenmedien verstärkt wird.

Es bestehen sachgemäß verschiedene soziale Strategien, Entscheidungsunsicherheit und Entscheidungsrisiken zu reduzieren. So kann eine Auswanderung als 'vorläufig' definiert werden, und die Rückkehroptionen werden gezielt offen gehalten. Tatsächlich sind die Rückwanderungsraten bei vielen Migrationsbewegungen sehr hoch. Eine weitere Strategie besteht darin, sich an vorherige Auswanderer zu halten und familiale oder ethnische Beziehungen zu benützen. Migrationsbewegungen werden oft durch soziale Netze stimuliert und gesteuert. Kommunikation und Interaktion zwischen schon ausgewanderten Personen und potentiellen Migranten bestimmen etwa die Zuwanderung ganzer Gruppen in spezifische Gebiete bzw. die Bildung eigentlicher ethnischer Gemeinden. Ethnische Kontaktnetze oder Gemeinden entlasten die Orientierung und bieten einen wirksamen Schutz vor anomischer Überlastung nach erfolgter Migration (Esser 1980: 75ff.).

Die Entscheidung für oder gegen Migration wird sowohl durch persönliche Erwartungen als auch durch familien- und lebenszyklische Umstände und soziale Kontaktnetze bestimmt. Gleichzeitig ist bei großräumigen Migrationsentscheiden auch die sozio-kulturelle Bewertung der eigenen Gesellschaft und der potentiellen Einwanderungsgesellschaft zentral. Emigrations- und Immigrationsland sind deshalb häufig durch eine gemeinsame Geschichte miteinander verbunden (Portes, Sensenbrenner 1993). Daher sind Migrationsentscheide nur bedingt individuelle Entscheidungen (wie es diverse mikro-ökonomische oder klassische handlungstheoretische Modelle implizieren).

Migration als sozial selektiver Prozess
Die Tatsache, dass vor allem ein großräumiger Wechsel von Wohn-, Arbeits- und Lebenskontext immer mit hohen sozialen und psychischen Kosten (Verlust bisheriger Nachbarschaftskontakte und bekannter sozio-kultureller Regelungen) und mit viel Entscheidungsrisiken verbunden ist, hat eine grundlegende Konsequenz: *Migrationsbewegungen sind meist ausgesprochen selektive Prozesse.* Dies gilt namentlich für Arbeitskräftemigration. MigrantInnen weisen beispielsweise im Durchschnitt nicht selten eine bessere schulisch-berufliche Ausgangsposition auf als sesshaft bleibende Personen. Auch zwischen der schulischen Ausbildung und der Häufigkeit von Wohnungswechsel zeigt sich häufig eine positive Beziehung (Wagner 1989: 98ff.).

Im Rahmen der Migrationsforschung wurden beträchtliche Forschungsanstrengungen verwendet, Migranten von Nicht-Migranten zu unterscheiden (vgl. Albrecht 1972). Die Ergebnisse dieser Forschung sind keineswegs konsistent (was angesichts der Vielfältigkeit von Migrationsformen und -motiven nicht zu erstaunen braucht).

Da Migrationsentscheide risikoreich sind, lässt sich die These vertreten, dass vor allem Leute auswandern, die Risiken in Kauf nehmen. Sie seien - so eine häufig gehörte These - aktiver, intelligenter und anpassungsfähiger als zurückbleibende Personen. Solche Thesen finden bei sorgfältiger Analyse jedoch keine allgemeine Unterstützung. Der Versuch, intranationale oder internationale Migration auf psychologische Merkmale zurückzuführen oder ein 'Persönlichkeitsprofil' von Migranten zu erstellen, kann als gescheitert betrachtet werden.

Zwischen Migrationshäufigkeit und irgendwelchen Persönlichkeitsmerkmalen existieren kaum allgemeine und empirisch konsolidierte Zusammenhänge. Auch die These, dass sozial isolierte Personen geographisch mobiler sind - da sozial integrierte Menschen weniger Anreize haben, den Wohnkontext zu wechseln - fand keine allgemeine Bestätigung (wenn der Fehlschluss vermieden wird, alleinlebende oder ledige Frauen und Männer automatisch als 'sozial isoliert' zu definieren). Falls überhaupt Zusammenhänge zwischen sozialer Isolation und Migration bestehen, verlaufen sie primär in der Richtung, dass ein Wohnortswechsel zeitweise zu sozialer Isolation beitragen kann. Weder psychologische noch sozialpsychologische Theorien vermögen, Migrationsentscheide allgemein zu erklären.

Es lässt sich nur festhalten, dass Migration sozial selektiv verläuft, wobei Art und Form sozialer Selektionsprozesse je nach Migrationsform variieren. Dabei lassen sich höchstens zwei generelle Feststellungen treffen:

Erstens ist die soziale Selektivität zu Beginn einer Wanderungsbewegung meist ausgeprägter als später. Die sogenannten „Pioniere" bzw. „front-runner" von Migrationsbewegungen übernehmen größere Risiken, und in einer ersten Phase einer Auswanderungsbewegung stehen nicht selten leistungsorientierte, psychisch mobile junge Menschen, die teilweise wenig Bindungen an den Herkunftskontext aufweisen, im Vordergrund. In späteren Phasen der Migrationsbewegung erhalten hingegen familiale Kontakte und Beziehungen zu früher ausgewanderten Personen eine größere Bedeutung. Während Pionier-Wanderungen meist individuelle Entscheide darstellen, kommen in späteren Phasen vermehrt soziale Aspekte ins Spiel. Es entstehen teilweise eigentliche „Kettenwanderungen" (in der Form, dass früher eingewanderte Personen und Familien neue ImmigrantInnen 'nachziehen'). Dabei verwischen sich die sozialen und demographischen Unterschiede zwischen Wanderer und Nichtwanderer umso mehr, je mehr die Migration als eine institutionalisierte Massenbewegung auftritt.

Zweitens wird die soziale Selektion von Migranten durch die Kombination von 'Push'- und 'Pull'-Faktoren beeinflusst. Dominieren die 'Pull'-Faktoren ist die soziale Selektivität hoch, und es sind primär statushöhere Gruppen, die emigrieren. Der sogenannte „brain-drain" - die Migration von Spezialisten - ist ein Beispiel für eine 'pull'-dominierte Migration. Dominieren jedoch die 'Push'-Faktoren, ist die soziale Selektivität von Migration teilweise geringer. In Situationen struktureller Armut oder ethnischer Verfolgung ist Emigration möglicherweise die einzige Überlebensstrategie, und Menschen werden unabhängig von ihren Wertvorstellungen, Erwartungen oder familialen Bindungen auszuwandern versuchen. Allerdings können auch in solchen Situationen erschwerende intervenierende Faktoren, die eine Migration behindern (Distanz, streng kontrollierte Grenzen usw.) die soziale Selektivität 'erfolgreicher' MigrantInnen verstärken.

Die Phasen von Migrationsprozessen und die jeweilige Kombination von „Push-Pull"-Faktoren - sind bei der Diskussion von Migrationsentscheidungen zu berücksichtigen. So sind handlungstheoretisch ausgerichtete Migrationsmodelle primär für Einzelmigration oder den Beginn von Migrationsbewegungen relevant, während Theorien über soziale Netzwerke vor allem die Migrationsprozesse in späteren Phasen erklären.

Migration - kein isoliertes Lebensereignis
Ein wesentlicher Mangel vieler bisheriger Erklärungsmodelle von Migrationsentscheidungen besteht darin, dass Migrationsentscheidungen als isolierte Lebensereignisse verstanden wurden und dynamische, lebenszyklische Aspekte vernachlässigt blieben. *Wanderungen sind jedoch Teil der räumlichen Struktur von Lebensverläufen, und zwischen räumlicher Mobilität und anderen Lebensereignissen bestehen enge wechselseitige Beziehungen.* So „muss auf der individuellen Ebene die zeitliche Dimension berücksichtigt werden, um den Zusammenhang zwischen der sozialen Lebenslage und ihren Veränderungen und dem Wanderungsverhalten spezifizieren zu können." (Wagner 1989: 46). In den letzten Jahren wurde deshalb verstärkt versucht, die wechselseitigen Zusammenhänge zwischen verschiedenen Elementen des Lebenslaufs zu erfassen. Vor allem auf der Grundlage biographischer Studien wurden zeitliche Abfolge und inhaltliche Verknüpfung wichtiger biographischer Ereignisse (inkl. Wohnortswechsel) untersucht (vgl. Birg, Flöthmann 1990; Courgeau 1985; Klijzing 1992; Wagner 1989). Damit wird eine bessere theoretische und empirische Integration von Haushalts-, Familien- Erwerbs- und Migrationsbiographie möglich.

Eine dynamische und lebenszyklisch orientierte Betrachtung von Migrationsentscheiden kann etwa die Zusammenhänge zwischen Heirat (als Ereignis), Heiratsstatus (als Zustand) und Wohnortswechsel genauer bestimmen. Das Ereignis der Eheschließung führt beispielsweise oft zum Wohnortswechsel der Frau, des Mannes oder beider Partner; die Ehe (als Zustand) hingegen reduziert die Bereitschaft vor allem für großräumige Umzüge (vgl. Mulder Wagner 1993). „So wird zum Zeitpunkt der Heirat sehr häufig der Wohnsitz gewechselt, andererseits markiert er den Beginn einer dauerhaft geographisch immobilen Lebensphase, vor allem Wanderungen über größere Distanzen werden nur noch selten vorgenommen. Insofern wird bei verheirateten Personen durch die Geburt von Kindern die Ortsbindung, also die geringe Mobilität in bezug auf Fernwanderungen, kaum noch verstärkt. Wesentliche Ursachen für diesen Prozess sind jedoch nicht in der Eheschließung selbst, sondern in Veränderungen zu suchen, die vielfach gleichzeitig mit der Heirat einsetzen und ihrerseits mobilitätshemmend wirken. Solche Faktoren sind der Erwerb von Wohneigentum, die Erwerbstätigkeit des Ehepartners und die Haushaltsgröße." (Wagner 1989: 156). Auch andere biographische Übergänge (wie Ablösung vom Elternhaus, Beginn eines Studiums, erster Stellenantritt oder eine Scheidung) sind häufig mit räumlichen Veränderungen verknüpft. Der vom Institut für Bevölkerungsforschung und Sozialpolitik an der Universität Bielefeld durchgeführte biographische Survey zeigte denn „starke Wechselwirkungen zwischen den Teilbiographien, insbesondere zwischen Erwerbsbiographie, Familienbiographie und Migrationsbiographie." (Birg et al. 1991: 353).

Die dabei sichtbare Bedeutung der Migrationsbiographie für Erwerbs- und Familienbiographien impliziert, dass Lebensverläufe nicht nur eine soziale, sondern ebenso eine räumliche Struktur aufweisen. Dabei werden - vereinfacht - vier allgemeine soziale Regularitäten von Wohn- bzw. Wanderungsverläufen deutlich (Wagner 1989: 186):

Erstens sind Wanderungen systematisch mit der sozialen Struktur von Lebensverläufen verknüpft. Vor allem für junge Erwachsene ist der Erfolg beruflicher und familialer Übergänge in signifikanter Weise mit räumlicher Mobilität verhängt. Wer räumliche Bewegungen beherrscht, beherrscht auch eher soziale Übergänge, wie etwa in einer französischen Studie sichtbar wurde. „Das soziale Schicksal ist nichts anderes als die Folge eines Prozesses, innerhalb dessen die Beherrschung räumlicher Dimensionen die Bewältigung des Sozialen entscheidend bestimmt." (De Coninck 1990: 395).

Zweitens sind verschiedene räumliche Mobilitätsprozesse innerhalb von Lebensverläufen miteinander verhängt. Ob und wann jemand einen Wohnungswechsel vornimmt, hängt von Merkmalen seiner bisherigen Wohngeschichte ab. „Für die Erklärung räumlicher Mobilität sind nicht nur aktuelle Wohn- und Standortverhältnisse von Bedeutung, sondern auch Merkmale der vorangegangenen Wohngeschichte. Individuen, die in einem Haushalt leben, wechseln ihre Wohnung umso häufiger, je mehr Migrationserfahrungen sie als Kinder oder Jugendliche mit ihren Eltern gemacht haben." (Wagner 1989: 171).

Drittens unterliegt räumliche Mobilität einer klaren Altersgradierung, gleichgültig, ob es sich um einen Wechsel der Wohnsituation im Nahbereich, den Auszug aus dem Elternhaus, das Verlassen des Geburtsortes oder Veränderungen der regionalen Lebensbedingungen handelt. „Sieht man von Kriegsereignissen ab, dann konzentriert sich räumliche Mobilität - ungeachtet des Wanderungstyps - auf den Beginn des dritten Lebensjahrzehnts. Die Wanderungsraten nehmen danach kontinuierlich ab." (Wagner 1989: 84).

Viertens sind die regionalen Lebensbedingungen in Form spezifischer Opportunitätsstrukturen wichtige Determinanten des Wanderungsverhaltens. So sind auch gemäß den Daten des biographischen Surveys (Birg et al. 1991: 353) die Zusammenhänge zwischen Erwerbs-, Familien- und Migrationsbiographie regional unterschiedlich. Dies weist auf die Notwendigkeit hin, Migrationsbiographien kontextuell einzubetten.

4.5 Demographische und gesellschaftliche Folgen von Aus- und Einwanderungsbewegungen

Die Beurteilung der gesellschaftlichen und sozialpolitischen Folgen von Migration ist ein Tummelfeld gegensätzlicher Vorstellungen. „Die Ökonomie und Demographie von Migration sind wichtige Schlachtfelder von Ideen über ihre Folgen und ihre Ursachen. Einige Analysen führen zu einer positiven Beurteilung von Einwanderung, andere Analysen führen dagegen zu einer negativen Bewertung." (Coleman 1994: 25). Wie bei anderen demographischen Wandlungen (Bevölkerungswachstum, Geburtenrückgang, demographische Alterung) bekämpfen sich auch bei der Einschätzung von Migration optimistische und pessimistische Vorstellungen: Auf der einen Seite wird der positive Wert von Mobilität und Beweglichkeit innerhalb moderner Gesellschaft betont. Migration von Arbeitskräften sei ebenso funktional und wertsteigernd wie ein freier Verkehr von Gütern und Kapital. Durch Migration würden regionale Spannungen ausgeglichen, und Migration fördere sozialen Aufstieg und gesellschaftliche Innovation. Von der Gegenseite werden Integrations- und Anpassungsprobleme und die Gefahr ethnischer Konflikte in Einwanderungskontexten sowie die sozialen und demographischen Verluste in Auswanderungsgebieten betont.

Im Zusammenhang mit den gesellschaftlichen Folgen von Migration treten vier allgemeine Thesen in der einen oder anderen Form immer wieder auf:

Die erste These bezieht sich auf den globalen Zusammenhang von Wanderungsbewegungen und Kulturentwicklung (eine These, die sich schon beim englischen Philosophen Alfred N. Whitehead (1861-1947) findet). Migration, so wird postuliert, sei ein entscheidendes Moment der kulturellen Entwicklung, und es wird darauf verwiesen, dass geschichtlich häufig ein enger Zusammenhang zwischen Migrationsbewegungen und sozialem oder kulturellem Wandel zu beobachten sei.

Eine zweite globale These bezieht sich auf interregionale Entwicklungsunterschiede. Migration führe zum Ausgleich interregionaler Entwicklungsdifferenzen. Auch gemäß ökonomischen Marktmodellen wird erwartet, dass Migration von Arbeitskräften zu einem Ausgleich regionaler Lohnunterschiede oder Arbeitslosenraten beitrage.

Eine dritte Globalthese ist sozusagen eine Gegenthese zur Ausgleichsthese. Sie besagt, dass interregionale Migration zu räumlich-sozialen Differenzierungsprozessen führe, wobei es im Extremfall zur Segregation ethnischer Gruppierungen komme. Nach dieser These führt Migration nicht zum sozialen Ausgleich, sondern via räumlicher Segregation von Ethnien, sozialen Klassen oder Altersgruppen zur Reproduktion oder sogar zur Verstärkung sozialer Ungleichheiten.

Die vierte globale These verbindet namentlich Einwanderung aus kulturell unterschiedlichen Regionen mit dem Aufbrechen sozialer Konflikte: Einwanderung erhöhe die Konkurrenz um Arbeitsplätze, Wohnraum, Heiratspartner usw. Sie führe damit zu Verteilungskämpfen, die in Fremdenfeindlichkeit und Diskriminierung gegenüber Ausländern oder ethnischen Minderheiten ihren Ausdruck fänden.

Für alle vier allgemeinen Thesen lassen sich unterstützende Beispiele oder - bei vorurteilsloser Betrachtung - klare Gegenbeispiele finden. Das Hauptproblem liegt darin, dass diese vier Thesen zu undifferenziert sind und die Bedeutung intervenierender Faktoren außer Acht lassen. Auch die in Tabelle 13 aufgeführten möglichen Folgen von Arbeitskräftemigration für Aus- und Einwanderungskontexte sind nur unter jeweils spezifischen Bedingungen relevant.

Tabelle 13
Mögliche demographische, wirtschaftliche und soziale Konsequenzen von Arbeitskräftemigration

A) Mögliche Folgen für Auswanderungskontext (Emigrationskontext)

Demographische Folgen	– Verringerung des Bevölkerungsdrucks, aber unter Umständen auch Erosion der Bevölkerungsstruktur und langfristiger Bevölkerungsrückgang – verstärkte demographische Alterung (durch Abwanderung junger Frauen und Männer)
Wirtschaftliche Folgen	– Reduktion von Arbeitslosigkeit und Unterbeschäftigung – Zusätzliche Einkommen durch Transfereinkommen ('remittances') – Verlust an qualifizierten Arbeitskräften ('brain drain')
Soziale Folgen	– Entwicklungseffekte, z.B. durch Rückwanderer oder internationale Kontakte oder umgekehrt: – Konservierung traditioneller Sozial- und Politikstrukturen – Auflösung sozialer Netze und familial-verwandtschaftlicher Beziehungen – Re-Integrationsprobleme von Rückwanderer

B) Mögliche Folgen für Einwanderungskontext (Immigrationskontext)

Demographische Folgen	– Beschleunigtes Bevölkerungswachstum – Demographische 'Verjüngung' (durch Zuwanderung junger Frauen und Männer) – Veränderte soziale und ethnische Zusammensetzung
Wirtschaftliche Folgen	– (Kurzfristige) Lösung lokaler und sektorieller Arbeitskräftemangel und eventuell Reduktion von Lohndruck – Beschleunigtes Wirtschaftswachstum (Ausweitung von Produktions- und Konsumbasis), möglicherweise aber auch: Verzögerung struktureller und technologischer Anpassungen (Überleben von Grenzbetrieben) – Eventuell infrastrukturelle Überlastungen (z.B. im Wohnbereich)
Soziale Folgen	– Einsparungen an Sozialisations- und Bildungskosten – Erhöhte Mobilitätschancen für einheimische Bevölkerung (durch Unterschichtungsphänomene) – Integrationsprobleme und Gefahr einer ethnischen Segregation – Sozialpolitische Rückwirkungen (z.B. Fremdenfeindlichkeit) – Pluralisierung von Kultur und Gesellschaft (multiethnische Gesellschaft)

Vgl. Reubens 1987: 24ff., Ronzani 1980

Die demographischen, wirtschaftlichen und sozialen Folgen von Aus- und Einwanderungsbewegungen sind abhängig von Form, Ausmaß und Geschwindigkeit von Aus- und Einwanderungsprozessen, von der sozialen und ethnischen Zusammensetzung der einwandernden und einheimischen Bevölkerung, aber auch von der sozialen und kulturellen Rigidität bzw. Assimilationsfähigkeit des Immigrationskontextes sowie von politischen Maßnahmen zur Bewältigung von Wanderungsbewegungen u.a. Zudem können kurzfristige und langfristige Folgen variieren oder gegensätzlichen Charakter aufweisen (z.B. wenn Einwanderung kurzfristig zu Integrationsproblemen führt, langfristig jedoch die soziale, kulturelle und wirtschaftliche Lage der eingewanderten und einheimischen Bevölkerung verbessert).

Im folgenden beschränke ich mich auf einige wenige, ausgewählte Aspekte, die zudem nur sehr summarisch diskutiert werden.[6]

Demographische Folgen von Aus- und Einwanderung
Demographisch bedeutet jede Auswanderung einen (quantitativen) Bevölkerungsverlust für den Emigrationskontext und einen Bevölkerungsgewinn für

---

[6] Die sozialen Folgen von Einwanderung und Gastarbeit werden im übrigen im Rahmen des Grundlagentextes von Annette Treibel (1990) gezielt analysiert.

den Immigrationskontext. Die Land-Stadt-Wanderungen des 19. und 20. Jahrhunderts haben zum Beispiel häufig zur relativen oder sogar absoluten 'Entvölkerung' ländlicher Regionen Europas geführt. Auf der Gegenseite entstanden riesige urbane Ballungsgebiete (vgl. Kap. 4.3.3). Auch die internationale Arbeitskräftemigration der Nachkriegszeit führte teil- und zeitweise zur Entvölkerung ländlicher Gemeinden Südeuropas. In den Einwanderungsländern wurde dagegen - da sich Einwanderer primär in städtischen Regionen niederliessen - die Urbanisierung verstärkt. So leben rund 73% der Immigranten Großbritanniens in den sieben größten Städten (Stalker 1994: 91), und auch in Deutschland leben AusländerInnen überdurchschnittlich häufig in urbanen Regionen (vgl. Frey, Mammey 1996: 45).

Da primär junge Frauen und Männer auswandern, ist Abwanderung immer mit einer verstärkten demographischen Alterung verbunden. Davon betroffen sind heute beispielsweise viele Regionen Ostdeutschlands. Wanderungsverluste, in Kombination mit einem massiven Geburtenrückgang nach der Wiedervereinigung, werden in vielen ostdeutschen Regionen zu einem langfristig anhaltenden Rückgang der Bevölkerung führen. „Der aktuelle demographische Wandel hinterlässt einen tiefen 'Einschnitt' in der ostdeutschen Altersstruktur. Dieser wird in 25 Jahren einen neuerlichen Geburtenrückgang auslösen ('Echo-Effekt') und noch rund 80 Jahre lang in der Alterspyramide der neuen Bundesländer sichtbar bleiben. Die Altersstruktur der neuen Bundesländer wird sich daher auf Dauer von jener des Alt-Bundesgebiets unterscheiden." (Münz, Ulrich 1994:39).

Auf der Gegenseite erfahren Zuwanderungskontexte ein beschleunigtes Bevölkerungswachstum und eine relative demographische Verjüngung der Bevölkerung. Auch die Arbeitskräftemigration hat in den Immigrationsländern deutliche demographische Spuren hinterlassen. So konnte beispielsweise die Schweiz dank Immigration das Geburtendefizit der 1920er und 1930er Jahre in der Nachkriegszeit mehr als wettmachen, und die Einwanderung jüngerer Frauen und Männer reduzierte die demographische Alterung der Bevölkerung in signifikanter Weise (Höpflinger 1986). In der Bundesrepublik Deutschland lässt sich zwei Drittel des Bevölkerungswachstums zwischen 1950 und 1987 auf internationale Einwanderung (Immigration plus Geburt ausländischer Kinder) zurückführen (Dinkel, Meinl 1991). Vor allem nach 1972 konnte die negative Bevölkerungsbilanz (mehr Sterbefälle als Geburten) der einheimischen Bevölkerung nur dank der ausländischen Bevölkerung kompensiert werden. Ohne Einwanderung sowie der höheren Geburtenhäufigkeit ausländischer Frauen hätte Westdeutschland eine Bevölkerungsschrumpfung erfahren. Gleichzeitig trug die Einwanderung zur demographischen Verjüngung der Bevölkerung bei, da die ausländische Bevölkerung durchschnittlich jünger ist als die einheimische Bevölkerung (vgl. Frey, Mammey 1996: 44).

Allerdings bietet Einwanderung für keines der europäischen Länder eine langfristige Lösung des Problems verstärkter demographischer Alterung, außer es würde ständig eine massive Immigration - und damit auch ein permanentes Bevölkerungswachstum - in Kauf genommen.

Wirtschaftliche Folgen
Gemäß vorherrschenden ökonomischen Modellen sollte eine Arbeitskräftemigration zum Ausgleich regionaler Unterschiede des Lohnniveaus oder der Arbeitslosenraten beitragen. Ein solcher Ausgleichseffekt ist allerdings an verschiedene Voraussetzungen gebunden (z.b. flexibler Arbeitsmarkt, keine starke soziale Selektivität von Wanderungsbewegungen, wenig Hindernisse für Mobilität). Empirisch wurden ausgleichende Effekte interregionaler Wanderungsbewegungen für die USA festgestellt, hingegen kaum für internationale Wanderungsbewegungen (Coleman 1994: 28). Internationale Arbeitskräftemigration, aber auch Land-Stadt-Wanderungen scheinen die sozio-ökonomischen Unterschiede zwischen Aus- und Einwanderungskontexten eher zu verstärken, zumindest kurz- und mittelfristig. Außer bei Kleinstaaten führt Auswanderung in Entwicklungsländern auch nicht zu einer wesentlichen und anhaltenden Reduktion von Arbeitslosigkeit und Unterbeschäftigung. „Auswanderung mag in einigen Ländern in geringem Masse die Arbeitslosigkeit entschärft haben und gelegentlich zur lokalen Verknappung von Qualifikationen geführt haben. Aber im allgemeinen spielt Migration nur eine geringe Rolle bei der Verbesserung der Beschäftigungsmöglichkeiten in Entwicklungsländern." (Stalker 1994: 118). Teilweise leiden Entwicklungsländer sogar an einem merkbaren Verlust spezialisierter Arbeitskräfte ('brain drain'). Schwarzafrika beispielsweise verlor zwischen 1960 und 1987 schätzungsweise um die 30% seiner hochqualifizierten Arbeitskräfte, primär an Länder der Europäischen Union (Adepoju 1991: 211). Geldrückflüsse von EmigrantInnen in ihre Heimatländer ('remittances') können zwar sehr namhaft sein (vgl. Stalker 1994: 123), aber ihr Entwicklungseffekt wird allgemein als zweischneidig betrachtet (vor allem, wenn damit primär importierte Güter gekauft werden oder die Geldrückflüsse zur Verteuerung von Boden und Häuser beitragen).

Insgesamt gesehen erweist sich Auswanderung langfristig höchst selten als erfolgreiche 'Entwicklungsstrategie', und Einwanderungsgebiete scheinen wirtschaftlich von Migrationsbewegungen mehr zu profitieren als Auswanderungsregionen (Simon 1989).

Die häufig geäußerte Befürchtung, dass eine massive Immigration 'billiger Arbeitskräfte' das allgemeine Lohnniveau senkt, wird durch die vorhandenen empirischen Ergebnisse stark relativiert: Der Effekt von Immigration auf das Lohnniveau der einheimischen Arbeitskräfte ist im allgemeinen eher bescheiden und zudem nicht immer nur negativ. Empirische Studien gelangen meist zur Folgerung, dass Immigration sich auf die lokalen Löhne auswirkt, aber dass diese Auswirkungen sehr gering sind, wobei für einige Gruppen - wie beispielsweise Frauen - das Resultat sogar positiv sein kann (Stalker 1994: 55, vgl. auch Borjas 1993). Beschäftigungseffekte (Einwanderung und wirtschaftliches Wachstum verstärken sich gegenseitig) können die potentiell negativen Effekte verstärkter 'Konkurrenz um Arbeitsplätze' mehr als kompensieren. Insgesamt sind die gesamtwirtschaftlichen Effekte von Arbeitskräftemigration - nach Kontrolle anderer Faktoren und insbesondere des Effekts von Wirtschaftswachstum auf Einwanderung - oft geringer als häufig angenommen wird.

Soziale Folgen
Noch stärker als die wirtschaftlichen Folgen von Ein- und Auswanderungsprozesse sind die sozialen Folgen von Migrationsbewegungen nicht allein durch Art, Form und Ausmaß der Migrationsprozesse bestimmt, sondern wesentlich sind die sozialen, kulturellen und politischen Rahmenbedingungen von Emigrations- und Immigrationskontexten. Daraus ergibt sich, dass kaum allgemeine Aussagen über die sozialen Folgen von Migrationsprozessen erlaubt sind. Dies gilt umso mehr, als kurz-, mittel- und langfristige Folgen unterschiedlich sein können. So kann massive Auswanderung kurz- und mittelfristig zur Konservierung traditioneller Sozial- und Politstrukturen beitragen, wie dies etwa die Migrationstheorie von Hoffmann-Nowotny (1970) postuliert (Migration als Spannungstransfer). Der kubanische Diktator Fidel Castro zum Beispiel hat die Auswanderung (unzufriedener) KubanerInnen mehr als einmal gezielt verwendet, um seine Herrschaft zu stabilisieren. Längerfristig kann Auswanderung jedoch zur 'Unterhöhlung' bisheriger Sozialstrukturen beitragen, etwa wenn sie langfristig zur 'Entvölkerung' und 'Ruralisierung' ganzer Landstriche führt, oder wenn Exilgemeinden oder Rückwanderer die Legitimität bisheriger Strukturen in Frage stellen und einen sozialen Wandel stimulieren. Nicht immer, aber in manchen Fällen ist die 'soziale Bilanz' einer massiven Abwanderung für Emigrationskontexte durchwegs ambivalent: Kurz- und mittelfristig werden soziale Probleme und Spannungen teilweise reduziert, langfristig kann jedoch der periphere Charakter eines Auswanderungskontexts weiter verstärkt werden. Dies gilt insbesondere für nationale oder internationale Land-Stadt-Migration.

Auf der Gegenseite wird auch Einwanderung meist durchaus ambivalent beurteilt. Einerseits können Einwanderungsgebiete vom Zustrom motivierter und teilweise qualifizierter Arbeitskräfte profitieren, andererseits „empfinden auch und gerade moderne Gesellschaften die Zuwanderung als Problem." (Treibel 1990: 178). Markante Einwanderungsbewegungen können soziale und kulturelle Anpassungsprobleme verschärfen und zu sozialpolitischen Rückwirkungen (wie Fremdenfeindlichkeit) führen. Allerdings sind bei der soziologischen Diskussion der gesellschaftlichen Folgen markanter Einwanderung zwei zentrale Sachverhalte zu berücksichtigen:

Erstens sind Zuwanderung und rascher wirtschaftlicher und sozialer Wandel meist wechselseitig verknüpft. Einwanderung ist oft die Folge eines raschen sozio-ökonomischen Wandels, und nicht deren primäre Ursache. 'Fremdenfeindlichkeit ' ist denn auch häufig eine anomische Reaktion auf raschen wirtschaftlichen und sozialen Wandel, der unter anderem zu einer verstärkten Immigration beiträgt. 'Ausländerfeindlichkeit' hat in solchen Situationen an und für sich wenig mit den Merkmalen der AusländerInnen oder dem Ausmaß an Zuwanderung zu tun, sondern sie ist primär das Resultat einer anomischen Situation (in der 'Fremde' zu Sündenböcken für unbewältigten Wandel gemacht werden). Fremdenfeindliche Muster weisen deshalb oft analoge kulturelle Grundmuster auf (In-group/out-group-Dichotomie, Elemente sozialer Zuschreibung, soziale Stereotypisierung und Affektgeladenheit). Umgekehrt gesagt: Es ist weniger das Vorhandensein von Ausländern, welche zu 'Fremdenfeindlichkeit' führt, sondern es sind anomische Spannungen und spezifische affektive und kognitive Strukturen einer Gesellschaft, die damit ihren Ausdruck finden. Empirisch widerspiegelt sich dies darin, dass häufig keine positiven Korrelationen zwischen Ausmaß an Fremdenfeindlichkeit und Ausländeranteil feststellbar sind (und in der Schweiz fanden in den 1970er Jahre fremdenfeindliche Initiativen in den Kantonen mit den geringsten Ausländeranteilen die höchste Zustimmung). Aus dieser Perspektive werden alle Erklärungsversuche relativiert, die Ausländerfeindlichkeit im Sinne eines Reiz-Reaktions-Prozesses interpretieren.

Zweitens sind die Folgen von Einwanderung sozial ungleich verteilt, und dies gilt sowohl für die einheimische Bevölkerung als auch für die ImmigrantInnen. Vielfach ist die Einwanderung von Arbeitskräften von Prozessen der sozialen Unterschichtung begleitet, da die einwandernden Arbeitskräfte häufig die untersten Positionen des sozialen Schichtungssystems besetzen. Beispielsweise arbeiteten Ende der 1980er Jahre rund 69% der ausländischen Arbeitskräfte in Frankreich als manuelle Arbeiter, verglichen mit nur 30% der einheimischen Arbeitskräfte (Stalker 1994: 95). Auch in Deutschland sind die ausländischen Arbeitskräfte bei den un- oder angelernten Arbeitstätigkeiten übervertreten. So waren beispielsweise 1993 gut 56% der deutschen ArbeitnehmerInnen als Angestellte tätig, hingegen nur 21% der ausländischen Arbeitskräfte (und bei den türkischen Arbeitskräften waren es sogar nur 10%) (Frey, Mammey 1996: 83). Prozesse der Unterschichtung haben einerseits zur Folge, dass sich die Mobilitätschancen eines bedeutsamen Teils der einheimischen Bevölkerung verbessern. Andererseits wird damit die soziale Integration ausländischer Menschen behindert, vor allem, wenn ausländische Frauen und Männer offenen oder versteckten sozialen und beruflichen Diskriminierungen unterworfen werden.

Aus soziologischer Perspektive muss zudem betont werden, dass die Bedeutung kultureller Unvereinbarkeiten häufig überbewertet wird, wogegen die tatsächlich vorhandenen sozialen Unterschiede etwa des Herkunftsstatus (viele ImmigrantInnen entstammen ländlichen Familien) oder des beruflichen Status (Übervertretung manueller und ungelernter Arbeitskräfte) nicht selten in den Hintergrund gerückt werden. Manche Integrationsprobleme sind gerade nicht 'kultureller Art', sondern auf unterschiedliche Statuspositionen und Interessenlagen zurückzuführen. Daher geht es - entgegen einer weit verbreiteten Meinung - vielfach weniger um die Frage kulturell geprägter Unvereinbarkeiten, als darum, dass soziale und statusbezogene Unterschiede von Teilen der einheimischen Bevölkerung im Sinne 'unüberbrückbarer kultureller Differenzen' interpretiert und dargestellt werden. „Wenn Einwanderern ihre mangelnde Assimilationsbereitschaft zum Vorwurf gemacht wird, so wird dabei häufig vergessen, dass die damit angesprochene kulturelle Distanz zu einem nicht geringen Teil entweder im Einwanderungsland erst erzeugt bzw. dort deren Abbau explizit verhindert wird." (Hoffmann-Nowotny 1990: 25). Fehlende Integration und Assimilation von ImmigrantInnen scheinen in erster Linie die Folge langandauernder struktureller Benachteiligungen zu sein, und manifeste soziale Konflikte widerspiegeln deshalb meist eher allgemeine sozio-strukturelle Probleme der Immigrationsgesellschaft selbst, als dass sie auf Merkmale der ImmigrantInnen oder den Prozess der Immigration zurückgeführt werden könnten.

5. Entwicklung von Lebenserwartung und Todesursachen

Wenige andere demographische Entwicklungen haben das Leben der Menschen so grundsätzlich und tiefgreifend verändert wie die Verlängerung der Lebenserwartung. „Für unsere Vorfahren war der grobschlächtig verfahrende Tod eine selbstverständliche Erscheinung in ihrem Alltag. Mittels einer Handvoll immer wiederkehrender Todesursachen: Pocken, Bauchtyphus, Fleckfieber, Cholera, Pest schlug er überall zu, in jedem Alter, in jedem Stand; er traf Männer wie Frauen, Säuglinge und Kinder, Verheiratete wie Ledige." (Imhof 1981: 33). Frühere Generationen waren Krankheiten und vorzeitigem Tod meist hilflos ausgeliefert, und das Verhältnis zu Leben und Tod waren entsprechend fatalistisch geprägt. Dies hat sich im Verlaufe der gesellschaftlichen Entwicklung der letzten hundertfünfzig Jahre grundlegend geändert. Zwar können auch heutige Menschen dem Tod nicht entrinnen (und ihn deshalb höchstens verdrängen), aber die Wahrscheinlichkeit, alt zu werden, hat sich markant erhöht. Der vorzeitige Tod wurde zurückgedrängt und das menschliche Leben entsprechend ausgedehnt. Der Sozialhistoriker Arthur Imhof (1984) macht darauf aufmerksam, dass dabei nicht allein die Lebenserwartung anstieg, sondern dass auch ein folgenschwerer Wandel von einer 'unsicheren zu einer sicheren Lebenszeit' eintrat; ein Wandel, der unsere gesamte Lebensbetrachtung grundlegend verschob. „Die enorme Zunahme krankheits- und schmerzfreier Lebensjahre, die Verlagerung der Todesbedrohung in ein hohes Lebensalter bedeuten eine generelle Zunahme von Lebenschancen. Immer mehr Menschen ist es für immer längere Zeit ihres Lebens möglich, ihr körperliches, geistiges und seelisches Potential zu entwickeln und auszuleben und somit in einem modernen Sinne glücklich zu sein." (Spree 1992: 10)

5.1 Zur Theorie der Sterblichkeitsentwicklung

Während zur Erklärung von Geburtenrückgang oder Migrationsbewegungen eine Vielzahl soziologischer Erklärungsmodelle entwickelt wurde, zeigen sich bei der theoretischen Aufarbeitung des Sterblichkeitsverlaufs auffallende Defizite. *Eine umfassende Gesellschaftstheorie der langfristigen Sterblichkeitsentwicklung fehlt.* „Die Lücken bei der theoretischen Erklärung des Sterblichkeitsverlaufes sind weitaus größer als bei der Fruchtbarkeitsentwicklung. Besitzen wir dort verschiedene Hypothesen und einige vielversprechende, relativ umfassende Konzepte, so kennen wir hier lediglich einige partielle Erklärungen und verfügen über keinen 'synthetischen' Ansatz; es sei denn, dass wir uns mit der Feststellung zufrieden geben, dass 'Modernisierung' zu einer Sterblichkeitssenkung führe." (Hauser 1983: 159). Die Erforschung der Sterblichkeitsentwicklung ist, wie es der deutsche Demograph Rainer Mackensen (1989: 3) formuliert, „ein Stiefkind der Bevölkerungswissenschaft". Auch die Soziologie hat Lebenserwartung und Sterberisiko - mit Ausnahme von Selbstmord - wenig thematisiert, obwohl sich gerade hier markante soziale Ungleichheiten zeigen (vgl. Kap. 5.4).

Jürg A. Hauser (1983) hat deshalb den Versuch unternommen, einen Weg aufzuzeichnen, der zu einer konsistenten Theorie der Sterblichkeitsentwicklung führen kann. Eine solche Theorie muss nicht allein die allgemeine Entwicklung der Mortalität erklären, sondern sie hat schicht- und geschlechtsspezifische Differenzierungen der Lebenserwartung als Folge umweltspezifischen und sozialen Wandels einzubeziehen.

Die Faktoren, die Mortalität bzw. Lebenserwartung beeinflussen, lassen sich unterscheiden einerseits in 'natürliche' Faktoren (genetische und biologische Einflüsse) und andererseits in gesellschaftliche Faktoren (sozio-ökonomische und sozio-kulturelle Bedingungen, spezifische individuelle Verhaltensweisen). Jürg A. Hauser fasst die mortalitätsrelevanten Faktoren in fünf Faktorengruppen zusammen, die untereinander systematisch verknüpft sind:

1. *Genetische und biologische Faktoren:* Dieses Faktorenbündel umfasst die - möglicherweise nach Geschlecht und Herkunft unterschiedlichen - Einflüsse genetischer und biologischer Faktoren auf die maximale Lebensdauer sowie auf die Anfälligkeit von unterschiedlichen Bevölkerungsgruppen gegenüber bestimmten Krankheiten. Hormonale und immunbiologische Unterschiede sind beispielsweise mitverantwortlich dafür, dass Frauen und Männer teilweise von anderen Krankheiten und Todesursachen betroffen werden (Hazzard 1986, 1994). Durch genetische Mutationen von Krankheitserregern können neue, virulente Epidemien entstehen. AIDS ist dafür nur das aktuellste Beispiel (vgl. Mann, Tarantola, Netter 1992). Im Verlaufe der letzten Jahrhunderte haben umgekehrt einige Infektionskrankheiten - wie Masern und Windpocken - aufgrund genetischer Anpassungsprozesse an Tödlichkeit eingebüßt, wodurch sie sich in Europa zu relativ harmlosen Kinderkrankheiten wandelten. Die einheimischen Völker in Amerika und der Südsee wurden hingegen nach ihrer Entdeckung durch für Europäer harmlose Infektionskrankheiten dezimiert oder ausgerottet; ein Hinweis, dass genetische Elemente vielfach erst im Zusammenspiel mit sozialen Faktoren (hier: Konfrontation zweier getrennter Bevölkerungsgruppen im Rahmen europäischer Eroberungen) Wirkung zeigen. Eine globalisierte Gesellschaft ist auch von einer Globalisierung epidemiologischer Risiken begleitet.

Auf eine genetisch-biologische Komponente der Lebenserwartung weist die Beobachtung hin, dass die Lebenserwartung von Blutsverwandten - vor allem Eltern und Kinder - korreliert ist. Biologisch determiniert ist auch die maximale Lebensspanne von Spezies (Manton et al. 1991). Anthropologische Studien weisen darauf hin, dass sich die biologische Lebensspanne der Menschen seit dem Neolithikum kaum wesentlich erhöht hat (Crews 1990: 14). *Die steigende durchschnittliche Lebenserwartung namentlich während des 20. Jahrhunderts ist primär darauf zurückzuführen, dass weniger Menschen vorzeitig sterben (als dass sich die biologische Lebensspanne der Menschen markant erhöht hätte).*

Es war damit auch in vorindustriellen Epochen möglich, dass Frauen und Männer ein hohes oder sehr hohes Alter erreichten, und Betagte unterlagen auch früher analogen biologischen Alternsprozessen. Heutige Alterskrankheiten, wie etwa Demenz (Senilität), Osteoporose (Knochenbrüchigkeit) usw., traten in früheren Zeiten ebenfalls auf. Allerdings war der Anteil von Menschen, die jenes Alter erreichten, wo etwa hirnorganische Störungen (Demenz u.a.) häufiger auftreten, bis ins späte 20 Jahrhundert hinein gering.

2. *Umweltspezifische Faktoren:* Die Umweltfaktoren - in ihrer ganzen Vielfältigkeit und gegenseitigen Verflechtung - bestimmen auch den Lebensraum der Menschen. Die Umwelt beeinflusst die Sterblichkeit von Menschen in vielfältiger Weise. So kann etwa die 'Natur' Menschen in Form unkontrollierbarer, ungebändigter Naturgewalten (Erdbeben, Vulkanausbrüche, Überschwemmungen usw.) vernichten. Zur Umwelt des Menschen gehören auch die Krankheitsträger (Bakterien, Viren), die jahrhundertelang zu wiederkehrenden tödlichen Epidemien (Pocken, Typhus, Cholera, Pest) führten. Ökologische Systeme können aufgrund menschlicher Eingriffe in Form von Bodenerosion, Umweltverschmutzung usw. 'zurückschlagen', wodurch sich die Lebensbedingungen unter Umständen wieder verschlechtern. Die Sterblichkeitsentwicklung wird somit sowohl durch die sozio-ökonomische und technologische Kontrolle von Naturgewalten und Epidemien als auch durch die Belastung ökologischer Systeme beeinflusst. Luft- und Wasserverschmutzung, aber auch Schadstoffe in Nahrungsmittel usw. können Morbidität (Krankheitshäufigkeit) und Mortalität (Sterblichkeit) erhöhen. Während in früheren Zeitepochen vor allem die fehlende Beherrschung von Naturgewalten und Krankheitsträgern zu hohen Sterbeziffern führte, wird heute immer mehr die Belastung der Natur durch den Menschen zum gesundheitlichen Problem.

3. *Sozio-ökonomische Faktoren:* Die Lebenserwartung wird wesentlich durch die Lebensbedingungen beeinflusst. Sozio-ökonomische Unterschiede haben schon in früheren Perioden zu ausgeprägten Unterschieden der Lebenserwartung beigetragen, und auch heute leben die Reichen länger als die Armen.

Entscheidend für allgemein niedrige Sterblichkeitsraten ist insbesondere die Deckung des Grundbedarfs an Nahrung. Eine reichlichere und regelmäßige Ernährung der Bevölkerung war historisch ein entscheidender Faktor zur Erhöhung der Lebenserwartung, da gut ernährte Menschen gegenüber vielen Infektionskrankheiten weniger anfällig sind. Weitere sozio-ökonomische Faktoren, wie bessere Wohnverhältnisse und organisierte Wasser- und Abfallversorgung, trugen aufgrund ihrer sozialhygienischen Wirkungen ebenfalls zur Erhöhung der Lebenserwartung und insbesondere zur Verringerung der Säuglings- und Kleinkindersterblichkeit bei.

Mit zunehmender wirtschaftlicher Entwicklung erhöht sich die Nachfrage nach Gütern, die den Grundbedarf übersteigen. Auch der Konsum solcher Güter (wie zusätzliche Bildung, Sport, Ferienreisen oder umgekehrt Suchtmittel) beeinflusst die Sterbeverhältnisse. Dies gilt sachgemäß auch für jene Güter und Dienstleistungen, die sich direkt auf körperliches Wohlbefinden und Gesundheit ausrichten (Medikamente, Kuraufenthalte, Schönheitsfarmen, Abmagerungskuren, Fitnesscenter usw.). In modernen Dienstleistungsgesellschaften steigt die Nachfrage nach gesundheitsbezogenen Gütern und Dienstleistungen steil an, womit der Gesundheitssektor - mit seinem lebens- und gesundheitserhaltenden Anspruch - selbst zu einem wichtigen Wirtschaftssektor wurde.

4. *Sozio-kulturelle Faktoren:* Darunter fallen gesellschaftliche Normen und Sanktionssysteme, die den Rahmen für individuelles Verhalten setzen. Die sozio-kulturellen Faktoren sind nach Ansicht von Jürg A. Hauser (1983) allgemein wichtige 'Steuervariablen' der Mortalitätsentwicklung: „Sie wirken weniger direkt auf Morbidität/Mortalität als vielmehr auf dem Umweg über die sozio-ökonomischen Faktoren resp. über das (spezifisch) individuelle Verhalten." (167)

Für die Entwicklung der Morbidität und Mortalität besonders relevant sind:

a) die allgemeinen Kenntnisse über Krankheitsursachen sowie die gesellschaftlich akzeptierten und sozial geforderten Verhaltensweisen in bezug auf Hygiene, gesundheitliche Prävention und medizinische Versorgung. So haben gezielte staatliche Kampagnen und Sanktionen im 19. Jahrhundert beigetragen, neue Sauberkeits- und Hygienenormen zu verbreiten. Im 20. Jahrhundert trug die vermehrte Wertschätzung von Licht, Luft und Sonne dazu bei, die Gefahr von Tuberkulose oder anderer Infektionskrankheiten zu mindern. Heute gehören Sauberkeit und Hygiene zu den früh internalisierten Verhaltensnormen, und abweichendes Verhalten (schmutziges Aussehen, unhygienische Verhältnisse am Arbeitsplatz, zu Hause oder in Gaststätten) werden rasch negativ sanktioniert.

b) die hohe gesellschaftliche Stellung der 'modernen' kurativen und präventiven Medizin, womit selbst zwangshafte gesundheitliche Interventionen sozial akzeptiert werden. Organisierte Impfkampagnen waren erstmals gegen Ende des 18. Jahrhunderts für die Ausmerzung der Pocken entscheidend (Mercer 1985). Im 20. Jahrhundert konnte die Kinderlähmung dank zentralstaatlich organisierten Schutzimpfungen besiegt werden, und die nach dem II. Weltkrieg zur Anwendung gelangenden Antibiotika haben die Tuberkulose-Mortalität weiter reduziert (zumindest bis resistente Tb-Viren speziell in urbanen Slumgebieten ein Wiederaufleben dieser

Krankheiten erlaubten). Der hohe Status der Medizin führt einerseits zur großzügigen finanziellen Unterstützung medizinischer Forschung und andererseits dazu, dass neue Behandlungsmethoden eine rasche Akzeptanz und Diffusion erfahren.

c) Veränderungen der Familiennormen und der Vorstellungen zur Säuglingspflege und Kindererziehung. Von entscheidender Bedeutung - namentlich für die Verringerung der Säuglings- und Kindersterblichkeit - erwiesen sich neue Normen zur Kleinkinderpflege (z.b. Stillen durch eigene Mutter, vermehrte Beachtung von Sauberkeit). Die Intensivierung der Mutter-Kind-Beziehung im Verlaufe des Durchbruchs bürgerlicher Familiennormen wird heute als eine entscheidende Ursache der rückläufigen Säuglings- und Kindersterblichkeit angesehen. In jedem Fall sind Stellung und Verhalten von Frauen innerhalb einer Gesellschaft und innerhalb von Familien zentrale Faktoren nicht allein für die Säuglingssterblichkeit, sondern auch für das Krankheits- und Sterberisiko in späteren Lebensphasen.

5. *Spezifisches Verhalten:* Unter dieser Kategorie werden von Jürg A. Hauser primär mortalitätsrelevante Verhaltensmuster von Individuen und/oder Familien (Stichwort: Lebensstil) zusammengefasst. Aufzuführen sind namentlich:

a) Verhalten bezüglich der eigenen Gesundheit. Dazu gehören Ess- und Schlafverhalten, sowie bewusst gesundheitsfördernde Aktivitäten (Sport, Fitness, regelmäßige ärztliche Kontrollbesuche usw.). Relevant ist aber auch das Verhalten gegenüber gesundheitsschädigenden Genussmittel, wie Süßigkeiten, Rauchwaren, Alkohol und Drogen.

b) Verhalten in bezug auf berufliche oder private Gefahrenlagen, z.B. Verhalten als Verkehrsteilnehmer (Unfallrisiko), aber auch Selbstmordgefährdung uam.

c) Verhalten und Einstellungen bei Stress und in Krankheitssituationen (psychosomatische Dimensionen).

d) das Verhalten von Eltern, Ehepartnern oder anderer Bezugspersonen in bezug auf gesundheits- und mortalitätsrelevante Aspekte (Gesundheitserziehung, familiale Pflege und Betreuung usw.).

Individuelle und familiale Verhaltensunterschiede führen zu markanten individuellen Unterschieden in der Lebenserwartung, und da individuelles und familiales Verhalten je nach sozialer Schichtzugehörigkeit und/oder Geschlecht variieren, sind in allen Gesellschaften ausgeprägte schicht- und geschlechtsspezifische Unterschiede der altersspezifischen Mortalitätsraten zu erwarten (vgl. Kap. 5.4).

7 Thesen
In einem ersten Versuch, das Zusammenwirken der verschiedenen Faktorengruppen systematisch zu erfassen, postuliert Jürg A. Hauser (1983: 174-175) sieben grundsätzliche Thesen:

1. Niveau und geschlechtsspezifische Differenzierung der Sterblichkeit sind in jedem Punkt des sozialen Wandels bestimmt durch die Summenwirkung der natürlichen und gesellschaftlichen Faktoren.

2. Intensität und Größe der einzelnen Komponenten - und damit die Summenwirkung der Faktoren - ändern sich im Durchlauf der einzelnen Entwicklungsstufen einer Gesellschaft. Unter Annahme typischer Entwicklungsmuster des sozialen Wandels entstehen typische Verlaufsmuster für den Einfluss der Faktoren auf die Lebenserwartung. In der Folge ergibt sich innerhalb des sozialen Wandels (Modernisierung) für ein Land ein typischer (hypothetischer) Entwicklungspfad der Lebenserwartung von Männern und Frauen. Tatsächlich erfahren alle Gesellschaften mit zunehmender sozio-ökonomischer Entwicklung und gesellschaftlicher Modernisierung eine markante Erhöhung der Lebenserwartung bzw. einen Übergang von hohen zu tiefen Sterberaten.

3. Empirische Abweichungen von diesem hypothetischen Entwicklungspfad oder außerhalb der 'Norm' liegende Werte für die Lebenserwartung von Männern und Frauen sind zurückzuführen auf eine vom als typisch angenommenen Verlauf abweichende Abfolge der einzelnen Stufen des sozialen Wandels bzw. der Modernisierung (z.B. Ausbau medizinischer Interventionen vor sozio-ökonomischer Entwicklung). Auch abweichende Entwicklungen familialer Verhaltensmustern (z.B. stärker matriarchal versus stärker patriarchal geprägte Familienbeziehungen) können die Entwicklungsverläufe der Sterblichkeit beeinflussen. So weisen Entwicklungsländer mit ähnlichem sozio-ökonomischen Niveau sehr unterschiedliche Sterberaten auf (vgl. Caldwell 1986). Von entscheidender Bedeutung für eine Reduktion namentlich der Säuglings- und Kindersterblichkeit sind einerseits staatliche Politiken (medizinische Grundversorgung auch ländlicher Regionen und armer Bevölkerungsgruppen) und andererseits die soziale Stellung von Frauen (Ausbildung, Gleichberechtigung bei der Ernährung u.a.).

4. Die geschlechtsspezifischen Unterschiede in der Lebenserwartung innerhalb eines bestimmten Sterblichkeitsniveaus erklären sich vornehmlich durch (phasen- und gesellschaftsspezifisch, insbesondere kulturspezifisch bedingte) unterschiedliche Muster des emotionalen und ökonomischen Verhaltens innerhalb von Familien. Diese These wird allerdings durch neuere Studien relativiert, die auf die Bedeutung außerfamilialer Faktoren für geschlechtsspezifische Unterschiede der Lebenserwartung hinweisen (vgl. Stuckelberger, Höpflinger 1996).

5. Im Verlauf des sozialen Wandels bleibt der Einfluss der genetischen Faktoren konstant. Der betrachtete Zeitraum sei zu kurz, um wesentliche genetische Veränderungen mit signifikanter Wirkung auf die Lebenserwartung hervorzubringen. Diese Hypothese wird durch die Beobachtung gestützt, dass sich die maximale biologische Lebensspanne der Menschen seit den letzten paar tausend Jahren nicht wesentlich verändert hat (Crews 1990, Manton et al. 1991). Auf der anderen Seite relativiert das Aufkommen neuer Epidemien (wie AIDS oder Ebola) die These, dass genetische Veränderungen namentlich von Krankheitserregern ohne Bedeutung sind (vgl. Garrett 1994).

6. Aus den Hypothesen 4 und 5 folgt Jürg A. Hauser, dass für die Veränderung der geschlechtsspezifischen Sterblichkeitsunterschiede innerhalb des sozialen Wandels nur die gesellschaftlichen Faktoren verantwortlich sind. Neuere Studien interpretieren allerdings die Veränderungen der geschlechtsspezifischen Unterschiede in Morbidität und Mortalität teilweise als Folge interaktiver Effekte sozialer und immunbiologischer Unterschiede (Hazzard 1986, 1989, 1994).

7. Die Veränderungen der Umweltfaktoren bewirken lediglich eine Veränderung des allgemeinen Sterblichkeitsniveaus, sind aber prinzipiell geschlechtsneutral. Eventuelle geschlechtsspezifisch unterschiedliche Auswirkungen von Veränderungen dieser Komponente können nur mit geschlechtsspezifisch unterschiedlichem Verhalten der veränderten Umwelt gegenüber erklärt werden. In anderen Worten: Die Ursachen geschlechtsspezifisch unterschiedlicher Auswirkungen von Umweltkomponenten sind auf gesellschaftliche Faktoren zurückzuführen.

Die Bedeutung der theoretischen Skizze von Jürg A. Hauser (1983) liegt darin, dass die Entwicklung der Sterbeverhältnisse und der Lebenserwartung primär durch gesellschaftliche Faktoren erklärt wird. *Soziologische Ansätze erhalten gegenüber biologischen oder medizintechnologischen Ansätzen eindeutig die Priorität. Gleichzeitig wird sozialen und geschlechtsspezifischen Unterschieden der Mortalität bzw. der Lebenserwartung von vornherein eine zentrale Bedeutung eingeräumt.* Dabei wird von der zentralen Annahme ausgegangen, dass die verschiedenen gesellschaftlichen Schichten und regionalen Bevölkerungen vom sozialen Wandel zu unterschiedlichen Zeiten und in unterschiedlichem Ausmaß berührt werden. Damit wird eine differentielle Betrachtung der Mortalitätsentwicklung möglich. Allerdings weist die gesellschaftstheoretische Aufarbeitung des Sterberisikos noch große Lücken auf (und der von Jürg A. Hauser vorgeschlagene Theorieentwurf wurde meines Wissens kaum weiterentwickelt).

5.2 Zur historischen Entwicklung der Lebenserwartung

Jahrhundertelang wurde das Leben der Menschen durch wiederkehrende Epidemien (Pest, Cholera, Typhus, Pocken u.a.) bedroht. Ausgeprägte Hungersnöte nach Missernten verschärften die Lage. Die Sterblichkeitsraten waren hoch und schwankten von Jahr zu Jahr stark (z.b. je nach Wetter- und Erntebedingungen). Vor allem die Säuglings- und Kindersterblichkeit war enorm, und im Durchschnitt erlebten von zwei Neugeborenen nur eines das Erwachsenenalter. Vor allem die seit Mitte des 14. Jahrhunderts immer wieder auftauchende Pest war gefürchtet. Sie forderte viele Opfer und liess zeitweise ganze Landstriche veröden. So wurde etwa die Stadt Basel zwischen 1300 und 1700 35 mal von einer größeren Epidemie heimgesucht, wovon allein 24 mal vom 'Schwarzen Tod'. Dabei wurde die Stadtbevölkerung innert Wochen oder Monaten um ein Drittel oder gar um die Hälfte reduziert (Gschwind 1977). Die häufigen Kriegszüge in Europa, aber auch feudale Ausbeutung verringerten die Lebenschancen breiter Bevölkerungsschichten weiter. Allerdings lebten auch damals - wie heute - die Reichen länger als die Armen. So erreichten in der Stadtrepublik Genf im 17. Jahrhundert von 1000 Personen aus der Oberschicht (höhere Amtsträger, Groß- und mittleres Bürgertum) 305 das 60. Lebensjahr. Bei der Mittelschicht (Kleinbürgertum, Handwerker, qualifizierte Arbeiter) waren es 171, und bei der Unterschicht (unqualifizierte Arbeiter, Handlanger) erlebten nur 106 von 1000 ihren 60. Geburtstag (Perrenoud 1975).

Das Muster einer immer wieder durch Epidemien und Hungerseuchen dezimierten Bevölkerung begann sich in Europa erst gegen Ende des 17. Jahrhunderts allmählich zu ändern. Das Ende der tödlichen Pestwellen war ein wichtiger Schritt. 1720 wurde die letzte europäische Pestepidemie verzeichnet, die dank Quarantänemaßnahmen nur bis Marseille und Umgebung vordrang. Missernten mit darauffolgenden lokalen Hungersnöten oder Infektionskrankheiten, wie Pocken, Cholera oder Typhus, trafen die Menschen des 18. Jahrhunderts jedoch weiterhin hart. So fielen im 18. Jahrhundert Pockenepidemien direkt oder indirekt an die 15-20% jedes Geburtsjahrgangs zum Opfer (Mercer 1985, Sundin 1994). Im 18. Jahrhundert gelang es allerdings allmählich, die Ausbreitung von Seuchen und Hungersnöten einzudämmen. Dafür war auch der Aufbau absolutistischer Staatswesen verantwortlich. Strenge Quarantänevorschriften behinderten die Ausbreitung von Seuchen, und dank verbesserten Verkehrswegen und erhöhter Vorratshaltung (beides staatspolitisch begründet) wurden die Folgen lokaler Missernten eingeschränkt (Kunitz 1983). Damit ergab sich in einigen staatlich durchorganisierten Gebieten Europas schon im 18. Jahrhundert eine Erhöhung der Lebenserwartung, auch wenn das Sterberisiko für Säuglinge und Kinder weiterhin hoch blieb. Erreichten in der Stadtrepublik Genf - einer gut organisierten religiösen Diktatur - Ende des 16. Jahrhunderts erst 143 von 1000 Geborenen das 50. Lebensjahr, waren es gegen Ende des 17. Jahrhunderts schon 223 und Ende des 18. Jahrhunderts sogar 354 (Perrenoud 1979). In anderen Regionen Europas erfolgte ein definitiver Anstieg der Lebenserwartung allerdings erst in der ersten Hälfte des 19. Jahrhunderts, da ständige kriegerische

Auseinandersetzungen oder eine Verarmung städtischer und ländlicher Unterschichten die Sterblichkeitsraten immer wieder erhöhten.

Ein entscheidender Faktor für das langfristig wirksame Zurückdrängen des vorzeitigen Todes war eine verbesserte Ernährung breiter Bevölkerungsschichten. Der Beginn des Prozesses zu höherer Lebenserwartung war in manchen Regionen Europas eng mit der Modernisierung der Landwirtschaft verknüpft. Dank besserer Bewirtschaftung des Landes, der Einführung neuer Futterpflanzen, einer gezielten Zucht von Milchkühen sowie der allmählichen Verbreitung der Kartoffel begann sich die 'Nahrungslücke' zu schließen. Die Menschen vermochten sich trotz ihrer wachsenden Zahl reichlicher zu ernähren, und sie waren gegen Subsistenzkrisen (Hungersnöte) besser geschützt. In einigen Regionen verbesserte sich die Ernährung der Bevölkerung schon im späten 18. Jahrhundert, in anderen Regionen konnte sich die Agrarmodernisierung hingegen erst im 19. Jahrhundert durchsetzen. In verschiedenen Regionen Europas sicherte auch das Aufkommen von Heimarbeit den Lebensstandard der Bevölkerung. In der Schweiz beispielsweise begann der Sterblichkeitsrückgang in Gebieten mit ausgebauter 'proto-industrieller' Heimarbeit zuerst, da sich damit auch Frauen und Männer ohne oder mit nur geringem Landbesitz reichlicher zu ernähren vermochten (Mattmüller 1976). Ab Ende des 18. Jahrhunderts wandelten sich allmählich auch die Einstellungen zu Krankheit und Tod. An Stelle einer fatalistischen und passiven Hinnahme traten im Rahmen eines aufklärerischen Fortschrittsglaubens aktivistische Einstellungen zur Krankheitsbekämpfung. In manchen Ländern Europas wurden schon im 19. Jahrhundert durchaus aggressive gesundheitspolitische Propagandafeldzüge betrieben, die vielfach in massiven zentralstaatlichen Gesundheits- und Impfkampagnen mündeten (Sundin 1994: 127).

Trotz allmählich besserer Ernährungsgrundlage und verstärkten hygienischen Anstrengungen (etwa in Bezug auf Abwässer und Abfallbewirtschaftung in den Städten) blieb die durchschnittliche Lebenserwartung bei Geburt allerdings vielerorts bis tief ins 19. Jahrhundert vergleichsweise gering. So bewegten sich die Sterberaten in weiten Gebieten Deutschlands bis Ende der 1880er Jahre auf einem relativ hohen Niveau (vgl. Spree 1992: 12). Chronische Infektionskrankheiten blieben bis zu Beginn des 20. Jahrhunderts virulent, wobei die mit der industriellen Entwicklung verbundene Proletarisierung breiter Bevölkerungsschichten und eine rasche Verstädterung die Ausbreitung von Infektionskrankheiten zusätzlich begünstigten. Junge Männer und Frauen wurden etwa häufig Opfer von Lungentuberkulose; eine Krankheit, die im späten 19. Jahrhundert rund 10% aller Todesfälle verursachte und damit die Haupttodesursache junger Erwachsener war (vgl. Spree 1992).

Tabelle 14
Zur Entwicklung der Lebenserwartung und der Säuglingssterblichkeit in Deutschland seit 1871/80

	Lebenserwartung bei Geburt		Lebenserwartung nach 1. Lebensjahr		Säuglingssterblichkeit (pro 100 Lebendgeborene)	
	M	F	M	F	M	F
Reichsgebiet:						
1871/80	35.6	38.5	46.5	48.1	25.3	21.7
1881/90	37.2	40.3	47.9	49.7	24.2	20.7
1901/10	44.8	48.3	55.1	57.2	20.2	17.1
1932/34	59.9	62.8	64.4	66.4	8.5	6.8
Westdeutschland:						
1949/51	64.6	68.5	67.8	71.0	6.2	4.9
1980/82	70.2	76.9	70.1	76.7	1.1	0.8
1991/93	73.1	79.4	72.6	78.9	0.7	0.6
Ostdeutschland:						
1980	68.7	74.6	68.7	74.4	1.2	0.8
1991/93	69.9	77.2	69.4	76.6	0.7	0.6

Achtung: Querschnittsbetrachtung, welche die direkte Kriegsbetroffenheit diverser Geburtsjahrgänge nicht berücksichtigt. Quelle: Haudidier 1995, Mackensen 1989, Statistisches Bundesamt 1985, Council of Europe 1995.

In Deutschland verzögerte die Aufsplitterung in absolutistisch regierten Fürstentümer - mit defensiv-konservativer Ausrichtung - flächendeckende agrar- und gesundheitspolitische Maßnahmen. Eine gesetzliche Pockenimpfung konnte erst 1874 - nach der Reichsgründung - durchgesetzt werden. Die durchschnittliche Lebenserwartung in Deutschland war deshalb im 19. Jahrhundert geringer als in Ländern, die sich schon früh zentralstaatlich organisiert hatten (wie Schweden, England, Frankreich). Zur Zeit der Reichsgründung betrug die durchschnittliche Lebenserwartung von Männern bei der Geburt erst rund 36 Jahre, im Vergleich zu rund 41 Jahren in Frankreich. Deutsche Frauen konnten damals mit 39 Lebensjahren rechnen, wogegen französische Frauen auf 44 Jahre kamen (Haudidier 1995).

Säuglingssterblichkeit
Ein entscheidender Faktor für die geringe durchschnittliche Lebenserwartung in früheren Epochen war die hohe Säuglingssterblichkeit. Von 100 Neugeborenen verstarben im 18. und 19. Jahrhundert oft mehr als 20-25 schon im ersten Lebensjahr (Flinn 1981, Knodel 1970). Vor allem Magen-Darm-Infekte rafften viele Säuglinge hinweg. Die epidemischen Infektionskrankheiten (Pocken, Masern, Scharlach, Keuchhusten usw.) „verloren mit wachsender Verkehrs- und Kommunikationsdichte während des 18. und frühen 19. Jahrhunderts ihren altersunspezifischen Charakter und wurden in wachsendem Masse zu typischen Kinderkrankheiten, die primär Säuglinge und Kleinkinder bedrohten." (Spree 1992: 15-16). Wer im 18. und 19. Jahrhundert das erste Lebensjahr überlebte,

dessen Lebenserwartung erhöhte sich allerdings deutlich, weil die Überlebenden gegenüber vielen Infektionskrankheiten immun wurden.

An der hohen Säuglingssterblichkeit - vor allem verursacht durch Verdauungskrankheiten - änderte sich bis gegen Ende des 19. Jahrhunderts in den meisten Gebieten Europas wenig. Die Säuglings- und Kleinkindersterblichkeit stieg Mitte des 19. Jahrhunderts in vielen Regionen sogar vorübergehend an, hauptsächlich aufgrund einer verstärkten Virulenz von Diphtherie und Scharlach. Auch Proletarisierung und Urbanisierung erleichterten die Ausbreitung von Seuchen. Während 1849-63 in Berlin 25% aller ehelich geborenen Säuglinge im 1. Lebensjahr verstarben, waren es 1876-80 sogar 30% (Cromm 1989). Zu einem markanten Rückgang der Säuglingssterblichkeit kam es vielerorts erst gegen Ende des 19. Jahrhunderts oder zu Beginn des 20. Jahrhunderts.

Die Säuglings- und Kleinkindersterblichkeit wurde insbesondere durch einen Wandel der Mutter-Kind-Beziehungen reduziert. Veränderte Stillgewohnheiten (Stillen durch Mütter) sowie eine intensivere und hygienischere Säuglingspflege erhöhten die Lebenserwartung der Neugeborenen. „Es besteht kein Zweifel, dass die Qualität der mütterlichen Kinderpflege und -fürsorge ganz losgelöst von den anderen Faktoren Krankheit und Ernährung eine selbständige Variable bei der Kindersterblichkeit ist... Mütterliche Pflege wirkt sich natürlich auf die Qualität der Kinderernährung aus, da sich liebende Mütter in den 'bösen alten Tagen' mit größerer Wahrscheinlichkeit um Kuhmilch bemühten, anstatt ihre Kinder mit Brei zu füttern. Sie wirkt sich ebenso auf den Grad der häuslichen Sauberkeit aus, da besorgte Mütter wiederum mit größerer Wahrscheinlichkeit ihre Kinder trockenlegen, ihre Bettwäsche sauberhalten, die Schweine von der Wiege fernhalten und vieles mehr." (Shorter, 1977: 277).

Die intensivere Betreuung der Säuglings- und Kleinkinder setzte eine verstärkte Konzentration der Frauen auf 'ihre Mutterpflichten' voraus, womit sich die geschlechtsspezifische Arbeitsteilung verstärkte. *Die Reduktion der Säuglings- und Kleinkindersterblichkeit wurde sozusagen durch eine erhöhte Häuslichkeit bzw. 'Domestifikation' von Frauen 'erkauft'. Ganz allgemein lässt sich feststellen, dass die erhöhte Lebenserwartung nur dank einer enormen sozialen Disziplinierung der Menschen möglich wurde. Davon betroffen waren insbesondere (Haus-)Frauen, die für häusliche Sauberkeit und Hygiene verantwortlich gemacht wurden.*

Bis Mitte des 20. Jahrhunderts war die Zunahme der Lebenserwartung vor allem die Folge einer reduzierten Tödlichkeit von Infektionskrankheiten. Vom Rückgang tödlicher Infektionskrankheiten profitierten alle Altersgruppen, aber die Auswirkungen auf die Säuglings- und Kindersterblichkeit waren besonders spektakulär. Die Reduktion tödlicher Infektionen des Kindesalters und das Zurückdrängen der Lungentuberkulose bei jungen Erwachsenen waren das Ergebnis mehrerer zusammenwirkender Faktoren: Einerseits wurde die Resistenz gegenüber Infektionskrankheiten durch eine regelmäßigere Ernährung gesteigert, andererseits wurde die Ausbreitung von Krankheitserregern dank verbesserter öffentlicher und individueller Hygiene (und später verringerter Wohndichte) behindert (vgl. Spree 1992:50). In der Nachkriegszeit kamen Entdeckung und Verbreitung wirksamer Antibiotika hinzu.

Die steigende Lebenserwartung bis zur ersten Hälfte des 20. Jahrhunderts lässt sich daher vereinfacht formuliert primär auf das Zusammenspiel von verbesserter Lebenslage (insbesondere Ernährung), verstärkter sozialer Disziplinierung (Internalisierung von Sauberkeits- und Hygiene-Normen) und zentralstaatlichen Interventionen (bessere Wasserversorgung, Abwässerbeseitigung, Gesundheitskampagnen u.a.) zurückführen.

5.3 Entwicklung von Mortalität und Lebenserwartung in den letzten 30 Jahren

Tabelle 15 zeigt die Entwicklung der Lebenserwartung von Männern und Frauen seit 1960 in ausgewählten europäischen Ländern. In den meisten europäischen Ländern ist die Lebenserwartung seit 1960 in namhafter Weise weiter angestiegen, und zwar deutlich stärker als damals vorausgesehen wurde (Vallin 1989). Im europäischen Durchschnitt erhöhte sich die durchschnittliche Lebenserwartung zwischen 1960 und 1990 für Männer um gut fünf Jahren und für Frauen sogar um sechseinhalb Jahre. Das Ausmaß des Anstiegs variierte allerdings je nach Region. Dabei sind zwei Beobachtungen von besonderem Interesse:

Erstens haben südeuropäische Länder - wie Portugal und Spanien - deutlich aufgeholt. Sie erfuhren in dieser Periode nicht nur eine rasche Modernisierung, sondern auch eine Angleichung ihrer Lebenserwartung an diejenige nord- und westeuropäischer Länder.

Zweitens erlebten die osteuropäischen Länder eine andere Entwicklung als nord- west und südeuropäische Länder. Insbesondere in den 1970er und 1980er Jahren verlangsamte sich der Anstieg der Lebenserwartung in Osteuropa. Einige osteuropäische Länder erfuhren sogar eine rückläufige Entwicklung, namentlich was die Lebenserwartung von Männern betraf. So verdoppelte sich beispielsweise in Ungarn zwischen 1960 und 1990 das Sterberisiko von 40-50jährigen Männern. Dies führte trotz weiterem Rückgang der Säuglings- und Kindersterblichkeit zu einem Absinken der durchschnittlichen Lebenserwartung von Männern. Die Hauptgründe für das Ansteigen der Sterblichkeit im mittleren Lebensalter in osteuropäischen Ländern waren einerseits eine Verschlechterung der medizinisch-gesundheitlichen Versorgung und andererseits eine verstärkte Tendenz zu ungesunder und risikoreicher Lebensweise bei manchen Männern (Alkoholismus, Unfallrisiko, Übergewicht u.a.m.) (vgl. Okolski 1994).

Tabelle 15: Entwicklung der Lebenserwartung in europäischen Ländern

Durchschnittliche Lebenserwartung bei Geburt: Männer

	1960	1970	1980	1990	2020 Projektionen	
Belgien	66.8	67.8	70.0	72.9	76.4	78.0
Bulgarien	67.8	68.6	68.5	68.2	75.4	
Dänemark	70.4	70.7	71.2	72.0	77.0	77.5
Deutschland - Ost	67.8	68.9	68.7	70.2	75.9	
Deutschland - West	66.9	67.3	69.9	73.0	76.6	78.0
Finnland	65.1	66.3	69.2	71.1	76.2	
Frankreich	67.0	68.4	70.2	72.9	76.6	78.0
Griechenland	67.2	70.1	72.2	73.0	77.6	78.5
Großbritannien	67.9	68.6	70.4	72.8	76.9	78.0
Irland	67.8	68.8	69.9	71.9	76.4	77.5
Italien	66.5	68.2	71.0	73.8	76.9	79.0
Niederlande	71.3	71.1	72.5	73.8	77.7	78.5
Norwegen	71.2	71.2	72.4	73.4	77.6	
Österreich	65.6	66.5	69.0	72.5	76.1	
Polen	64.8	66.8	66.9	66.5	74.0	
Portugal	60.7	64.2	69.1	70.0	75.7	77.5
Rumänien	63.9	66.3	67.2	66.5	74.5	
Schweden	71.2	72.2	72.8	74.8	78.0	
Schweiz	68.7	70.1	72.4	74.1	77.7	
Spanien	66.9	69.6	72.5	73.6	77.6	78.5
Tschechoslowakei	67.8	66.3	66.8	67.8	74.5	
Ungarn	65.9	66.3	65.7	65.1	74.0	

Durchschnittliche Lebenserwartung bei Geburt: Frauen

	1960	1970	1980	1990	2020 Projektionen	
Belgien	72.7	74.2	76.8	79.6	82.4	83.0
Bulgarien	71.4	73.9	73.9	75.0	80.7	
Dänemark	74.1	75.9	77.2	77.7	82.5	82.0
Deutschland - Ost	72.2	74.2	74.6	76.6	81.3	
Deutschland - West	72.2	73.6	76.5	79.6	82.4	83.0
Finnland	72.0	74.2	77.6	79.1	83.0	
Frankreich	73.5	75.7	78.4	80.9	83.4	83.0
Griechenland	70.5	73.6	76.4	78.8	82.2	83.0
Großbritannien	73.6	74.9	76.3	78.4	82.3	82.5
Irland	71.4	73.3	75.3	77.4	81.7	82.0
Italien	71.4	74.0	77.8	80.2	83.2	84.0
Niederlande	75.3	76.7	78.9	80.0	83.5	83.5
Norwegen	75.8	77.1	79.1	79.8	83.5	
Österreich	72.0	73.4	76.1	79.0	82.1	
Polen	70.5	73.7	75.4	75.5	80.8	
Portugal	66.4	70.8	76.7	77.3	82.1	82.5
Rumänien	67.1	70.9	72.3	72.4	79.8	
Schweden	74.9	77.1	78.8	80.4	83.5	
Schweiz	74.1	76.2	79.1	80.9	83.6	
Spanien	71.7	75.1	78.6	80.4	83.2	83.5
Tschechoslowakei	73.2	73.2	74.0	75.5	80.7	
Ungarn	70.2	72.2	72.7	73.7	80.4	

Projektion 2020: Erste Zahl: Projektion der United Nations, Zweite Zahl: Projektion der Eurostat. Quelle: Meslé 1993: Tabellen 3.1, Tabellen 3.3. und 3.4

Auch zwischen der Bundesrepublik Deutschland und der damaligen DDR kam es seit den 1970er Jahren zu einem Auseinanderklaffen der Lebenserwartung. Dafür wird einerseits der unzulängliche Zustand der medizinischen Versorgung in der ehemaligen DDR angeführt. Andererseits haben auch Ost-West-Wanderungen selektiv gewirkt. Auswanderer waren und sind gesünder, weshalb sie geringere Sterbeziffern aufweisen (vgl. Dinkel. 1994). Hingegen waren unterschiedliche Umweltbelastungen weniger relevant: „Die Übersterblichkeit der DDR beruhte ganz überwiegend auf der höheren Herz-Kreislaufsterblichkeit, die kaum umweltbedingt ist." (Dinkel 1993: 165).

Eine Analyse der altersspezifischen Sterblichkeitsraten lässt in den meisten westeuropäischen Ländern analoge Trends erkennen (Gärtner 1995): Die Säuglingssterblichkeit sank weiter, und zu Beginn der 1990er Jahre lag sie in nahezu allen hochentwickelten Ländern unter 1%. Auch das Sterblichkeitsrisiko von Kindern, Teenagern und jungen Erwachsenen reduzierte sich in vielen Ländern weiter.

In einigen Ländern (Schweiz, Frankreich) erhöhte sich hingegen das Sterberisiko 20-35jähriger Männer erneut. Der Hauptgrund ist die Ausbreitung einer neuen Epidemie (AIDS), welche namentlich die Sterblichkeit jüngerer Männer in speziellen Subkulturen (Homosexuelle, Bi-sexuelle, Drogenabhängige) sichtbar erhöhte. Die rasche Verbreitung dieser neuen Epidemie war eng mit den sozialen und kulturellen Verhaltensänderungen junger Menschen verknüpft (z.B. Auflösung früherer sexueller Tabus, Entstehung jugendbetonter Subkulturen und neuer Lebensformen). Zumindest bei jüngeren Männern Europas gehört Aids-Sterblichkeit heute zu den fünf bis sechs wichtigsten Todesursachen. Dank Präventionsmaßnahmen hat sich AIDS in Europa jedoch nicht, wie etwa in Ostafrika, zu einer gesellschaftsbedrohenden Epidemie ausgeweitet (und in Europa ist die Gesamtlebenserwartung trotz AIDS weiter angestiegen) (vgl. Okolski 1994: 143).

Für die weitere Erhöhung der Gesamtlebenserwartung in den letzten zwei Jahrzehnten entscheidend war vor allem die Reduktion des Risikos, frühzeitig an Kreislaufkrankheiten und insbesondere an ischämischen Herzkrankheiten zu sterben. Europaweit war in den 1980er Jahren die weitere Erhöhung der durchschnittlichen Lebenserwartung zu 57% auf die Reduktion kardiovaskulär bedingter Mortalität zurückzuführen (Okolski 1994: 125). Davon profitierte vor allem die westeuropäische Bevölkerung, wogegen die kardiovaskulären Mortalitätsrisiken in osteuropäischen Ländern auf einem hohen Niveau verblieben oder zeitweise sogar anstiegen (vgl. Guo 1993). Auch das Risiko, frühzeitig an Krebs zu sterben, sank in vielen (westeuropäischen) Ländern, wobei dieser Trend allerdings durch eine weiter ansteigende Mortalität an Lungenkrebs gedämpft wurde. Für die reduzierten Mortalitätsrisiken verantwortlich waren einerseits präventive Faktoren, wie Anti-Raucher-Kampagnen, regelmäßige Vorsorgeuntersuchungen, gezielte Diät und vermehrte sportliche Aktivitäten. Andererseits gelang es immer besser, Kreislauf- und Herzkrankheiten sowie Krebskrankheiten zu behandeln, wodurch die Überlebenschancen von Patienten z.B. nach einem Herzinfarkt oder bei einem bösartigen Geschwulst anstiegen.

Durch diese Entwicklungen erhöhte sich namentlich die Lebenserwartung älterer Menschen. *Die Alterssterblichkeit sank in den letzten Jahrzehnten markant, womit sich die Lebenserwartung älterer Frauen und Männer beträchtlich erhöhte.* Die in Tabelle 16 aufgeführten Angaben illustrieren, dass heute auch ältere oder betagte Frauen und Männer mit einer hohen Restlebenserwartung rechnen können.

Tabelle 16
Fernere Lebenserwartung älterer Frauen und Männer (1990/92)

	Fernere Lebenserwartung 1990/92 im Alter von:					
	60 Jahren		70 Jahren		80 Jahren	
	M	F	M	F	M	F
Deutschland:						
- alte Bundesländer:	18.0	22.4	11.3	14.4	6.3	7.9
- neue Bundesländer:	16.2	19.8	9.8	12.1	5.3	6.4
Frankreich	19.6	25.0	12.8	16.7	7.3	9.5
Großbritannien	17.7	22.0	11.1	14.4	6.4	8.4
Italien	18.6	23.1	11.8	14.9	6.6	8.2
Japan	20.2	24.9	12.9	16.4	7.1	9.3
Niederlande	18.2	23.2	11.3	15.2	6.4	8.5
Österreich	18.3	22.4	11.7	14.3	6.7	7.8
Schweden	19.1	23.3	11.9	15.1	6.6	8.4
Schweiz	19.3	24.2	12.2	15.9	6.8	8.9
Spanien	19.0	23.4	12.1	15.0	6.8	8.1
USA	18.6	23.0	12.1	15.4	7.2	9.2

M: Männer, F: Frauen
Quelle: Gärtner 1995: Tab. 5a, 5b und 6.

Inwiefern sich die durchschnittliche Lebenserwartung in den nächsten Jahrzehnten weiter ausweiten wird, ist umstritten. In einigen Prognosen wird auch für westeuropäische Länder ein Rückgang der durchschnittlichen Lebenserwartung erwartet, z.B. aufgrund verstärkter umweltbedingter Schädigungen (vgl. Meslé 1993). Die in Tabelle 15 aufgeführten, von der UNO und der EUROSTAT erarbeiteten Projektionen gehen hingegen von einer weiter steigenden Lebenserwartung aus, was angesichts des guten durchschnittlichen Gesundheitszustandes zukünftiger Rentnergenerationen durchaus realistisch erscheint. In den letzten Jahrzehnten wurde der Anstieg der Lebenserwartung bisher eher unterschätzt als überschätzt.

Konzept der 'behinderungsfreien Lebenserwartung'
Eine hohe Lebenserwartung, ungeachtet der Lebensqualität, ist eine sozial fragwürdige Zielsetzung. Deshalb trat in den letzten Jahren verstärkt die Frage in den Vordergrund, in welchem Masse die höhere Lebenserwartung auch mit einer Verlängerung der gesunden Lebensjahre begleitet war. Auf der Grundlage von Mortalitätsstatistiken und Angaben zur gesundheitlichen Lage der Bevölkerung wird versucht, die sogenannte *'behinderungsfreie Lebenserwartung'* (engl. 'disability free life expectancy') zu erfassen. Damit soll untersucht werden, ob die Zunahme der Lebenserwartung auch eine Zunahme gesunder Lebensjahre mit sich brachte, oder ob das verlängerte Leben mit einem höheren Anteil von Lebenszeit in schlechter Gesundheit und mit Behinderungen erkauft werden muss. Die Beantwortung dieser Frage ist auch gesundheitspolitisch relevant.

Erste Versuche, Trends zu erfassen, zeigen bisher ein widersprüchliches Bild. In den USA wurde für die letzten Jahrzehnte eine konstante Zahl behinderungsfreier Lebensjahre festgehalten, was darauf hindeutet, dass sich die Jahre mit Behinderungen erhöht haben. In der Schweiz scheint sich in den 1980er Jahren hingegen bei beiden Geschlechtern sowohl die allgemeine Lebenserwartung als auch die behinderungsfreie Lebenserwartung erhöht zu haben (vgl. Bisig, Gutzwiller 1993: 202). Vergleichende Daten einer Genfer Studie lassen für den Zeitraum 1979 bis 1994 ebenfalls eine merkbare Verbesserung der gesundheitlichen Situation älterer Menschen erkennen (Lalive d'Epinay et al. 1996).

Methodische Unterschiede in der Erfassung und Messung von Behinderungen und Erkrankungen erschweren allerdings oftmals Vergleiche zwischen einzelnen Perioden oder Ländern (vgl. Bisig, Gutzwiller 1994). Die in Tabelle 17 aufgeführten Angaben sind deshalb mit Zurückhaltung zu interpretieren. Erst verlässlichere Daten werden zuverlässige Aussagen darüber ermöglichen, in welchen Ländern oder Bevölkerungsgruppen eine verlängerte Lebenserwartung tatsächlich mehr gesunde Lebensjahre einschliesst, oder ob nicht einfach der Tod unnötigerweise hinausgeschoben wird und die Jahre mit schwerer Pflegebedürftigkeit ausgedehnt werden.

Trotzdem wird schon heute eines klar: *Männer und Frauen leben heute in vielen europäischen Ländern im allgemeinen nicht nur lange, sondern sie bleiben auch vergleichsweise lange Zeit gesund und ohne massive Behinderungen. Zwischen 80% bis 90% der Lebenszeit moderner Menschen in Westeuropa werden behinderungsfrei bzw. ohne Pflegebedürftigkeit verbracht.*

Tabelle 17				
Zur behinderungsfreien Lebenserwartung				
	Gesunde bzw. behinderungsfreie Lebensjahre, in % der gesamten Lebenserwartung ab Geburt			
Land:		Männer	Frauen	Anmerkungen:
Deutschland (West)	1986	88%	87%	subjektiv gesunde Jahre
England & Wales	1976	83%	81%	behinderungsfreie L.
	1981	82%	79%	"
	1985	82%	79%	"
Frankreich	1982	88%	85%	behinderungsfreie L.
Italien	1983	90%	87%	subjektiv gesunde Jahre
Niederlande	1981/85	81%	76%	behinderungsfreie L.
Schweden	1975/80	82%	77%	gesunde Lebensjahre
	1981/86	83%	79%	"
Schweiz	1988/89	91%	90%	behinderungsfreie L.
Spanien	1986	84%	80%	behinderungsfreie L.

Quellen: Bebbington 1988; Caselli; Egidi 1991; Gutiérrez Fisac; Regidor Pyatos 1991; Colvez, Robine 1986, World Health Organisation 1991.

5.4 Soziale Unterschiede der Lebenserwartung - Die soziale Ungleichheit vor dem Tod

Bis anfangs der 1970er Jahre wurde angenommen, dass wirtschaftliche Entwicklung und Ausweitung der sozialen Wohlfahrt zu einer Verringerung der sozialen Unterschiede von Gesundheit und Sterblichkeit führen würden. Die seither durchgeführten Analysen haben gezeigt, dass dies nicht der Fall ist. Soziale Unterschiede der Lebenserwartung blieben bestehen, und teilweise sind die relativen Mortalitätsunterschiede nach sozialer Schicht in den letzten Jahrzehnten sogar markanter geworden. In jedem Fall sind sie heute nicht generell schwächer als etwa in den 1930er Jahren (trotz aller gesellschaftlichen Wandlungen, die unterdessen stattgefunden haben). *Was in früheren Jahrzehnten galt, gilt auch heute: Die Wohlhabenden bleiben länger gesund und leben länger als die Armen. Das Sterberisiko der 'besser Gestellten' - gemessen an Ausbildung, Einkommen, sozialer Schichtzugehörigkeit usw. - ist in faktisch allen Altersgruppen geringer. Die markanten sozialen Ungleichheiten in Einkommen, beruflicher Stellung und sozialer Sicherheit schlagen sich offensichtlich in einer bedeutsamen sozialen Ungleichheit vor dem Tod nieder.*

Soziale Unterschiede im altersspezifischen Sterberisiko widerspiegeln im übrigen nicht nur eine soziale Ungleichheit der Lebenserwartung, sondern dahinter verbergen sich auch soziale Ungleichheiten der gesunden Lebensjahre, des erfolgreichen Alterns und allgemein der Lebensqualität. Deshalb sind soziale Unterschiede der Mortalitätsraten bzw. der Lebenserwartung 'harte Indikatoren' für die negativen Auswirkungen sozialer Chancenungleichheiten. „Unterschiede der Lebenserwartung stellen eine sehr elementare Dimension sozialer Ungleichheit im Sinne unterschiedlicher Lebenschancen dar." (Klein 1993a: 714). Die Unterschiede der Lebenschancen sind absolut gesehen beträchtlich. So zeigt eine finnische Studie für die Periode 1986-1990, dass Männer aus der höchsten Sozialschicht im Durchschnitt 6 Jahre länger leben als Männer aus der untersten Sozialschicht. Bei Frauen ist der entsprechende Unterschied mit 3 Jahren dagegen deutlich schwächer (Valkonen 1994: 134).

Neben schichtspezifischen Unterschieden sind auch zivilstandsbedingte Unterschiede der Lebenserwartung zu verzeichnen. Auffallend sind zudem die enormen geschlechtsspezifischen Differenzen der Lebenserwartung. Dabei haben sich frühere Erwartungen, dass sich die geschlechtsspezifischen Differenzen mit zunehmender 'Frauenemanzipation' und steigender Frauenerwerbstätigkeit verwischen, keineswegs bestätigt.

In der soziologischen Forschung sind soziale Determinanten der Lebenserwartung bisher eher vernachlässigt worden. Dafür sind im wesentlichen zwei Gründe verantwortlich: „Zum einen ist dies sicherlich mit einer stark handlungstheoretischen Ausrichtung vieler Soziologen zu erklären, in deren Rahmen der meist unfreiwillige Tod theoretisch schwer fassbar ist." (Klein 1993a: 712). Die Ausnahme ist die soziologische Analyse von Selbstmorden, die mit der Arbeit von Emile Durkheim auf eine lange Tradition zurückgreifen kann (vgl. Lindner-Braun 1990). Zum anderen besteht ein Mangel an empirischen Daten. Gerade in Deutschland sind sozio-epidemiologische Längsschnittstudien aufgrund administrativer und politischer Einschränkungen oft nicht möglich. Demgegenüber weisen etwa England, Frankreich und Schweden schon seit langem bedeutsame Längsschnittuntersuchungen auf, welche genauere Angaben über soziale Unterschiede von Morbidität und Mortalität erlauben.

5.4.1 Schichtspezifische Ungleichheiten der Mortalität

Die Ursachen schichtspezifischer Ungleichheiten der Mortalität sind vielfältig. Soziale Unterschiede der Mortalität, aber auch der Morbidität (Krankheitshäufigkeit) können schematisch gesehen folgende Ursachen haben (vgl. Siegrist 1989):

1. Ungleiche gesundheitliche Versorgung bei gegebenen gesundheitlichen Problemen (institutionelle Chancenungleichheit),

2. Ungleiche Benützung gesundheitlicher Versorgung bei gegebenen gesundheitlichen Problemen (Ungleichheit der Nachfrage),

3. Ungleiche Belastung durch gesundheitsgefährdende Risiken ('exposure'),

4. Ungleiche Resistenz gegenüber analogen gesundheitlichen Belastungen.

Bisher ist eine klare und eindeutige Erklärung des Phänomens schichtspezifischer Mortalität aufgrund fehlender oder ungenügender Daten gescheitert. So ist beispielsweise der genaue Beitrag individueller Faktoren (Lebensweise, Gesundheitsverhalten) gegenüber sozio-politischen Umweltfaktoren (schichtspezifische Unterschiede von Umweltbelastungen, soziale Unterschiede in der Gesundheitsversorgung usw.) unklar. In vielen europäischen Ländern ist allerdings die medizinische Grundversorgung für alle EinwohnerInnen so gut ausgebaut, dass institutionelle Ungleichheiten der gesundheitlichen Versorgung die markanten schichtspezifischen Unterschiede der Mortalität kaum zu erklären vermögen. Auffallend ist weiter, dass europäische Länder ihr Gesundheitssystem zwar sehr unterschiedlich aufgebaut und organisiert haben, jedoch in allen Ländern analoge, wenn auch unterschiedlich starke Schichtunterschiede der Morbidität und Mortalität zu beobachten sind (Fox 1989). Es lässt sich daher vereinfacht festhalten, dass vor allem in westeuropäischen Länder ungleiche gesundheitliche Versorgung und ungleiche Benützung gesundheitlicher Angebote (Punkte 1 und 2) die markanten sozialen Unterschiede der Lebenserwartung nur zu einem geringen Teil zu erklären vermögen. Von zentraler Bedeutung sind primär Ungleichheiten der Belastungen durch gesundheitsgefährdende Risiken (Punkt 3). Aus soziologischer Sicht ist es naheliegend, dass gesundheitsrelevantes Risikoverhalten eng mit schichtspezifisch geprägten Lebensstilen assoziiert ist. Der vierte Punkt (ungleiche Resistenz) spricht nicht nur genetische Faktoren und immunologische Aspekte an, sondern aus soziologischer Sicht zentral sind insbesondere die individuellen Ressourcen (Bewältigungsverhalten) und die soziale Unterstützung bei spezifischen gesundheitlichen Belastungen. So mildert eine gute soziale und emotionale Unterstützung die Folgen gesundheitlicher Stressoren.

Die Ungleichheit der Lebenserwartung kann in analoger Weise wie die Einkommens- und Vermögensungleichheit gemessen werden (z.B. durch Verwendung eines Gini-Index). Ein zu Beginn der 1980er Jahre durchgeführter Vergleich von 32 entwickelten Ländern liess klare nationale Unterschiede im Ausmaß sozialer Ungleichheiten des Sterbealters erkennen: Vergleichbar geringe Ungleichheiten zeigten sich in den skandinavischen Ländern sowie in den Niederlanden und der damaligen DDR. Die Bundesrepublik Deutschland sowie Italien und Frankreich nahmen eine mittlere Position ein. Relativ ausgeprägte Ungleichheiten im Sterbealter zeigten Spanien, Rumänien sowie die USA (Le Grand 1989). Die Ungleichheit des Sterbealters war einerseits negativ mit dem Pro-Kopf-Einkommen assoziiert, andererseits ergab sich ein bedeutsamer Zusammenhang zwischen Einkommensungleichheit und Ungleichheit vor dem Tod (Le Grand 1987). Länder mit ausgeprägter Ungleichheit der Einkommens- und Vermögensverteilung wiesen auch ausgeprägte Ungleichheiten im gesundheitlichen Befinden verschiedener Bevölkerungsgruppen auf. Die seit den 1980er Jahren in vielen Ländern feststellbare Ausweitung sozio-ökonomischer Ungleichheiten als Folge einer globalisierten und deregulierten Wirtschaft kann soziale Ungleichheiten der Lebenserwartung weiter verstärken.

Berufsspezifische Unterschiede
Internationale Vergleiche geben allerdings keine Auskunft über die Gründe sozialer Ungleichheiten. Dazu sind detaillierte Angaben über ausgewählte soziale Gruppen oder über spezifische Berufsgruppen notwendig, beispielsweise wenn es um den Einfluss konkreter Arbeitsbedingungen auf das Sterberisiko geht. In vielen Studien zum Sterberisiko verschiedener Berufsgruppen wurden allerdings nur Männer einbezogen, da Frauen oft diskontinuierliche Berufsbiographien aufweisen, die schwieriger zu erfassen sind und besondere Analyseverfahren erfordern (vgl. Bouvier Colle 1983).

Untersuchungen bei erwerbstätigen Personen zeigen übereinstimmend, dass untere Berufsschichten erstens schon vor dem Pensionierungsalter ein erhöhtes Sterberisiko aufweisen, und dass zweitens in nahezu allen Berufsschichten Arbeitnehmerinnen ein geringeres Mortalitätsrisiko aufweisen als Arbeitnehmer. Bei Frauen wird das Mortalitätsrisiko weniger stark von der Berufs- und Schichtzugehörigkeit beeinflusst als bei Männern.

In einer englischen Längsschnittstudie zur Sterblichkeit 15-64jähriger erwerbstätiger Männer wurde ermittelt, dass die unterste Sozialschicht zu Beginn der 1980er Jahre ein um 25% höheres Sterberisiko besass als die höchste Sozialschicht (Fox, Goldblatt, Leon 1988). In einer Studie bei 15-74jährigen Schweizer Männern erwies sich vor allem das Mortalitätsrisiko manuell tätiger Arbeitskräfte als überdurchschnittlich. Leitende Anstellte (Direktoren, universitäre und selbständige Berufe) wiesen dagegen ein Sterberisiko auf, dass rund ein Drittel unter dem durchschnittlichen Mortalitätsrisiko lag (Minder, Beer, Rehmann 1986). Gemäß einer international vergleichenden Analyse von Längsschnittstudien aus fünf Ländern (Finnland, Norwegen, Dänemark, Frankreich und England & Wales) wiesen ungelernte männliche Arbeitskräfte ebenfalls ein erhöhtes Mortalitätsrisiko auf. Die berufsspezifischen Mortalitätsunterschiede waren bei den 30-40jährigen Arbeitskräften am stärksten, und sie verringerten sich anschließend mit steigendem Alter.

In allen Ländern - wenn auch in unterschiedlichem Ausmaß - erleiden ungelernte Arbeitskräfte häufiger einen Unfalltod. Sie sterben zudem häufiger schon in jüngeren Jahren an Krebs und unterliegen häufiger Herz-Kreislaufstörungen. In einigen Ländern (England, Frankreich) sind auch respiratorische Probleme (Lungenkrankheiten aufgrund von Zigarettenkonsum) relevant, und in Frankreich ist auch ein vorzeitiger Tod aufgrund von Leberzirrhose (Alkoholismus) in unteren Sozialschichten ein signifikantes Phänomen (Leclerc 1989: 101ff.). Epidemiologische Studien zeigen auch für (West)-Deutschland ein ähnliches Bild: Ungelernte Arbeiter sterben häufiger an Leberzirrhose, an Herz-Kreislaufstörungen oder an Lungenkrebs als gelernte Arbeiter oder Angehörige professioneller Berufe (Neumann et al. 1981).

Neben schichtspezifischen Unterschieden des Lebensstils und des Gesundheitsverhaltens (Ungelernte leben im Durchschnitt in wichtigen Lebensbereichen ungesünder als Gelernte) sind auch berufsbedingte Gefährdungen und Risiken relevant, wie eine Analyse der deutschen Beschäftigtenstatistik verdeutlicht: Das höchste Sterberisiko wiesen ArbeitnehmerInnen in 'Ordnungs- und Sicherheitsberufen' auf. An zweiter Stelle standen ArbeitnehmerInnen im Bereich der Wald- und Holzverarbeitung (und die Forstwirtschaft gehört zu den vergleichsweise unfallgefährlichen Branchen). Überdurchschnittliche Mortalitätsziffern zeigten sich zudem bei HilfsarbeiterInnen ohne nähere Tätigkeitsbezeichnung (Linke 1990). In allen Berufsgruppen waren die Sterbeziffern bei Arbeitnehmern im übrigen wesentlich höher als bei Arbeitnehmerinnen. Eine weitere deutsche Studie wies nach, dass speziell hoher Arbeitsstress, Angst vor Stellenverlust und große Lärmbelastung am Arbeitsplatz das Risiko von Herz-Kreislaufstörungen erhöhen (Siegrist u.a. 1986).

Berufsspezifische Unterschiede reflektieren neben berufsbedingten Risiken auch allgemeine Einkommens- bzw. Wohlstandsunterschiede, und im allgemeinen erhöht sich mit steigenden Einkommen das gesundheitliche und psychische Wohlbefinden. So liefert eine Analyse deutscher Paneldaten „zahlreiche Hinweise, dass sowohl die allgemeinen wohlstandsabhängigen Lebensbedingungen wie auch die Arbeitsbedingungen für die Schichtunterschiede der Lebenserwartung verantwortlich sind: Für einen Einfluss der Arbeitsbedingungen spricht, dass die Schichtunterschiede bei den Männern ausgeprägter sind als bei Frauen und gerade bei Männern mit dem Alter abnehmen. Für einen Wohlstandseffekt spricht andererseits, dass die Berufsposition des Ehemannes dennoch (in schwächerer Form) auch die Lebenserwartung der Frau beeinflusst und bei Männern auch im Alter noch bedeutsam ist." (Klein 1993: 727).

Unterschiede der Mortalität zwischen verschiedenen Berufsgruppen bzw. Sozialschichten sind somit auf ein ganzes Bündel verschiedener Faktoren (Wohlstandseffekte, berufsbedingte Risiken, berufs- und schichtspezifische Lebensgestaltung usw.) zurückzuführen. Dabei ist zu beachten, dass die Vollerwerbstätigen eine teilweise 'selektive Gruppe' darstellen. Nichterwerbstätige Männer können im Durchschnitt eine höhere Mortalität aufweisen als Erwerbstätige; sei es, weil Krankheit und Invalidität eine Erwerbstätigkeit verhindern; sei es, weil kranke Arbeitnehmer häufiger entlassen oder frühpensioniert werden ('healthy worker'-Effekt) (vgl. CICRED 1984). Auch Arbeitslosigkeit kann zu gesundheitlichen Problemen beitragen, und Längsschnittstudien bestätigen, dass vor allem längere Arbeitslosigkeit das gesundheitliche Wohlbefinden signifikant reduziert. Inwiefern Arbeitslosigkeit - abgesehen von verstärktem Selbstmordrisiko - das allgemeine Sterberisiko erhöht, ist hingegen weniger klar (vgl. Blaxter 1989: 220).

Sozio-kulturelle Unterschiede von Ernährung und Konsum (fettreiches Essen, Alkohol- und Nikotinkonsum usw.) führen zudem gerade bei unteren Sozialschichten zu signifikanten nationalen Unterschieden der genauen Todesursachen. Die Wahrscheinlichkeit an einer spezifischen Todesursache zu sterben ist deshalb teilweise stärker durch den Wohnkontext als durch die soziale Schichtzugehörigkeit bestimmt (Leclerc 1989: 104).

Bildungsniveau und Mortalität

Da die Mortalitätsrisiken in jüngeren und späteren Lebensjahren durch das individuelle Risiko- und Gesundheitsverhalten beeinflusst werden, lässt sich vermuten, dass die Lebenserwartung eng mit dem Bildungsniveau assoziiert ist: Personen mit guter schulischer Ausbildung - so die Vermutung - sind gesundheitsbewusster und besser in der Lage, sich medizinisch zu versorgen oder präventive Strategien einzuschlagen. Schulische und berufliche Ausbildung sind allerdings so eng mit anderen Dimensionen sozialer Schichtzugehörigkeit assoziiert, dass klare und eindeutige Aussagen über den tatsächlichen Bildungseffekt auf die Mortalität, losgelöst von anderen Faktoren (Schichtzugehörigkeit der Herkunftsfamilie, berufliche Stellung und damit verbunden Arbeitsbedingungen und Arbeitsrisiken, Erwerbseinkommen und Lebensstil, usw.), nicht einfach sind. Eine norwegische Längsschnittuntersuchung liess denn deutlich werden, dass Ausbildungskarriere, Heiratsverhalten, Berufslaufbahn und Wohnqualität wechselseitig verknüpft sind, wobei namentlich sozial ungünstige biographische Gesamtverläufe das Risiko eines vorzeitigen Todes erhöhen: „Ungünstige Lebensverläufe zeigen sich bei Männer mit geringer Bildung, die von manueller Arbeit zu vorzeitiger Pensionierung wechseln und die zu Beginn schlechte Wohnverhältnisse erfahren und später in ärmlichen Wohnsituationen enden." (Wunsch et al. 1996: 180).

Das Ausbildungsniveau wird dennoch häufig als zentraler Statusindikator benützt, der gegenüber berufsbezogenen Indikatoren den Vorteil zeigt, dass damit Vergleiche zwischen erwerbstätigen und nicht-erwerbstätigen Personen (Hausfrauen, Rentnern) möglich werden. Während die Beziehungen zwischen Gesundheit und Erwerbsstatus wechselseitig sein können (da Krankheit und Behinderungen zu beruflichem Abstieg führen können), ist der einmal erreichte Ausbildungsstatus vom späteren Gesundheitsniveau unabhängig. Damit sind eindeutigere Aussagen über den kausalen Effekt von Statusfaktoren auf Gesundheit und Lebenserwartung möglich.

In einer international vergleichenden Studie (Valkonen 1989) wurden bildungsbezogene Mortalitätsrisiken für Männer und Frauen im Alter von 35-54 Jahren für sechs Länder (Dänemark, England & Wales, Finnland, Ungarn, Norwegen, Schweden) erfasst. Als zentraler Indikator wurde die Länge der schulischen Ausbildung ('years of school education') benützt. *Das Resultat für die Männer war eindeutig: Die männlichen Mortalitätsziffern sanken in allen sechs Ländern mit zunehmender schulischer Ausbildung, wobei sich die relativen Bildungsunterschiede in allen untersuchten Ländern als vergleichsweise ähnlich erwiesen.* Das Risiko im mittleren Lebensalter zu sterben, war für Männer mit höchstem Ausbildungsniveau zwischen 40-60% geringer als für Männer mit der tiefsten Ausbildung. Analoge Unterschiede ergaben sich in französischen Studien (vgl. Desplanques 1984). Die Analyse nach Todesursachen zeigte, dass eine höhere Ausbildung bei Männern für alle erfassten Todesursachen bedeutsam ist: Je höher die Ausbildung, desto geringer ist etwa das Risiko, vorzeitig an Krebs oder an Herz-Kreislaufstörungen zu sterben, weil massiver Zigarettenkonsum und merkbares Übergewicht mit steigender Ausbildung seltener werden. In Ungarn - das seit den 1970er Jahren eine sinkende Lebenserwartung von Männern erlebte - erwiesen sich besonders viele Todesfälle bei weniger gut ausgebildeten Männer als medizinisch durchaus vermeidbar.

Bei den Frauen zeigten sich ebenfalls bildungsbezogene Unterschiede, und im allgemeinen weisen Frauen mit höherer Bildung ein geringeres Risiko auf, vorzeitig zu sterben. Allerdings waren die diesbezüglichen Unterschiede in allen Ländern (mit Ausnahme von England & Wales) für Frauen geringer als für Männer. Zudem erwiesen sich die Ausbildungseffekte bei Frauen nicht in allen Ländern gleichermaßen linear. So litten etwa in Ungarn die Frauen mit der längsten Ausbildung an relativ hohen Mortalitätsrisiken (Valkonen 1989:148). Auch bei den Frauen erscheint Ausbildung negativ mit Krebstod und Herz-Kreislaufstörungen assoziiert. Bei westeuropäischen Frauen sind die Bildungsunterschiede namentlich bei kardiovaskulären Krankheiten besonders ausgeprägt, was auf die Bedeutung schichtspezifischer Unterschiede der Ernährung (Übergewicht) hinweist. Hingegen traf der Unfalltod in drei der untersuchten Ländern (Dänemark, England & Wales, Norwegen) eher die gut ausgebildeten Frauen, da diese Frauen häufiger beruflich oder während der Freizeit mit dem Wagen unterwegs waren.

Schichtspezifische Unterschiede der Morbidität
Im allgemeinen widerspiegeln Mortalitätsunterschiede auch Unterschiede der Erkrankungshäufigkeit (Morbidität). Soziale Ungleichheit vor dem Tod bedeutet auch soziale Ungleichheit in der Häufigkeit von Erkrankungen, chronischer Beschwerden und anderer gesundheitlicher Einschränkungen der Lebensqualität. In allen europäischen Ländern lassen sich wesentliche soziale Differenzen des Risikos einer Erkrankung oder chronischer Beschwerden feststellen. Die sozialen Unterschiede der Morbidität sind oft noch ausgeprägter als die Unterschiede der Mortalität (vgl. Blaxter 1989: 199). Dies bedeutet, dass statustiefe Gruppen in stark überdurchschnittlichem Ausmaß an gesundheitlichen Beschwerden und Einschränkungen leiden. „Im allgemeinen sind Ungleichheiten chronischer Krankheiten speziell in mittleren Altersgruppen markant. In diesen Altersgruppen sind die Krankheitsraten in der tiefsten sozialen Gruppe - wie auch immer definiert - generell 40-50% höher als in der höchsten sozialen Gruppe." (Blaxter 1989: 208)

Ein großer Teil sozial unterschiedlicher Morbiditätsrisiken ist auf sogenannt 'objektive' Faktoren zurückzuführen (geringeres Einkommen, mehr Stress und Suchtmittelkonsum, ungesunde Ernährung, usw.). Gleichzeitig sind aber auch die subjektiven Bewertungen der Gesundheit relevant. Das Verständnis von 'Gesundheit' ist sozial mitbedingt, und im allgemeinen zeigen höhere Statusgruppen oder besser ausgebildete Frauen und Männer ein positiveres, selbstbewussteres Verständnis von Gesundheit ('Gesundheit als aktiv anzustrebender Zustand'). In unteren Sozialschichten wird Gesundheit dagegen häufiger negativ definiert ('Fehlen von Krankheit'), oder es wird instrumentell verstanden (z.B. Betonung der physischen Kraft) (vgl. Houtaud, Field 1984). Dies hat seine Rückwirkungen auf das Gesundheitsverhalten und die Inanspruchnahme präventiver medizinischer Dienste. Untere soziale Schichten besuchen Ärzte seltener und nehmen Vorsorgeuntersuchungen weniger in Anspruch. Allerdings vermögen schichtspezifische Unterschiede in der Inanspruchnahme medizinischer Leistungen - wie erwähnt - die enormen sozialen Differenzen von Morbidiät und Mortalität nur zu einem geringen Teil zu erklären. Ein wesentlicher Faktor sind sozial unterschiedliche Belastungen durch gesundheitsgefährdende Risiken. So sind einkommensschwache Personen sowohl an ihrem Arbeitsplatz und als auch an ihrem Wohnort häufiger gesundheitsbelastenden Faktoren und psychischen Stressoren (von Lärm, Staub bis zu Monotonie, engen Wohnverhältnissen, geringer Autonomie usw.) ausgesetzt. Alkoholkonsum sowie Rauchen sind mindestens teilweise stressbedingt (Hasan 1989: 381).

Bei gegebener gesundheitlicher Belastung entscheiden auch soziale Unterstützung und individuelle Ressourcen (Bewältigungsverhalten) darüber, ob sich eine Krankheit verschärft und gar zu vorzeitigem Tod führt. Da die meisten Studien zu sozialen Unterschieden der Morbidität und Mortalität einen individualistischen Forschungsansatz verwenden, ist die Datenlage über den Einfluss sozialer Netzwerke auf Gesundheit und Sterberisiko mangelhaft. Es ist jedoch zu vermuten, dass Lebensstil und Gesundheitsverhalten in starkem Masse durch Familienangehörige, LebenspartnerIn, Vertrauenspersonen usw. determiniert werden. Am deutlichsten werden solche sozial-interaktiven Effekte, wenn die Gesundheit von Ehepaaren untersucht wird. So weist Sara Arber (1989) nach, dass der berufliche Status der Ehefrau die Gesundheit des Ehemannes mitbeeinflusst, und umgekehrt: „In jeder Berufsklasse wiesen Männer, die mit einer Frau mit 'tiefem Status' verheiratet sind, standardisierte chronische Krankheitsraten auf, die mindestens 40% höher lagen als für Männer, die mit 'statushohen' Frauen verheiratet waren. Bei den Frauen waren die entsprechenden Unterschiede weniger ausgeprägt, aber auch bei Frauen wird der Gesundheitsstatus durch die Berufsklasse beider Partner beeinflusst." (Arber 1989: 269). So wirken sich berufsbezogene Risiken des Ehemannes, wie eine britische Untersuchung festhielt (Fletcher 1983), negativ auf die Lebenserwartung der Ehepartnerin aus. Auf die Bedeutung der Lebensform weisen im übrigen die nachfolgend dargestellten zivilstandsspezifischen Unterschiede der Mortalität hin (vgl. Kap. 5.4.2).

Zusammenfassend lässt sich folgendes festhalten: *In allen europäischen Ländern ist die Lebenserwartung klar mit der Schichtzugehörigkeit assoziiert, und die unteren Sozialschichten haben ein deutlich höheres Risiko, vorzeitig zu sterben. Die schichtspezifischen Unterschiede der Mortalität sind bei Männern ausgeprägter als bei Frauen. Gleichzeitig variieren sie je nach Land, und sie sind in Ländern mit stark ungleicher Einkommensverteilung tendenziell ausgeprägter. Die sozialen Unterschiede von Mortalität und Morbidität sind damit eng mit strukturell gegebenen Chancen und Einschränkungen verschiedener sozialer Gruppe verbunden, und solange europäische Gesellschaften ausge-*

prägte sozio-ökonomische Ungleichheiten kennen, werden sie auch Ungleichheiten vor dem Tod erfahren.

In vielen untersuchten Ländern (und vor allem in England) haben sich die bildungsbezogenen und ganz allgemein die sozialen Mortalitätsdifferenzen in den 1970er und 1980er Jahren eher ausgeweitet (Valkonen 1989, 1994). Dieser Trend dürfte sich in den 1990er Jahren fortgesetzt haben. In anderen Worten: Der Trend zu erhöhter Ungleichheit vor dem Tod begann teilweise schon vor der Phase wirtschafts- und sozialpolitischer Deregulierung. Eine Pluralisierung von Lebensformen und eine Individualisierung von Lebensstilen haben wahrscheinlich ebenfalls zu einer verstärkten gesellschaftlichen Heterogenisierung des gesundheitsrelevanten Verhaltens - inkl. Ernährung und Konsum von Suchtmittel - geführt, wodurch sich in konsumorientierten Wohlstandsgesellschaften die sozialen Mortalitätsunterschiede eher wieder verstärken. Verstärkte soziale Ungleichheit von Einkommen und Erwerbschancen sowie eine verstärkte Desintegration marginaler Gruppen haben diesen Trend noch verstärkt. *Soziale Unterschiede der altersspezifischen Sterbeziffern können in post-industriellen Gesellschaften sowohl das Ergebnis negativer Prozesse (Trend zur Zwei-Drittel-Gesellschaft) als auch die Folge positiver Prozesse (erhöhte Wahlmöglichkeiten und damit Heterogenisierung von Lebensstilen und Gesundheitsverhalten) darstellen.*

5.4.2 Zivilstandsspezifische Unterschiede der Lebenserwartung

In vielen Ländern weisen verheiratete Personen im Durchschnitt geringere Sterberaten auf als unverheiratete Personen, wobei sich die zivilstandsspezifischen Mortalitätsunterschiede in vielen Ländern in den letzten Jahrzehnten eher verstärkt haben (Hu, Goldman 1990). Signifikante Unterschiede in der Lebenserwartung nach Zivilstand bzw. Familienstand bleiben auch sichtbar, wenn intervenierende Faktoren (wie Altersverteilung oder sozio-ökonomischer Status) kontrolliert werden (Klein 1993b). Im allgemeinen sind namentlich Geschiedene und Verwitwete durch signifikant höhere altersspezifische Mortaliätsraten betroffen. Auch in Deutschland zeigt sich pauschal betrachtet, dass die altersspezifischen Sterbeziffern der Verheirateten am niedrigsten, die der früher Verheirateten (Geschiedene, Verwitwete) am höchsten sind (Gärtner 1990: 57-58).

Die Erklärung zivilstandsspezifischer Unterschiede der Lebenserwartung ist umstritten, und es lassen sich gegensätzliche Hypothesen anführen (vgl. Klein 1993b):

Zum einen können die Unterschiede soziale *Selektionseffekte* widerspiegeln: Personen, die krank oder behindert sind und die deshalb eine vergleichsweise geringe Lebenserwartung aufweisen, haben geringere Heiratschancen. Gleichzeitig erhöht gesundheitsschädigendes oder risikoreiches Verhalten (wie Suchtverhalten, aggressives Verhalten) sowohl das Sterberisiko als auch das Risiko einer Scheidung. Alkoholismus kann zur Verkürzung des Lebens und zur Verkürzung der Ehedauer (Scheidung) beitragen. So ist die Sterblichkeit geschiedener deutscher Männer aufgrund chronischer Lebererkrankung und Leberzirrhose - meist durch übermäßigen Alkoholkonsum verursacht - vierfach so hoch als bei verheirateten Männern (Höhn, Pollard 1992: 417).

Zum anderen haben Ehe und Familienleben eine integrative, protektive Wirkung, und zwar sowohl in ihrer Funktion als soziale Institution als auch in ihrer Form einer intimen Lebensgemeinschaft (*Protektionshypothese*). Verheiratete Personen führen im Durchschnitt ein geregelteres Leben, und sie profitieren von den positiven Wirkungen einer stabilen Lebensgemeinschaft (inklusive emotionale Unterstützung durch einen Partner oder eine Partnerin). Hinzu kommt eine bessere Versorgung und Pflege im Krankheitsfall. Umgekehrt kann eine Familiengründung und die damit verhängte soziale Verantwortung für EhepartnerIn und eventuell Kinder zu Verhaltensänderungen führen, die ihrerseits das Mortalitätsrisiko reduzieren (z.B. mehr Vorsicht im Verkehr, verstärkte Gesundheitsvorsorge).

Eine zwangsweise Auflösung der Ehebeziehung - wie Scheidung und vor allem Verwitwung - kann im weiteren als traumatisches Ereignis erlebt werden, wodurch sich nachfolgend das Krankheits- und Sterberisiko erhöht. Vor allem die erste Zeit nach einer Verwitwung ist durch eine erhöhte Anfälligkeit für Erkrankungen gekennzeichnet (Lopez 1988). Der 'Kummereffekt' nach einer Verwitwung und unter Umständen nach einer Scheidung kann im Extremfall zu Herzversagen oder Selbstmord führen. Geschiedene und Verwitwete weisen daher deutlich höhere Selbstmordraten auf als Verheiratete.

Faktisch zeigen sich empirische Belege sowohl für die Selektionsthese als auch für die Protektionsthese. Behinderte und Kranke bleiben eher ledig als Gesunde (Kiernan 1988). Ebenso haben ärmere, sozial desintegrierte Personen - die allgemein eine geringere Lebenserwartung aufweisen - geringere Heiratschancen. Selektionsprozesse erklären allerdings nachweislich nur einen geringen Teil der zivilstandsspezifischen Unterschiede. Die integrative, institutionelle Wirkung von Ehe und Familie, aber auch die negativen Auswirkungen einer Scheidung oder Verwitwung sind ebenfalls bedeutsame Faktoren. So deutet eine detaillierte deutsche Analyse (Höhn, Pollard 1992) darauf hin, dass verheiratete Personen insgesamt eine bessere Gesundheitspflege und gesundheitsbewusstere Verhaltensweisen aufweisen als Unverheiratete. „Die hohe Sterblichkeit von Ledigen, Geschiedenen oder Verwitweten, die früher in der Literatur auf die Auswirkung von Selektion und Trauer zurückgeführt wurde, scheint eher auf persönliche Verhaltensweisen und Gesundheitspflege zurückzugehen." (Höhn, Pollard 1992: 431). *Gemeinschaftliches Leben in einer festen Partnerschaft hat vielfach positive Auswirkungen auf Verhalten und Gesundheitspflege. Die legale Form einer Beziehung ist dagegen weniger von Bedeutung.*

5.4.3 Geschlechtsspezifische Unterschiede der Lebenserwartung - Frauen als das 'starke Geschlecht'

Im allgemeinen leben Mächtige und Reiche länger als Benachteiligte und Diskriminierte. Unter diesem Gesichtspunkt erscheint es paradox, dass die Frauen - bis heute in vielerlei Hinsicht benachteiligt - länger leben als Männer. Die höhere Lebenserwartung der Frauen bzw. die Übersterblichkeit der Männer ist heute ein weltweites Phänomen, und nur in wenigen Regionen der Welt (z.B. einigen indischen Bundesstaaten) ist die durchschnittliche Lebenserwartung von Frauen noch geringer als diejenige von Männern. In Europa ist die Langlebigkeit der Frauen durchgehend sehr ausgeprägt, auch wenn Form und Ausmaß der geschlechtsspezifischen Unterschiede je nach Land variieren (Hart 1989: 112-113). Den geringsten Unterschied mit 5.5 Jahren verzeichnete 1990 Irland, der größte Unterschied von 9 Jahren war in Polen zu beobachten.

Die markant längere Lebenserwartung der Frauen ist weitgehend ein Phänomen des 20. Jahrhunderts. In einigen Gebieten Europas (Schweiz, Schweden) begann der Trend zu weiblicher Langlebigkeit zwar schon gegen Ende des 18. Jahrhunderts (Bickel 1949, Sundin 1994), aber zu einer deutlichen Ausweitung der geschlechtsspezifischen Unterschiede der Lebenserwartung kam es in Europa vor allem im 20. Jahrhundert. Im allgemeinen vergrößern sich die geschlechtsspezifischen Unterschiede der Lebenserwartung mit steigender industrieller Entwicklung und verstärkter Urbanisierung, und *die relative Langlebigkeit der Frauen ist ein wichtiges gesellschaftliches Phänomen jeder modernen Gesellschaft.*

In Deutschland lag die Lebenserwartung von Frauen zur Zeit der Reichsgründung (1871/80) schon um 3 Jahre über derjenigen der Männer. Daran änderte sich - mit Schwankungen - im ersten Drittel des 20. Jahrhunderts wenig. Der relative Lebensvorteil der Frauen variierte in dieser Zeit zwischen 3 und 3.5 Jahre. Erst in der Nachkriegszeit vergrößerten sich die geschlechtsspezifischen Unterschiede erneut, um zu Beginn der 1980er Jahre 6.6 Jahre zu erreichen. Seither ist der geschlechtsspezifische Unterschied in etwa konstant geblieben. Je nach Annahme wird für das Jahr 2020 mit einem etwas reduzierten Unterschied von immerhin noch 5 bis 6 Jahren gerechnet.

Die hie und da geäußerte Vermutung, dass erhöhte Frauenerwerbstätigkeit und Frauenemanzipation zu einer Gleichstellung der Lebenserwartung von Frauen und Männern führen würden, hat sich nicht bestätigt. Intereuropäische Vergleiche etwa belegen, dass hohe Frauenerwerbsquoten nicht zur Verringerung der geschlechtsspezifischen Unterschiede der Lebenserwartung beitragen (Pampel, Zimmer 1989). Somit ist auch in Zukunft mit signifikanten geschlechtsspezifischen Unterschieden der Lebenserwartung zu rechnen, selbst wenn in einigen Ländern Europas seit den 1980er Jahren eine leichte Angleichung der Lebenserwartung der beiden Geschlechter zu beobachten ist (vgl. Okolski 1994).

In Deutschland und anderen europäischen Ländern sind bezüglich der geschlechtsspezifischen Unterschiede der Mortalitätsraten zwei Sachverhalte auffallend:

Erstens zeigt sich eine Übersterblichkeit der Männer in allen Altersgruppen. Die Sterberaten der Männer sind sowohl im Säuglings- und Kindesalter, im Jugend- und Erwachsenenalter als auch bei Hochbetagten höher (vgl. Tabelle 18).

Tabelle 18
Zur Übersterblichkeit der Männer in allen Altersgruppen

Männliche Übersterblichkeit *

Altersgruppe:	Bundesrepublik Deutschland				DDR	Deutschland
	1955	1965	1975	1989	1989	1992/94
0-4 Jahre	1.3	1.3	1.3	1.3	1.4	1.3
5-14 Jahre	1.5	1.6	1.5	1.5	1.9	1.4
15-24 Jahre	2.4	2.7	2.6	2.5	2.4	2.7
25-34 Jahre	1.6	1.9	2.1	2.3	2.3	2.4
35-44 Jahre	1.4	1.5	1.9	1.8	2.2	2.0
45-54 Jahre	1.6	1.7	1.8	2.0	2.1	2.0
55-64 Jahre	1.7	2.0	2.1	2.2	2.0	2.1
65-74 Jahre	1.3	1.7	1.9	2.0	1.7	1.8
75-84 Jahre	1.1	1.3	1.4	1.6	1.4	1.3
85-99 Jahre	1.1	1.2	1.2	1.2	1.2	1.2

* Altersspezifische Sterbeziffern für Männer/Altersspezifische Sterbeziffern für Frauen. Ein Wert von über 1.0 indiziert ein höheres Sterberisiko bei Männern, ein Wert von unter 1.0 indiziert ein höheres Sterberisiko bei Frauen.
Quelle: Bergmann, Baier u.a. 1993: Tab. A und B. Für 1992/94: Sterbetafeln 1992/94.

Tabelle 19:
Verlorene Lebensjahre nach Geschlecht 1989

Verlorene Lebensjahre zwischen 1. und 65. Lebensjahr pro 100'000 Einwohner (altersstandardisierte Raten) (1989)

	Bundesrepublik		Ostdeutschland	
	Männer	Frauen	Männer	Frauen
Alle Todesursachen	4860	2392	6192	2904
davon:				
-Unfälle	843	250	1146	294
-Selbstmord	451	153	633	192
- Mord	31	26	19	23
Krankheiten:				
- Krebs	1119	900	1206	954
- Kreislauf	1026	365	1398	522
- Verdauungsorgane*	355	175	496	176
- Infektionen/AIDS	124	39	40	23
- Atmungsorgane	123	72	224	118
- Diabetes	43	27	74	54
-Andere Erkrankungen	745	385	956	548

*primär Todesfälle durch Leberzirrhose
Quelle: Bergmann, Baier 1993: Tab. 13.1 und 13.2

Zweitens weisen Männer bei allen Todesursachen - sofern sie nicht, wie Brustkrebs u.a., geschlechtsspezifisch sind - höhere Risiken auf. Das gilt für Unfälle und Selbstmorde als auch für Krebskrankheiten, Kreislaufstörungen usw. (vgl. Tabelle 19). Bis zum Alter von 40 Jahren liegt ein Hauptgrund der männlichen Übersterblichkeit im höheren Risiko tödlicher Unfälle und höheren Selbstmordraten. Seit Ende der 1980er Jahre ist zudem das Aids-Risiko jüngerer Männer deutlich angestiegen. Nach dem Alter von 40 Jahren wird die männliche Übersterblichkeit primär durch geschlechtsspezifische Unterschiede von Krebserkrankungen, Herz-Kreislaufkrankheiten (und teilweise Leberzirrhose) verursacht. Bis in den 1980er Jahren stieg das Risiko, vorzeitig an Krebs und kardiovaskulären Krankheiten zu sterben, bei Männern in vielen europäischen Ländern an. Für Frauen waren hingegen schon seit der Nachkriegszeit in vielen Ländern rückläufige Trends zu verzeichnen (vgl. Bergmann, Baier u.a. 1993; Hart, 1989: 114; Johansson 1991).

Erklärungsfaktoren
Die Ursachen für die höhere Lebenserwartung von Frauen bzw. für die Übersterblichkeit der Männer sind vielfältig. Ein Ursachenbündel sind einerseits immunbiologische und hormonale Unterschiede. So weisen Frauen - als Geschlecht das Schwangerschaften und Geburten zu tragen hat - konstitutionelle und immunbiologische Vorteile auf, die allerdings nur bei guter Ernährung hervortreten. So sind Frauen aufgrund hormonaler Unterschiede gegenüber kardiovaskulären Erkrankungen besser geschützt als Männer (Waldron 1986), und in Wohlstandsgesellschaften mit ausgebauter medizinischer Versorgung können solche immunologischen Unterschiede zu signifikanten Mortalitätsunterschieden zwischen den Geschlechtern beitragen. Andererseits sind auch das geschlechtsspezifische geprägte Gesundheits- und Risikoverhalten sowie die Unterschiede in der Lebenswelt von Männern und Frauen bedeutsame Erklärungsfaktoren. So sind Frauen aufgrund ihres Monatszyklus stärker für körperliche Unregelmäßigkeiten sensibilisiert. Gekoppelt mit der Tendenz, dass Frauen eher sozialisiert werden, Emotionen und körperliche Symptome zu äußern, führt dies zu einer besseren Gesundheitsvorsorge. Frauen betreiben zum Beispiel mehr Prävention und suchen häufiger ärztliche Hilfe auf. Gleichzeitig ergeben sich enorme Unterschiede im Lebensstil und Risikoverhalten; sei es, dass Frauen seltener in tödliche Unfälle verwickelt werden und weniger oft Selbstmord betreiben; sei es, dass sie seltener ein stark gesundheitsschädigendes Verhalten zeigen. In den letzten Jahrzehnten haben namentlich die geschlechtsspezifischen Unterschiede im Zigarrettenkonsum zur Ausweitung der geschlechtsspezifischen Mortalitätsunterschiede beigetragen.

Insgesamt zeigen Frauen im Durchschnitt ein weniger risikoreiches Verhalten als Männer. In einem gewissen Sinn hat das aggressivere Verhalten mancher Männer seinen Preis. Frauen leben im Durchschnitt gesundheitsbewusster oder genauer formuliert, weniger Frauen weisen einen krass gesundheitsschädigenden, lebensverkürzenden Lebensstil auf. In vielerlei Hinsicht widerspiegeln die krassen Unterschiede in der Lebenserwartung von Frauen und Männer die weiterhin vorherrschende Trennung von männlich und weiblich geprägten Lebenswelten.

Tabelle 20:
Einige Erklärungsfaktoren der höheren weiblichen Lebenserwartung

Bei Geburt:
Unter 'natürlichen' Bedingungen werden mehr Knaben als Mädchen geboren (auf 100 weibliche Geburten entfallen um die 105 männliche Geburten). Die Säuglingssterblichkeit von Knaben ist jedoch auch bei gleicher Pflege und Ernährung höher.

Gebärrisiko: Das hohe Sterberisiko beim Gebären aufgrund von Infektionen (Kindbettfieber u.a.) reduzierte in früheren Jahrhunderten die Lebenserwartung junger Frauen signifikant. Verstärkte Hygiene und gynäkologische Fortschritte haben dieses Risiko weitgehend reduziert. Damit werden die konstitutiven Stärken des weiblichen Körpers verstärkt sichtbar.

Vor der Menopause: Aufgrund hormonaler Unterschiede sind Frauen in bezug auf kardiovaskuläre Erkrankungen (Herzinfarkt usw.) besser geschützt. Der Monatszyklus sensibilisiert Frauen stärker für körperliche Irregularitäten. Frauen profitieren zudem generell von einem differenzierteren Immunsystem, da ein Frauenkörper differenziert zwischen erlaubtem Zellwachstum (Schwangerschaft) und krankhaftem Zellwachstum (Krebs) zu unterscheiden hat. Mit sozialer Gleichbehandlung und Entwicklung moderner Medizin können solche immunologische Unterschiede zu signifikanten geschlechtsspezifischen Mortalitätsunterschieden führen.

Während der Menopause: Hormonale Therapien vor, während und nach der Menopause können inskünftig Frauen sowohl gegen Knochenbrüchigkeit (Osteoporose) als auch gegen kardiovaskuläre Krankheiten schützen.

In höherem Alter: Frauen leiden im allgemeinen häufiger an nicht-tödlichen chronischen Beschwerden und Behinderungen. Frauen sind gegenüber chronischen Krankheiten im Alter anfälliger, aber ihr Sterberisiko ist - bis zum Alter von 90 Jahren - geringer.

Für alle Altersgruppen: Geschlechtsspezifische Unterschiede in Lebensstil führen zu geschlechtsspezifischen Unterschieden im Risikoverhalten. Männer führen häufiger ein risikoreiches und aggressives Leben, was sich in höheren Selbstmordraten, höherer Unfallmortalität und höherer suchtbedingter Mortalität ausdrückt. Frauen dagegen zeigen weniger oft ein gesundheitsschädigendes Verhalten, und sie konsultieren Ärzte früher und regelmäßiger. Gleichzeitig weisen Frauen mehr Krankheitssymptome auf, und sie nehmen häufiger Medikamente (da sie häufiger unter Stress und unter nicht-tödlichen Beschwerden leiden).

Allgemein:
- Frauen weisen häufiger ein sozial präventives Gesundheitsverhalten auf als Männer, und sie zeigen seltener ein gesundheitsschädigendem Verhalten.
- Frauen sind eher sozialisiert, ihre Emotionen und körperlichen Symptome zu artikulieren und Beschwerden und Krankheiten frühzeitig anzugehen. Deshalb fühlen sich Frauen zwar häufiger krank, leben aber trotzdem länger.
- Frauen sind eher besser in soziale Netzwerke (Familie, Nachbarschaften, Freundschaften) integriert und damit oft besser in der Lage, Lebenskrisen - inkl. Krankheiten - zu bewältigen.
- Frauen haben durch die Übernahme familialer Pflichten und Pflege, inkl. Pflege kranker Kinder und behinderter Betagter, oft eine größere gesundheitliche Expertise. Damit sind sie besser in der Lage, auf eigene Krankheiten zu reagieren bzw. Krankheiten vorzubeugen.

Vgl. Hazzard 1994; Stuckelberger, Höpflinger 1996; Verbrugge 1987, 1990; Waldron 1986

Die oben stehende Zusammenstellung (Tabelle 20) fasst die wichtigsten Argumente der aktuellen Diskussion kurz zusammen.

Die höhere Lebenserwartung der Frauen hat europaweit zu einer deutlichen 'Feminisierung des Alters' geführt, und heute ist die Mehrheit der Betagten und namentlich der Hochbetagten weiblichen Geschlechts. Aus diesem Grund sind Frauen in vielerlei Hinsicht von den Problemen des Alterns stärker betroffen als Männer (Backes 1993). Die Folgen der weiblichen Langlebigkeit werden teilweise durch soziale Normen verschärft. So ist die Kombination von weiblicher Langlebigkeit und traditionellen Normen der Partnerwahl (Männer heiraten meist eine Frau, die jünger ist) dafür verantwortlich, dass Verwitwung vorwiegend ein Frauenschicksal darstellt. Von 100 Schweizer Frauen der Geburtsjahrgänge 1908/12 wurden 61 Frauen im Verlaufe ihres Ehelebens mit dem Tod des Ehepartners konfrontiert. Bei den Ehemännern erfuhren hingegen nur 27 von 100 dieses Schicksal (Höpflinger 1994). Ähnliche geschlechtspezifische Unterschiede des Verwitwungsrisikos zeigen sich in Deutschland, wobei der Anteil von verwitweten Frauen in diversen Geburtsjahrgängen kriegsbedingt anstieg (Vaskovicz, Buba 1988). Die höhere Lebenserwartung, gekoppelt mit Unterschieden des Heirats- und Partnerschaftsverhaltens (z.B. geringere Wiederverheiratungsraten bei Frauen) führt auch dazu, dass der Anteil alleinlebender Frauen im Alter hoch ist. Langlebigkeit, in Kombination mit sozialen oder beruflichen Benachteiligungen, führt zumindest in einigen europäischen Ländern zu einem überdurchschnittlichen Armutsrisiko älterer Frauen. Allerdings ist bei der Analyse geschlechtspezifischer Unterschiede im Alter immer eine sorgfältige Prüfung von Alterseffekten (mehr Frauen sind hochbetagt) und sozialer Effekte (unterschiedliche Lebensbiographien und geschlechtspezifisch geprägte Lebensstile) notwendig. So ist die Mehrheit der dementen Betagten deshalb weiblich, weil mehr Frauen als Männer ein Alter erreichen, wo dementielle Störungen häufiger werden (und nicht, weil das Risiko von Demenz bei Frauen höher liegt). Dasselbe gilt für Einsamkeit im Alter, die primär deshalb Frauen betrifft, weil mehr Frauen als Männer jenes hohe Alter erreichen, wo sich bisherige Kontaktnetze auflösen.

5.5 Einige gesellschaftliche Folgen der Langlebigkeit

Eine hohe Lebenserwartung ist historisch gesehen ein vergleichsweise neues Phänomen, und erst in der zweiten Hälfte des 20. Jahrhunderts wurde Langlebigkeit zur Norm. Der Sozialhistoriker Arthur Imhof (1981) spricht in diesem Zusammenhang von einem grundlegenden Wandel von 'unsicherer zur sicherer Lebenszeit'; ein Wandel, der tiefgreifende gesellschaftliche Folgen zeitigt:

In vorhergehenden Jahrhunderten war der Tod ein Ereignis, das mit hoher Wahrscheinlichkeit jederzeit eintreten konnte. Das Leben auch junger Erwachsener stand ständig unter dem Schatten des Todes. Das Leben war unsicher, und dies galt nicht nur in Kriegszeiten, sondern auch während 'normalen Zeiten'. Es lässt sich vermuten, dass die demographische Unsicherheit in früheren Epochen das Gewicht kultureller und sozialer Normen stärkte, da in einer Situation, in der Individuen rasch absterben, eine Gesellschaft starke normative Regelungen benötigt, um gesellschaftliche Kontinuität zu garantieren. Heute ist der frühzeitige Tod ein vergleichsweise seltenes Ereignis geworden, und die Wahrscheinlichkeit, alt oder sogar sehr alt zu werden, ist hoch. *Der Tod ist sozusagen an den Rand des Lebens gedrängt worden: er bedroht weniger die Jungen und Erwerbstätigen als die Alten*, für die der Tod teilweise als 'Erlösung' von langer Krankheit und Gebrechlichkeit angesehen wird.

Der Wandel von unsicherer zur sicherer Lebenszeit hat nach Ansicht von Martin Kohli (1985) zu zwei bedeutsamen gesellschaftlichen Entwicklungen beigetragen:

Erstens wurde die Bedeutung des Lebenslaufs als soziale Institution gestärkt. Es lässt sich sogar behaupten, dass erst der Rückzug des vorzeitigen Todes die Verankerung geregelter Lebensläufe erlaubte. Zu einer Zeit, da jede Person jederzeit sterben kann, wird die Idee einer Normbiographie unsinnig. Erst eine hohe und sichere Lebenserwartung ermöglicht die Institutionalisierung von Lebensläufen, wie sie in Konzepten von Karriereplanung, geregelter Altersvorsorge usw. zum Ausdruck kommt. Auch das Konzept des Familienzyklus ist nur auf dem Hintergrund eines gesicherten Überlebens und gesicherter Übergänge denkbar. Dort wo der Tod jederzeit mit hoher Wahrscheinlichkeit zugreift, sind Ehe und Zusammenleben demographisch starken Zufälligkeiten unterworfen. Wer Kinder hatte, musste jederzeit mit ihrem Tod rechnen, was wahrscheinlich auch die emotionale Bindung zu Kleinkindern behinderte. So gibt es gute Argumente, die verstärkte Intimität des Familienlebens mit der Veränderung der Lebenserwartung in Verbindung zu bringen. Erst als der vorzeitige Tod abtrat, wurde es sozial zur Norm, zu Kindern oder zum Partner bzw. zur Partnerin eine enge gefühlsmäßige Bindung aufzubauen.

Zweitens hat das Zurückdrängen des vorzeitigen Todes eine Orientierung am chronologischen Lebensalter verstärkt. In einer Situation von hoher Sterblichkeit existiert keine geregelte Altershierarchie. Eine geordnete Nachfolgeregelung wird unmöglich, wenn der Tod altersunspezifisch eintritt. Heute ist die Sterblichkeit weitgehend eine Funktion hohen Alters. Die verschiedenen Generationen werden vom Tod nicht mehr beliebig 'durcheinandergewürfelt', sondern die Altersschichtung ist geregelt und geordnet. Damit werden Prinzipien der Seniorität möglich. Ebenso wird es denkbar, chronologische Pensionierungsgrenzen festzulegen. Mit dem Übergang zur sicheren Lebenszeit und einer Verschiebung des Absterbens ins hohe Alter verstärkte sich die soziale Bedeutung einer strukturierten Altersschichtung (vgl. Riley 1985).

Martin Kohli (1985) verwendet in diesem Zusammenhang die beiden Begriffe der *'Verzeitlichung' und 'Chronologisierung' des Lebens*: Mit 'Verzeitlichung' wird der Wandel zu einer Lebensweise angesprochen, in welcher das Alter zu einem zentralen Strukturprinzip des Lebenslaufs wird. Das chronologische Alter wird beispielsweise zum Kriterium für eine Reihe von lebenszyklischen Übergängen, wie Schulbeginn, Volljährigkeit, Rekrutierung ins Militär, Beförderung zum Prokurist, Wahl in politische Ämter, Pensionierung usw. Erst in einer Gesellschaft, wo die große Mehrheit der Menschen eine bestimmte Altersstufe erreicht, wird es denkbar, Prozesse der sozialen Rekrutierung nach dem Gesichtspunkt des Alters zu strukturieren. Mit dem Begriff der 'Chronologisierung' wird von Martin Kohli das Entstehen eines chronologisch geordneten Normallebenslaufs angesprochen. Erst die Erwartung, alt zu werden, lässt es zu, gesellschaftliche Normen über den Lebenslauf oder den Familienzyklus zu formulieren und zu verankern. Lebens- und Karriereplanung sind nur möglich, wo eine gewisse Sicherheit besteht, auch in 10 Jahren noch zu leben. Die heutige Altersvorsorge baut weitgehend darauf, dass die versicherte oder kapitalanhäufende Person ein hohes Alter erreicht, und moderne Formen der Lebensversicherung basieren darauf, dass altersspezifische Sterberisiken im Durchschnitt berechenbar sind. Verzeitlichung und Chronologisierung des Lebenslaufs - beides im Gefolge erhöhter Lebenserwartung entstanden - wirken in Richtung einer verstärkten sozialen Planbarkeit des Lebens.

Gleichzeitig haben die Veränderungen der Lebensverhältnisse aber auch Prozesse der Individualisierung gestärkt. Dort wo Menschen mit Sicherheit länger leben, kann die Gesellschaft mehr in das einzelne Individuum 'investieren'. Erst in einer Gesellschaft, in der Menschen im Durchschnitt mit einer hohen Lebensdauer rechnen können, wird es denkbar, junge Leute jahrelang auszubilden. Die zeitliche Ausdehnung der schulischen und beruflichen Ausbildung ist somit grundsätzlich nur auf dem Hintergrund der erfolgten demographischen Veränderungen denkbar. Die Primärsozialisierung wurde im gleichen Sinn durch das Zurückdrängen der Säuglings- und Kindersterblichkeit verändert: Die Mutter-Kind-Beziehungen wurden intensiver und intimer, was die Internalisierung komplexer sozialer Verhaltensprogramme erleichtert. *Langlebigkeit erlaubt es sozusagen, psychologisch und sozial komplexere Menschen zu 'produzieren'*, und an Stelle von Quantität des Humankapitals tritt Qualität, zumindest ansatzweise.

Insofern eine Gesellschaft mehr in die Erziehung und Ausbildung langlebiger Individuen 'investiert', können sich komplexere Rollenstrukturen ausbilden, und der Zusammenhang zwischen zunehmender Ausbildung und verstärkter Spezialisierung basiert im Grunde auf der Prämisse einer prinzipiell gesicherten Lebenszeit. Genau deshalb erscheinen neue Epidemien (wie AIDS) gesellschaftlich so bedrohlich: Sollten sich neue Epidemien zu stark ausbreiten, wird die mühsam errungene Planbarkeit und Berechenbarkeit des menschlichen Daseins grundsätzlich in Frage gestellt, und die moderne, arbeitsteilige Gesellschaft würde im Kern getroffen.

Das Zurückdrängen des vorzeitigen Todes hat auch das Verhältnis zu Sterben und Tod grundsätzlich verändert, und etwa die Dramatik des vorzeitigen Sterbens gesteigert. In einer Gesellschaft, in der Kinder und junge Erwachsene nur noch selten sterben, gewinnen diese Sterbefälle an Tragik. Vielfach steht man dem Tod deshalb hilfloser gegenüber als unsere Vorfahren. Sterben wird als 'widernatürlicher Einbruch' gesehen und mit allen Mitteln der Spitzenmedizin selbst bei Betagten hinausgeschoben. Die Angst vor dem Sterben wird dadurch verstärkt, als nach der epidemiologischen Transition nicht mehr die relativ rasch zum Tode führenden Infektionskrankheiten dominieren. Die wichtigsten Todesursachen von heute sind chronische Krankheiten, an denen Leute nicht nur Tage oder Wochen, sondern häufig Monate und Jahre zu leiden haben. Der Tod kommt meist später, aber er braucht deutlich länger, um sich durchzusetzen. Häufig findet sich in Todesanzeigen der Nebensatz: 'Ist von langer und schwerer Krankheit erlöst worden'.

Die Hilflosigkeit des modernen Menschen gegenüber dem Tod wird möglicherweise noch dadurch gesteigert, als die heutige Langlebigkeit die Diesseits-Orientierung verstärkte. Früher, als man jederzeit mit 'Gevatter Tod' rechnen musste, tröstete man sich mit Jenseits-Vorstellungen. Wie Imhof (1981) erklärt, haben wir im Vergleich zu unseren Vorfahren zwar 30 Jahre gewonnen, aber dafür haben wir die Ewigkeit des Jenseits verloren. Das Hinausschieben des Todes hat auf der anderen Seite aber auch den früher vorherrschenden Fatalismus gegenüber Leben und Tod verdrängt. Unsere Gesellschaft ist durch einen ausgeprägten Aktivismus, wenn nicht sogar Hyper-Aktivismus, in bezug auf Krankheit und Sterben gekennzeichnet. Medizin und Gesundheitssektor gehören zu den am stärksten expandierenden Zweigen der Wirtschaft, und es wird offen über die Möglichkeit einer Verlängerung des Lebens dank genetischer Eingriffe spekuliert.

Folgen für alle Lebensphasen
Die markanten Veränderungen der Lebenserwartung des 20. Jahrhunderts liessen keine Lebensphase unberührt:

a) *Kindheit:* Mit der Reduktion der Säuglings- und Kindersterblichkeit veränderten sich die Eltern-Kind-Beziehungen. Einerseits nahm die Kinderzahl ab, andererseits gewannen die Eltern-Kind-Beziehungen an Intensität. Die Liebe zum einzelnen Kind wurde zum Leitmotiv der Erziehung. Der Rückgang der Kindersterblichkeit, intensive Mutter-Kind-Beziehungen und allgemeiner Geburtenrückgang haben sich historisch wechselseitig verstärkt.

b) *Jugend:* Mit der verlängerten Ausbildungszeit, wie sie bei gesichertem Überleben möglich wurde, begannen biologische Reife und Übertritt ins Berufs- und Familienleben sich stärker auseinander zu entwickeln. Damit wurde die Ausdifferenzierung einer Lebensphase Jugend überhaupt erst möglich (Hurrelmann 1994: 22f.). Langlebigkeit führt gleichzeitig dazu, dass Leute sozial länger „jung" bleiben, und vor allem in den letzten Jahrzehnten erfuhr die 'jugendnahe' Lebensphase eine deutliche Ausdehnung.

c) *Ehe:* Mit dem Zurückdrängen des vorzeitigen Todes verlängerte sich die demographisch mögliche Ehedauer stark. Während es früher häufig war, dass

Ehepartner oder Ehepartnerin früh wegstarben, sind jahrzehntelange Ehen heute durchaus möglich. Rein demographisch gesehen wäre das Ideal einer 'lebenslangen Ehe' realisierbar. Allerdings, an Stelle des 'Sensemannes' trat vermehrt der Eherichter. Dennoch ist die Zahl langjähriger Ehen deutlich angestiegen.

d) *Nachelterliche Lebensphase:* Im 18. Jahrhundert lebte eine Frau im Durchschnitt bis sie ihre zahlreichen Kinder großgezogen hatte. Im Durchschnitt starb sie, nachdem sie ihre „Mutterpflicht" erfüllt hatte (vgl. Imhof 1981). Seither hat die nachelterliche Phase eine markante zeitliche Ausdehnung erfahren. Dazu hat nicht nur die Erhöhung der Lebenserwartung, sondern auch der Rückgang der durchschnittlichen Kinderzahl beigetragen. Damit verlor die Phase der Elternschaft aufs ganze Leben gesehen relativ an Bedeutung; ein weiterer Grund, wieso sich immer mehr Frauen weigern, ihre Lebensplanung voll auf die relativ kurze Zeit des Kinderhabens auszurichten. In einer Situation, in der die sogenannt „reproduktive Phase" nur einen vergleichsweise kurzen Teil des weiblichen Lebens ausmacht, verliert die 'Mutterrolle' ihren zentralen Charakter zur Strukturierung eines ganzen Lebens. Aktive Elternschaft wird zur 'temporären Aufgabe', deren Ende absehbar ist.

e) *Nachberufliche Phase:* In gleicher Weise wie die 'Nach-Kinder-Phase' erfuhr auch die nachberufliche Phase eine zeitliche Ausdehnung. In den letzten Jahrzehnten wurde diese Entwicklung durch die Tendenz zu vorzeitigen Pensionierungen in vielen europäischen Ländern noch verstärkt. Dabei stellt sich die grundlegende Frage, wie die nachberufliche Lebensphase sinnvollerweise ausgefüllt werden soll. Immer noch ist die nachberufliche Lebensphase durch eine gesellschaftliche „Funktionslosigkeit" charakterisiert, was in den Begriffen 'Pensionierte, Rentner, Ruhestand' zum Ausdruck kommt. Heute werden viele Männer und Frauen zu einem Zeitpunkt 'pensioniert', wo sie noch hohe soziale Kompetenzen und eine gute Gesundheit aufweisen (womit sich der 'Ruhestand' faktisch immer mehr zum 'Unruhestand' wandelt). Die Ausdehnung der nachberuflichen Phase zwingt auch die Soziologie immer mehr dazu, zwischen drittem Lebensalter (Phase aktiver Pensionierung) und viertem Lebensalter (Phase zunehmender funktionaler Einschränkungen) zu differenzieren.

f) *Großelternschaft und Generationenbeziehungen:* Unsere Gesellschaft entwickelt sich immer mehr zu einer Drei-Generationen-Gesellschaft und tendenziell sogar zu einer Vier-Generationen-Gesellschaft. War es in vergangenen Jahrhunderten die Ausnahme, wenn Kinder betagte Eltern oder Großeltern erleben konnten, ist dies heute immer mehr die Norm. Dank der verlängerten Lebenserwartung überschneiden sich die Lebenszeiten von zwei oder drei Generationen einer Familie, namentlich der weiblichen Mitglieder, immer stärker (Lauterbach 1995). Familienmitglieder bleiben länger Eltern, länger Kinder und länger Großeltern. Damit sind vertiefte Drei-Generationen-Beziehungen (z.B. enge Kontakte zwischen Enkelkindern und ihren

Großeltern) - früher aus demographischen Gründen relativ selten - überhaupt erst möglich. Gleichzeitig werden früher seltene und rollentheoretisch ambivalente familiale Rollensets häufiger, etwa wenn eine 45jährige Frau gleichzeitig die Mutter eines heranwachsenden Sohnes und das 'Kind' betagter Eltern ist. Daraus können sich neuartige Rollenkonflikte ergeben, wie dies im Stichwort der 'Sandwich-Generation' angetönt wird.

Die hohe Lebenserwartung des modernen Menschen hat die gesamte Lebensordnung und die Generationenverhältnisse grundsätzlich und tiefgreifend gewandelt. Dabei scheinen moderne Gesellschaften die Folgen dieser demographischen Transformationen noch nicht vollständig bewältigt zu haben. Dies zeigt sich am deutlichsten in der Beibehaltung einer traditionellen Drei-Teilung beruflicher Lebensläufe (Ausbildung, Erwerbstätigkeit, Pensionierung).

6. Altersverteilung der Bevölkerung und Aspekte demographischer Alterung

6.1 Einleitende Anmerkungen

Die Altersverteilung der Bevölkerung gehört mit zu den zentralen demographischen Kennzahlen, und sie widerspiegelt wesentliche Aspekte der soziodemographischen Wirklichkeit. Moderne, hochentwickelte Gesellschaften beispielsweise sind durchwegs durch eine geringe Geburtenhäufigkeit und hohe Lebenserwartung gekennzeichnet; zwei demographische Größen, die zur demographischen Alterung der Bevölkerung beitragen. Die Altersverteilung einer Gesellschaft kann ihrerseits gewichtige soziale, wirtschaftliche und sozialpolitische Rückwirkungen aufweisen, etwa wenn Verschiebungen im zahlenmäßigen Verhältnis junger und älterer Menschen zu Umverteilungen der sozialpolitischen Ausgaben des Staates beitragen (Fickl, 1991). Die sozialen, wirtschaftlichen und politischen Auswirkungen von Verschiebungen der Altersverteilung sind im Einzelnen allerdings oft nur schwer herauszuarbeiten, da es sich vielfach um indirekte, vermittelte Ursachen-Wirkungs-Zusammenhänge handelt. Die demographische Alterung ist nur in Zusammenspiel mit politischen, sozialen und wirtschaftlichen Faktoren relevant. So ist beispielsweise das finanzielle Gleichgewicht der Altersvorsorge ebenso von wirtschaftlichen Entwicklungen wie von demographischen Wandlungen abhängig. Eine isolierte Betrachtungsweise führt leicht zu falschen Interpretationen. Es ist beispielsweise verfehlt, demographische Alterung mit gesellschaftlicher Überalterung gleichzusetzen (auch weil damit von vornherein eine negative Bewertung älterer Menschen impliziert wird).

In der gegenwärtigen Altersverteilung einer Bevölkerung finden wir gleichzeitig Hinweise auf unsere demographische Geschichte und auf unsere demographische Zukunft. *In der aktuellen Altersstruktur der Bevölkerung begegnen sich sozusagen demographische Vergangenheit und demographische Zukunft.* So haben I. Weltkrieg, Weltwirtschaftskrise und II. Weltkrieg im Altersaufbau der deutschen Bevölkerung ihre Spuren hinterlassen. Auf der anderen Seite vermittelt die aktuelle Altersverteilung Hinweise auf die demographische Zukunft. Die Zahl der Erwachsenen in den nächsten Jahrzehnten ist wesentlich durch die Zahl der heute vorhandenen Kinder und Jugendlichen bestimmt, selbst wenn eine verstärkte Einwanderung junger ausländischer Erwachsener die Altersverteilung noch modifizieren kann. Der Geburtenrückgang der letzten Jahrzehnte ist in jedem Fall ein wesentlicher Bestimmungsfaktor der Altersverteilung der nächsten Jahrzehnte. Da unter heutigen Lebensbedingungen junge Erwachsene mit sehr hoher Wahrscheinlichkeit das Pensionierungsalter erleben werden, ist die Zahl der zukünftigen RentnerInnen relativ klar vorbestimmt.

Die bisherigen und inskünftig zu erwartenden demographischen Entwicklungen (Geburtenrückgang und weiterhin tiefes Geburtenniveau, erhöhte Lebenserwartung älterer Menschen) lassen eine verstärkte demographische Alterung Deutschlands und der übrigen europäischen Länder als unvermeidlich erscheinen. Selbst eine hohe Einwanderung (außer sie würde sich permanent von Jahr zu Jahr verstärken) dürfte langfristig den Trend kaum wesentlich beeinflussen (vgl. Lutz, Prinz 1992: 360).

Von wesentlicher Bedeutung ist auch die Tatsache, dass sich demographische Alterung - als Folge eines weltweiten Geburtenrückgangs und steigender Lebenserwartung - immer mehr zu einem globalen Prozess entwickelt, der in den nächsten Jahrzehnten alle Regionen dieser Welt in massiver Weise berühren wird (vgl. Tabelle 21). Zwar gehört auch inskünftig Europa zur Weltregion mit dem höchsten Anteil älterer Menschen, aber die schnellste Zunahme in Zahl und Anteil älterer Menschen wird sich außerhalb Europas abspielen. Während die Zahl über 60jähriger Menschen in Deutschland zwischen 1990 und 2025 um etwa 65-75% ansteigen wird, wird in Ländern wie Thailand, Korea, Kenia, Kolumbien u.a.m. die Zahl älterer Menschen während der Periode 1990-2025 höchstwahrscheinlich um über 300% ansteigen, und für Indonesien wird sogar eine Zunahme von über 400% prognostiziert (vgl. U.S. Bureau of the Census 1992). Von einem tiefen Niveau ausgehend wird sich die demographische Alterung damit in vielen asiatischen, lateinamerikanischen und afrikanischen Ländern in einer Weise beschleunigen, die historisch einzigartig ist und die vor allem dort zu sozialpolitischen Anpassungen zwingt, wo die Formen der Altersversorgung noch früheren demographischen und familialen Verhältnissen entsprechen.

Tabelle 21
Demographische Alterung in den Kontinenten

	Personen im Alter von 60 und mehr Jahren in Prozent der Gesamtbevölkerung					
	1950	1970	1990	2010*	2030*	2050*
Welt	8.1	8.4	9.2	10.7	15.7	20.0
Afrika	5.1	5.0	5.0	5.2	7.1	11.6
Asien**	6.7	6.5	7.6	9.7	16.0	21.1
Lateinamerika/Karibik	5.7	6.3	7.2	9.6	15.9	22.1
Nordamerika	12.1	13.8	16.6	18.4	25.4	26.6
Europa**	12.1	15.5	18.1	21.3	28.1	30.9
Ozeanien	12.6	12.3	15.4	18.0	24.8	27.9

* Gemäss mittlerer Variante der UN-Bevölkerungsprojektionen
** Neue Gebietsaufteilung, im Vergleich zu früheren Aufstellungen wurden die asiatischen Nachfolgestaaten der UdSSR dem asiatischen Kontinent zugeteilt.
Quelle: United Nations 1995b.

Im folgenden wird der Wandel der Altersverteilung, der unter dem Stichwort 'demographische Alterung' bekannt ist, zunächst beschrieben und analysiert. Dabei werden verschiedene Darstellungsformen und häufig benützte Indikatoren kurz dargestellt. Anschließend werden vermutete oder befürchtete Konsequenzen zunehmender demographischer Alterung kritisch durchleuchtet.

6.2 Demographische Komponenten der Altersverteilung

Die Altersverteilung einer Bevölkerung in einer Region wird durch prinzipiell drei demographische Größen bestimmt. Es sind dies konkret: a) das Geburtenniveau, b) die Lebenserwartung (genauer: die Überlebensordnung), und c) das Verhältnis von Ein- und Auswanderungen. Die Bedeutung der drei Komponenten variiert, aber auf nationaler Ebene ist im allgemeinen das Geburtenniveau der bedeutsamste Einflussfaktor (Long 1991).

Veränderungen der Geburtenzahlen - sei es ein Geburtenrückgang, sei es ein Baby-Boom - wirken sich unmittelbar und langfristig auf die Altersstruktur einer Bevölkerung aus, und die demographische Alterung ist primär die langfristige Konsequenz eines Geburtenrückgangs. Der Anteil von Rentner und Rentnerinnen nimmt in Europa primär deshalb zu, weil in den letzten Jahrzehnten weniger Kinder geboren wurden. Die naheliegende Idee, eine demographische Alterung durch eine geburtenfördernde Politik zu vermeiden, stösst auf die Schwierigkeit, dass es bisher keinem Land gelungen ist, das Geburtenniveau auf die Dauer wesentlich zu erhöhen (vgl. Höhn, Schubnell 1986).

Ein zweiter gewichtiger Bestimmungsfaktor der Altersverteilung der Wohnbevölkerung eines Landes oder einer Region ist das Verhältnis von Einwanderung und Auswanderung (Migrationsbilanz). Auf regionaler und kommunaler Ebene oder in Kleinstaaten kann Ein- oder Auswanderung zum wichtigsten Einflussfaktor der Altersverteilung werden. Ein- oder Abwanderung haben allerdings nur einen Einfluss auf die Altersverteilung der Bevölkerung, wenn sie altersspezifisch variieren. Zumindest theoretisch ist eine altersstrukturell neutrale Migration denkbar (z.B. wenn die Altersverteilung der Einwanderer exakt der Altersverteilung der einheimischen Bevölkerung entspricht). Faktisch variieren Migrationsraten altersspezifisch, wobei jüngere Erwachsene bei Wanderungsbewegungen immer deutlich übervertreten sind (vgl. Kap. 4.4.2). Viele europäische Länder - darunter Deutschland - erlebten in den letzten Jahrzehnten bekanntlich eine merkbare Einwanderung jüngerer ausländischer Arbeitskräfte und ihrer Familien, was in signifikanter Weise zur Verjüngung der Wohnbevölkerung der Einwanderungskontexte beitrug und beiträgt (vgl. Kap. 4.5). Ausländische Arbeitskräfte entlasten momentan die Renten- und Pensionskassen (da ihre Einzahlungen die Auszahlungen übersteigen).

Auch inskünftig dürfte die Altersverteilung der Wohnbevölkerung europäischer Länder durch Einwanderung beeinflusst werden, wobei neben wirtschaftlichen Faktoren (Konjunktur) politische Entscheide das künftige Ausmaß der Einwanderung junger Arbeitskräfte bestimmen. Rein theoretisch könnte beispielsweise Deutschland die zukünftige demographische Alterung durch verstärkte Einwanderung junger Erwachsener und Familien aus außereuropäischen Ländern zumindest abschwächen (der Preis wäre allerdings eine permanente, massive Bevölkerungszunahme).

Innerhalb von Ländern lassen sich teilweise ebenfalls Wanderungsbewegungen mit signifikanten Auswirkungen auf die Altersstruktur der entsprechenden Regionen oder Gemeinden feststellen. Ländliche Gebiete und Bergregionen beispielsweise erfuhren und erfahren oft eine bedeutende Abwanderung junger Menschen, wodurch sich - selbst bei relativ hohem Geburtenniveau - eine markante demographische Alterung der zurückbleibenden Einwohnerschaft ergeben kann. Eine hohe demographische Alterung kann regional deshalb auch ein Indikator sozio-ökonomischer Randstellung darstellen.

Im Vergleich zu Geburtenniveau und Wanderungsbewegungen ist der Einfluss von Veränderungen der Lebenserwartung resp. der Überlebensordnung auf die Altersverteilung traditionellerweise geringer. Veränderungen der Überlebensordnung verstärken die demographische Alterung nur, wenn die Lebenserwartung älterer Menschen stärker ansteigt als diejenige jüngerer Altersgruppen (Gonnot 1992). Dies ist faktisch primär bei Gesellschaften mit geringer Säuglingssterblichkeit und vergleichsweise hoher durchschnittlicher Lebenserwartung der Fall. Vor allem eine Ausdehnung der Lebenserwartung der über 65jährigen Personen führt zu einem stärkeren demographischen Altern von der Spitze der Bevölkerungspyramide her (Myers, 1984).

Tatsächlich erfuhren seit den 1960er Jahren alle europäischen Länder - und insbesondere die westeuropäischen Länder - eine markante Erhöhung der Lebenserwartung von Rentnern und Rentnerinnen (vgl. Kap. 5.3). Damit hat sich die Bedeutung von Veränderungen der Mortalitätsentwicklung auf die demographische Altersstruktur signifikant verstärkt (Caselli, Vallin 1990). *Hochentwickelte Länder sind sozusagen mit einer 'doppelten demographischen Alterung' konfrontiert: Einerseits erhöht sich der Anteil älterer Menschen als Folge des Geburtenrückgangs, andererseits steigen Zahl und Anteil betagter Menschen auch aufgrund einer erhöhten Lebenserwartung älterer Menschen an.* In den letzten Jahrzehnten erhöhten sich insbesondere Zahl und Anteil betagter Menschen (80 Jahre und älter) deutlich, und auch inskünftig ist mit einer rasch ansteigenden Zahl betagter und hochbetagter Menschen zu rechnen (mit bedeutsamen Folgen für Gesundheitspolitik und Alterspflege).

Die Altersverteilung der Bevölkerung einer Region wird somit durch verschiedene demographische Prozesse (Geburten, Sterbefälle, Wanderungen) bestimmt; Prozesse, die sich vor allem auf regionaler oder kommunaler Ebene längerfristig nur schwer voraussagen lassen, da namentlich Geburtenraten und Wanderungsbewegungen starken Schwankungen unterworfen sein können. Der Bau einer größeren Zahl von Einfamilienhäusern für junge Familien kann etwa zur raschen Verjüngung der Einwohnerschaft beitragen. Umgekehrt kann eine wirtschaftliche Krise die Altersverteilung einer Gemeinde in kurzer Zeit dramatisch verändern, etwa wenn die Geburtenzahlen krisenbedingt sinken, junge Frauen und Männer aufgrund von Betriebsschließungen aus der Gemeinde abwandern und primär RentnerInnen zurückbleiben.

6.3 Darstellungsformen des Altersaufbaus einer Bevölkerung

Der Altersaufbau einer Bevölkerung lässt sich auf unterschiedliche Art und Weise darstellen, wobei jede Darstellungsform andere Gesichtspunkte betont. Eine gebräuchliche und übersichtliche Darstellung der Altersstruktur ist die Aufzeichnung der Altersverteilung im Sinne einer Bevölkerungspyramide. Eine Bevölkerungspyramide zeigt graphisch die absolute oder prozentuale Verteilung der Bevölkerung nach Alter und Geschlecht. Sie ist so aufgebaut, dass jeder Altersjahrgang in Form eines liegenden Blocks dargestellt wird, wobei links von der Mittellinie die männlichen und rechts die weiblichen Jahrgänge abgetragen werden. Die Form einer Bevölkerungspyramide verrät mit einem Blick die wichtigsten Grundzüge der Bevölkerungsentwicklung eines Landes oder einer Region. Eine breite Basis bedeutet eine Zunahme der Bevölkerung, eine schmale Basis indiziert eine Abnahme der Bevölkerung.

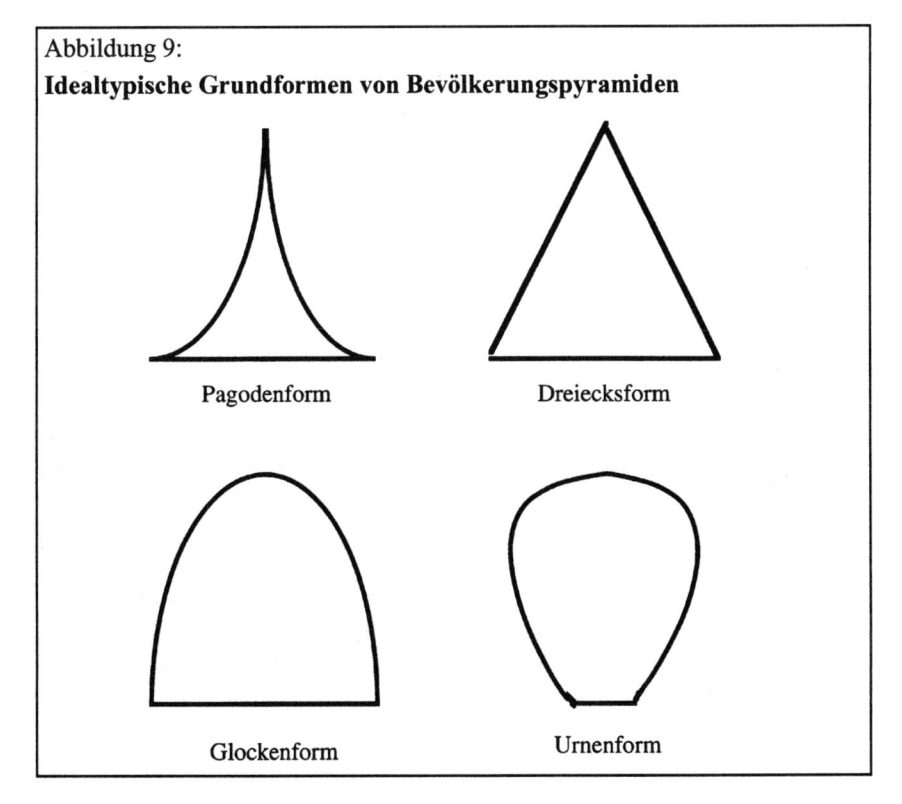

Abbildung 9:
Idealtypische Grundformen von Bevölkerungspyramiden

Pagodenform   Dreiecksform

Glockenform   Urnenform

Idealtypisch betrachtet lassen sich vier Grundformen von Altersverteilungen unterscheiden (vgl. Abbildung 9):

a) die *Pagodenform:* Eine solche Altersverteilung weist auf eine sehr junge, rasch wachsende Bevölkerung mit relativ geringer Lebenserwartung hin. Es werden zwar viele Kinder geboren, aber aufgrund einer hohen Sterblichkeit im Säuglings- und Kindesalter ergibt sich eine konkav durchgebogene Flanke. Dieser Altersaufbau ist heute etwa in wenig entwickelten Ländern der Dritten Welt (namentlich in Afrika) zu beobachten. In solchen Ländern sind um die 45% der Bevölkerung Kinder im Alter von 0 bis 14 Jahren, und entsprechend der hohen Geburtenhäufigkeit sind diese Länder durch ein rasches Bevölkerungswachstum gekennzeichnet (Schubnell 1989; United Nations 1989).

b) die *Dreiecksform oder klassische Pyramidenform*: Die Dreiecksform deutet auf eine weiterhin junge und rasch wachsende Bevölkerung, bei der sich allerdings die Sterblichkeit von Kindern und jungen Erwachsenen gegenüber einer Pagodenform deutlich verringert hat. Auch diese Altersverteilung weist auf ein markantes Bevölkerungswachstum hin. Der Altersaufbau der deutschen Bevölkerung vor dem I. Weltkrieg entsprach weitgehend der klassischen Pyramidenform (eine Alterspyramide, die anschließend durch kriegsbedingte Todesfälle und Geburtenausfälle endgültig zerstört wurde).

c) die *Glockenform:* Eine deutliche Verringerung der Geburtenhäufigkeit sowie eine weitere Reduktion der Sterblichkeit von Kindern, Jugendlichen und jungen Erwachsenen führen zu einem Altersaufbau, bei der sich Geburten- und Sterberate in etwa die Waage halten. Idealerweise entspricht diese Glokkenform einer sogenannt stabilen bzw. stationären Bevölkerung, d.h. einer Bevölkerung, die sich im Gleichgewicht befindet und die langfristig gesehen weder wächst noch schrumpft (Zum Konzept der stationären bzw. stabilen Bevölkerung vgl. Dinkel 1990; Keyfitz 1977; Ryder 1975). Bisher wurde eine langfristig stationäre Bevölkerung allerdings in keinem Land beobachtet, was demographische Gleichgewichtstheorien in Frage stellt.

d) die *Urnenform*: Dieser Altersaufbau - mit schmaler Basis und breitem Bauch - entspricht einer Bevölkerung, die einen Geburtenrückgang und/oder eine deutliche Auswanderung junger Leute erfahren hat Aufgrund der bisherigen demographischen Entwicklung sind langfristig sinkende Bevölkerungszahlen zu erwarten, da die nachkommenden Geburtsjahrgänge die vorherigen Geburtsjahrgänge nicht zu ersetzen vermögen. Gleichzeitig indiziert eine solche Altersstruktur eine markante demographische Alterung. Faktisch hat sich die Altersverteilung der Bevölkerung in den meisten europäischen Ländern in den letzten Jahrzehnten mehr oder weniger deutlich einer Urnenform angenähert, da sich die Basis der Bevölkerungspyramide aufgrund des nach 1964/65 einsetzenden Geburtenrückganges deutlich verengte.

Neben dem grundsätzlichen Wandel von einer Dreiecksform zu einer Urnenform lassen sich im Zeitvergleich in allen europäischen Ländern zwei weitere Verschiebungen feststellen:

a) Die kontinuierliche Zunahme der Lebenserwartung von Personen im Rentenalter hat zu einer Ausdehnung der Bevölkerungspyramide nach oben geführt. Besonders rasch angestiegen ist der Anteil der Hochbetagten (80 Jahre und älter). 1950 waren in Deutschland erst 1% der Bevölkerung älter als 79 Jahre, 1995 betrug ihr Anteil schon 3.8%.

b) Die Unterschiede im Altersaufbau von Frauen und Männern haben sich in den letzten Jahrzehnten verstärkt, und zwar insbesondere in den oberen Altersgruppen, da Frauen merkbar länger leben als Männer. Während in Deutschland 1995 10.7% der Männer 65 Jahre und älter waren, betrug der entsprechende Anteil bei den Frauen 18.7%.

Aus Gründen der Einfachheit und Übersichtlichkeit wird die Altersverteilung oft auch in Form grober Altersgruppierungen aufgeführt. Eine stärker soziologische Darstellung besteht hingegen darin, die Bevölkerung gemäß lebenszyklischen Kriterien aufzugliedern. Eine denkbare Möglichkeit ist etwa folgende Gliederung (vgl. Höpflinger 1995):

– Kinder (0-12 Jahre), wobei unter Umständen Vorschulkinder und Schulkinder unterschieden werden können;
– Teenager (13-19 Jahre bzw. 13-18 Jahre, wenn nur Minderjährige berücksichtigt werden sollen);
– Jugendliche Erwachsene (20-24 J. bzw. 19-24 Jahre);
– Jüngere Erwachsene (25-39 Jahre);
– Ältere Erwachsene (40-59 Jahre, unter Umständen 40-64 Jahre);
– 'Senioren' bzw. 'Junge Alte' (60-69 Jahre oder 65-75 Jahre);
– Betagte (70-79 Jahre bzw. 75-85 Jahre);
– Hochbetagte (80 Jahre und älter bzw. 85 Jahre und älter).

Wie ersichtlich ist die genaue altersmäßige Untergliederung der Lebensphasen umstritten, da Beginn und Ende spezifischer Lebensphasen in heutigen Gesellschaften im allgemeinen immer weniger an fixe chronologische Kriterien gebunden sind (Ausnahmen: Schuleintritt, Mündigkeitsalter, teilweise noch Rentenalter). Auch die moderne Gerontologie (Altersforschung) lässt erkennen, dass die Rentnerbevölkerung keineswegs eine einheitliche Kategorie darstellt. Schon aufgrund der hohen Lebenserwartung drängt sich eine feinere Gliederung der nachberuflichen Lebensphase auf (vgl. Cockerham 1991). Deshalb wird immer häufiger zwischen jungen RentnerInnen (Senioren, junge Alte), Betagten und Hochbetagten (alte Alte) unterschieden, wobei über die altersmäßige Grenzziehungen kein Konsens besteht.

Dynamischer Indikator der demographischen Alterung
Bei der Messung der demographischen Alterung stellt sich generell die Frage, ab welchem Alter eine Person zu den Senioren resp. zur älteren Bevölkerung gezählt werden soll. Die üblichen Messzahlen der demographischen Alterung basieren auf einer fixen Altersgrenze, wobei nach gängiger Norm alle Frauen und Männer ab 60 oder 65 Jahren zur Gruppe der älteren Menschen gezählt werden. Grundlage dieser Zuordnung sind früher gültige Vorstellungen eines allgemeinen Rentenalters, wobei impliziert wird, dass das Alter mit der Pensionierung beginnt. Eine solche fixe Altersgrenze wird sowohl von GerontologInnen als auch von Demographen zunehmend kritisiert. GerontologInnen merken an, dass heute viele Frauen und Männer auch nach ihrer Pensionierung aktiv und produktiv sind und dass die Fixierung der demographischen Alterung auf früher geltende Rentenregelungen negative Stereotype über das Alter verstärkt. Demographen ihrerseits kritisieren die üblichen Messzahlen der demographischen Alterung als zu statisch. Demographische Indikatoren, die von einer fixen Altersgrenze ausgehen, würden die bedeutsamen Veränderungen der Lebenserwartung in den letzten Jahrzehnten zu wenig berücksichtigen und eine Alterung der Bevölkerung suggerieren, die fiktiv sei.

Aufgrund solcher Überlegungen hat der amerikanische Demograph Norman Ryder (1975) einen *dynamischen Indikator der demographischen Alterung* vorgeschlagen. Anstatt die Grenze bei 65 Jahren festzulegen, geht er von einer dynamischen Altersgrenze aus. Er schlägt vor, die Grenze dort zu ziehen, wo die restliche Lebenserwartung weniger als 10 Jahre beträgt. Dieser Vorschlag, der modernen Vorstellungen von funktionalem Altern eher entspricht, ist in der Folge von verschiedenen ForscherInnen übernommen worden (Egidi, 1991). In der Schweiz beispielsweise stieg nach üblicher Definition (alt = älter als 65 Jahre) der Anteil der älteren Männer zwischen 1900 und 1990 von 5% auf 12% und der Anteil älterer Frauen von 6% auf 17%. Die dynamische Definition der demographischen Alterung, die nur jene Frauen und Männer zur Altersbevölkerung zählt, die eine restliche Lebenserwartung von weniger als 10 Jahre aufweisen, vermittelt hingegen ein anderes Bild: Unter Berücksichtigung der verlängerten Lebenserwartung stieg der Anteil älterer Frauen so definiert zwischen 1900 und 1990 nur von 6% auf 7% und derjenige der Männer von 5% auf 7% (Höpflinger, Stuckelberger 1992: 18).

Es wird deutlich, dass ein dynamischer Indikator der demographischen Alterung, der die verlängerte Lebenserwartung berücksichtigt, die Vorstellung einer sich rasch alternden Gesellschaft relativiert. Ein dynamischer Indikator demographischer Alterung entspricht modernen gerontologischen Vorstellungen, die eine Gleichsetzung von fixem chronologischem Alter und individuellem Altern verwerfen. Verfeinerungen dieses sozio-demographischen Ansatzes zur Messung demographischer Alterung werden allerdings notwendig sein, indem anstelle der restlichen Lebenserwartung die behinderungsfreie Lebenserwartung einsetzt wird (vgl. Kap. 5.3).

Die üblichen Messungen demographischen Alterung - ausgehend von fixen Altersgrenzen - beinhalten eine ideologische Komponente, welche Diskussionen zur Entwicklung der Altersverteilung der Bevölkerung negativ prägt. Noch stärker ist die ideologische Komponente bei den nachfolgend präsentierten 'demographischen Belastungsquoten'. Hier wird schon durch die Wortwahl suggeriert, dass demographische Alterung ein soziales Problem darstellt.

6.3.1 Demographische Belastungsquoten

Im allgemeinen ist nicht allein die Zahl älterer Menschen bedeutsam. Wichtig ist vielmehr das relative Verhältnis verschiedener Altersgruppen. So wirft eine massive Zunahme der Zahl betagter pflegebedürftiger Menschen vor allem Probleme auf, wenn gleichzeitig die Zahl jüngerer Frauen und Männer sinkt, die eine Pflege übernehmen können. Eine steigende Zahl von Rentnern und Rentnerinnen kann dann finanzpolitische Konsequenzen aufweisen, wenn gleichzeitig die Zahl der beitragspflichtigen Erwerbstätigen sinkt, die diese Renten mit ihren Lohnbeiträgen oder Steuern finanzieren.

Aufgrund solcher Überlegungen werden häufig sogenannte demographische Belastungsquoten (oder Lastenquoten) berechnet und verwendet. Diese Indikatoren messen - in vereinfachter Form - das Verhältnis zwischen der potentiellen Erwerbsbevölkerung und wirtschaftlich abhängigen Personen (Kinder und Teenager einerseits, Rentner und Rentnerinnen andererseits). Üblicherweise werden vor allem folgende demographische Belastungsquoten verwendet:

a) *Jugendlastquoten*: Zahl der unter 20jährigen Frauen und Männer je 100 20-64jährige Frauen und Männer. Dieser Indikator soll in vereinfachter Form das Verhältnis zwischen wirtschaftlich abhängigen Minderjährigen und der potentiellen Erwerbsbevölkerung erfassen. Die Festlegung auf die Altersgrenze von 20 Jahren ist eine aus Gründen der internationalen Vergleichbarkeit festgelegte Konvention. Tatsächlich sind in manchen Ländern Frauen und Männer schon mit 18 Jahren gesetzlich volljährig. Auf der anderen Seite sind in modernen Gesellschaften immer mehr junge Leute auch nach dem Alter von 19 Jahren aufgrund langer Ausbildungszeiten noch nicht erwerbstätig.

b) *Alterslastquoten*: Zahl der über 64jährigen Frauen und Männer je 100 20-64jährige Frauen und Männer. Dieser Indikator misst in vereinfachter Form das Verhältnis von Rentnern und erwerbsfähigen Personen, d.h. das zahlenmäßige Verhältnis zwischen Personen, die eine Altersrente beziehen und Personen, die Lohnbeiträge in die Rentenkassen einzahlen. Aus Gründen internationaler Vergleiche hat sich die Altersgrenze von 65 Jahren eingebürgert, obwohl das faktische Pensionierungsalter wegen Frühpensionierungen immer mehr von dieser klassischen Rentengrenze abweicht (Kohli, Rein, Guillemard et al. 1991).

Aus der Summe von Jugend- und Alterslastqoten ergeben sich die demographische Gesamtlastquoten (hie und da auch Abhängigkeitsverhältnis genannt). *Sie* erfassen das zahlenmäßige Verhältnis von jungen, noch in Ausbildung befindlichen Personen sowie älteren, nicht mehr erwerbsfähigen Personen zum erwerbsfähigen Teil der Bevölkerung. Je höher die Gesamtlastquote, desto höher ist im allgemeinen die sozialpolitische Belastung der Erwerbsbevölkerung, vor allem bei sozialpolitischen Systemen, die auf einem Umlageverfahren beruhen (z.B. wenn Lohnbeiträge der Erwerbstätigen direkt dazu verwendet werden, die Renten pensionierter Menschen zu finanzieren).

Im frühen 20. Jahrhundert sanken die Jugendlastquoten infolge des langfristigen Wandels von hoher zu tiefer Geburtenhäufigkeit. In der unmittelbaren Nachkriegszeit stiegen sie dank des 'Baby-Booms' in vielen europäischen Ländern wieder an. Der Geburtenrückgang nach 1965/66 und das seither tiefe Geburtenniveau reduzierten die Jugendlastquoten in den letzten Jahrzehnten erneut, und sie dürften auch in den kommenden Jahrzehnten eher weiter sinken. Auf der Gegenseite sind die Alterslastquoten in allen europäischen Ländern seit Beginn des 20. Jahrhunderts ständig angestiegen, und ein weiterer Anstieg ist wahrscheinlich. Für Deutschland wird im Jahre 2025 je nach Bevölkerungsannahmen ein Verhältnis von 35-42 RentnerInnen pro 100 erwerbsfähige Personen erwartet (vgl. Tabelle 22).

Die Gesamtlastquoten - als Summe von Jugend- und Alterslastquoten - weisen eine wechselvolle Bewegung auf: Gegen Ende des 19. Jahrhunderts ergaben sich hohe demographische Belastungsquoten, weil erwerbstätige Erwachsene vergleichsweise viele Kinder zu versorgen hatten. Mit der Verringerung der Kinderzahlen sanken die Gesamtlastquoten, obwohl der Anteil älterer Menschen anstieg. Der 'Baby-Boom' der Nachkriegsjahre erhöhte die demographische Gesamtbelastung vorübergehend. Danach sank sie erneut, da zwischen 1970 und 1990 die Jugendlastquoten aufgrund des Geburtenrückgangs deutlich sanken, wogegen die Alterslastquoten sich wenig veränderten, da geburtenstarke Jahrgänge ins Erwerbsalter eintraten. Die Erwerbsbevölkerung wurde in dieser Periode zudem durch die Einwanderung junger ausländischer Arbeitskräfte zusätzlich verstärkt.

Tabelle 22:
Zur Entwicklung der demographischen Belastungsquoten in Deutschland

	Deutschland (West & Ost)							
	1871	1900	1934	1950	1970	1990	2010	2025
- Jugendlastquoten	84	87	49	51	53	36	36	32-35*
- Alterslastquoten	9	10	11	16	24	23	31	35-42*
- Gesamtlastquoten	93	97	60	67	77	59	67	70-74*

Jugendlastquoten: 0-19jährige Personen pro 100 Personen im Alter 20-64 J.
Alterslastquoten: 65jährige und ältere Personen pro 100 Personen im Alter 20-64 J.
Gesamtlastquoten: Summe von Jugend- und Alterslastquoten.
2010-2025: UN-Projektionen (mittlere Variante)
* Je nach Annahmen zu Einwanderung, Geburtenentwicklung und Lebenserwartung
Daten: UN-Daten (International Data Base on Aging).

Die Gesamtlastquoten zu Beginn der 1990er Jahre waren damit in Deutschland und anderen europäischen Ländern vergleichsweise tief. Es lässt sich jedoch absehen, dass die nächsten Jahrzehnte auch in dieser Hinsicht eine Trendwende bringen werden. Unabhängig davon, welches Bevölkerungsszenario betrachtet wird, ist in den nächsten Jahrzehnten in faktisch allen europäischen Ländern mit einer deutlichen Zunahme der demographischen Gesamtlastquoten zu rechnen. Der Grund liegt primär im erwarteten Anstieg der Alterslastquoten, der selbst durch eine weitere Abnahme der Jugendlastquoten nicht kompensiert werden dürfte. Im einzelnen variieren die projektierten Belastungsquoten sachgemäß je nach den getroffenen demographischen Annahmen. Die Jugendlastquoten werden nur dann relativ stabil bleiben, wenn das Geburtenniveau in etwa auf dem heutigen niedrigen Niveau verbleibt. Ein neuer 'Baby-Boom' würde ein bedeutsames Ansteigen der Jugendlastquoten zur Folge haben. Ein vorübergehender Geburtenanstieg, kombiniert mit steigenden Alterslastquoten, könnte somit zu einer besonders markanten Zunahme der demographischen Gesamtbelastung führen, vor allem für jene Geburtsjahrgänge, die gleichzeitig für viele Kinder und viele betagte Menschen zu sorgen hätten.

Sachgemäß ist für die Entwicklung der Alterslastquoten auch die Einwanderungspolitik eines Landes von Bedeutung: Je geschlossener die Grenzen (d.h. je weniger junge Arbeitskräfte einwandern dürfen), desto stärker ist der Anstieg der Alterslastquoten. Demgegenüber führen offene Grenzen in reichen Ländern tendenziell zu einer Abschwächung der Alterslastquoten, allerdings mit der Folge, dass die Gesamtbevölkerung zahlenmäßig weiter ansteigt.

Je nach Bevölkerungsszenario werden die demographischen Gesamtlastquoten Deutschlands von 59 (1990) bis zum Jahre 2025 auf zwischen 70-74 ansteigen. Es ist jedoch anzumerken, dass selbst die höchsten angenommenen Gesamtlastquoten des Jahres 2025 immer noch tiefer liegen als die historisch beobachteten Gesamtlastquoten zu Beginn des 20. Jahrhunderts. *Hohe demographische Belastungsquoten sind nichts Neues. Zu Beginn des 20. Jahrhunderts waren viele Kinder zu versorgen, während im 21. Jahrhundert eine hohe Zahl von Betagten zu hohen demographischen Gesamtlastquoten führen wird.*

Kritik
Bei den vorgestellten demographischen Belastungsquoten handelt es sich höchstens um grobe Indikatoren, und die Abgrenzung der Altersgruppen ist relativ willkürlich. So sind heute viele Frauen und Männer auch nach dem 19. Altersjahr in Ausbildung (und damit von finanzieller Unterstützung seitens der Eltern oder des Staates abhängig). Auch von den Personen im sogenannt erwerbsfähigen Alter ist nur ein Teil erwerbstätig. Behinderungen und Erkrankungen reduzieren die tatsächlichen Erwerbsquoten. Viele Frauen unterbrechen ihre Erwerbstätigkeit, um sich zeitweise der Betreuung und Erziehung ihrer Kinder zu widmen. Auch die berufliche Pensionierung wird zunehmend flexibel gestaltet. Viele Männer und Frauen werden aus gesundheitlichen oder betriebli-

chen Gründen vorzeitig pensioniert, wogegen andere Personen auch nach Erreichen des Rentenalters erwerbstätig bleiben.

Das Konzept der demographischen 'Belastung' basiert auf dem Grundgedanke, dass allein die erwerbstätige Bevölkerung - als Produzenten von marktgängig erarbeiteten monetären Gütern - produktiv ist, und sie damit die wirtschaftliche Absicherung der nicht-erwerbstätigen Bevölkerung garantiert. Dieser Gedanke ist insofern berechtigt, als das Überleben von Säuglingen und Kindern, aber auch das Einkommen (Rente, Pension) pensionierter Frauen und Männer durch die Arbeit der mittleren Generation garantiert wird. Daher kann eine Verschlechterung im demographischen Verhältnis von erwerbsfähiger und nicht-erwerbsfähiger Bevölkerung zu einer verstärkten Belastung der mittleren Altersgruppen führen. Beispielsweise führt eine nach dem Umlageverfahren organisierte Altersversorgung bei steigender demographischer Alterung zu einer erhöhten sozialpolitischen Belastung der Erwerbstätigen, insbesondere wenn die Altersrenten durch Lohnbeiträge finanziert werden und die steigenden Rentenbelastungen nicht durch entsprechende Produktivitätsfortschritte kompensiert werden. Bei einer Altersversorgung, die auf dem Kapitaldeckungsverfahren beruht (Pensionskassen), ist der Effekt demographischer Alterung indirekter: Jede Person spart direkt für sein Alter, allerdings muss das angesparte Alterskapital (Pension) später 'verzehrt' werden können, was nur funktioniert, wenn die erwerbstätige Bevölkerung dazumal genügend produziert, um die pensionierten Personen tatsächlich zu 'ernähren'. Angespartes Alterskapital nützt wenig, wenn es später - im Alter - nicht in konkrete Güter und Dienstleistungen umgesetzt werden kann. Eine hohe demographische Alterung kann entweder zu einer hohen Belastung der jüngeren, erwerbstätigen Personen beitragen (die für ihre Produktionsmittel und Wohnungen hohe Rentenzahlungen leisten müssen) oder zu einer Verteuerung der von den Pensionierten eingekauften Waren und Dienstleistungen führen. Der optimale ökonomische Weg zur Bewältigung rascher demographischer Alterung liegt in Produktivitätsfortschritten, die es erlauben, dass auch eine kleiner werdende Zahl erwerbstätiger Personen eine steigende Zahl nicht-erwerbstätiger Personen zu finanzieren vermag. Aus diesem Grund sind bei rascher demographischer Alterung verstärkte Bildungsinvestitionen umso bedeutsamer.

Gegenüber den 'demographische Belastungsquoten' und den damit implizierten wirtschaftlichen Folgen demographischer Alterung lassen sich allerdings einige Kritikpunkte anbringen:

Erstens wird nur die Produzentenseite betrachtet, wogegen die Konsumentenseite vernachlässigt wird. Insofern wirtschaftliche Produktion und Konsum bzw. Angebot und Nachfrage in heutigen Gesellschaften wechselseitig verknüpft sind, ist die übliche Diskussion oft einseitig. Rentner und Rentnerinnen sind zwar keine ProduzentInnen, aber KonsumentInnen. Ein Wegfall der RentnerInnen als Konsumenten würde wahrscheinlich zu einer tiefgreifenden Wirtschaftskrise führen, vor allem in einer modernen Dienstleistungsgesellschaft, in der das Wirtschaftswachstum stark von der monetären Nachfrage abhängt. Zweitens werden primär monetäre, marktwirtschaftlich angebotene Leistungen berücksichtigt, wogegen unbezahlte Arbeiten und Dienstleistungen - wie Kindererziehung, Nachbarschaftshilfe, familial-verwandtschaftliche Unterstützung und Pflege - unter den Tisch fallen. So wird bei der Diskussion demographischer Belastungen vergessen, dass auch ältere und betagte Menschen oftmals soziale Leistungen erbringen; sei es in Form von Freiwilligenarbeit und Nachbarschaftshilfe; sei es im Rahmen familial-verwandtschaftlicher Hilfe und Unterstützung zugunsten jüngerer Generationen.

6.3.2 Intergenerationelle Unterstützungsraten

Während die demographischen Belastungsquoten stark ökonomisch vorgeprägt sind, betonen andere Indikatoren demographischer Alterung mehr soziale und pflegerische Probleme: Mit steigendem Alter nimmt die Hilfs- und Pflegebedürftigkeit häufig zu. Vor allem bei Hochbetagten ist mit substantieller Pflegebedürftigkeit zu rechnen, und sachgemäß müssen diese Pflegeaufgaben von den jüngeren Altersgruppen übernommen werden; sei es in Form familial-verwandtschaftlicher Hilfe; sei es in Form professioneller Pflege und Betreuung. Zur Erfassung der Verschiebungen der Generationenverhältnisse aufgrund des steigenden Anteils betagter Menschen werden heute vermehrt sogenannte *'intergenerationelle Unterstützungsraten' (engl. 'parent support ratios')* benützt (Myers 1992a). In vereinfachter Form widerspiegelt dieser Indikator das Verhältnis zweier aufeinanderfolgender Generationen (Generation der hochbetagten Eltern im Verhältnis zur nachfolgenden Generation ihrer Kinder).

Tabelle 23 zeigt die Entwicklung der intergenerationellen Unterstützungsraten zwischen 1950 und 1990 sowie die voraussichtliche Entwicklung bis 2025 für ausgewählte europäische und außereuropäische Länder.

In allen europäischen Ländern nahm der Anteil der 80jährigen und älteren Menschen im Verhältnis zur nachfolgenden Generation deutlich zu, und dieser Trend wird sich in den nächsten Jahrzehnten akzentuieren. Eine deutliche demographische Alterung erfahren - von einem tiefen Niveau ausgehend - auch die meisten Länder Lateinamerikas, Afrikas und Asiens. Besonders dramatisch erscheint im übrigen die Entwicklung in Japan: Die Kombination von rasch sinkender Geburtenhäufigkeit und rasch ansteigender Lebenserwartung sowie eine bisher sehr eingeschränkte Einwanderung lässt für Japan eine demographische Alterung erwarten, die im Jahre 2025 diejenige Europas noch übertreffen dürfte.

Ähnlich wie die demographischen Belastungsquoten können auch die intergenerationellen Unterstützungsraten eine suggestive Wirkung ausüben, etwa wenn steigende Raten zu rasch als 'Beweis' für die belastende Situation der 'Sandwich-Generation' angesehen werden. Gleichzeitig besteht die Gefahr, alle Betagten und Hochbetagten prinzipiell zur Gruppe der Hilfs- und Pflegebedürftigen zuzuordnen, womit Defizitmodelle des Alters unterstützt werden. Auch kann vergessen werden, dass familial-verwandtschaftliche Hilfeleistungen häufig in beiden Richtungen verlaufen, etwa wenn die älteren Generationen die jüngeren Generationen finanziell und emotional unterstützen (vgl. Attias-Donfut 1995).

Die heute benützten Indikatoren demographischer Alterung sind somit keineswegs wertneutral, sondern sie implizieren jeweils spezifische gesellschafts- und wirtschaftspolitische Perspektiven.

Tabelle 23
Zur Entwicklung intergenerationeller Unterstützungsraten in ausgewählten Ländern 1950, 1990 und 2025

	Intergenerationelle Unterstützungsraten*		
	1950	1990	2025
Ausgewählte europäische Länder:			
- Dänemark	8	24	32
- Deutschland (Ost- & West)	6	20	34
- Frankreich	10	26	32
- Großbritannien	9	24	30
- Italien	8	18	32
- Österreich	7	23	30
- Polen	6	13	27
- Schweden	9	29	38
- Ungarn	5	15	33
Ausgewählte außereuropäische Länder:			
- Bangladesch	2	3	4
- Brasilien	4	7	11
- China	3	7	12
- Indien	3	5	8
- Indonesien	4	3	9
- Japan	5	13	45
- Kenia	4	4	6
- Südkorea	3	6	12
- USA	8	22	25

* englisch: 'parent support ratios': Zahl von 80jährigen und älteren Personen pro 100 Personen im Alter von 50-64 Jahren.
Quelle: U.S. Bureau of the Census, 1992: Table 9: 124.

6.4 Gesellschaftliche und sozialpolitische Folgen demographischer Alterung

Demographische Entwicklungen wirken sich zumeist immer nur in indirekter Weise auf Gesellschaft, Wirtschaft und Kultur aus, und dies gilt auch für Prozesse der demographischen Alterung. Die Auswirkungen der demographischen Alterung auf Gesellschaft und Wirtschaft sind daher in differenzierter Weise zu erfassen. Vor allem ist eine allzu pessimistische Interpretation der demographischen Alterung zu vermeiden. *Global gesehen ist demographische Alterung nicht das Hauptproblem, sondern die Lösung des Problems permanenten Bevölkerungswachstums.* Ein geringer Anteil älterer Menschen ist zudem Hinweis auf eine brutale gesellschaftliche und demographische Situation, während ein relativ hoher Anteil älterer Menschen durchaus als zivilisatorischen Fortschritt bezeichnet werden kann.

Vor allem in öffentlichen Diskussionen wird demographische Alterung nicht selten implizit mit 'gesellschaftlicher Überalterung' in Beziehung gesetzt. Dahinter verbirgt sich eine 'biologistische Metapher' der Gesellschaft, indem Aspekte individuellen Alterns auf die Gesamtgesellschaft übertragen werden und etwa befürchtet wird, dass demographische Alterung zu einer weniger aktiven und dynamischen Gesellschaft führe. Aus soziologischer Sicht sind solche Übertragungen individueller Alterungsprozesse auf gesamtgesellschaftliche Strukturen zurückzuweisen. Dies gilt auch für die These, dass mit zunehmendem Älterwerden der Bevölkerung konservative Tendenzen gestärkt werden, womit politische, soziale und wirtschaftliche Neuerungen verzögert würden oder überhaupt unterblieben ('aging-conservatism'-Hypothese). Solche oder ähnliche Thesen widerspiegeln einerseits veraltete Defizitmodelle des Alterns, die durch die moderne gerontologische Forschung eindeutig widerlegt werden konnten (Mayer, Baltes 1996). Andererseits basiert die 'Alters-Konservativismus'-These auf der Fehlinterpretation von Einstellungsunterschieden zwischen Altersgruppen im Rahmen von Querschnittsbefragungen. Bei sorgfältiger Analyse (Längsschnittstudien anstatt Querschnittsdaten) fand die These, dass Personen mit steigendem Alter allgemein konservativer werden, keine empirische Unterstützung (einmal abgesehen davon, dass die Definition 'konservativ' selbst sozialen Wandlungen unterliegt) (Campbell, Strate 1981; Danigelis, Cutler 1991). *Der Einfluss demographischer Alterung auf soziale und politische Einstellungen und Werte ist wahrscheinlich gering und höchstens indirekt*, und die Gleichsetzung von demographischer Alterung mit 'gesellschaftlicher Alterung' basiert auf einem demographischen Fehlschluss.

Möglicherweise stärker ist der Einfluss rascher demographischer Alterung hingegen auf das langfristige wirtschaftliche Wachstum, insbesondere wenn ein Geburtenrückgang nicht nur zu verstärkter demographischer Alterung, sondern längerfristig auch zur Schrumpfung der Erwerbsbevölkerung führt. Entsprechende Szenarien und Simulationsmodelle weisen in die Richtung, dass starke demographische Alterung und/oder schrumpfende Bevölkerungszahlen sich langfristig negativ auf das Wirtschaftswachstum auswirken (Felderer 1983; Nelissen, Vossen 1993). Gemeinsames Ergebnis aller Simulationsmodelle ist allerdings die Langfristigkeit der untersuchten Phänomene. „Die ökonomischen Konsequenzen einer schrumpfenden Bevölkerung treten nicht gleichzeitig mit dem Schrumpfungsprozess ein, sondern erst im Ablauf mehrerer Jahrzehnte." (Felderer 1989: 91). So ist beispielsweise der Arbeitsmarkt vieler europäischer Länder momentan immer noch von geburtenstarken Jahrgängen geprägt, wobei sich das Durchschnittsalter der Erwerbsbevölkerung jedoch zusehends erhöht (van der Wijst 1992). Dies erzwingt einen zunehmenden Ausbau der beruflichen Fort- und Weiterbildung. „Der Prozess der Erhöhung des Durchschnittsalters hat zur Folge, dass die Gesamtheit der Erwerbstätigen künftig vergleichsweise weniger durch das neue Humankapital der Berufsanfänger lernen kann und dafür mehr auf die Weiterbildung der schon bisher Beschäftigten angewiesen ist, um zu lernen, den entwicklungsnotwendigen Strukturwandel zu meistern. Dies geschieht vor dem Hintergrund technologischen Wandels und vermutlich kürzerer Verwertbarkeitsdauer des einmal erworbenen beruflichen Wissens." (Buttler 1989: 153). Zur langfristigen Bewältigung des demographischen Wandels dürften sich Einsparungen im Bildungsbereich - auch bei reduzierten Schüler- und Studentenzahlen - als verhängnisvoll erweisen. Die erhöhte demographische Alterung erfordert allerdings einen Wechsel von quantitativer zur qualitativer Ausweitung des Bildungssektors (auch in Richtung permanenter Weiterbildung und lebenslangem Lernen).

Besonders heftige Auseinandersetzungen ergeben sich heute über die sozialpolitischen Konsequenzen der demographischen Alterung. Dies hat zwei Gründe: Einerseits zeigen sich seit den 1980er Jahren verstärkte sozialpolitische Umverteilungskämpfe, wobei auch das Konzept des 'Generationenvertrags' in Frage gestellt bzw. als bedroht angesehen wird. Andererseits profitierten in den letzten Jahrzehnten primär die oberen Altersgruppen vom Anstieg der Sozialausgaben; sei es durch einen Ausbau der Altersvorsorge; sei es durch die Ausdehnung der Gesundheitsausgaben. In Deutschland entfielen zu Beginn der 1990er Jahre rund 42% der Sozialausgaben auf die Versorgung älterer Menschen (Rentner, Witwen usw.). Weitere 40% des Sozialbudgets entfielen auf Gesundheitsausgaben, von denen ebenfalls primär ältere Menschen profitieren. Eine ähnliche Konzentration des Sozialbudgets auf die Bedürfnisse älterer Menschen findet sich in allen anderen europäischen Ländern (vgl. Guillemard 1993). *Die europäischen Sozial- und Wohlfahrtsstaaten haben sich primär zu Sozialstaaten für ältere Menschen entwickelt. Damit konnte die früher weitverbreitete Armut alter Menschen erfolgreich reduziert werden, andererseits wird der Sozialstaat damit durch Prozesse demographischer Alterung stark berührt.* Allerdings ist eine zu 'mechanistische' Betrachtung des Zusammenhangs von Sozialausgaben für RentnerInnen und demographischer Alterung zu vermeiden. Zum einen ergeben sich nicht nur direkte, sondern auch indirekte Wirkungen demographischer Faktoren auf das soziale Sicherungssystem (z.B. über den Arbeitsmarkt). Zum anderen sind die demographischen Wirkungen nicht unabhängig von der sozio-ökonomischen Entwicklung und der Ausgestaltung sozialer Sicherung, wie umgekehrt das System sozialer Sicherung auch auf den Bevölkerungswandel zurückwirkt. Abbildung 10 illustriert den wechselseitigen Zusammenhang zwischen Bevölkerungsstruktur und sozialer Sicherung.

Abbildung 10:
Bevölkerungsentwicklung und soziale Sicherung im wechselseitigen Zusammenhang

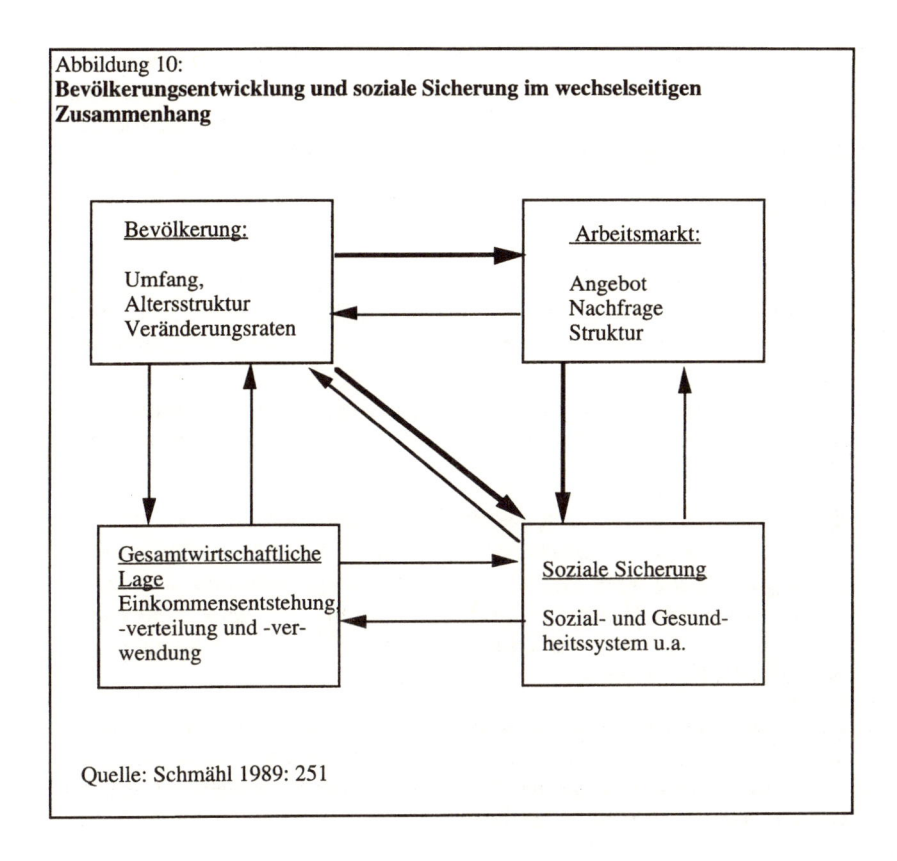

```
┌─────────────────────┐         ┌─────────────────────┐
│ Bevölkerung:        │────────▶│ Arbeitsmarkt:       │
│                     │         │                     │
│ Umfang,             │         │ Angebot             │
│ Altersstruktur      │◀────────│ Nachfrage           │
│ Veränderungsraten   │         │ Struktur            │
└─────────────────────┘         └─────────────────────┘
         ▲   ▲                           │
         │   └──────────────┐            │
         ▼                  │            ▼
┌─────────────────────┐     │   ┌─────────────────────┐
│ Gesamtwirtschaftliche│────┼──▶│ Soziale Sicherung   │
│ Lage                │     │   │                     │
│ Einkommensentstehung│     │   │ Sozial- und Gesund- │
│ -verteilung und -ver│◀────┘   │ heitssystem u.a.    │
│ wendung             │         │                     │
└─────────────────────┘         └─────────────────────┘
```

Quelle: Schmähl 1989: 251

Alterssicherung

Stark von demographischen Alterungsprozessen betroffen ist sachgemäß die Alterssicherung. Besonders stark durch die demographischen Verschiebungen berührt werden Rentensystem, die auf einem durch Lohnbeiträgen finanzierten Umlageverfahren beruhen (Beiträge der Erwerbstätigen werden umgehend zur Finanzierung der Renten verwendet). In einem solchen Rentensystem wirkt sich jede Verschiebung im Verhältnis von erwerbstätigen Personen und AltersrentnerInnen direkt auf das finanzielle Gleichgewicht der Rentenkassen aus. Andere Systeme der Altersvorsorge - wie das Kapitaldeckungsverfahren (Lohnbeiträge werden angespart und erst nach der Pensionierung ausgezahlt) - sind von demographischen Verschiebungen weniger betroffen, auch wenn sich bei massiver demographischer Alterung langfristige Probleme der 'Kapitalisierung' nicht vermeiden lassen. So kann angespartes Kapital nur 'verrentet' werden, wenn dafür genügend Produktionskapazitäten vorhanden sind und eine 'Kapitalisierung' von Pensionskassenansprüchen nicht zur raschen Entwertung des angehäuften Kapitals führt (vgl. Felderer 1987).

In vielen europäischen Ländern sind die Renten- und Pensionssysteme angesichts der zukünftig zu erwartenden demographischen Alterung reformbedürf-

tig, und dies gilt auch für die deutsche Alterssicherung (vgl. Ott, Büttner, Galler 1991). Teilweise werden die Probleme durch frühere sozialpolitische Entscheidungen (z.b. tiefes Rentenalter, tiefe Beitragszahlungen oder hohe Rentenansprüche für ausgewählte Berufsgruppen usw.) verschärft.

Grundsätzlich kann ein defizitäres Rentensystem mittels drei Reformen 'saniert' werden:

a) die Beitragszahlungen werden erhöht, was angesichts hoher Lohnnebenkosten in vielen europäischen Ländern wirtschaftspolitisch immer mehr auf Widerstand stösst. Sofern ein Rentensystem primär auf Lohnbeiträgen basiert, kann es unter Umständen breiter abgestützt werden, indem etwa allgemeine Steuermittel, Verbrauchs- oder Erbschaftssteuern eingesetzt werden, womit auch reiche RentnerInnen zur Finanzierung der Altersversorgung beitragen.

b) die Rentenleistungen werden gekürzt, sei es direkt oder indirekt, z.B. durch den Verzicht auf eine Anpassung der Renten an Inflation und/oder Lohnerhöhungen. Gemäß Vorschlag einer deutschen Expertenkommission soll das Rentenniveau von derzeit 70% des Nettolohns bis zum Jahre 2030 kontinuierlich auf 64% gesenkt werden (ein Vorschlag, der bei den Rentnerverbänden auf Widerstand stösst).

c) das Rentenalter wird erhöht (wie dies verschiedene europäische Länder beschlossen haben). Allerdings steht eine Erhöhung des Rentenalters gegenwärtig im Widerspruch zur Tendenz, immer mehr ArbeitnehmerInnen frühzeitig in den 'Ruhestand' zu zwingen.

Eine weitere denkbare Strategie besteht in einem Systemwechsel. So kann ein Rentensystem, das - wie in Deutschland - auf dem Umlageverfahren basiert, durch ein Pensionssystem (Kapitaldeckungsverfahren) ergänzt oder ersetzt werden. Insgesamt erweisen sich 'gemischte' Systeme der Alterssicherung (Umlageverfahren kombiniert mit Kapitaldeckungsverfahren) gegenüber auf Lohnbeiträgen basierenden Umlagesystemen als überlegen.[7] Speziell für Entwicklungsländer mit rascher demographischer Alterung ist ein staatlich oder privat organisiertes Pensionssystem gemäß Kapitaldeckungsverfahren oft die einzige realistische Strategie, überhaupt eine Alterssicherung einzuführen (zudem ein solches System - wie das Beispiel von Chile illustriert - Sparquote und Kapitalbildung fördert).

Eine international vergleichende Studie zur zukünftigen Entwicklung der öffentlichen Rentensysteme in 12 entwickelten Ländern gelangte zu zwei zentra-

---

[7] Ein Beispiel für ein gemischtes System bietet die Schweiz mit ihrem Drei-Säulen-Modell (I.Säule: Alters- und Hinterlassenversicherung, finanziert durch Lohnbeiträge und organisiert nach dem Umlageverfahren, II. Säule: obligatorische berufliche Vorsorge, organisiert nach dem Kapitaldeckungsverfahren, III. Säule: steuerbegünstigtes privates Sparen).

len Folgerungen (Gonnot, Prinz, Keilman 1995): Erstens ist eine rein demographische Lösung des Problems (erhöhte Geburtenzahlen, verstärkte Einwanderung) kaum möglich. Damit ist eine deutliche Zunahme der Rentenausgaben während den nächsten Jahrzehnten unvermeidbar. Zweitens erwiesen sich die demographischen Veränderungen - obwohl wichtig - nur als ein Element der Rentenkosten. Die wirtschaftlichen und politischen Rahmenbedingungen (Rentenalter, Frauenerwerbsverhalten, Leistungsansprüche und ihre Berechnung) sind für den (zukünftigen) Anstieg der Rentenkosten entscheidender. Die Analyse der öffentlichen Rentensysteme verdeutlichte, dass allerdings Einzelmaßnahmen nicht genügen, um die Alterssicherung europäischer Länder langfristig zu sichern, sondern in allen Ländern ist ein ganzes Bündel von Reformen notwendig.

Gesundheits- und Pflegeaufwendungen
Auf den ersten Blick ergeben sich enge, kausale Beziehungen zwischen steigender demographischer Alterung und steigenden Gesundheitsausgaben, da die Mehrheit der Gesundheits- und Pflegekosten im Alter anfallen. Eine zunehmende Zahl betagter und vor allem auch hochbetagter Frauen und Männer führt - so die Argumentation - zu erhöhten Ausgaben für Gesundheit und Pflege. Tatsächlich steigen die Pro-Kopf-Ausgaben für medizinische Behandlungen mit zunehmendem Alter deutlich an, da im höheren Alter das Risiko chronischer Krankheiten und Behinderungen ansteigt. Häufige Krankheiten im Alter sind etwa Arteriosklerose, koronäre Herzkrankheit, cerebrovaskuläre Insuffizienz und Osteoporose (Knochenbrüchigkeit) (Steinhagen-Thiessen, Borchelt 1996). Mit steigendem Alter steigt auch das Risiko hirnorganischer Störungen (Alzheimer-Krankheit und andere Formen von Demenz) rasch an (Hofman, Rocca et al. 1991). Solche Krankheiten sind oft die Ursache langandauernder Pflegebedürftigkeit betagter und hochbetagter Menschen, selbst wenn die Gleichung 'alt = krank' immer weniger gilt.

Aus den hohen Korrelationen von Alter und Krankheit bzw. Alter und Krankheitskosten wird „oft der populäre Schluss gezogen, dass 'die Alten' der Hauptmotor der Kostenexplosion im Gesundheitswesen sind. Dieser Schluss jedoch ist falsch." (Krämer 1992: 572). Die überproportionale Kostenbelastung des Gesundheitssystems durch ältere Menschen erklärt höchstens die absolute Höhe der Gesundheitsausgaben in einer gegebenen Rechnungsperiode, nicht aber deren Wachstum im Zeitverlauf. Die Altersverteilung der Bevölkerung hat zwar einen Einfluss auf die altersmäßige Verteilung der Gesundheitsausgaben zu einem bestimmten Zeitpunkt, sie sagt jedoch nichts aus über die zukünftige Entwicklung. Vor allem darf die positive Korrelation von Alter und Krankheitskosten nicht zur Projektion der zukünftigen Kostenentwicklung benützt werden.

Aus gerontologischer Sicht lässt sich sogar die Frage stellen, ob die immer wieder angeführte positive Korrelation zwischen (chronologischem) Alter und Krankheitskosten nicht eine 'Scheinbeziehung' darstellt. Werden Krankheitskosten vom Todeszeitpunkt aus 'rückwärts' gerechnet, wird deutlich, dass primär die Nähe des Todeszeitpunktes und weniger das Kalenderalter die Gesundheitskosten in die Höhe treibt (Zweifel, Felder 1996). Das Sterben ist teuer geworden, nicht so sehr das Alter. Da die Sterberaten mit zunehmendem Alter ansteigen, führen hohe Sterbekosten zu einer positiven (Schein)-Korrelation zwischen Pro-Kopf-Ausgaben und Alter. Die Gesundheitsökonomen Stefan Felder und Peter Zweifel (1996: 172) schliessen aus ihrer 'rückwärtsgerechneten' Analyse von Krankheitskosten, dass der „Zusammenhang zwischen Alter und Gesundheitskosten nichts mit dem Kalenderalter zu tun hat, sondern auf das Zusammenwirken der mit dem Alter zunehmenden Sterberate und hohen, altersunabhängigen Sterbekosten zurückgeht." Diese Betrachtungsweise relativiert die oft erwähnten Zusammenhänge zwischen Gesundheitskosten, Alter und demographischer Alterung.

Tatsächlich geht nur ein vergleichsweise kleiner Teil der vergangenen und künftigen Ausgabensteigerungen im Gesundheitswesen direkt auf die demographische Altersverschiebung zurück. Die Preisentwicklung medizinischer Angebote und eine erhöhte Inanspruchnahme medizinischer Güter und Dienstleistungen in allen Altersgruppen haben einen wesentlich größeren Einfluss auf die absolute oder auch relative Kostenentwicklung des Gesundheitssystems. Ein internationaler Längsschnittvergleich für 20 OECD-Länder lässt erkennen, dass zwischen 1960 bis 1988 die demographische Alterung - nach statistischer Kontrolle des Pro-Kopf-Einkommens - kein bedeutsamer Erklärungsfaktor steigender Gesundheitsausgaben war (Getzen 1992). Lefelmann und Borchert (1983) ihrerseits beziffern den allein durch demographische Faktoren bedingten Ausgabenanstieg der realen bundesdeutschen Pro-Kopf-Gesundheitsausgaben (alte Bundesländer) von 1980 bis zum Jahre 2000 auf weniger als sechs Prozent.

Allerdings ist für die zukünftige Entwicklung insbesondere der Pflegeaufwendungen die Frage entscheidend, inwiefern eine weitere Erhöhung der Lebenserwartung mit mehr gesunden oder mehr kranken Lebensjahren verbunden ist. Zu diesem Punkt stehen sich zwei gegensätzliche Thesen gegenüber:

a) die *Medikalisierungsthese* postuliert, dass trotz weiter sinkenden Mortalitätsraten mit mehr chronischen Krankheiten und Behinderungen zu rechnen ist, was zu einer wachsenden Inanspruchnahme von medizinischen Leistungen und Pflege führe (Verbrugge 1984). Ein Grund sei der medizinische Fortschritt, der zwar den Tod aufschieben könne, jedoch nicht in der Lage sei, langandauernde chronische Krankheiten zu heilen.

b) die *Rektangularisierungsthese* prognostiziert hingegen eine im Gleichschritt mit der Mortalität sinkende Morbidität (Fries 1989). Die Menschen würden inskünftig noch vermehrt bis ins hohe Alter bei guter Gesundheit leben und rasch sterben. Demzufolge würden die Gesundheits- und Pflegekosten höchstens für die ältesten Altersgruppen ansteigen, wogegen für die anderen Altersgruppen ein relativer Rückgang der Inanspruchnahme medizinischer und pflegerischer Leistungen zu erwarten sei.

Beide Thesen stehen noch zur Diskussion, da die vorhandenen Daten zum Verhältnis zwischen behinderungsfreien versus kranken Lebensjahren gegenwärtig noch lückenhaft sind. Es deutet sich allerdings an, dass Männer und Frauen in vielen europäischen Ländern nicht nur lange leben, sondern im Durchschnitt auch lange Zeit gesund und ohne massive Behinderungen bleiben (vgl. Kap. 5.3). Dennoch ist in den nächsten Jahrzehnten absolut und relativ mit mehr pflegebedürftigen Betagten zu rechnen, da geburtenstarke Jahrgänge ('Baby-Boom-Generation') alt werden. Selbst bei generell sinkender Morbidität im höheren Alter werden mehr EuropäerInnen in jene Lebensphase treten, wo das individuelle Risiko, zum Pflegefall zu werden, immer größer wird (vgl. Kytir, Münz 1992). Langfristige Prognosen zur Zahl und Entwicklung langfristiger Pflegefälle sind allerdings nicht einfach, weil die Definition von Pflegebedürftigkeit nicht eindeutig ist. Gemäß Schätzungen ist es jedoch wahrscheinlich, dass der Anteil langzeitpflegebedürftiger RentnerInnen pro 100 Personen im Alter von 20 bis 64 Jahren in Deutschland zwischen 1990 und 2020 von 1.6 auf 2.5 ansteigen dürfte (Pollard 1995: 297). Stark ansteigen wird vor allem die Zahl von Personen mit hirnorganischen Störungen (Demenz u.a.). Erstens erreichen immer mehr Menschen jenes hohe Alter, in der dementielle Erkrankungen häufiger auftreten, und zweitens fehlen präventive und kurative Möglichkeiten für diese oft langjährigen chronischen Erkrankungen noch weitgehend.

Abschließend lassen sich somit in bezug auf demographische Einflüsse zwei allgemeine Folgerungen ziehen:

Einerseits wird der direkte Effekt der demographischen Alterung auf die Entwicklung der Gesundheitskosten oft überschätzt. Dies führt nach Meinung von Robert Evans (1985) zur 'Illusion der Notwendigkeit': Da der Anstieg der Gesundheitskosten aus 'demographischen Gründen' als unvermeidlich angesehen wird, würden die tatsächlichen Gründe wachsender Gesundheitsaufwendungen (wie Marktversagen und falsche Anreize für Anwender und Anbieter, technische Fortschritte in der Medizin usw.) in den Hintergrund gedrängt.

Andererseits lassen sich demographische Einflüsse - insbesondere aufgrund der steigenden Zahl hochbetagter Frauen und Männer - namentlich bei den Pflegeaufwendungen nicht verneinen. *Selbst bei verbesserter gesundheitlicher Lage älterer Menschen werden Zahl und Anteil langjähriger Pflegefälle ansteigen,* vor allem, wenn die geburtenstarken Jahrgänge ins hohe Alter kommen. Der Zunahme betagter Pflegebedürftiger steht gleichzeitig eine Abnahme des Potentials jüngerer Personen gegenüber, die Pflegeaufgaben übernehmen können (vgl. auch Tabelle 23).

Familiale Generationenbeziehungen
Im Gegensatz zu Vorstellungen über einen Zerfall der Generationensolidarität haben alle neueren familiensoziologischen Studien in europäischen Ländern eine erstaunliche Stärke und Kontinuität familialer Netzwerkhilfe zwischen den Generationen nachgewiesen (vgl. Attias-Donfut 1995; Bien 1994; Coenen-

Huther, Kellerhals et al. 1994; Höllinger, Haller 1993; Lüschen 1988). Die in manchen Ländern sichtbaren Grenzen im Ausbau des Sozialstaates haben teilweise sogar zur weiteren Aufwertung familial-verwandtschaftlicher Unterstützung geführt. Die enorme soziale und sozialpolitische Bedeutung der verwandtschaftlichen Hilfe und Unterstützung wird vor allem bei betagten Personen sichtbar, und alle neueren Untersuchungen zeigen übereinstimmend, dass auch in hochentwickelten Ländern weiterhin ein wesentlicher Teil der Hilfe und Pflege für Betagte durch Familienangehörige (namentlich Ehefrauen, Töchter, Schwiegertöchter) erbracht wird (vgl. Kendig, Hashimoto, Coppard 1992). Allerdings verlaufen die familialen Solidar- und Hilfeleistungen in vielen Fällen nicht nur von der jüngeren Generation zur älteren Generation (Hilfe und Pflege im Alter), sondern auch von der älteren Generation zur jüngeren Generation (z.B. Geldzuweisungen und finanzielle Unterstützung bei der Familiengründung, Betreuung der Enkelkinder).

Die demographische Alterung - und namentlich die Kombination von geringer Geburtenhäufigkeit und hoher Lebenserwartung - hat allerdings auch die familialen Generationenstrukturen in historisch fast einmaliger Weise verändert:

Einerseits überschneiden sich die Lebenszeiten von Generationen immer mehr. Die Wahrscheinlichkeit, dass Enkelkinder noch längere Zeit ihre Großeltern erleben, ist deutlich angestiegen. Damit sind Drei-Generationen-Beziehungen - in früheren Jahrhunderten aus demographischen Gründen selten - überhaupt erst möglich geworden. Andererseits sind die horizontalen Familien- und Verwandtschaftsbeziehungen aufgrund des Trends zu wenig Kindern geschrumpft. Sowohl die Zahl von Tanten und Onkeln als auch die Zahl von Geschwistern hat sich reduziert.

Während früher die horizontalen Familienbeziehungen (zu Geschwistern, Tanten, Onkeln usw.) eine große Bedeutung besassen, dominieren heute die vertikalen Beziehungen (Kinder, Eltern, Großeltern), und moderne Verwandtschaftsstrukturen gleichen insgesamt immer mehr einer 'Bohnenstange' (vgl. Hagestad 1989: 43). Angesichts der weiterhin geringen Geburtenhäufigkeit und einer hohen Lebenserwartung wird sich diese Entwicklung inskünftig noch verstärken. Dies hat wahrscheinlich weitreichende Konsequenzen für die familialen Generationenbeziehungen. So sind die Großeltern für Kinder immer häufiger die einzigen Mitglieder der älteren Generation innerhalb der Verwandtschaft (vgl. Wilk 1993). In einer wachsenden Zahl von Familien werden zudem mehr Großeltern als Enkelkinder anzutreffen sein (und unter Umständen können sich vier Mitglieder der Großelterngeneration um die Aufmerksamkeit eines einzigen Enkelkindes streiten).

Die meisten europäischen Kinder wachsen zudem höchstens mit ein bis zwei Geschwistern auf. Dasselbe galt für jene Erwachsenen, deren Eltern sich schon früher für wenig Kinder entschieden. Damit bestehen für die familiale Pflege betagter Eltern kaum Ausweichmöglichkeiten, und die Verantwortung für Pflege oder Versorgung betagter Eltern verteilt sich zwangsläufig auf nur wenige Kinder. In zunehmend mehr Fällen muss eine Frau aus der sogenannten

'Sandwich-Generation' für zwei betagte Elternteile (inkl. Eltern des Ehemannes) besorgt sein (vgl. Borchers, Miera 1993). Gleichzeitig nimmt die Wahrscheinlichkeit zu, dass kein Kind in der Nähe wohnt bzw. in der Lage ist, sich intensiv um ein pflegebedürftiges Elternteil zu kümmern. Dies kann zu Lücken in der informellen Alterspflege oder zu Vereinsamung führen, sofern die fehlenden familialen Beziehungen nicht durch ausgedehnte ausserfamiliale Kontakte kompensiert werden.

Demographische und soziale Entwicklungen (weniger Nachkommen, Zunahme der Erwerbstätigkeit von Frauen) dürften deshalb inskünftig allgemein zur Reduktion des intergenerationellen Hilfepotentials für Betagte führen. Dies dürfte einerseits zur verstärkten Aufwertung außerfamiliärer Hilfe- und Solidaritätsbeziehungen führen, vor allem bei kinderlosen Frauen und Männer. Andererseits wird - da bisher vor allem Frauen familiale Hilfe leisten - vermehrt der Ruf nach einer Neuverteilung der intergenerationellen Unterstützung und Pflege laut: „Und die Solidarität zwischen den Generationen wird sich dann nicht zuletzt daran entscheiden, ob zukünftig auch Männer bereit sind, einen Teil des 'Daseins für Alte' mitzutragen." (Beck-Gernsheim 1993: 167).

Generationenvertrag und Generationenkonflikte
In öffentlichen Diskussionen stehen allerdings nicht die familialen Generationenbeziehungen, sondern die vermuteten Gefährdungen des Generationenvertrags und auftauchende Generationenkonflikte im Zentrum des Interesses. So wird als Folge demographischer Verschiebungen ein Zusammenbruch des 'Generationenvertrags' befürchtet, und teilweise ist gar von einem drohenden 'Krieg der Jungen gegen die Alten' die Rede (vgl. Gronemeyer 1992, Mohl 1993). Dabei geht es um (vermutete) sozialpolitische Ungleichheiten bzw. Ungerechtigkeiten zwischen Generationen als Folge der demographischen Alterung (vgl. Cheal 1995; Clokeur, Perelman 1995). Während die älteren Generationen vom Sozialstaat profitieren könnten, müssten die nachwachsenden Generationen die daraus entstehenden Kosten tragen (ein Aspekt, der in den vorher diskutierten 'demographischen Belastungsquoten seinen quantitativen Ausdruck findet). Die Solidarität zwischen Jung und Alt sei dadurch gefährdet, dass die demographischen oder sozialpolitischen Verschiebungen eine Gleichbehandlung von Personen aus unterschiedlichen Geburtsjahrgängen erschweren oder gar verunmöglichen. Gleichzeitig wird befürchtet, dass die nachfolgenden Generationen unter dem Verhalten heutiger Generationen zu leiden hätten (z.B. aufgrund ökologischer Schäden, wachsender Staatsverschuldung), wogegen in früheren Jahrzehnten meist davon ausgegangen wurde, dass die nachwachsenden Generationen 'es besser haben würden'.[8]

---

[8] Intergenerationelle Gleichbehandlung ist im Grunde nur in stationären Gesellschaften möglich. Die Erhöhung des allgemeinen Wohlstandsniveaus im Verlauf des 20. Jh. hat bisher immer die nachfolgenden Generationen 'privilegiert' (Generationen, die im Vergleich zu ihren Eltern ein besseres Leben führten).

Aus soziologischer Perspektive lässt sich an solchen Thesen zum 'Generationenvertrag' hauptsächlich zwei grundsätzliche Kritikpunkte anbringen: Erstens wird der Generationenbegriff in sozialpolitischen Diskussionen zum 'Generationenvertrag' oft in unklarer und mehrdeutiger Weise verwendet. Zweitens wird häufig zu einseitig von konflikttheoretischen Modellen der Generationenbeziehungen ausgegangen.

Streng genommen kann von Generationenbeziehungen nur in Zusammenhang mit familial-verwandtschaftlichen Beziehungen gesprochen werden. In Anlehnung an Karl Mannheim (1964) wird allerdings in gesellschafts- und sozialpolitischen Diskussionen ein generalisiertes, vom familial-verwandtschaftlichen Zusammenhängen losgelöstes Konzept von Generationen verwendet. Generationen werden als soziale Gruppierungen angesehen, die aufgrund ihres gleichen Alters oder aufgrund gemeinsam erlebter historischer Ereignisse gemeinsame Interessen oder Weltanschauungen aufweisen. Inwiefern Gesellschafts- und Geschichtsgenerationen (vgl. Lüscher 1993) in sozial differenzierten und mobilen Gesellschaften tatsächlich noch identitätsbildende Kraft genießen, ist fraglich. *Umfassende generationelle Prägungen oder Identitäten entstehen meist nur unter sehr spezifischen Bedingungen (z.b. Kriegsereignisse), und faktisch ist Solidarität unter Gleichaltrigen meist gering und nur schwer zu stabilisieren* (vgl. Ryder 1965). Schon angesichts der enormen sozialen Unterschiede zwischen gleichaltrigen Frauen und Männern ist ihre Gruppierung unter dem Konzept einer 'Generation' problematisch. Um Missverständnisse zu vermeiden, wird deshalb in der Demographie weniger von Generationen als von (Geburts-)Kohorten gesprochen.

Die aktuellen gesellschafts- und sozialpolitischen Diskussionen zur Generationenfrage angesichts steigender demographischer Alterung leiden auch daran, dass nicht klar zwischen Effekten der Generationenabfolge (Vorfahren versus Nachkommen), lebenszyklischen Effekten (Auswirkungen von Lebensdauer) und Kohorteneffekten (Prägung von Geburtsjahrgängen) unterschieden wird.

Um die mikro- und makrosoziologische Perspektive klar zu differenzieren, schlägt Franz-Xaver Kaufmann (1993) deshalb vor, zwischen *Generationenbeziehungen* einerseits und *Generationenverhältnisse* andererseits zu unterscheiden: „Der Begriff Generationenbeziehungen wird dabei auf die beobachtbaren Folgen sozialer Interaktionen zwischen Angehörigen verschiedener, in der Regel familial definierter Generationen beschränkt. Der Begriff Generationenverhältnisse soll dagegen die für die Beteiligten nicht unmittelbar erfahrbaren, im wesentlichen durch Institutionen des Sozialstaats vermittelten Zusammenhänge zwischen den Lebenslagen und kollektiven Schicksalen unterschiedlicher Altersklassen oder Kohorten bezeichnen." (Kaufmann 1993: 97).[9]

---

[9] Andere AutorInnen verwenden zur Beschreibung sozialpolitisch geprägter Generationenverhältnisse den Begriff der 'Wohlfahrtsgenerationen' (générations du welfare ou générations de la solidarité publique) (vgl. Attias-Donfut 1995: 43).

In modernen Gesellschaften sind familial-verwandtschaftliche Generationenbeziehungen und sozialpolitisch strukturierte Generationenverhältnisse wechselseitig verknüpft. So hat der Ausbau der sozialstaatlichen Altersvorsorge die familialen Generationenbeziehungen sozial entlastet, womit der Ausbau sozialpolitischer Generationenverhältnisse zur Reduktion familialer Generationenkonflikte beitrug. Auf der anderen Seite trug die Verankerung des sozialstaatlichen 'Generationenvertrages' zur Verringerung des Geburtenniveaus bei, womit die bisherige Gestaltung der Generationenverhältnisse langfristig wieder in Frage gestellt werden kann (vgl. Linde 1984).

Inwiefern die demographische Alterung (mehr ältere Menschen, weniger junge Menschen) tatsächlich zu verschärften Konflikten zwischen Jung und Alt führt, hängt weitgehend von der Gestaltung der Generationenbeziehungen bzw. Generationenverhältnisse ab. Schematisch betrachtet lassen sich drei unterschiedliche Modellvorstellungen festhalten:

a) *Negative Interdependenz (Generationenkonflikt):* Nach dieser Vorstellung ist das grundlegende Verhältnis zwischen den Generationen durch Interessenkonflikte geprägt, da jede Generation Werthaltungen und Interessen vertritt, die mit denjenigen anderer Generationen unvereinbar sind. Auch das Verhältnis zwischen den Generationen unterliegt damit einem Nullsummenspiel. Sozialpolitische Maßnahmen zugunsten älterer Menschen gehen nach dieser Vorstellung auf Kosten der jüngeren Generationen; eine Vorstellung, die dadurch Unterstützung erhält, als ältere Menschen sozialpolitisch primär unter dem Aspekt wirtschaftlicher Belastung betrachtet werden (womit eine rasche demographische Alterung zwangsläufig die Konflikte zwischen den Generationen verschärft).

b) *Positive Interdependenz (Generationensolidarität):* Nach dieser Modellvorstellung sind die Interessen der verschiedenen Generationen nicht negativ, sondern positiv verknüpft: Was der einen Generation zugute kommt, weist auch für die jeweilig anderen Generationen positive Folgen auf. Beispielsweise kann argumentiert werden, dass ein Ausbau der Altersrenten auch den Jungen zugute kommt, da damit jede Generation in ihrer wirtschaftlichen und sozialen Selbständigkeit gestärkt wird. Umgekehrt verbessern Investitionen in die Ausbildung der nachwachsenden Generation die wirtschaftliche Produktivität, wovon schlussendlich auch RentnerInnen profitieren. Dieses Modell positiver Interdependenz ist in der öffentlichen Diskussion weniger verbreitet, da es vorherrschenden Konkurrenzvorstellungen widerspricht. Es findet sich jedoch in den familialen Generationenbeziehungen wieder, wo die Normen gegenseitiger Hilfe und wechselseitiger Solidarität zwischen den Generationen vorherrschen.

c) *Independenz (Koexistenz der Generationen):* Das dritte Modell geht davon aus, dass die verschiedenen Generationen relativ unabhängig voneinander koexistieren. Jede Generation hat ihre eigenen Interessen, aber diese sind wechselseitig mehr oder weniger unabhängig. Dieses Modell entspricht einer

Gesellschaft, in der verschiedene Geburtsjahrgänge bzw. Altersgruppen ihr eigenes Leben führen, ihre eigenen Interessen verfolgen und ihre eigene Kultur entwickeln. Was die Jungen tun, berührt die älteren Menschen wenig, und umgekehrt sind die Wertorientierungen und Lebenserfahrungen der vorangegangenen Generationen für die nachkommenden Generationen ohne Belang. Das Modell einer Independenz der Generationen weist allerdings einen ambivalenten Charakter auf: Einerseits werden Konflikte entschärft, wenn jede Generation ihren eigenen 'Spielraum' besitzt bzw. alte und junge Menschen ihr Leben möglichst autonom führen. Andererseits impliziert ein Modell der Independenz immer eine gewisse Segregation der Generationen. Jede Generation lebt für sich, und somit ergeben sich wenig soziale Gemeinsamkeiten und wenig kulturelle Berührungspunkte. Zwar ergeben sich damit keine manifesten Konflikte, es fehlt aber auch an Solidarität und gemeinsamer Kommunikation. Tatsächlich finden sich Formen einer solchen Segregation der Generationen heute hauptsächlich im Freizeitbereich, wo für jüngere und ältere Personen unterschiedliche Ferien- und Freizeitformen angeboten werden.

Nach meiner Ansicht greift das erste Modell (Nullsummenspiel und konfliktive Interessen) - das viele Diskussionen über die Auswirkungen demographischer Alterung bestimmt - zu kurz, weil es im Grunde auf einer statischen, querschnittsbezogenen Betrachtung beruht. Die Längsschnittsperspektive (jeder Mensch altert und ändert seine Stellung im Generationengefüge) bleibt unbeachtet. Auch stimmt die erste Modellvorstellung mit den empirischen Ergebnissen der neueren Generationenforschung keineswegs überein. Es gehört zu den erstaunlichsten Befunden der neueren Netzwerk- und Generationenforschung, wie stark sich Normen intergenerationeller Unterstützung und Solidarität auch in modernen Gesellschaften erhalten haben (und dies trotz der enormen demographischen Verschiebungen der familialen Generationenbeziehungen). Während im familial-verwandtschaftlichen Bereich das Muster intergenerationeller Solidarität vorherrscht, sind die Beziehungen zwischen verschiedenen Generationen oder Altersgruppen im Freizeitbereich allerdings eher durch eine gewisse Segregation gekennzeichnet.

Die demographische Alterung führt zwar zu wesentlichen Verschiebungen der familialen Generationenbeziehungen und der sozialpolitischen Generationenverhältnisse, nicht jedoch zwangsläufig zu verstärkten Generationenkonflikten oder gar zum Zusammenbruch der Generationensolidarität. Die These eines nahenden 'Generationenkampfes' hat weniger mit einer differenzierten Analyse demographischer Prozesse zu tun, sondern sie widerspiegelt eher den Versuch, kulturpessimistische Traditionen in die Zukunft zu verlängern.

7. Abschlussdiskussion

Die Bevölkerungssoziologie bewegt sich zwischen *Makro- und Mikroebene* einerseits und zwischen *'Quantität' und 'Qualität'* andererseits. Dabei können die Schwerpunkte je nach Interessenlage von Studierenden oder ForscherInnen unterschiedlich gesetzt werden.

So ist es durchaus möglich - und oft auch sinnvoll - sozio-demographische Analysen rein auf die Makroebene zu beziehen, beispielsweise wenn es um die Wechselwirkungen zwischen Bevölkerungswachstum und gesellschaftlichem Wandel geht, oder wenn Fragen der sozialen Sicherung unter Bedingungen raschen demographischer Alterung im Zentrum stehen. Umgekehrt können gezielt mikro-soziologische Aspekte analysiert werden, um etwa generative Entscheide oder mortalitätsrelevantes Verhalten und Handeln zu analysieren. Richtig spannend wird die Bevölkerungssoziologie allerdings erst, wenn es gelingt, gesamtgesellschaftliche, institutionelle und individuelle Aspekte erfolgreich zu verknüpfen. Bevölkerungswachstum, Geburtenhäufigkeit, Migration oder demographische Alterung beispielsweise sind gesamtgesellschaftlich relevante Phänomene, die ihre Wurzeln gerade auch in familialem und/oder individuellem Verhalten und Handeln haben. Geglückte Beispiele für eine Verknüpfung makro- und mikrotheoretischer Ansätze finden sich etwa in jenen Arbeiten, die den Übergang von hoher zu tiefer Geburtenhäufigkeit mit familiensoziologischen Thesen verbinden.

Die Bevölkerungswissenschaften - und dabei namentlich die Bevölkerungsstatistik - sind zudem ein ideales Tummelfeld für statistisch-mathematisch interessierte ForscherInnen. Schon aufgrund der Menge an quantitativen Daten bieten sich gute Möglichkeiten für mathematische Modellierungen (Simulations- und Prognosemodellen), komplexe Kohortenanalysen usw. Es ist nicht zu verkennen, dass selbst eine rein quantitative Datenauswertung seinen Nutzen und seinen Reiz aufweisen kann. Demographische Daten eignen sich auch für Studierende sehr gut zur Einübung quantitativer Datenanalyse. Zum einen stehen massenweise und jährlich aktualisierte Datenreihen aus unterschiedlichen Regionen bzw. Nationen zur Verfügung. Zum anderen liegen eine ganze Reihe konsolidierter Indikatoren und Analyseverfahren vor.

Bevölkerungssoziologisch interessant werden demographische Themen und Fragestellungen jedoch zumeist erst, wenn quantitative demographische Trends mit (qualitativen) gesellschaftlichen Wandlungen in Beziehung gesetzt werden; sei es, dass die tiefgreifende Bedeutung einer erhöhten Lebenserwartung für die Lebensorientierung moderner Menschen herausgearbeitet wird; sei es, dass die gesellschaftliche Bedeutung von Land-Stadt-Wanderungen analysiert wird, usw.

Die gesellschaftstheoretische und vor allem die gesellschaftspolitische Aufarbeitung sozio-demographischer Fragestellungen leidet allerdings an ihrer Einbettung in kultur- und strukturpessimistische Traditionen: Rasch wachsende Bevölkerung, aber auch der gegenteilige Prozess einer schrumpfender Bevölkerung wurden und werden vielfach von vornherein negativ beurteilt. Ein- oder Auswanderung werden beide gleichermaßen als grundsätzlich problematische Prozesse betrachtet. Sowohl hohe Sterblichkeit als auch Hochaltrigkeit sind Anlass für pessimistische Zukunftsbetrachtungen. Was auch immer demographisch geschieht, scheint gesellschaftspolitisch zu 'sozialen Problemen' bzw. zum 'gesellschaftlichen Niedergang' zu führen. Ein wesentlicher Teil der gesellschaftspolitischen Diskussion demographischer Trends ist seit Jahrzehnten von kulturpessimistischen Vorstellungen durchdrungen. Am deutlichsten wird dies bei der Diskussion der demographischer Alterung, wo unter dem Stichwort der 'demographischen Belastungsquoten' selbst demographische Indikatoren von vornherein negativ eingefärbt werden. Als ideal erscheint implizit oft nur eine stationäre Bevölkerung; das heisst eine Situation, wo sich demographisch nichts bewegt.

Eine indirekte Folge pessimistisch geprägter Vorstellungen ist häufig eine Überschätzung der direkten gesellschaftlichen Folgen demographischer Trends und eine Vernachlässigung komplexer indirekter Wechselwirkungen zwischen demographischem und gesellschaftlichem Wandel. Eine Aufgabe einer differenzierten bevölkerungssoziologischen Analyse liegt denn darin, sich von diesen kultur- und strukturpessimistischen Vorstellungen zu lösen.

Bei einer differenzierten Analyse und Diskussion der Beziehungen zwischen demographischen Trends und gesellschaftlichem Wandel sollte faktisch immer von drei allgemeinen Regeln ausgegangen werden:

1. Bei den Beziehungen zwischen demographischen Veränderungen und gesellschaftlichen, wirtschaftlichen und kulturellen Veränderungen handelt es sich immer um langfristig angelegte *Wechselwirkungen*.

2. Demographische Größen haben nur in Kombination und Interaktion mit gesellschaftlichen Rahmenbedingungen einen Einfluss auf soziale, wirtschaftliche und kulturelle Faktoren. Wir müssen primär von *interaktiven Effekten* ausgehen.

3. Die *kurz-, mittel- und langfristigen Folgen* demographischer Veränderungen auf gesellschaftliche Wandlungen *sind zumeist unterschiedlich*, und sie weisen möglicherweise gegensätzliche Vorzeichen auf. Dasselbe gilt auch für die Folgen gesellschaftlicher Faktoren auf demographische Trends.

Daraus lassen sich im übrigen drei praktische Empfehlungen für das Studium und die Erforschung bevölkerungssoziologischer Fragestellungen ableiten:

a) Es empfiehlt sich, eine *längerfristige Perspektive* zu wählen. Es ist sicherlich nicht notwendig, die demographische Entwicklung über Jahrhunderte zu verfolgen, aber mehr als ein Jahrzehnt sollte die Analyse schon umfassen. Damit lassen sich erstens auch nicht-lineare Entwicklungen erfassen, und zweitens können kurz-, mittel- und längerfristige (Wechsel)-Wirkungen besser unterschieden werden.

b) Es empfiehlt sich, *nicht nur einen Kontext* zu berücksichtigen, sondern mehrere, vergleichbare Kontexte (Länder, Regionen, Städte) einzubeziehen (und sei es auch nur ergänzend). Damit wird der Gefahr begegnet, aus kontextspezifischen Regularitäten allzu rasch allgemeine Aussagen abzuleiten. Dies gilt vor allem, wenn es nicht allein um eine beschreibende Analyse soziodemographischer Trends, sondern auch um die Diskussion von (Wechsel)-Wirkungen zwischen demographischen und gesellschaftlichen Faktoren geht.

c) Es empfiehlt sich, zumindest ansatzweise eine *interdisziplinäre Ausrichtung* zu wählen. Bevölkerungsfragen zwingen dazu, über die Grenzen des eigenen Faches zu blicken. Je nach gewähltem bevölkerungssoziologischem Thema kommen mehr Ansätze aus Ökonomie, Mathematik, Epidemiologie, Gerontologie, Politologie usw. in Frage. Zentral ist, vor allem wenn es um längerfristige Entwicklungen geht, auch der Blick auf sozial- und familienhistorische Arbeiten.

Literatur

Adepoju, Aderanti (1991) South-North Migration: The African Experience, International Migration, 24,2: 205-221.
Albrecht, Günter (1972) Soziologie der geographischen Mobilität, Stuttgart: Enke.
Altman, Ida (1995) Spanish Migration to the Americas, in: Robin Cohen (ed.) The Cambridge Survey of World Migration, Cambridge: University Press: 28-32.
Arber, Sara (1989) Gender and Class Inequalities in Health: Understanding the differentials, in: John Fox (ed.) Health Inequalities in European Countries, Aldershot: Gower Publ.: 250-279.
Ariès, Pierre (1978) Geschichte der Kindheit, München: Hauser (2. Aufl.).
Ariès, Pierre (1980) Two Successive Motivations for the Declining Birth Rate in the West, Population and Development Review, 6,4: 645-650.
Arnold, Fred; et al. (1975) The Value of Children: A cross-national study, Honolulu: East-West Population Institute.
Attias-Donfut, Claudine (ed.) (1995) Les solidarités entre générations. Vieillesse, familles, état, Paris: Ed. Nathan.
Backes, Gertrud (1993) Frauen zwischen 'alten' und 'neuen' Altern(n)srisiken, in: Gerhard Naegele, Hans Peter Tews (Hg.) Lebenslagen im Strukturwandel des Alters, Opladen: Westdeutscher Verlag: 170-187.
Bade, Klaus J. (1984) 'Preußengänger' und 'Abwehrpolitik': Ausländerbeschäftigung, Ausländerpolitik und Ausländerkontrolle auf dem Arbeitsmarkt in Preußen vor dem Ersten Weltkrieg, Archiv für Sozialgeschichte, 24: 91-283.
Bairoch, Paul (1976) Population urbaine et taille des villes en Europe de 1600 à 1970. Présentations des series statistiques, in: Université de Lyon (ed.) Démographie urbaine. XVe-XXe siècle, Lyon: Centre d'histoire économique et sociale de la région Lyonnaise, No. 8: 1-42.
Bebbington, A.C. (1988) The Expectation of Life without Disability in England & Wales, Social Science and Medicine, 27: 321-326.
Beck-Gernsheim, Elisabeth (1993) Familie und Alter: Neue Herausforderungen, Chancen, Konflikte, in: Gerhard Naegele, Hans Peter Tews (Hg.) Lebenslagen im Strukturwandel des Alters, Opladen: Westdeutscher Verlag: 158-169.
Becker, Gary S. (1960) An Economic Analysis of Fertility, in: National Bureau of Economic Research, Demographic and Economic Change in Developed Countries, Princeton: 209-231.
Becker, Gary S. (1965) A Theory of the Allocation of Time, The Economic Journal, 75: 493-517.
Becker, Gary S. (1974) A Theory of Marriage, in: Theodore W. Schultz (ed.) Economics of the Family. Marriage, Children and Human Capital, Chicago: University Press: 299-344.
Becker, Gary S. (1981) A Treatise on the Family, Cambridge (Mass): Harvard University Press.

Beckman, Linda J. (1978) Couples' Decision-Making Processes Regarding Fertility, in: Kurt E. Taeuber; Larry L. Bumpass, John A. Sweet (eds.) Social Demography, San Francisco/London: 57-81.

Behrens, Johann; Voges, Wolfgang (Hg) (1996) Kritische Übergänge. Statuspassagen und sozialpolitische Institutionalisierung, Frankfurt: Campus.

Berger, Peter A.; Hradil, Stefan (Hg.) (1990) Lebenslagen, Lebensläufe, Lebensstile, Göttingen: Schwartz.

Bergmann, Karl; Baier, Wolfgang, u.a. (Hg.) (1993) Entwicklung der Mortalität in Deutschland von 1955-1989. Ein Datenbericht, München: MMV Medizin Verlag.

Bernhardt, Eva M. (1993) Fertility and Employment, European Sociological Review 9: 25-42.

Bertram, Hans (1991) Familie und soziale Ungleichheit, in: Hans Bertram (Hg.) Die Familie in Westdeutschland. Stabilität und Wandel familialer Lebensformen, Opladen: Westdeutscher Verlag: 235-274.

Bickel, Walter (1949) Early Swiss Mortality Tables, Schweiz. Zeitschrift für Volkswirtschaft und Statistik, 85: 358-369.

Bien, Walter (Hg.) (1994) Eigeninteresse oder Solidarität. Beziehungen in modernen Mehrgenerationenfamilien, Opladen: Leske & Budrich.

Biraben, Jean-Noël (1979) Essai sur l'évolution du nombre des hommes, Population, 34: 1ff.

Birg, Herwig (1989) Johann Peter Süssmilch und Thomas Robert Malthus - Marksteine der bevölkerungswissenschaftlichen Theorieentwicklung, in: Rainer Mackensen, Lydia Thill-Thouet, Ulrich Stark (Hg.) Bevölkerungsentwicklung und Bevölkerungstheorie in Geschichte und Gegenwart, Frankfurt: Campus: 53-76.

Birg, Herwig (1996) Die Weltbevölkerung. Dynamik und Gefahren, München: Beck.

Birg, Herwig; Filip, Detlef; Flöthmann, E.-Jürgen (1990) Paritätsspezifische Kohortenanalyse des generativen Verhaltens in der Bundesrepublik Deutschland nach dem Zweiten Weltkrieg, Materialien des Instituts für Bevölkerungsforschung und Sozialpolitik, Bd. 30, Bielefeld: Universität Bielefeld.

Birg, Herwig; Flöthmann, E.-Jürgen (1990) Regionsspezifische Wechselwirkungen zwischen Migration und Fertilität im Lebenslauf, Acta Demographica 1: 1-26.

Birg, Herwig; Flöthmann, E.-Jürgen; Reiter, Iris (1991) Biographische Theorie der demographischen Reproduktion, Frankfurt: Campus.

Bisig, Brigitte; Gutzwiller, Felix (1994) Konzept des Indikators 'Behinderungsfreie Lebenserwartung', in: Arthur E. Imhof; Rita Weinknecht (Hg.) Erfüllt leben - in Gelassenheit sterben. Geschichte und Gegenwart, Berlin: Duncker & Humblot: 197-206.

Bisson, Antonio F.; Piché, Victor (1977) L'accord conjugal en matière de fécondité et de planification familiale: une enquête au Quèbec, Population, 32: 184-193.

Bitterli, Urs (1986) Alte Welt - Neue Welt. Formen des europäisch-überseeischen Kulturkontaktes vom 15.-18. Jh., München: Beck.

Blake, Judith (1968) Are Babies Consumer Durables? A Critique of the Economic Theory of Reproductive Motivation, Population Studies, 22: 5-25.

Blanchet, Didier; Pennec, Sophie (1993) A Simple Model for Interpreting Cross-Tabulations of Family Size and Women's Labour Force Participation, European Journal of Population, 9: 121-142.

Blau, Francine D.; Ferber, Marianne A. (1986) The Economics of Women, Men and Work, Englewood Cliffs: Prentice Hall.

Blaxter, Milfred (1989) A Comparison of Measures of Inequality in Morbidity, in: John Fox (ed.) Health Inequalities in European Countries, Aldershot: Gower Publ.:199-230.

Blossfeld, Hans-Peter; de Rose, Alessandra (1992) Educational Expansion and Changes in Entry into Marriage and Motherhood. The Experience of Italian Women, Genus XLVIII: 73-93.

Blossfeld, Hans-Peter; Hamerle, Alfred; Mayer, Karl-Ulrich (1986) Ereignisanalyse: Statistische Theorie und Anwendung in den Wirtschafts- und Sozialwissenschaften, Frankfurt: Campus.

Blossfeld, Hans-Peter; Huinink, Johannes (1989) Die Verbesserung der Bildungs- und Berufschancen von Frauen und ihr Einfluss auf den Prozess der Familienbildung, Zeitschrift für Bevölkerungswissenschaft, 15,4: 383-404.

Bolte, Karl Martin; Kappe, Dieter; Schmid, Josef (1980) Bevölkerung. Statistik, Theorie, Geschichte und Politik des Bevölkerungsprozesses, Opladen: Westdeutscher Verlag.

Boongarts, John (1990) The Measurement of Wanted Fertility, Population and Development Review, 16,3: 487-506.

Boongarts, John (1992) Population Growth and Global Warming, Population and Development Review, 18,2: 299-320.

Borchers, Andreas; Miera, Stephanie (1993) Zwischen Enkelbetreuung und Altenpflege. Die mittlere Generation im Spiegel der Netzwerkforschung, Frankfurt: Campus.

Borjas, G. (1993) The Impact of Immigrants on Employment Opportunities of Natives, in: OECD, The Changing Course of International Migration, Paris: OECD.

Bouvier-Colle, Marie-Hélène (1983) Mortalité et activité professionnelle chez les femmes, Population, 1: 107-136.

Brentano, Ludwig Josef (1909) Die Malthussche Lehre und die Bevölkerungsbewegung der letzten Dezennien, Abhandlungen der Historischen Klasse der Königlich Bayerischen Akademie der Wissenschaften, 24, Band III, München.

Brouard, Nicolas (1977) Evolution de la fécondité masculine depuis le début du siècle, Population,32: 1123-1158.

Bulatao, Rodolfo (1981) Values and Disvalues in Successive Childbearing Decisions, Demography,18: 1-25.

Buttler, Friedrich (1989) Geburtenrückgang und Arbeitsmarkt, in: Horst Claus Recktenwald (Hg.) Der Rückgang der Geburten - Folgen auf längere Sicht, Mainz: Akademie der Wissenschaften und der Literatur: 139-160.

Buttler, Friedrich; Dietz, Friedo (1990) Die Ausländer auf dem Arbeitsmarkt, in: Charlotte Höhn, Detlev B. Rein (Hg.) Ausländer in der Bundesrepublik Deutschland, Boppard am Rhein: Boldt: 99-120.

Caldwell, John C. (1978) A Theory of Fertility: From High Plateau to Destabilization, Population and Development Review, 4: 553-577.

Caldwell, John C. (1982) Theory of Fertility Decline, London/New York: Academic Press.
Caldwell, John C. (1986) Routes to Low Mortality in Poor Countries, Population and Development Review,12: 171-211.
Calot, Gérard; Blayo, Chantal (1982) Recent Course of Fertility in Western Europe, Population Studies, 36,3: 349-372.
Campbell, John C. ; Strate, John (1981) Are Old People Conservative? The Gerontologist, 21: 580-591.
Caselli, Graziella; Egidi, Viviana (1991) New Frontiers in Survival: The length and quality of life, Conference on 'Human Resources in Europe at the Dawn of the 21st Century', Luxembourg: Eurostat.
Caselli, Graziella; Vallin, Jacques (1990) Mortality and Population Ageing, European Journal of Population, 6: 1-25.
Castles, Stephen (1986) The Guest-Worker in Western Europe: An Obituary, International Migration Review, 20,4: 761-778.
Cheal, David (1995) Repenser les transferts intergénérationnels. Axes de recherche sur les relations temporelles dans les pays anglo-saxons, in: Claudine Attias-Donfut (ed.) Les solidarités entre générations. Vieillesse, familles, état, Paris: Ed. Nathan: 259-268.
Chesnais, Jean-Claude (1985) Progrès économique et transition démographique dans les pays pauvres: trente ans d'experience (1950-1980), Population, 40,1:11-28.
Champion, Anthony G. (ed.) (1989) Counter-Urbanisation: The changing pace and nature of population deconcentration, London: Edward Arnold.
CICRED Committee for International Cooperation in National Research in Demography (1984) Socio-economic Differential Mortality in Industrialized Socities 3, New York: United Nations Population Division.
Clark, William A. (1986) Human Migration, Beverly Hills: Sage Publ.
Cliquet, Robert (1991) The Second Demographic Transition: Fact or Fiction? Population Studies, No. 23, Strasbourg: Council of Europe.
Clokeur, Renaud; Perelman, Sergio (1995) Ebauche de comptabilité générationelle, in: Renaud Clokeur, Anne Gauthier; Jean-François Strassen (eds.) Transferts, flux, réseaux de solidarité entre générations, Liège: Université de Liège: 13-24.
Coale, Ansley J. (1975) The Demographic Transition, in: United Nations (ed.) The Population Debate, New York: United Nations.
Coale, Ansley J.; Watkins, Susan C. (eds.) (1986) The Decline of Fertility in Europe, Princeton: Princeton University Press.
Cockerham, William C. (1991) This Aging Society, Englewood Cliffs: Prentice Hall.
Coenen-Huther, Josette; Kellerhals, Jean; von Allmen, Malik (1994) Les réseaux de solidarité dans la famille, Lausanne: Réalités Sociales.
Cohen, Robert (eds.) (1995) The Cambridge Survey of World Migration, Cambridge: University Press.
Cole, William E.; Sanders, Richard D. (1985) Internal Migration and Urban Employment in the Third World, American Economic Review, 75: 481-494.
Coleman, David A. (1994) The World on the Move? International Migration in 1992, in: United Nations Economic Commission for Europe, European Popu-

lation Conference (23-26 March 1993, Geneva). Proceedings, Vol. 1: Strasbourg: Council of Europe: 281-368.

Colvez, Alain; Robine, Jean-Marie (1986) L'espérance de vie sans incapacité en France en 1982, Population, 41, 6: 1025-1042.

Coombs, Lolagene C.; Fernandez, Dorothy (1978) Husband-Wife Agreement about Reproductive Goals, Demography, 15: 57-73.

Council of Europe (1995) Recent Demographic Developments in Europe 1995, Strasbourg: Council of Europe.

Courgeau, Daniel (1985) Interaction Between Spatial Mobility, Family and Career Life-cycle: A French survey, European Sociological Review, 1: 2: 139-162.

Cramer, James C. (1980) Fertility and Female Employment: Problems of causal direction, American Sociological Review, 45: 167-190.

Crews, Douglas E. (1990) Anthropological Issues in Biological Gerontology, in: Robert L. Rubinstein (ed.) Anthropology and Aging. Comprehensive Reviews, Dordrecht: Kluwer Academic Publ.: 11-38.

Cromm, Jürgen (1988) Bevölkerung. Individuum. Gesellschaft. Theorien und soziale Dimensionen der Fortpflanzung, Opladen: Westdeutscher Verlag.

Cromm, Jürgen (1989) Stand und Entwicklung der Sterblichkeit vor 1900 in zeitgeschichtlicher Sicht, in: Rainer Mackensen, Lydia Thill-Thouet, Ulrich Stark (Hg.) Bevölkerungsentwicklung und Bevölkerungstheorie in Geschichte und Gegenwart, Frankfurt: Campus: 141-171.

Cube von, Alex (1995) Konzeption für eine Umweltdemographische Gesamtrechnung (UDG) - Ein Beitrag der Bevölkerungswissenschaft zur Umweltdebatte, Zeitschrift für Bevölkerungswissenschaft, 20, 1: 27-65.

Danigelis, Nicholas L.; Cutler, Stephen J. (1991) Cohort Trends in Attitudes about Law and Order: Who's leading the conservative wave!, Public Opinion Quarterly, 55: 24-49.

Davis, Kingsley; Blake, Judith (1956) Social Structure and Fertility: An Analytic Framework, in: Economic Development and Cultural Change, Vol. IV, New York.

Day, Lincoln H. (1995) Recent Fertility Trends in Industrialized Countries: Toward a Fluctuating or a Stable Pattern?, European Journal of Population, 11: 275-288.

De Coninck, Frédéric (1990) Passage à l'âge adulte et mobilité spatiale, European Journal of Population, 6: 377-397.

De Jong, Gordon F.; Abad, Ricardo G., et al. (1983) International and Internal Migration Decision Making: A value-expectancy based analytical framework of intentions to move from a rural Philippine Province, International Migration Review, XVII,3: 470-484.

Demeny, Paul (1984) On Long-term Population Prospects, Population and Development Review, 10,1: 103-126.

Denevan, W.M. (1992) The Native Population of the Americas in 1492, Madison: University of Wisconsin Press.

Desplanques, Guy (1984) La mortalité selon le milieu social en France, in: CICRED, Socio-economic Differential Mortality in Industrialized Socities 3, New York: United Nations Population Division: 69-101.

Deven, Fred (1983) Parity-specific Costs and Benefits of Childbearing: Longitudinal data on decision-making by couples, in Robert L. Cliquet, et al. (eds.) Population and Family in the Low countries III, Brussels: NIDI:109-121.

Diekmann, Andreas; Mitter, P. (1984) Methoden zur Analyse von Zeitverläufen, Stuttgart: Teubner.

Dinkel, Reiner H. (1990) Demographie. Band 1: Bevölkerungsdynamik, München: Verlag Vahlen.

Dinkel, Reiner H. (1994) Die Sterblichkeitsentwicklung der Geburtsjahrgänge in den beiden deutschen Staaten. Ergebnisse und mögliche Erklärungshypothesen, in: Arthur E. Imhof, Rita Weinknecht (Hg.) Erfüllt leben - in Gelassenheit sterben. Geschichte und Gegenwart, Berlin: Duncker & Humblot: 155-170.

Dinkel, Reiner H.; Meinl, Erich (1991) Die Komponenten der Bevölkerungsentwicklung in der Bundesrepublik Deutschland und der DDR zwischen 1950 und 1987, Zeitschrift für Bevölkerungswissenschaft,17: 2: 115-134.

Dixon, Ruth B. (1971) Explaining Cross-Cultural Variations in Age at Marriage and Proportions Never Marrying, Population Studies, 25: 215-233.

Dyson, Tim; Murphy, Mike (1985) The Onset of Fertility Transition: Long-term development both in Europe and in developing countries, Population and Development Review, 11:430ff.

Easterlin, Richard A. (1969) Towards a Socioeconomic Theory of Fertility, in: Jere R. Behrman, Leslie Corsa, Ronald Freedman (eds.) Fertility and Family Planning: A World View, Ann Arbor: 127-156.

Easterlin, Richard A. (1973) Relative Economic Status and the American Fertility Swing, in: Eleanor B. Sheldon (ed.) Family Economic Behavior: Problems and prospects, Philadelphia: J.B. Lippincott: 170-223.

Easterlin, Richard A. (1985) Wirtschaftliche und soziale Aspekte der Einwanderung, in: Donata Elschenbroich (Hg.) Einwanderung, Integration, ethnische Bindung, Frankfurt: Campus: 25-52.

Egidi, Viviana (1991) Vieillissement de la population et évolution des modes de vie en Europe, Séminaire sur les tendances démographiques actuelles et modes de vie en Europe, 18-20 septembre 1990, Strasbourg: Conseil de l'Europe.

Ehrlich, Paul (1968) The Population Bomb, New York: Ballantine.

Eisenstadt, Shmuel N. (1954) The Absorption of Immigrants. A comparative study based mainly on the Jewish community in Palestine and the State of Israel, London.

Elias, Norbert; Scotson, John L. (1990) Etablierte und Aussenseiter, Frankfurt: Suhrkamp.

Engstler, Heribert (1995) Gründung und Erweiterung von Familien in der Schweiz. Eine Analyse der ehelichen Fruchtbarkeit am Beispiel des Heiratsjahrganges 1980, Bern: Bundesamt für Statistik.

Ermisch, John F. (1979) The Relevance of the 'Easterlin Hypothesis' and the 'New Home Economics' to Fertility Movements in Great Britain, Population Studies, 33: 39-58.

Ermisch, John F. (1980) Time, Costs, Aspiration and the Effect of Economic Growth on German Fertility, Oxford Bulletin of Economics and Statistics, 42: 125-144.

Ermisch, John F. (1981) Changes in the Socio-economic Environment and the Emergence of Below-replacement Fertility, in: IUSSP (ed.) International Population Conference, Manila, Vol. I, Liège: IUSSP: 181-197.

Ermisch, John F. (1983) The Political Economy of Demographic Change. Causes and Implications of Population Trends in Great Britain, London: Heinemann.

Esser, Hartmut (1980) Aspekte der Wanderungssoziologie. Assimilation und Integration von Wanderern, ethnischen Gruppen und Minderheiten - eine handlungstheoretische Analyse, Darmstadt: Luchterhand.

Evans, Robert G. (1985) Illusion of Necessity: Evading responsibility for choice in health care, Journal of Health Politics, Policy and Law 10: 439-467.

Fassmann, Heinz; Münz, Rainer (1992) Patterns and Trends of International Migration in Western Europe, Population and Development Review, 18,3: 457-480.

Fassmann, Heinz; Münz, Rainer (1995) European East-West Migration, 1945-1992, in: Robin Cohen (ed.) The Cambridge Survey of World Migration, Cambridge: University Press: 470-480.

Featherman, David (1987) Societal Change, the Life Course and Societal Mobility, in: Ansgar Weymann (Hg.) Handlungsspielräume, Sonderband von Soziale Welt, Göttingen: Schwartz.

Felder, Stefan; Zweifel, Peter (1996) Gesundheits- und sozialpolitische Implikationen des Alterungsprozesses, in: Peter Zweifel, Stefan Felder (Hg.) Eine ökonomische Analyse des Alterungsprozesses, Bern: Haupt: 169-192.

Felderer, Bernhard (1983) Wirtschaftliche Entwicklung bei schrumpfender Bevölkerung, Berlin: Duncker & Humblot.

Felderer, Bernhard (Hg.) (1987) Kapitaldeckungsverfahren versus Umlageverfahren: Demographische Entwicklung und Finanzierung von Altersversicherung und Familienlastenausgleich, Berlin: Duncker & Humblot.

Felderer, Bernhard (1989) Wachstum der Wirtschaft bei schrumpfender Bevölkerung, in: Horst Claus Recktenwald (Hg.) Der Rückgang der Geburten - Folgen auf längere Sicht, Mainz: Akademie der Wissenschaften und der Literatur: 83-92.

Festy, Patrick (1979) La fécondité des pays occidentaux de 1870 à 1970, Institut national d'études démographiques, Travaux et Documents, No. 85, Paris: Presses universitaires de France.

Fickl, Stephan (Hg.) (1991) Bevölkerungsentwicklung und öffentliche Haushalte, Frankfurt: Campus-Verlag.

Findl, Peter (1980) Kinderwunsch, Kinderzahl und soziale Lage, in: Institut für Demographie (Hg.) Kinderwünsche junger Österreicherinnen, Schriftenreihe, Heft 6, Wien: 62-81.

Fischer, Werner; Kohli, Martin (1987) Biographieforschung, in: Wolfgang Voges (Hg.) Methoden der Biographie- und Lebenslaufforschung, Opladen: Westdeutscher Verlag: 25-49.

Flandrin, Jean-Louis (1976) Familien. Soziologie, Ökonomie, Sexualität, Frankfurt: Ullstein.

Fletcher, Ben (1983) Marital Relationships as a Cause of Death: An analysis of occupational mortality and the hidden consequences of marriage - some U.K. data, Human Relations 36,2: 123-134.

Flinn, Michael W. (1981) The European Demographic System, 1500-1820, Baltimore: John Hopkins University Press.
Fox, John (ed.) (1989) Health Inequalities in European Countries, Aldershot: Gower Publ.
Fox, John; Goldblatt, P.O.; Leon, D. (1988) Mortality of Employed Men and Women, LS-Working Paper 58, London: City University.
Freedman, Ronald (1975) The Sociology of Human Fertility. An Annotated Bibliography, New York.
Freika, Tomas (1983) Weltbevölkerungsvorausschätzungen: Ein knapper geschichtlicher Überblick, Zeitschrift für Bevölkerungswissenschaft, 9,1: 73-92.
Frey, Martin (1990) Ausländerpolitiken in Europa, in: Charlotte Höhn, Detlev B. Rein (Hg.) Ausländer in der Bundesrepublik Deutschland, Boppard am Rhein: Boldt: 121-147.
Frey, Martin; Mammey, Ulrich (1996) Impact of Migration in the Receiving Countries: Germany, CICRED Committee for International Cooperation in National Research in Demography, Geneva: International Organization for Migration IOM.
Fried, Ellen S.; Hofferth, Sandra L.; Udry, J. Richard (1980) Parity-specific and Two-sex Utility Models of Reproductive Intentions, Demography 17: 1-11.
Friedman, Debra; Hechter, Michael; Kanazawa, Satoshi (1994) A Theory of the Value of Children, Demography, 31,3: 375-401.
Friedrichs, Jürgens (1980) Stadtanalyse. Soziale und räumliche Organisation der Gesellschaft, Opladen: Westdeutscher Verlag.
Fries, James (1989) The Compression of Morbidity: Near or Far? Milbank Memorial Fund Quarterly, 67: 208-232.
Fux, Beat; Höpflinger, François (1992) Kosten und Vorteile von Kindern in der Wahrnehmung deutscher und schweizerischer Ehefrauen, in: Hans-Joachim Hoffmann-Nowotny; Charlotte Höhn, Beat Fux (Hg.) Kinderzahl und Familienpolitik im Drei-Länder-Vergleich, Boppard am Rhein: Boldt: 106-119.
Gärtner, Karla (1990) Sterblichkeit nach dem Familienstand, Zeitschrift für Bevölkerungswissenschaft, 16,1: 53-66.
Gärtner, Karla (1995) Sterblichkeitstrends in ausgewählten Industrieländern, Zeitschrift für Bevölkerungswissenschaft, 20,1: 101-124.
Garrett, Laurie (1994) The Coming Plaque. Newly emerging diseases in a world out of balance, New York: Farrar, Straus & Giroux.
Gehrmann, Rolf (1979) Einsichten und Konsequenzen aus neueren Forschungen zum generativen Verhalten im demographischen Ancien Régime und in der Transitionsphase, Zeitschrift für Bevölkerungswissenschaft, 5: 455-485.
Getzen, Thomas E. (1992) Population Aging and the Growth of Health Expenditures, Journal of Gerontology, 47,3: S98-S104.
Gilbert, Alan; Gugler, Josef (1989) Cities, Poverty and Development: Urbanization in the Third World, Oxford: Oxford University Press.
Gonnot, Jean-Pierre (1992) Some Selected Aspects of Mortality in the ECE Region, in: George J. Stolnitz (ed.) Demographic Causes and Economic Consequences of Population Aging. Europe and North America, United Nations Economic Commission for Europe, Economic Studies No. 3, New York: United Nations. 85-94.

Gonnot, Jean-Pierre; Prinz, Christopher; Keilman, Nico (1995) Adjustments of Public Pension Schemes in Twelve Industrialized Countries: Possible answers to population ageing, European Journal of Population, 11: 371-398.

Goode, William J. (1974) Comment: The Economics of Nonmonetary Variables, in: Theodore W. Schultz (ed.) Economics of the Family. Marriage, Children, and Human Capital, Chicago: University Press: 345-351.

Goody, Jack (1983) The Development of the Family and Marriage in Europe, Cambridge: University Press.

Greenberg, David (1985) Age, Crime, and Social explanation, American Journal of Sociology, 91,1: 1-21.

Greenwood, M. J. (1981) Migration and Economic Growth in the United States, New York: Academic Press.

Gronemeyer, Reimer (1991) Die Entfernung vom Wolfsrudel. Über den drohenden Krieg der Jungen gegen die Alten, Frankfurt: Fischer.

Grundmann, Siegfried (1996) Die Ost-West-Wanderung in Deutschland (1989-1992), in: Hans Bertram, Stefan Hradil, Gerhard Kleinhenz (Hg.) Sozialer und demographischer Wandel in den neuen Bundesländern, Opladen: Leske & Budrich: 3-46.

Gschwind, Franz (1977) Bevölkerungsentwicklung und Wirtschaftsstruktur der Landschaft Basel im 18. Jahrhundert, Liestal: Kantonale Drucksachen- & Materialzentrale.

Gugler, Josef (ed.) (1995) The Urban Transformation of Asia, Africa and Latin America: Regional Trajectories, Oxford: Oxford University Press.

Guillemard, Anne-Marie (1993) European Perspectives on Ageing Policies, in: Luis Moreno (ed.) Social Exchange and Welfare Development, Madrid: Instituto de Estudios Sociales Avanzados: 37-65.

Guo, Guang (1993) Mortality Trends and Causes of Death: A comparison between Eastern and Western Europe, 1960s-1980s, European Journal of Population 9: 287-312.

Gutiérrez Fisac, J.L.; Regidor Pyatos, E. (1991) Esperanza de vida libre de incapacidad: un indicator global de estado de salud, Medicina Clinica (Barcelona), 96: 453-455.

Hagestad, Gunhild O. (1989) Familien in einer alternden Gesellschaft: Veränderte Strukturen und Beziehungen, in: Margret Baltes, Martin Kohli, Karl Sames (Hg.) Erfolgreiches Altern. Bedingungen und Variationen, Bern: Huber: 42-46.

Haines, Michael R. (1992) Occupation and Social Class during Fertility Decline: Historical Perspectives, in: John R. Gillis, Louise A. Tilly, David Levine (eds.) The European Experience of Declining Fertility. A quiet revolution 1850-1970, Cambridge (Mass.): Blackwell Publ.: 193-226.

Hajnal, John (1965) European Marriage Patterns in Perspective, in: David V. Glass; David R. Eversley (eds.) Population in History, London: Edward Arnold: 101-143.

Hart, Nickey (1989) Sex, Gender and Survival: Inequalities of life chances between European men and women, in: John Fox ed.) Health Inequalities in European Countries, Aldershot: Gower Publ.: 109-141.

Hasan, Jeddi (1989) Way-of-life, Stress, and Differences in Morbidity Between Occupational Classes, in: John Fox (ed.) Health Inequalities in European Countries, Aldershot: Gower Publ.: 372-385.

Hass, R. H. (1974) Wanted and Unwanted Pregnancies: a fertility decision-making model, Journal of Social Issues, 30: 125-165.
Haudidier, Benoît (1995) Evolution comparée de la mortalité en RFA et en France (1950-1989), Population 50,3; 1995: 653-688.
Haug, Werner (1980) ....und es kamen Menschen. Ausländerpolitik und Fremdarbeit in der Schweiz 1914-1980, Basel: Z-Verlag.
Hauser, Jürg A. (1974) Bevölkerungsprobleme der Dritten Welt, Haupt: Bern.
Hauser, Jürg A. (1983) Ansatz zu einer ganzheitlichen Theorie der Sterblichkeit - eine Skizze, Zeitschrift für Bevölkerungswissenschaft,9: 159-186.
Hauser, Jürg A. (1989) Von der demographischen zur demo-ökologischen Transformationstheorie - ein essayistischer Beitrag, Zeitschrift für Bevölkerungswissenschaft, 15,1: 13-37.
Hazzard, William R. (1986) Biological Basis of the Sex Differential in Longevity, Journal of the American Geriatric Society, 34: 455-471.
Hazzard, William R. (1989) Why do Women Live Longer than Men? Biologic differences that influence longevity, Postgrad. Med., 85(5): 281-283.
Hazzard, William R. (1994) The Sex Differential in Longevity, in: W. R. Hazzard, E. L. Bierman, J. P. Blass, W. H. Ettinger, J. B. Halter, R. Andres (eds.) Principles of Geriatric Medicine and Gerontology, New York: McGraw-Hill: 37-47 (3rd ed.).
Herbert, Ulrich (1986) Geschichte der Ausländerbeschäftigung in Deutschland 1880-1980: Saisonarbeiter - Zwangsarbeiter - Gastarbeiter, Berlin: Dietz.
Hirschman, Charles; Guest, Philip (1990) The Emerging Demographic Transition of Southeast Asia, Population and Development Review, 16,1: 121-153.
Hochstadt, S. (1981) Migration and Industrialization in Germany, 1815-1977, Social Science History, 5,4: 445-468.
Hoem, Britta; Hoem, Jan M. (1989) The Impact of Women's Employment on Second and Third Births in Modern Sweden, Population Studies, 43: 47-67.
Hofman, A.; Rocca, W.A.; Brayne, C. et al. (1991) The Prevalence of Dementia in Europe: A collaborative study of 1980-1990 findings, International Journal of Epidemiology, 20: 736-748.
Hofferth, Sandra L.; Moore, Kristin A. (1979) Early Childbearing and Later Economic Well-being, American Sociological Review, 44: 784-815.
Hoffmann, Lois W., Hoffmann M.L. (1973) The Value of Children to Parents, in: John T. Fawcett (ed.) Psychological Perspectives on Population, New York: Basic Books 19-76.
Hoffmann, Lois W.; Manis, Jean Denby (1979) The Value of Children in the United States: A New Approach to the Study of Fertility, Journal of Marriage and the Family, 41: 583-596.
Hoffmann-Nowotny, Hans-Joachim (1970) Migration - Ein Beitrag zu einer soziologischen Erklärung, Stuttgart: Enke.
Hoffmann-Nowotny, Hans-Joachim (1973) Soziologie des Fremdarbeiterproblems. Eine theoretische und empirische Analyse am Beispiel der Schweiz, Stuttgart: Enke.
Hoffmann-Nowotny, Hans-Joachim (1988a) Weibliche Erwerbstätigkeit und Kinderzahl, in: Ute Gerhardt, Yvonne Schütze (Hg.) Frauensituation. Veränderungen in den letzten zwanzig Jahren, Frankfurt: Suhrkamp: 219-250.
Hoffmann-Nowotny, Hans-Joachim (1988b) Paradigmen und Paradigmenwechsel in der sozialwissenschaftlichen Wanderungsforschung. Versuch einer

Skizze einer neuen Migrationstheorie in: Gerhard Jaritz, Albert Müller (Hg.) Migration in der Feudalgesellschaft, Frankfurt: Campus: 21-43.

Hoffmann-Nowotny, Hans-Joachim (1990) Integration, Assimilation und 'plurale Gesellschaft'. Konzeptuelle, theoretische und praktische Überlegungen, in: Charlotte Höhn, Detlev B. Rein (Hg.) Ausländer in der Bundesrepublik Deutschland, Boppard am Rhein: Boldt-Verlag: 15-31.

Hoffmann-Nowotny, Hans-Joachim; Höpflinger, François, u.a. (1984) Planspiel Familie. Familie, Kinderwunsch und Familienplanung in der Schweiz, Diessenhofen: Rüegger.

Hogan, Dennis P. (1978) Order of Events in the Life Course, American Sociological Review, 43: 573-586.

Hohm, Charles F. (1975) Social Security and Fertility: An International Perspective, Demography, 12: 629-643.

Höhn, Charlotte (1996) Bevölkerungsberechnungen für die Welt, die EU-Mitgliedsländer und Deutschland, Zeitschrift für Bevölkerungswissenschaft, 21,2: 171-218.

Höhn, Charlotte; Pollard, John H. (1992) Persönliche Gewohnheiten und Verhaltensweisen und Sterblichkeitsunterschiede nach dem Familienstand in der Bundesrepublik Deutschland, Zeitschrift für Bevölkerungswissenschaft, 18: 415-433.

Höhn, Charlotte; Schubnell, Hermann (1986) Bevölkerungspolitische Massnahmen und ihre Wirksamkeit in ausgewählten europäischen Industrieländern I+II, Zeitschrift für Bevölkerungswissenschaft, 12: 3-51 & 185-219.

Höllinger, Franz; Haller, Max (1993) Kinship and Social Networks in Modern Societies: A cross-cultural comparison among seven nations, European Sociological Review, 6: 103-124.

Höpflinger, François (1982) Geschlechtsspezifische Unterschiede im Kinderwunsch. Ergebnisse einer Befragung von Ehepaaren, Zeitschrift für Bevölkerungswissenschaft, 8: 15-30.

Höpflinger, François (1982) Wertorientierungen und Kinderwunsch bei Schweizer Ehepaaren, Schweiz. Zeitschrift für Soziologie, 8: 219-236.

Höpflinger, François (1986) Bevölkerungswandel in der Schweiz, Chur: Rüegger.

Höpflinger, François (1987) Wandel der Familienbildung in Westeuropa, Frankfurt: Campus.

Höpflinger, François (1991) Neue Kinderlosigkeit - Demographische Trends und gesellschaftliche Spekulationen, Acta Demographica 1991: 81-100.

Höpflinger, François (1994) Frauen im Alter - Alter der Frauen, Zürich: Seismo.

Höpflinger, François (1995) Altersverteilung und Zivilstand der Wohnbevölkerung der Schweiz: Entwicklungen und Perspektiven, in: Bundesamt für Statistik (Hg.) Die Bevölkerung der Schweiz. Struktur und räumliche Dynamik, Bern: 7-62.

Höpflinger, François; Kühne, Franz (1979) Die ideale Kinderzahl von Ehefrauen und Ehemännern: Sekundäranalyse einer Befragung von Schweizer Ehepaaren, Zeitschrift für Bevölkerungswissenschaft, 5: 317-326.

Höpflinger, François; Kühne, Franz (1984) Contraception: Answers of Wives and Husbands Compared in a Survey of Swiss Couples, Journal of Biosocial Science, 16: 259-268.

Höpflinger, François; Stuckelberger, Astrid (1992) Alter und Altersforschung in der Schweiz, Zürich: Seismo.

Hout, Michael (1978) The Determinants of Marital Fertility in the United States,1968-1970: Inferences from a dynamic model, Demography,15: 139-159.

Houtaud, A. de; Field, M. G. (1984) The Image of Health: Variations in perception by social class in a French population, Sociology of Health and Illness 6: 30-60.

Hu, Yuanreng; Goldman, Noreen (1990) Mortality Differentials by Marital Status: An international comparison, Demography 27,2: 233-247.

Huber, Joan; Spitze, Glenna (1983) Sex Stratification: Children, Housework and Jobs, New York: Academic Press.

Huinink, Johannes (1989) Ausbildung, Erwerbsbeteiligung von Frauen und Familienbildung im Kohortenvergleich, in: Gert Wagner, Notburga Ott, Hans-Joachim Hoffmann-Nowotny (Hg.) Familienbildung und Erwerbstätigkeit im demographischen Wandel, Berlin: Springer: 137-158.

Huinink, Johannes (1995) Warum noch Familie? Zur Attraktivität von Partnerschaft und Elternschaft in unserer Gesellschaft, Frankfurt: Campus.

Hurrelmann, Klaus (1994) Lebensphase Jugend. Eine Einführung in die sozialwissenschaftliche Jugendforschung, Weinheim: Juventa.

Imhof, Arthur E. (1981) Die gewonnenen Jahre. Von der Zunahme unserer Lebensspanne seit dreihundert Jahren oder von einer neuen Einstellung zu Leben und Sterben, München: Beck.

Imhof, Arthur E. (1984) Von der unsicheren zur sicheren Lebenszeit. Ein folgenschwerer Wandel im Verlaufe der Neuzeit, Vierteljahresschrift für Sozial- und Wirtschaftsgeschichte, 71,2: 175-198.

Inglehart, Ronald (1977) The Silent Revolution - Changing values and political styles among Western publics, Princeton: Princeton University Press.

Jackson, J. (1982) Migration in Duisburg, 1867-1890: Occupational and Familial Context, Journal of Urban History, 8,3: 235-270.

Jacobmeyer, Wolfgang (1985) Vom Zwangsarbeiter zum Heimatlosen Ausländer. Die 'displaced persons' in Westdeutschland 1945-1951, Göttingen: Vandenhoeck & Ruprecht.

Jaritz, Gerhard; Müller, Albert (Hg.) Migration in der Feudalgesellschaft, Frankfurt: Campus.

Johansson, Sheily R. (1991) Welfare, Mortality and Gender. Continuity and change in theories about male/female mortality differences over three centuries, Continuity and Change, 6: 135-177.

Johnson, David; Lee, Ronald (eds.) (1987) Population Growth and Economic Development: Issues and evidence, Madison: University of Wisconsin Press.

Jones, Elise F. (1982) Socio-economic Differentials in Achieved Fertility, Comparative Studies: ECE Analyses of WFS Surveys in Europe and USA, No.21, London: WFS.

Jürgens, Hans W.; Pohl, Katharina (1975) Kinderzahl - Wunsch und Wirklichkeit, Stuttgart: Kohlhammer.

Jürgens, Hans W.; Pohl, Katharina (1978) Partnerbeziehung und generatives Verhalten. Ergebnisse einer Longitudinaluntersuchung, Zeitschrift für Bevölkerungswissenschaft, 4: 247-268.

Kaufmann, Franz-Xaver (1990) Zukunft der Familie. Stabilität, Stabilitätsrisiken und Wandel der familialen Lebensformen sowie ihre gesellschaftlichen und politischen Bedingungen, München: Beck.
Kaufmann, Franz-Xaver (1993) Generationenbeziehungen und Generationenverhältnisse im Wohlfahrtsstaat, in: Kurt Lüscher, Franz Schultheis (Hg.) Generationenbeziehungen in 'postmodernen' Gesellschaften, Konstanz: Universitätsverlag: 95-108.
Kelley, Allen (1988) Economic Consequences of Population Change in the Third World, Journal of Economic Literature 26,4: 1685-1728.
Kelley, Allen; Williamson, Jeffrey G. (1974) Lessons from Japanese Development: An analytical economic history, Chicago: University of Chicago Press.
Kempeneers, Marianne; Lelièvre, Eva (1993) Women's Work in the EC: Five career profiles, European Journal of Population, 9: 77-92.
Kendig, Hal L.; Hashimoto, Akiko; Coppard, Larry C. (eds.) (1992) Family Support for the Elderly: The International Experience, Oxford: Oxford University Press.
Keyfitz, Nathan (1977) Applied Mathematical Demography, New York: Riley.
Kiefl, Walter; Schmid, Josef (1985) Empirische Studien zum generativen Verhalten. Erklärungsbefunde und theoretische Relevanz, Boppard: Boldt.
Kiernan, Kathleen (1988) Who Remains Celibate? Journal of Biosocial Sciences, 20: 253-263.
Kiernan, Kathleen (1993) The Future of Partnership and Fertility, in: Robert Cliquet (ed.) The future of Europe's population, Population studies, No. 26, Strasbourg: Council of Europe: 23-44.
Kiernan, Kathleen; Diamond, Ian (1983) The Age at which Childbearing Starts - A longitudinal study, Population Studies, 37,3: 363-380.
Kiernan, Victor (1995) The Separation of India and Pakistan, in: Robin Cohen (ed.) The Cambridge Survey of World Migration, Cambridge: University Press: 356-359.
Klein, Thomas (1989) Bildungsexpansion und Geburtenrückgang. Eine kohortenbezogene Analyse zum Einfluss veränderter Bildungsbeteiligung auf die Geburt von Kindern im Lebensverlauf, Kölner Zeitschrift für Soziologie und Sozialpsychologie, 41: 483-503.
Klein, Thomas (1993a) Soziale Determinanten der Lebenserwartung, Kölner Zeitschrift für Soziologie und Sozialpsychologie, 45,4: 712-730.
Klein, Thomas (1993b) Familienstand und Lebenserwartung. Eine Kohortenanalyse für die Bundesrepublik Deutschland, Zeitschrift für Familienforschung, 5: 99-114.
Klein, Thomas; Lauterbach, Wolfgang (1994) Bildungseinflüsse auf Heirat, die Geburt des ersten Kindes und die Erwerbsunterbrechung von Frauen. Eine empirische Analyse familienökonomischer Erklärungsmuster, Kölner Zeitschrift für Soziologie und Sozialpsychologie, 46,2: 278-298.
Klijzing, Erik (1992) Migrations in Individual Family Life and Urban Change in the Netherlands: An attempt at multi-level analysis, in: Klaus Peter Strohmeier, Christian W. Matthiessen (eds.) Innovation and Urban Population Dynamics, Avebury: Aldershot: 227-250.
Klijzing, Erik; Siegers, Jacques, et al. (1988) Static versus Dynamic Analysis of the Interaction between Female Labour-force Participation and Fertility, European Journal of Population, 4: 97-116.

Knodel, John (1970) Two and a Half Centuries of Demographic History in a Bavarian Village, Population Studies 24.
Knodel, John (1974) The Decline of Fertility in Germany, 1871-1939, Princeton: University Press.
Knodel, John; van de Walle, Etienne (1986) Lessons from the Past: Policy Implications of Historical Fertility Studies, in: Ansley J. Coale, Susan Cotts Watkins (eds.) The Decline of Fertility in Europe, Princeton: University Press: 390-419.
Kohli, Martin (1985) Die Institutionalisierung des Lebenslaufs, Historische Befunde und theoretische Argumente, Kölner Zeitschrift für Soziologie und Sozialpsychologie, 37: 1-29.
Kohli, Martin (1992) Lebenslauf und Lebensalter als gesellschaftliche Konstruktionen: Elemente zu einem Vergleich, Soziale Welt, Sonderband 8, Göttingen: Schwartz: 283-303.
Kohli, Martin; Rein, M.; Guillemard, Anne-Marie; et al. (eds.) (1991) Time for Retirement. Comparative studies of early exit from the labor force, Cambridge: Cambridge University Press.
Körner, Heiko (1990) Internationale Mobilität der Arbeit, Darmstadt: Wissenschaftliche Buchgesellschaft.
Kopp, Andreas (1996) Bevölkerungswachstum: Ursache oder Wirkung von Einkommensungleichheit in Entwicklungsländern, Acta Demographica 1994-1996: 15-27.
Krämer, Walter (1992) Altern und Gesundheitswesen: Probleme und Lösungen aus der Sicht der Gesundheitsökonomie, in: Paul B. Baltes, Jürgen Mittelstrass (Hg.) Zukunft des Alterns und gesellschaftliche Entwicklung, Berlin: Walter de Gruyter: 563-580.
Krengel, Rolf (1994) Die Weltbevölkerung von den Anfängen des anatomisch modernen Menschen bis zu den Problemen seiner Überlebensfähigkeit im 21. Jahrhundert, Deutsches Institut für Wirtschaftsforschung, Beiträge zur Strukturforschung Heft 148, Berlin: Duncker & Humblot
Krishnan, P.; Odynak, D. (1987) A Generalization of Petersen's Typology of Migration, International Migration, 25,4: 385-397.
Kubat, Daniel; Hoffmann-Nowotny, Hans-Joachim (1981) Migration: Towards a new paradigm, International Social Science Journal, 33,2: 307-329.
Kuijsten, Anton C. (1996) Changing Family Patterns in Europe: A case of divergence?, European Journal of Population 12: 115-143.
Kunitz, Stephen J. (1983) Speculations on the European Mortality Decline, The Economic History Review,36: 349-364.
Kytir, Josef; Münz, Rainer (1992) Hilfs- und Pflegebedürftigkeit im Alter, in: Arthur E. Imhof (Hg.) Leben wir zu lange? Die Zunahme unserer Lebensspanne seit 300 Jahren - und die Folgen, Köln: Böhlau-Verlag: 81-101.
Lalive d'Epinay, Christian; Michel, Jean-Pierre; Maystre, Carol, et al. (1996) Santé de la population âgée à Genève: Une comparaison de l'état de santé fonctionelle, psychique et auto-évaluée en 1979 et en 1994, Médecine & Hygiène 54: 2145-2152.
Lauterbach, Wolfgang (1995) Die gemeinsame Lebenszeit von Familiengenerationen, Zeitschrift für Soziologie, 24,1: 22-41.
Le Grand, Julian (1987) Inequality in Health: some international comparisons, European Economic Review, 31: 182-191.

Le Grand, Julian (1989) An International Comparison of Distributions of Ages-at-death, in: John Fox (ed.) Health Inequalities in European Countries, Aldershot: Gower Publ.: 75-91.

Leclerc, Annette (1989) Differential Mortality by Cause of Death: Comparisons between selected European countries, in: John Fox (ed.) Health Inequalities in European Countries, Aldershot: Gower Publ.: 92-108.

Lee, Everett S. (1966) A Theory of Migration, Demography, 3,1: 47-58.

Leete, Richard (1987) The Post-demographic Transition in East and South East Asia: Similarities and contrasts with Europe, Population Studies,41: 187-206.

Lefelmann, G.; Borchert, G. (1983) Bevölkerungsentwicklung und Krankheitskosten, Sozialer Fortschritt 32: 173-175.

Leibenstein, Harvey (1974) An Interpretation of the Economic Theory of Fertility: Promising path or blind alley?, Journal of Economic Literature, 11: 457-476.

Leibenstein, Harvey (1977) Beyond Economic Man: Economics, politics, and the population problem, Population and Development Review, 3: 183-199.

Leibenstein, Harvey (1981) Economic Decision Theory and Fertility Behaviour, Population and Development Review,7: 381-400.

Lesthaeghe, Ron (1983) A Century of Demographic and Cultural Change in Western Europe: An exploration of underlying dimensions, Population and Development Review, 9,3: 411-435.

Lesthaeghe, Ron (1992) Der zweite demographische Übergang in den westlichen Ländern: Eine Deutung, Zeitschrift für Bevölkerungswissenschaft, 18,3: 313-354.

Lesthaeghe, Ron; Wilson, Chris (1982) Les modes de production, la laïcisation et le rythme de baisse de fécondité en Europe de l'Ouest de 1870 à 1930, Population,37: 623-646.

Linde, Hans (1984) Theorie der säkularen Nachwuchsbeschränkung 1800 bis 2000 Frankfurt: Campus.

Lindner-Braun, Christa (1990) Soziologie des Selbstmordes, Opladen: Westdeutscher Verlag.

Linke, Wilfried (1990) Differentielle Sterblichkeit nach Berufen - Eine Auswertung der Beschäftigtenstatistiken 1984 und 1985, Zeitschrift für Bevölkerungswissenschaft, 16,1: 29-51.

Livi-Bacci, Massimo (1986) Social-Group Forerunners of Fertility Control in Europe, in: Ansley J. Coale, Susan C. Watkins (eds.) The Decline of Fertility in Europe, Princeton: University Press: 182-200.

Long, John F. (1991) The Relative Effects of Fertility, Mortality, and Immigration on Projected Age Structure, in: Wolfgang Lutz (ed.) Future Demographic Trends in Europe and North America, London: Academic Press: 503-522.

Lopez, Manuel J. (1988) Conjugal Bereavement in Elderly People: Psychosocial factors affecting health under a psychoimmunological perspective, Geneva: World Health Organisation, Division of Mental Health.

Lüschen, Günther (1988) Familial-verwandtschaftliche Netzwerke, in: Rosemarie Nave-Herz (Hg.) Wandel und Kontinuität der Familie in der Bundesrepublik Deutschland, Stuttgart: Enke: 145-172.

Lüscher, Kurt (1993) Generationenbeziehungen - Neue Zugänge zu einem alten Thema, in: Kurt Lüscher; Franz Schultheis (Hg.) (1993) Generationenbeziehungen in 'postmodernen' Gesellschaften. Analysen zum Verhältnis von Individuum, Familie, Staat und Gesellschaft, Konstanz: Universitätsverlag: 17-47.
Lüscher, Kurt; Schultheis, Franz (Hg.) (1993) Generationenbeziehungen in 'post-modernen' Gesellschaften, Konstanz: Universitätsverlag.
Lüscher, Kurt; Schultheis, Franz; Wehrspaun, Michael (Hg.) (1988) Die 'postmoderne' Familie. Familiale Strategien und Familienpolitik in einer Übergangszeit, Konstanz: Universitätsverlag.
Lutz, Wolfgang (1993) The Future of International Migration, in: Robert Cliquet (ed.) The Future of Europe's Population, Population Studies No. 26, Strasbourg: Council of Europe Press: 67-84.
Lutz, Wolfgang; Baguant, Jawaharlall (1992) Population and Sustainable Development: A case study of Mauritius, in: Evert van Imhoff; Ellen Themmen, Frans Willekens (eds.) Population, Environment, and Development, Amsterdam: Sweets en Zeitlinger: 57-82.
Lutz, Wolfgang; Prinz, Christopher (1992) What Difference Do Alternative Immigration and Integration Levels Make to Western Europe, European Journal of Population, 8: 341-361.
Mackenroth, Gerhard (1953) Bevölkerungslehre. Theorie, Soziologie und Statistik der Bevölkerung, Berlin.
Mackenroth, Gerhard (1955) Bevölkerungslehre, in: Arnold Gehlen, Helmut Schelsky (Hg.) Soziologie, Köln.
Mackensen, Rainer (1973) Entwicklung und Situation der Erdbevölkerung, in: Rainer Mackensen, Heinz Wewer (Hg.) Dynamik der Bevölkerungsentwicklung, München: Hanser.
Mackensen, Rainer (1989) Bevölkerungswissenschaftliche Sterblichkeitsforschung, Zeitschrift für Bevölkerungswissenschaft, 15,1: 3-11.
Malthus, Thomas Robert (1798/1977) Das Bevölkerungsgesetz, hrsg. und übersetzt von Ch. M. Barth, München 1977.
Mann, Jonathan; Tarantola, Daniel; Netter, Tom W. (1992) The Impact of the Pandemic: AIDS in the World, Cambridge MA: Harvard University Press.
Mammey, Ulrich (1990) 35 Jahre Ausländer in der Bundesrepublik Deutschland - die demographische Entwicklung, in: Charlotte Höhn, Detlev B. Rein (Hg.) Ausländer in der Bundesrepublik Deutschland, Boppard am Rhein: Boldt: 55-82.
Mannheim, Karl (1964) Das Problem der Generationen, in: Karl Mannheim, Wissenssoziologie, Soziologische Texte 28, Neuwied: Luchterhand (ursprünglich: Karl Mannheim, Das Problem der Generationen, Kölner Vierteljahreshefte für Soziologie, 7.Jg, Heft 2, 1928, Berlin).
Manton, Kenneth G.; Stellard, Eric; Tolley, H. Dennis (1991) Limits to Human Life Expectancy: Evidence, prospects, and implications, Population and Development Review, 17, 4: 603-639.
Massey, Douglas S. (1988) Economic Development and International Migration in Comparative Perspective, Population and Development Review, 14,2.
Mattmüller, Markus (1976) Das Einsetzen der Bevölkerungswelle in der Schweiz, Vierteljahrsschrift für Sozial- und Wirtschaftsgeschichte, 63: 390-405.

Mayer, Karl-Ulrich (1989) Bevölkerungswissenschaft und Soziologie, in: Rainer Mackensen, Lydia Thill-Thouet, Ulrich Stark (Hg.) Bevölkerungsentwicklung und Bevölkerungstheorie in Geschichte und Gegenwart, Frankfurt: Campus: 255-280.

Mayer, Karl-Ulrich (1990) Lebensverläufe und sozialer Wandel. Anmerkungen zu einem Forschungsprogramm, in: Karl-Ulrich Mayer (Hg.) Lebensverläufe und sozialer Wandel, Opladen: Westdeutscher Verlag, 7-21.

Mayer, Karl-Ulrich; Baltes, Paul B. (1996) Die Berliner Altersstudie, Berlin: Akademie-Verlag.

McNeill, William (1987) Migration in Premodern Times, in: William Alonso (ed.) Population in an Interacting World, Cambridge (Mass.): Harvard University Press: 15-35.

McNicoll, Geoffrey (1984) Consequences of Rapid Population Growth: An overview and assessment, Population and Development Review 10,2: 177-240.

Mercer, Alex J. (1985) Smallpox and Epidemiological-Demographic Change in Europe: The role of vaccination, Population Studies, 39: 287-307.

Meslé, France (1993) The Future of Mortality Rates, in: Robert Cliquet (ed.) The Future of Europe's Population. A scenario approach, Council of Europe, Population Studies No. 26, Strasbourg: Council of Europe Press: 45-65.

Mincer, Jacob (1963) Market Prices, Opportunity Costs and Income Effects, in: C. Christ et al. (eds.) Measurement in Economics: Studies in Mathematical Economics and Econometrics in Memory of Yehuda Grunfeld, New York: 67-82.

Minder, Christoph; Beer, Valerie; Rehmann, R. (1986) Sterblichkeitsunterschiede nach sozio-ökonomischen Gruppen in der Schweiz 1980: 15- bis 74jährige Männer, Sozial- und Präventivmedizin 31: 216-219.

Moch, Leslie P. (1995) Moving Europeans: Historical Migration Practices in Western Europe, in: Robin Cohen (ed.) The Cambridge Survey of World Migration, Cambridge: University Press: 126-130.

Mohl, Hans (1993) Die Altersexplosion. Droht uns ein Krieg der Generationen?, Stuttgart: Kreuz Verlag.

Mombert, Paul (1929) Bevölkerungslehre, in: Karl Diehl, Paul Mombert (Hg.) Grundrisse zum Studium der Nationalökonomie, Bd. 15, Jena.

Morgan, S. Philip (1982) Parity-specific Fertility Intentions and Uncertainty. The United States 1970 to 1976, Demography, 19: 315-333.

Mulder, Clara H.; Wagner, Michael (1993) Migration and Marriage in the Life Course: A method for studying synchronized events, European Journal of Population, 9: 55-76.

Münz, Rainer; Ulrich, Ralf (1994) Was wird aus den Neuen Bundesländern? Demographische Prognosen für ausgewählte Regionen und für Ostdeutschland, Demographie aktuell, No. 3, Berlin: Lehrstuhl Bevölkerungswissenschaft.

Murphy, Michael (1993) The Contraceptive Pill and Female Employment as Factors in Fertility Change in Britain 1963-80: A challenge to the conventional view, Population Studies, 47, 2: 221-243.

Myers, George C. (1984) Sterblichkeitsrückgang, Lebensverlängerung und Altern der Bevölkerung, Zeitschrift für Bevölkerungswissenschaft, 10: 463-475.

Myers, George C. (1992a) Demographic Aging and Family Support for Older Persons, in: Hal L. Kendig, Akiko Hashimoto, Larry C. Coppard (eds.) Family Support for the Elderly, Oxford: University Press: 31-68.
Myers, Norman (1992b) Population/Environment Linkages: Discontinuities ahead?, in: Evert van Imhoff; Ellen Themmen, Frans Willekens (eds.) Population, Environment, and Development, Amsterdam: Sweets en Zeitlinger: 15-32.
Nave-Herz, Rosemarie (1988) Kinderlose Ehen. Eine empirische Studie über die Lebenssituation kinderloser Ehepaare und die Gründe für ihre Kinderlosigkeit, Weinheim: Juventa.
Nelissen, Jan H. M., Vossen, Ad P. (1993) The Impact of Population Growth on the Standard of Living. Demo-economic scenarios for the Netherlands, European Journal of Population 9,2: 169-196
Neumann, G.; Ledermann, A. (1981) Mortalität und Sozialschicht, Bundesgesundheitsblatt 243: 173.
Noin, Daniel (1983) La transition démographique dans le monde, Paris: Presses universitaires de France.
Notestein, Frank W. (1945) Population - The Long View, in: Theodor W. Schultz (ed.) Food for the World, Chicago: 36-57.
Nugent, Walter (1995) Migration from the German and Austra-Hungarian Empires to North America, in: Robin Cohen (ed.) The Cambridge Survey of World Migration, Cambridge: University Press: 103-108.
Nuscheler, Franz (1995) Internationale Migration. Flucht und Asyl, Opaden: Leske & Budrich.
Ogawa, Naohiro; Retherford, Robert D. (1993) The Resumption of Fertility Decline in Japan: 1973-92, Population and Development Review, 19,4: 703-742.
Okolski, Marek (1994) Health and Mortality, in: United Nations Economic Commission for Europe (ed.) European Population Conference (23-26 March 1993, Geneva, Proceedings, Vol. 1: Strasbourg: Council of Europe: 119-192.
Oppenheimer, Valerie (1982) Work and the Family: A Study in Social Demography, New York: Academic Press.
Oppitz, Günther (1984) Kind oder Konsum? Eine ökonomisch-psychologische Studie zur Verhaltensrelevanz von Werthaltungen junger Ehepaare, Boppard: Boldt.
Oppitz, Günther; von Rosenstiel, Lutz; Stengel, Martin; Spiess, Erika (1983) Kinderwunsch und Wertwandel, Zeitschrift für Bevölkerungswissenschaft, 9: 387-400.
Ott, Notburga; Büttner, Th., Galler, Heinz P. (1991) Demographic Changes and their Implications on Some Aspects of Social Security in the Unified Germany: German case study, Collaborative Paper No. CP-91-002, Laxenburg: IIASA International Institute für Applied Systems Analysis.
Pampel, Fred C.; Zimmer, Catherine (1989) Female Labour Force Activity and the Sex Differential in Mortality: Comparisons across developed nations, 1950-1980, European Journal of Population, 5: 281-304.
Papastefanou, Georgios (1990) Familiengründung und Lebensverlauf. Eine empirische Analyse sozial-struktureller Bedingungen der Familiengründung

bei den Kohorten 1929-31, 1939-41 und 1949-51, Berlin: Max Planck Institut für Bildungsforschung.

Penninx, Rinus (1986) International Migration in Western Europe since 1973: Developments, mechanisms and controls, International Migration Review, 20,4: 951-972.

Perrenoud, Alfred (1975) L'inégalité sociale devant la mort à Genève au XVII siècle, Population 30: 221-243.

Perrenoud, Alfred (1979) La population de Genève du seizième au début du dix-neuvième siècle, Etude Démographique, Genève: Thèse.

Petersen, William (1958) A General Typology of Migration, American Sociological Review, 23: 256-266.

Petersen, William (1975) Population, New York/London: Macmillian.

Pfister, Ulrich (1983) Die Anfänge von Geburtenbeschränkung in Europa. Wege zu einer umfassenderen Analyse, in: Peter Borscheid, Hans J. Teuteberg (Hg.) Ehe, Liebe, Tod. Zum Wandel der Familie, der Geschlechts- und Generationsbeziehungen in der Neuzeit, Münster: Coppenrath Verlag: 213-232.

Pfister, Ulrich (1985) Die Anfänge der Geburtenbeschränkung. Eine Fallstudie (ausgewählte Zürcher Familien im 17. und 18. Jahrhundert), Bern: Lang Verlag.

Pohl, Katharina (1980) Familie - Planung oder Schicksal. Sozio-demographische und interfamiliäre Aspekte der Einstellung deutscher Ehefrauen zu Familienplanung und Schwangerschaftsabbruch, Boppard: Boldt.

Pohl, Katharina (1995) Kinderwunsch und Familienplanung in Ost- und Westdeutschland, Zeitschrift für Bevölkerungswissenschaft, 20,1: 67-100.

Pollard, John H. (1995) Long-term Care in Selected Countries: Demographic and insurance perspectives, Zeitschrift für Bevölkerungswissenschaft, 20,3: 293-310.

Portes, Alejandro; Sensenbrenner, Julia (1993) Embeddedness and Immigration: Notes on the social determinants of economic action, International Migration Review, 98, 6: 1320-1350.

Preston, Samuel H. (1988) Urban Growth in Developing Countries: A demographic reappraisal, in: Josef Gugler (ed.) The Urbanization of the Third World, Oxford: Oxford University Press: 11-31.

Prioux, Françine (1993) L'infécondité en Europe, in: Alain Blum; Jean-Louis Rallu (eds.) European Population, Vol. 2: Demographic dynamics, London: John Libbey & Co.: 231-251.

Ravenstein, Ernest G. (1885) The Laws of Migration, Journal of the Royal Statistical Society, XLVIII: 167-227.

Ravenstein, Ernest G. (1889) The Laws of Migration, Journal of the Royal Statistical Society, LII: 241-301.

Razin, Assaf; Chi-Wa, Yuen (1993) Convergence in Growth Rates: A quantitative assessment of the role of capital mobility and international taxation, in: Leonardo Leiderman, Assaf Razin (eds.) Capital Mobility: The Impact on Consumption, Investment and Growth, Cambridge: Cambridge University Press.

Razin, Assaf; Sadka, Efraim (1995) Population Economics, Cambridge (Mass.): MIT Press.

Reubens, Edwin P. (1987) Benefits and Costs of Migration, in: Sidney Klein (ed.) The Economics of Mass Migration in the Twentieth Century, New York: Paragon House Publ.: 1-41.
Riley, Mathilde (1985) Age Strata in Social Systems, in: Robert H. Binstock; Ethel Shanas (eds). Handbook of Aging and the Social Sciences, New York: Van Nostrund Reinhold: 369-411 (2nd ed.).
Riley, Mathilde (1987) On the Significance of Age in Sociology, American Sociological Review, 52: 1-14.
Rindfuss, Ronald R.; Bumpass, Larry L., et al. (1980) Education and Fertility: Implications for the Roles Women Occupy, American Sociological Review, 45,3: 431-447.
Rindfuss, Ronald R.; Swicegood, C. Gray; Rosenfeld, Rachel (1987) Disorder in the Life Course: How common and does it matter?, American Sociological Review, 52: 785-801.
Rodgers, Gerry (1983) Population Growth, Inequality and Poverty, Paper prepared for the UN Expert Group on Population, Resources, Environment and Development, Geneva (IESA/P/ICP.1984/EG.III/17).
Ronzani, Silvio (1980) Arbeitskräftewanderung und gesellschaftliche Entwicklung. Erfahrungen in Italien, in der Schweiz und in der Bundesrepublik Deutschland, Königstein: Hain.
Rosenstiel, Lutz von; Nerdinger, Friedemann W.; Oppitz, Günther u.a. (1986) Einführung in die Bevölkerungspsychologie, Darmstadt: Wissenschaftliche Buchgesellschaft.
Roussel, Louis (1994) Fertility and Family, in: United Nations Economic Commission for Europe (ed.) European Population Conference (23-26 March 1993, Geneva). Proceedings, Vol. 1: Strasbourg: Council of Europe: 35-110.
Rückert, Gerd-Rüdiger (1979) Schicht-Indikatoren des generativen Verhaltens, Schriftenreihe des Bundesministers für Jugend, Familie und Gesundheit, Bd. 63, Bonn.
Ryder, Norman B. (1965) The Cohort as a Concept in the Study of Social Change, American Sociological Review 30: 843-861.
Ryder, Norman B. (1975) Notes on Stationary Populations, Population Index 41: 3-28.
Ryder, Norman B.; Westoff, Charles (1977) The Contraceptive Revolution, Princeton: Princeton University Press.
Sawhill, Isabel V. (1980) Economic Perspectives on the Family, in: Alice H. Amsden (ed.) The Economics of Women and Work, London: Penguin.
Scally, Robert (1995) The Irish and the 'Famine Exodus' of 1847, in: Robin Cohen (ed.) The Cambridge Survey of World Migration, Cambridge: University Press: 80-84.
Scanzoni, John (1975) Sex Roles, Life Styles and Childbearing, New York.
Scanzoni, John (1976) Sex Role Change and Influences on Birth Intentions, Journal of Marriage and the Family, 38: 43-58.
Scanzoni, John (1979a) Work and Fertility Control Sequences among Younger Married Women, Journal of Marriage and the Family, 41: 739-748.
Scanzoni, John (1979b) Social Processes and Power in Families, in: Wesley Burr, Reuben Hill, et al. (eds.) Contemporary Theories about the Family, Vol. I, New York: The Free Press: 295-316.

Schmähl, Winfried (1989) Perspektiven sozialer Sicherung in einer alternden Gesellschaft. Einige Thesen am Beispiel der Bundesrepublik Deutschland, in: Horst Claus Recktenwald (Hg.) Der Rückgang der Geburten - Folgen auf längere Sicht, Mainz: Akademie der Wissenschaften und der Literatur: 249-269.

Schmid, Josef (1984) Bevölkerung und soziale Entwicklung: Der demographische Übergang als soziologische und politische Konzeption, Boppard am Rhein: Boldt Verlag.

Schneewind, Klaus A. (1978) Eltern-Kind-Beziehungen als Determinanten des generativen Verhaltens, Zeitschrift für Bevölkerungswissenschaft 4: 265-283.

Schrader, Achim (1989) Migration, in: Günter Endruweit, Gisela Trommsdorff (Hg.) Wörterbuch der Soziologie, Stuttgart: Enke: 436ff.

Schubnell, Hermann (1973) Der Geburtenrückgang in der Bundesrepublik Deutschland, Schriftenreihe des Bundesministers für Jugend, Familie und Gesundheit, Bd. 6, Bonn.

Schubnell, Hermann (1989) Die Bevölkerungssituation in den am wenigsten entwickelten Ländern, Zeitschrift für Bevölkerungswissenschaft 15,2: 115-132.

Schwarz, Karl (1979) Regionale Unterschiede der Geburtenhäufigkeit, Schriftenreihe des Bundesministers für Jugend, Familie und Gesundheit, Bd. 63, Bonn.

Schwarz, Karl (1996) Zur Debatte über die Kinderzahl der Ehen und die Bedeutung der Kinderlosigkeit für die Geburtenentwicklung in den alten Bundesländern, in: BIB-Mitteilungen, 2/96: 13.

Shorter, Eduard (1975) Der Wandel der Mutter-Kind-Beziehungen zu Beginn der Moderne, Geschichte und Gesellschaft, 1,2/3: 257-287.

Shorter, Eduard (1977) Die Geburt der modernen Familie, Reinbeck: Rowohlt.

Sieder, Rolf (1987) Sozialgeschichte der Familie, Frankfurt: Suhrkamp.

Siegrist, Johannes; Siegrist, K., Weber, I. (1986) Sociological Concepts in the Etiology of Chronic Disease: The case of ischaemic heart diseases, Social Science and Medicine 22: 247-253.

Siegrist, Johannes (1989) Steps Towards Explaining Social Differentials in Morbidity: The case of West Germany, in: John Fox (ed.) Health Inequalities in European Countries, Aldershot: Gower Publ.: 353-371.

Simon, Julian L. (1981) The Ultimate Resource, Princeton: Princeton University Press.

Simon, Julian L. (1989) The Economic Consequences of Immigration, Cambridge: Basil Blackwell.

Simon, Rita (1986) International Migration: The female experience, Totowa

Simons, John (1982) Reproductive Behaviour als Religious Practice, in: Charlotte Höhn, Rainer Mackensen (eds.) Determinants of Fertility Trends: Theories Re-examined, Liège: Ordina: 131-145.

Simons, John (1986) Culture, Economy, and Reproduction in Contemporary Europe, in: David Coleman, Ronald Schofield (eds.) The State of Population Theory: Forward from Malthus, Oxford: Basil Blackwell.

Smil, Vaclav (1991) Population Growth and Nitrogen: An exploration of a critical existential link, Population and Development Review, 17,4: 569-602.

Smil, Vaclav (1994) How Many People Can the Earth Feed? Population and Development Review, 20,2: 284ff.

Spiess, Erika, von Rosenstiel, Lutz; Stengel, Martin; Nerdinger, Friedemann W. (1983) Wertwandel und generatives Verhalten - Ergebnisse einer Längsschnittstudie an jungen Ehepaaren, Zeitschrift für Bevölkerungswissenschaft, 10: 153-168.

Spree, Reinhard (1992) Der Rückzug des Todes. Der Epidemiologische Übergang in Deutschland während des 19. und 20. Jahrhunderts, Konstanz: Universitätsverlag.

Stalker, Peter (1994) The Work of Strangers: A survey of international labour migration, Geneva: International Labour Office.

Statistisches Bundesamt (1985) Bevölkerung gestern, heute und morgen, Wiesbaden: Kohlhammer.

Steinhagen-Thiessen, Elisabeth; Borchelt, Markus (1996) Morbidität, Medikation und Funktionalität im Alter, in: Karl Ulrich Mayer, Paul B. Baltes (Hg.) Die Berliner Altersstudie, Berlin: Akademie-Verlag: 151-183.

Steinmann, Gunter (1984) Bevölkerungsentwicklung und wirtschaftlicher Fortschritt - Ein Plädoyer für mehr Zukunftsoptimismus, in: Herwig Birg, Max Wingen, Klaus Zimmermann (Hg.) Zusammenhänge zwischen Bevölkerungs- und Wirtschaftsentwicklung in der Bundesrepublik Deutschland, Wiesbaden: Deutsche Gesellschaft für Bevölkerungswissenschaft: 13-40.

Straubhaar, Thomas (1986) The Causes of International Labor Migrations - A demand-determined approach, International Migration Review, 20,4: 835-855.

Straubhaar, Thomas (1992) Allocational and Distributional Aspects of Future Immigration to Western Europe, International Migration Review 26,2: 462-483.

Stuckelberger, Astrid; Höpflinger, François (1996) Vieillissement différentiel: hommes et femmes, Zürich: Seismo-Verlag.

Sun, Changmin (1991) Bevölkerungsentwicklung und Familienplanungspolitik Chinas. Eine sozio-ökonomische Makroanalyse über Geschichte, Gegenwart und Zukunft, Zürich: Dissertation.

Sundin, Jan (1994) Vom Sterberisiko zur Lebenschance. Der abendländische Weg zum längeren Leben, in: Arthur E. Imhof; Rita Weinknecht (Hg.) Erfüllt leben - in Gelassenheit sterben. Geschichte und Gegenwart, Berlin: Duncker & Humblot: 113-128.

Szreter, Simon (1993) The Idea of Demograpic Transition and the Study of Fertility Change. A critical intellectual history, Population and Development Review, 19,4: 659-701.

Thompson, Warren S. (1929) Population, American Journal of Sociology, 34, 6: 959-975.

Torado, Michel (1969) A Model of Labor Migration and Urban Unemployment in Less Developed Countries, American Economic Review, 59: 138-148

Treibel, Annette (1990) Migration in modernen Gesellschaften. Soziale Folgen von Einwanderung und Gastarbeit, Weinheim: Juventa.

Tuchman, Barbara W. (1978) A Distant Mirror: The Calamitous 14th. Century, New York: Alfred A. Knopf.

Turchi, Boone A. (1981) A Comprehensive Micro Theory of Fertility, in: M. Molt, W.A. Hartmann, P. Stringer (eds.) Advances in Economic Psychology, Heidelberg: 197-210.

Tyrell, Hartmann (1982) Familie und Religion im Prozess der gesellschaftlichen Differenzierung, in: Volker Eid, Laszlo Vaskovics (Hg.) Wandel der Familie - Zukunft der Familie, Mainz: Mathias-Grünewald: 19-74.

Ungern-Sternberg, Roderich v.; Schubnell, Hermann (1950) Grundriss der Bevölkerungswissenschaft (Demographie), Stuttgart.

United Nations (1973) History of World Population Growth. The Determinants and Consequences of Population Trends, Vol. 1, Population Studies No. 50, New York: United Nations.

United Nations (1980) Patterns of Urban and Rural Population Growth, New York: Population Division.

United Nations (1989) World Population at the Turn of the Century, Population Studies, No. 111, New York: Population Division.

United Nations (1993) World Urbanization Prospects, The 1992 Revision, New York: Population Division.

United Nations (1995a) Population Situation in 1995, New York: Population Division.

United Nations (1995b) World Population Prospects. The 1994 Revision, New York: Population Division.

Urner, Klaus (1976) Die Deutschen in der Schweiz. Von den Anfängen der Kolonienbildung bis zum Ausbruch des Ersten Weltkriegs, Frauenfeld/Bern: Huber Verlag.

U.S. Bureau of the Census (1992) An Aging World II, International Population Reports, P25, 92-3, Washington: U.S. Government Printing Office.

Valkonen, Tapani (1989) Adult Mortality and Level of Education: a comparison of six countries, in: John Fox ed.) Health Inequalities in European Countries, Aldershot: Gower Publ.: 142-160.

Valkonen, Tapani (1994) Socio-economic Mortality Differences in Europe, in: Gijs Beets, Hans van den Brekel et al. (eds.) Population and Family in the Low Countries 1993: Late Fertility and other current issues, NIDI Publication, Lisse: Swets & Zeitlinger: 127-150.

Vallin, Jacques (1989) L'avenir de l'espérance de la vie vu à travers les projections de l'INSEE, Population, 44,4-5: 930-936.

Van de Kaa, Dirk (1987) Europe's Second Demographic Transition, Population Bulletin, 42,1. Washington: Population Reference Bureau.

Van de Kaa, Dirk (1994) The Second Demographic Transition Revisited: Theories and Expectations, in: Gijs Beets, Hans van den Brekel et al. (ed.) Population and Family in the Low Countries 1993: Late Fertility and Other Current Issues, Lisse: Swets & Zeitlinger: 80-126.

Van de Walle, Francine (1980) Education and the Demographic Transition in Switzerland, Population and Development Review, 6,3: 463-472.

Van der Wijst, Cornelis A. (1992) Developments in the Age Structure of the Labour Force by Industry and Occupation: Comparison of selected countries in the ECE Region, in: George J. Stolnitz (ed.) Demographic Causes and Economic Consequences of Population Aging. Europe and North America, United Nations Economic Commission for Europe, New York: United Nations: 272-308.

Van Loo, M. Frances; Bagozzi, Richard P. (1984) Labor Force Participation and Fertility: A social analysis of their antecedents and simultaneity, Human Relations, 37: 941-967.

Vaskovicz, Laszlo; Buba, Hans Peter (1988) Soziale Lage von Verwitweten. Vergleichende Darstellung zur demographischen, sozialen und wirtschaftlichen Lage von Verwitweten in der BRD, Stuttgart: Kohlhammer.

Verbrugge, Louis M. (1984) Longer Life but Worsening Health? Trends in health and mortality of middle-aged and older persons, Milbank Memorial Fund Quarterly, 62: 475-519.

Verbrugge, Louis M. (1987) Sex Differences in Health, in: George L. Maddox (ed.) The Encyclopedia of Aging, New York: Springer: 601-604.

Veerbrugge, Louis M. (1990) Pathways of health and death, in: R.D. Apple (ed.) Women, health, and medicine in America. A historical handbook, New York: Garland Publ.: 41-79.

Véron, Jacques (1988) Activité féminine et structures familiales. Quelle dépendances? Population, 43: 103-120.

Voydanoff, Patricia (1987) Work and Family Life, Newbury Park: Sage.

Voydanoff, Patricia; Kelly, Robert F. (1984) Determinants of Work-related Family Problems among Employed Parents, Journal of Marriage and the Family, 46: 881-892.

Wagner, Michael (1989) Räumliche Mobilität im Lebenslauf. Eine empirische Untersuchung sozialer Bedingungen der Migration, Stuttgart: Enke.

Waldron, Ingrid (1986) What Do We Know about Causes of Sex Differentials in Mortality? A review of the literature, Population Bulletin of the United Nations, 18: 59ff.

Wander, Hilde (1979) Ökonomische Theorien des generativen Verhaltens, in: Bundesminister für Jugend, Familie und Gesundheit (Hg.) Ursachen des Geburtenrückgangs - Aussagen, Theorien und Forschungsansätze zum generativen Verhalten, Schriftenreihe Bd. 63, Bonn: 61-76.

Watkins, Susan C. (1981) Regional Patterns of Nuptiality in Europe, 1870-1960, Populations Studies, 35,2: 199-215.

Watkins, Susan C. (1990) From Local to National Communities: The Transformation of Demographic Regimes in Western Europe, 1870-1960, Population and Development Review, 16, 2: 241-272.

Wilk, Liselotte (1993) Großeltern und Enkelkinder, in: Kurt Lüscher, Franz Schultheis (Hg.) Generationenbeziehungen in postmodernen Gesellschaften, Konstanz: Universitätsverlag. S. 203-215.

Willis, Robert J. (1973) A new approach to the economic theory of fertility behavior, Journal of Political Economy, 81: 14-64.

Wilpert, Czarina (1992) The Use of Social Networks in Turkish Migration to Germany, in: Mary Kritz, et al. (eds.) International Migration Systems: A global approach, Oxford: Clarendon Press.

World Health Organisation (1991) Second Evaluation of the Strategy for Health for All by the Year 2000, Copenhagen: WHO.

Wunsch, Guillaume; Duchêne, Josianne; Thiltgès, Evelyne; Salhi, Mohammed (1996) Socio-Economic Differences in Mortality. A Life Course Approach, European Journal of Population, 12: 167-185.

Ziegler, Philip (1969) The Black Death, London: Collins.

Zweifel, Peter; Felder, Stefan (Hg.) (1996) Eine ökonomische Analyse des Alterungsprozesses, Bern: Haupt.